会计信息系统实训教程
——基于金蝶ERP平台

主　编　柏思萍　唐振达
副主编　徐京耀　蒋昌军　周百灵　蒙　圻

人民交通出版社

内 容 提 要

本书的定位目标是："实训"，本书在现代教育的大环境下，以人本教育为目标，以专业应用能力为导向，兼顾学科发展的前瞻性、创新性，凸显出"实训"的重要性，为学习者提供一套完整、新颖、操作性强的实训教程。

本书基于"金蝶 ERPK/3"平台，以新的《企业会计准则》为依据，以"财务业务一体化"的实训资料为主线，遵循"金蝶 ERPK/3"的数据流程，以企业业务发生顺序为驱动，力求通俗易懂、循序渐进。本教程分为三篇，第一篇为本书整个操作过程的基础，即一整套模拟的"财务业务一体化"的实训案例；第二篇是在第一篇的基础上，对"金蝶 ERPK/3"系统的操作详解；第三篇是对企业业务应用能力的提高，是一套仿真的企业财务实训资料，学习者在学完第二篇的前提下，可以直接根据企业业务发生的原始凭证进行系统操作。

本书可供高等院校的高职高专、本科学生、职业技术学院的学生、会计信息化课程教学、实习以及需要学习金蝶 K3 软件的人员使用。

图书在版编目（CIP）数据

会计信息系统实训教程：基于金蝶 ERP 平台/ 柏思萍，唐振达主编.—北京：人民交通出版社，2008.10
ISBN 978－7－114－07399－1

Ⅰ.会… Ⅱ.①柏…②唐… Ⅲ.会计－应用软件－教材
Ⅳ.F232

中国版本图书馆 CIP 数据核字（2008）第 144666 号

Kuaiji Xinxi Xitong Shixun Jiaocheng Jiyu Jindie ERP Pingtai

书　　名：会计信息系统实训教程—基于金蝶 ERP 平台
著 作 者：柏思萍　唐振达
责任编辑：岳明胜
出版发行：人民交通出版社
地　　址：（100011）北京市朝阳区安定门外外馆斜街 3 号
网　　址：http：//www.ccpress.com.cn
销售电话：（010）59757969，59757973
总 经 销：人民交通出版社发行部
经　　销：各地新华书店
印　　刷：北京市密东印刷有限公司
开　　本：787×1092　1/16
印　　张：20. 25
字　　数：472 千
版　　次：2008 年 10 月　第 1 版
印　　次：2011 年 2 月　第 2 次印刷
书　　号：ISBN 978－7－114－07399－1
印　　数：3001－4500 册
定　　价：39. 00 元

序

经济越发展,会计越重要。随着经济发展对会计人才的需要呈现出多元化、多层次的势态:既需要从事会计理论工作的研究性的人才,也需要从事会计实践工作的应用性人才。相比之下,对应用性会计人才的需要是巨大的。新的社会经济环境对我国会计教育提出了新的目标,应用型会计人才的培养必须有教材建设与之相适应,只有合格的会计教材,才能培养出合格的会计人才,才能推进我国会计教育与时俱进,促进我国企业管理水平的提高。

由广西财经学院会计系教师牵头与兄弟院校共同编写的这套教材,包括《会计学原理》、《中级财务会计》、《财务管理》、《审计》、《成本会计》和《会计信息化》等,是根据新颁布的企业会计准则和财务通则,并充分借鉴、吸收有关会计理论和实务的最新研究成果而编写的。不失为一套具有应用性、实践性和可操作性强的好教材。它主要是以高等学校高职高专经济类学生为对象,旨在培养其专业知识和职业判断能力,而提高学生的职业判断能力无疑是提高会计工作质量的基础,因此,它的出版发行具有很强的现实意义。

这套教材由会计主干课程构成,为了进一步适应应用性会计人才的培养,这套教材还包括了相应的实验课程,我们希望给学习者提供一套相对完整的财经类教材。在课程的内容上,我们注重了科学性和前瞻性,结合了当前经济改革的新问题及财务会计制度的新变化,在编写上,尽可能以通俗易懂的语言深入浅出地介绍深奥的专业知识。

这套教材具有如下特点:

1. 突出可操作性和应用性。在介绍基本理论的同时,注重基本业务过程和具体操作方法,结合地方财经院校教学特点,紧紧围绕培养应用人才目标,强调以应用性学习为主,着重从学生的实际动手能力方面进行知识的介绍和技能的训练,学生通过学习可以很快地掌握知识要领,提高实际应用的能力,从而突出了应用性学习的特点。

2. 内容体系完整、清晰简洁。该套教材独立成册,自成体系,内容全面、完整。每册都以新的准则、制度、基本理论、基本方法、基本技能为依托,理论联系实际,配有大量的案例。并将每章内容以案例导入的形式提出问题,引人入胜。使之更适合高职高专学生的学习。

3. 吸纳最新成果、具有前沿性。教师是知识的直接传导者,在长期从事教学过程中,积累了丰富的教学经验和优秀的本学科研究成果,这些经验和成果极大地优化了教学过程,是提高教学质量的重要保证。本套教材中紧扣教学特点适度融入了教师优秀的、得到公认的研究成果。

4.按照新准则体现时代性。本教材引用了我国最新的企业会计准则、企业财务通则等相关的法律法规，内容充实、新颖，反映了有关学科的最新动态；新知识体系的构成是一门学科的重要组成部分，知识结构推陈出新是学科发展的一个标志。本套教材结合当前财经发展中的新形势、新问题和新知识，将新知识内容融入教材当中，突出了新时代新知识的特点。

这套教材定位于高等财经教育应用型高职高专的教学教材。主要作为普通高等财经院校相关课程的选用教材，亦可以作为各层次教育和企业培训教材，也适合广大财经从业人员作为学习参考用书。本套教材各章还有小结，配有复习思考和练习题，以便于教师教学和学生学习。

希望这套教材的出版，能够为会计教育和工作实践，提高学生的职业判断力方面做出应有的贡献。由于编写仓促，加上编写水平所限，书中有不足之处在所难免，恳请广大读者提出宝贵的意见和建议，以日臻完善。

蒙丽珍

2008年8月

前言

在经济全球化和信息技术飞速发展的今天，企业信息化是带动企业各项工作创新和升级，提升管理水平和竞争力的有力武器，企业信息化的难点不是技术，也不是资金，而是管理思想转变和更新。会计信息化是现代信息技术与会计的融合，是应用现代信息技术对传统手工会计体系进行变革，其目的是建立以信息技术为特征的新的信息会计体系。会计信息化是企业信息化的一部分，也是企业信息化道路中最容易实施并取得成效的突破口。

一个完整的会计信息系统应当由会计核算系统、财务管理系统和财务决策支持系统组成，而会计部门作为进行经济核算的职能部门与企业的其他部分有着密切的关系，它接受、传递和处理大量的资金运动的数据。这样就决定了会计信息系统是一个十分复杂的程序系统。现代信息技术在发展过程中随着社会诸领域及其各个层面动态地相互作用，形成信息化过程。

从早期的会计电算化到今天的会计信息化，得益于一批有识之士的不懈努力，其中便有一支致力于推进信息化教育的庞大队伍，他们及时、适时地把最新的管理理念、管理软件与教育教学过程相结合，以培养单位信息化需要的实用型人才为目标，以教程为载体，传播着一种会计文化，一种信息化的思维方式。我们有幸作为其中的一员，在自己所擅长的领域常耕不怠、矢志创新，这从本套教程体系架构上可见一斑。

本教程运用任务驱动法和系统论的原理，从信息系统应用的角度出发，以实用性为重点，遵循由浅入深、循序渐进的原则，讲求通俗易懂、易于操作，首次将案例教学法与实践性教学法紧密结合，使教程的使用者能较快熟练地掌握金蝶 K3ERP 系统的基本知识和基本技能，并提高其综合业务处理能力。

本教程主要体现以下一些特征：

1. 结构清晰，内容完整

本教程从企业会计信息化建设的实际出发，结合国内先进的金蝶 K3ERP 管理软件所提供的管理功能. 简明地介绍了各个模块的主要功能、操作技巧、与其他模块之间的相互关系及应用流程，读者从中可以体验到管理软件能够帮助企业做什么，如何做才能更好地助力企业会计信息化建设。

2. 体例先进，系统性强

在会计信息系统的运行过程中，企业需要大量会计信息系统应用专家熟练地运用系统对各项业务进行有效的管理，从而达到优化资源，提升企业整体竞争力的目的。为适应这一要求，推进企业管理信息化的普及与发展，我们在编写本教程过程中，根据未来市场对人才的需求，结合多年教学与行业应用经验，自始至终模拟设计一个完整业务系统，具有前瞻性和实用性特点，从总账、资金、往来、采购、销售、仓存、存货、人力资源、固定资产九个业务方向培养企业信息化所需要的应用人才。使读者能够熟练掌握金蝶K3系统应用技术，具备利用其进行企业业务管理的技能。

3. 体现新准则内容

财政部于2006年发布实施的新《企业会计准则》要求上市公司于2007年1月1日首先实行，其他企业可参照执行。新《企业会计准则》内容我们在编写本教程中均有体现，并做到融会贯通。

4. 突出任务驱动，体现前瞻性

本教程首次运用任务驱动法原理，在整个操作流程中始终以企业业务发生的先后顺序为导向。设置每次任务，围绕软件系统要点，提出问题、分析问题、解决问题，便于读者很快把握问题实质，掌握其操作技能。为了提高学生的实践性操作能力，建议以学生操作为主，教师为辅的实训模式，不主张手把手实训。

本教程由广西财经学院柏思萍和唐振达两位教师任主编，桂林航专徐京耀、广西财经学院蒋昌军、广西工商职业技术学院周百灵、广西农业职业技术学院蒙圻四位老师任副主编，其中第一篇章与第二篇章由柏思萍老师编著，第三篇章由桂林航专徐京耀等几位老师编著，前言由唐振达老师撰写，内容提要由柏思萍撰写，全书由柏思萍老师进行统编。在本教程的编写过程中得到了金蝶公司广西公司、广西财经学院、桂林航专、广西工商职业技术学院和广西农业职业技术学院及其他兄弟院校领导的大力支持；同时，还参阅、借鉴了一些相关教材、论文及软件等，在此一并表示诚挚的谢意。

尽管我们为编写此教程付出了很大的努力，但由于水平有限，教程中难免存在缺点和不成熟之处，恳请读者和同行批评指正，对此，先致以深切的谢意。

编者

2008年8月8日

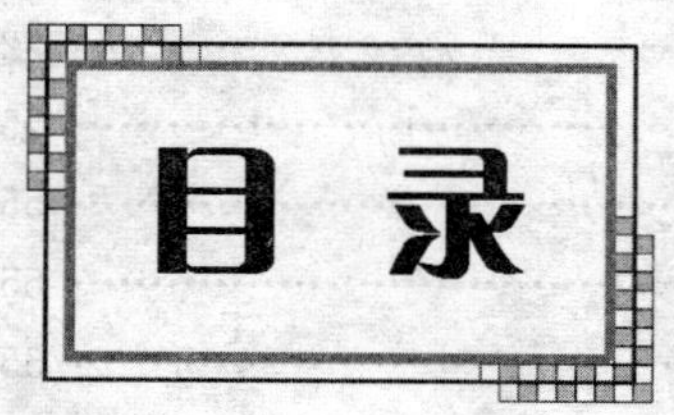

第一篇 实训案例

1 公司概况

现有一BSP公司于2007年1月1日开始甩账，采用金蝶K/3平台进行会计信息核算管理，并在1月份进行了如下工作。

(1)BSP公司设置了一个组织机构，组织机构代码：BSP；组织机构名称：BSP公司；口令：无。

(2)BSP公司对组织机构BSP进行修改，将组织机构名称改为BBB公司，口令不变。

(3)将BSP公司的组织机构BBB公司(BSP)进行删除。

(4)BSP公司的机构名称是BSP公司；地址在XX市YY大道38号；电话是0901-12345678；记账本位币代码是RMB，名称是人民币；小数点位数是2，要求凭证过账前必需审核；启用会计年度是2007；启用会计期间是1；采用自然年度会计期间。

(5)BSP公司的系统管理员制定了备份方案，在D盘下建立文件夹"账套备份"，每天下班前17：00进行完全备份，覆盖前一天的备份。

(6)BSP公司的另一套账套编号为003，名称为bsp的账套已确定不需用了，现将其删除。

(7)BSP公司由于电脑故障，需对账套文件进行恢复，按最近完全备份的文件进行恢复。

(8)BSP公司由于业务需要，拟增加以下用户组如表1-0-1所示，以后加入该组的成员皆有此权限。

用户组名 表1-0-1

用户组名	说明	用户组名	说明
财务组	负责财务管理	办公室组	负责固定资产管理
业务组	负责所有业务处理		

(9)BSP公司为了对账套的数据进行较安全的管理，对其新建的用户组进行组权限控制，如表1-0-2所示，以后加入该组的成员皆有此权限。

用户组权限规定 表1-0-2

用户组名	组权限
财务组	基础资料、总账、工资、报表系统、应收应付、财务分析、现金管理、现金流量表
业务组	采购、仓存、存货核算、销售管理、供应链系统公用设置、供应链分销、管理驾驶舱
办公室组	固定资产

(10)BSP公司拟新增一些用户在各用户组中，如表1-0-3所示。

用户名及属性 表1-0-3

用户组名	用户名	密码认证	用户组名	用户名	密码认证
财务组	李主管	空	业务组	王业务	空
财务组	张会计	空	办公室组	陈主任	空

(11)BSP公司拟对新增的用户进行授权,各用户的权限管理如表1-0-4所示。

用户权限管理　　表1-0-4

用户组名	用户名	密码认证	权限介绍
财务组	李主管	空	拥有所有权限
财务组	张会计	空	拥有财务组的所有权限、拥有固定资产系统的查询权、固定资产系统的权限中的凭证管理的权限
业务组	王业务	空	拥有业务组的所有权限
办公室组	陈主任	空	办公室组的所有权限

(12)BSP公司拟查询近段时间公司各主机对系统所进行过的业务操作情况。

2　公司业务环境设置

(1)BSP公司的业务系统参数设置要求如下:启用年度为2007年1月;采用数量、金额核算;单据保存后立即更新;不启用门店管理。

(2)BSP公司的业务系统设置要求如下:(1)在"系统设置"中将专用发票的精度设为"4";(2)在"供应链整体选项"参数维护中要求"审核人与制单人可为同一人",不需要"若应收应付系统未结束初始化,则业务系统发票不允许保存"项;(3)在"核算系统选项参数"维护中设置"暂估凭证冲回方式",采用月初一次冲回。

(3)BSP公司以人民币为记账本位币,同时还有一种外币美元,其代码为"USD",外币折算方式采用直接标价法,记账汇率为8.5,发生外币业务时采用固定汇率核算,金额小数位位数为2;另外还有一种外币港币,其代码是"HKD",外币折算方式也采用直接标价法,记账汇率为1.1,发生外币业务时采用固定汇率折算,金额小数位位数为2。

(4)BSP公司的李主管在检查币别设置时发现港币的记账汇率为1,而不是1.1,其余均是正确的。于是他马上进行了更正。

(5)BSP公司的李主管在检查币别设置时发现币别港币的设置是多余的,该公司现只有一种外币"美元",没有"港币"。

(6)BSP公司根据前期资料的整理了解到本公司所需要用到的计量单位,主要如表1-0-5中的资料所示。

计量单位　　表1-0-5

计量单位组	默认计量单位	辅助计量单位	系数	换算率
数量组	件(010)	箱(011)	10	固定
重量组	千克(020)	吨(021)	1 000	固定

(7)BSP公司的李主管为了节约时间,从系统模板引入通用的会计科目,并针对公司的实际情况拟增加如表1-0-6中的明细科目。

增加的明细科目资料　　表1-0-6

代码	科目名称	选项说明	计量单位	代码	科目名称	选项说明	计量单位
1002.01	银行存款/建设银行	银行科目、出日记账		1201.01	物资采购/生产用物资采购	数量金额核算	千克
1002.02	银行存款/中国银行	银行科目、出日记账、核算美元、期末调汇		1201.02	物资采购/其他物资采购	数量金额核算	千克

续上表

代码	科目名称	选项说明	计量单位	代码	科目名称	选项说明	计量单位
1211.01	原材料/生产用原材料	数量金额核算	千克	4101.02	生产成本/直接人工		
1211.02	原材料/其他原材料	数量金额核算	千克	4101.03	生产成本/制造费用		
4101.01	生产成本/直接材料						

(8)BSP公司根据日常业务发生的情况，拟将本公司的凭证字设为“收”、“付”、“转”三种类别。其中“收”指所有收款业务所要记录的凭证字；“付”指所有付款业务所要记录的凭证字；“转”是指所有转账业务所要记录的凭证字。具体设置要求如表1-0-7所示。

凭证字列表 表1-0-7

凭证字	限制条件	会计科目
收	借方必有	1001、1002
付	贷方必有	1001、1002
转	借和贷必无	1001、1002

(9)BSP公司的主管决定为了精简核算将本公司的凭证字重新设置为“记”字一种凭证。具体设置要求如表1-0-8所示。

(10)BSP公司为了满足企业经营活动的需要拟增加如表1-0-9中所示的两种结算方式。

凭证字列表 表1-0-8

凭证字	限制条件	会计科目
记	无	

结算方式 表1-0-9

代码	名称
JF06	现金支票
JF07	转账支票

(11)BSP公司的在业务往来过程中产生一些“其他应收账款”，与客户、供应商没有关系，因此需单独设置“其他往来单位”核算项目类别，其代码为“601”。

(12)BSP公司为了生产经营需要设置了两个普通仓库，一个是“原料库”，另一个是“成品库”，并对其进行了审核，其具体资料如表1-0-10所示。

仓库设置 表1-0-10

代码	名称	仓库属性	仓库类型
1	原料库	良品	普通仓
2	成品库	良品	普通仓

(13)BSP公司的销售客户及供应商的具体资料如表1-0-11所示。

客户及供应商资料 表1-0-11

类别	代码	名称	状态
客户	01	华东电子	使用
供应商	01	广东仪器	使用

(14)BSP 公司的部门设置资料如表 1-0-12 所示。

部 门 资 料 表 1-0-12

代 码	名 称	部门属性	成本核算类型
01	管理部	非车间	期间费用部门
02	生产部	车间	基本生产部门
03	供销部	非车间	期间费用部门

(15)BSP 公司的职员档案资料如表 1-0-13 所示。

职 员 资 料 表 1-0-13

代 码	名 称	性 别	所属部门
0101	李主管	男	管理部
0102	张会计	女	管理部
0103	陈主任	女	管理部
0201	赵生产	男	生产部
0301	王业务	男	供销部

(16)BSP 公司的物料资料如表 1-0-14 所示。

物 料 资 料 表 1-0-14

代码	名称	物料属性	计量单位	计价方法	销售收入科目	销售成本科目	存货科目	默认仓库
01	原材料	外购						
0101	钢材	外购	公斤	加权平均法	5102	5405	1211.01	原料库
02	产成品	自制						
0201	机箱	自制	件	加权平均法	5101	5401	1243	成品库

3 公司期初业务情况

(1)BSP 公司针对本企业的情况,设置总账系统参数要求如下:

基本信息设置:本年利润科目:3131;利润分配科目:3141;数量单价位数:2;账簿余额方向与科目余额方向相同;凭证/明细账分级显示核算项目名称;明细账(表)摘要自动继承上条分录摘要;结账要求损益类科目余额为零;不允许进行跨财务年度反结账。

凭证设置:凭证过账前必需审核;不允许修改/删除业务系统凭证;现金、银行存款赤字报警;不允许手工修改凭证号;凭证号按期间统一排序。

(2)BSP 公司经过整理,2007 年 1 月份的相关科目及期初余额如表 1-0-15 所示。

相关科目及期初余额表 表 1-0-15

会计科目	借方期初余额	贷方期初余额
库存现金	37 400	
银行存款—建行	923 800	
银行存款—中行(美元)	35 000(折合人民币 297 500)	
应收账款	40 000	

续上表

会 计 科 目	借方期初余额	贷方期初余额
原材料—生产用原材料	380 000(38 000kg)	
库存商品	1 050 000	
固定资产	1 423 000	
累计折旧		500 000
短期借款		534 000
应付账款		13 300
实收资本		3 062 400
利润分配—未分配利润		42 000

(3)BSP 公司的应收款管理相关参数要求如下：

①启用期间是 2007 年 1 月；

②坏账准备核算方法是备抵法，坏账计提方法是应收账款百分比法；

③坏账损失科目是：管理费用；

④坏账准备科目是：坏账准备，计提坏账准备科目是：应收账款，计提方向是：借方，计提比率为 0.5%；

⑤其他应收单、销售发票、收款单、退款单的科目均设置为：应收账款；

⑥预收单的会计科目设置为：预收账款；

⑦应收票据业务会计科目为：应收票据；

⑧应交税金会计科目为：应交税费—应交增值税(销项税额)；

⑨核算项目类别为："客户"；

⑩选择"只允许修改和删除本人录入的单据"；

⑪税率来源"取产品属性中的税率"；

⑫选择"审核后自动核销"；

⑬选择"预收冲应收生成凭证"；

⑭选择"结账与总账期间同步"；

⑮选择"期末处理前凭证处理应该完成"；

⑯选择"期末处理前单据全部完成审核"；

⑰选择"启用期末调汇"。

(4)BSP 公司的应付款管理相关参数要求如下：所有单据类型科目均为"2121 应付账款"；应付票据科目为"2111 应付票据"；应交税金科目为"2171.01.01 应交税费—应交增值税—进项税额"；核算项目类别为"供应商"。

(5)BSP 公司的应收款管理系统的相关初始余额，经过整理如表 1-0-16 所示。

应收账款初始数据 表 1-0-16

客户	单据类型	单据日期 财务日期	部门	业务员	发生额	商品	数量	含税单价	应收日期
华东电子	普通销售发票	2006.9.10	供销部	王业务	40 000	机箱	200	200	2007.3.1

(6)BSP 公司的应付款管理系统中应付账款的初始余额如下表 1-0-17 所示，进行相关余额录入及初始化检查、初始化对账，并结束初始化。

应付账款的初始余额 表 1-0-17

供应商	单据类型	单据日期 财务日期	部门	业务员	发生额	商品	数量	单价	应收日期
广华仪器	普通采购发票	2006.8.1	供销部	王业务	13 300	钢材	1 330	10	2007.2.1

(7)BSP公司根据本公司固定资产管理和工作流程的需要,选择系统参数设置如下:

①启用时间为2007.01.01;

②与总账系统相连;

③不允许改变基础资料编码;

④期末结账前先进行自动对账;

⑤变动使用部门时当期折旧按原部门进行归集;

⑥折旧率小数位为2位。

(8)BSP公司的固定资产管理系统根据企业对固定资产的管理需要,再增加如表1-0-18所示的固定资产类别,其余默认系统设置。

固 定 资 产 类 别 表 1-0-18

固定资产类别代码	名称	年限	净残值率	单位	单位代码	所属计量单位组	折旧方法	资产科目	折旧科目	减值准备	编码规则	是否计提折旧
001	房屋及建筑物	50	5%	栋	022	栋	平均年限法	固定资产	累计折旧	固定资产减值准备	FW-	一直计提
002	办公设备	5	5%	台	033	台	平均年限法	固定资产	累计折旧		BG-	由使用状态决定是否计提

(9)BSP公司在2006年12月底对本公司的固定资产经过整理得到如表1-0-19所示的固定资产期初相关信息,请完成本公司的固定资产初始化工作,并结束初始化。

固定资产期初相关信息 表 1-0-19

资产编码	FW-1	BG-1
名称	办公楼	电脑
类别	房屋建筑物	办公设备
计量单位	栋	台
数量	1	5
入账日期	2006-12-31	2006-12-31
经济用途	经营用	经营用
使用状态	正常使用	正常使用
变动方式	自建	购入
使用部门	管理部(50%)、供销部(50%)	管理部

续上表

折旧费用科目	管理费用/销售费用	管理费
币别	人民币	人民币
原币金额	1 400 000	23 000
购进累计折旧	0	0
开始使用日期	1987—12—20	2004—2—10
已使用期间	222	22
累计折旧金额	492 100	7 900
折旧方法	平均年限法	平均年限法
本年已提折旧	0	0

(10)BSP公司根据需要对现金管理系统的参数设置要求是：结账与总账期间同步；自动生成对方科目日记账；允许从总账引入日记账；与总账对账期末不等时允许结账；审核后的凭证才可复核工；日记账所对应凭证总账凭证必须存在。

(11)BSP公司从总账系统中引入现金、银行存款科目；增加一个综合币科目"1002，银行存款"；引入现金、银行存款科目余额。

(12)BSP公司因为只有一套工资核算方案，只需将工资类别设置为"正式工"一个工资类别。

(13)BSP公司在工资管理系统中引入总账系统的部门信息。

(14)BSP公司在工资管理系统中引入总账系统的职员信息。

(15)BSP公司的代发员工工资银行只有一个是"交通银行"，银行代码为"001"，账号长度为6位。

(16)BSP公司根据需要，设置公司的工资项目如表1-0-20所示。

工 资 项 目 表 表1-0-20

项目名称	数据类型	数据长度	小数位数	项目属性	系统是否预设
职员代码					是
职员姓名					是
职员部门					是
基本工资					是
奖金					是
补贴	货币	15	2	可变项目	否
应发合计					是
代扣税					是
实发合计					是

(17)BSP公司对本公司的一些工资项目要求系统自动采用公式计算求出，其公式定义要求如下：

基本工资小于等于900，补贴为150，其余的补贴为200；

应发合计＝基本工资＋奖金＋补贴；

实发合计＝应发合计－代扣税。

(18)BSP 公司员工的个人所得税以"应发合计"减去"补贴"作为所得税计算的工资项目，税率以国家规定的超额累进税率为准，采用含税级距，基本扣除数为 1 600。

(19)BSP 公司根据自身的工作需要，将供应链系统与其他各系统联合运用，供应链系统的参数设置要求如下：启用日期与整个 ERP 系统的启用日期一致是 2007 年 1 月；核算方式采用数量、金额核算；不允许出现负库存；单据审核后才更新库存数据。

(20)BSP 公司在 2007 年初的物料结存情况如下表 1-0-21 所示，录入期初余额，并与总账数据核对无误。

物料期初结存资料 表 1-0-21

物料代码	物料名称	计量单位	期初数量	期初金额	入库日期
0101	钢材	公斤	38 000	380 000	2006.12.31
0201	机箱	件	5 250	1 050 000	2006.12.31

(21)BSP 公司对供应链系统的初设化设置进行了检查，认为可以启动业务系统。

4 本期发生的账务事项

(1)BSP 公司在 2007 年 1 月有下列业务通过总账将凭证录入到系统中去：

1 月 3 日，提取现金 10 000 元备用，现金支票号 xj0103；

1 月 5 日，管理部购买办公用品，用现金支付 1 000 元。

(2)BSP 公司 2007 年 1 月 5 日购入的办公用品是供销部使用的而不是管理部门使用的。

(3)BSP 公司 2007 年 1 月 5 日供销部购买办公用品的凭证并未收到原始凭证，需要从系统中删除。

(4)BSP 公司由李主管对所有凭证进行审核。

(5)BSP 公司对 2007 年 1 月份的所有记账凭证按一级科目进行汇总。

(6)BSP 公司，由李主管对所有未过账的凭证进行过账操作，要求凭证有断号时停止过账、过账发生错误时停止过账。

(7)BSP 公司根据需要设置总分类账的显示内容包括：科目代码并锁定、科目名称、期间、摘要、借方、贷方、余额(指定借贷方向)，其余全部默认系统设置，并查询本期所有总分类账信息。

(8)BSP 公司，需要查询本期现金日记账信息，并以 200801 现金日记账. xls 为文件名输出到磁盘文件。

5 本期发生的日常业务

(1)BSP 公司供销部的王业务于 2007 年 1 月 1 日向广东仪器公司发出采购订单，要求订购钢材 2 000 公斤，双方协商价格为 10 元/公斤，验货后付款，要求到货日为 2007 年 1 月 3 日。要求王业务进行订单录入，李主管进行订单审核。

(2)BSP 公司供销部的王业务于 2007 年 1 月 1 日向广东仪器公司发出采购订单，在 2007 年 1 月 3 日已经到货由赵生产进行验货入库并保管。要求王业务进行收料通知单及外购入库单的生成，李主管进行相关审核工作。

(3)BSP 公司供销部的王业务于 2007 年 1 月 1 日向广东仪器公司发出采购订单，在 2007 年 1 月 3 日已经收到供货提供的增值税专用发票。要求王业务根据外购入库单生成采购发票，李主管进行相关审核工作。

(4)BSP 公司供销部的王业务于 2007 年 1 月 1 日向广东仪器公司采购的 2 000 公斤钢材，在 2007 年 1 月 3 日已经收到供货单位提供的增值税专用发票，并同时收到运费发票一张，金额 2 000 元，要求由王业务新增费用类别"运费"，代码为"01"，再根据采购发票关联生成费用发票，李主管进行相关审核工作。

(5)BSP 公司供销部的王业务于 2007 年 1 月 1 日向广东仪器公司采购的 2 000 公斤钢材，在 2007 年 1 月

3 日货物与发票均已到达，由王业务进行采购发票与货物入库单的确认钩稽。

(6)BSP 公司供销部的王业务于 2007 年 1 月 1 日向广东仪器公司采购的 2 000 公斤钢材，有 100 公斤质量不合格，王业务决定在 2007 年 1 月 8 日从原料库退货，由赵生产进行保管和验货。1 月 9 日收到对方开出的红字增值税专用发票。要求由王业务生成退料通知单、红字外购入库单、红字采购发票，李主管对所用的单据进行审核，同时对本笔业务的入库单与红字采购发票进行确认钩稽。

(7)BSP 公司供销部的的王业务在 2007 年 1 月 10 日接到华东电子的订单一份：要求订购机箱 100 件，单价 200 元(不含税)，于 2007 年 1 月 12 日发货。根据本业务，要求：由供销部王业务录入销售订单，李主管进行单据审核。

(8)华东电子 2007 年 1 月 10 日的订单，由 BSP 公司供销部的的王业务 2007 年 1 月 12 日发货。但是由于成本较高，加之市场紧俏，通知对方，销售价格上扬到 400 元，对方同意接受。根据本业务，要求：由供销部王业务生成销售出库单，李主管进行单据审核。

(9)BSP 公司供销部王业务在 2007 年 1 月 12 日向华东电子发出 100 件机箱时，开具了增值税专用发票，要求由李主管进行审核。

(10)BSP 公司供销部王业务在 2007 年 1 月 12 日向华东电子发出 100 件机箱的同时替对方垫付了运费 500 元。要求：由王业务开具销售费用发票，李主管进行审核。

(11)BSP 公司供销部的王业务对 2007 年 1 月 12 日销售给华东电子的机箱一批，所产生的销售发票、费用发票与销售出库单进行钩稽。

(12)BSP 公司供销部 2007 年 1 月 12 日销售给华东电子的机箱中有 10 件机箱因有质量问题，华东电子要求退货。BSP 公司答应其退货要求，于 2007 年 1 月 15 日收到华东电子退回的 10 件机箱，同时开具红字销售发票给对方。要求：王业务生成红字销售出库单及红字销售发票；李主管对所有单据进行审核；同时王业务对红字销售发票进行钩稽。

(13)BSP 公司生产部赵生产于 2007 年 1 月 18 日为进行生产机箱领用了 600 公斤钢材，每公斤钢材成本为 10 元，准备生产 200 个机箱。要求由王业务生成生产领料单，李主管进行审核。

(14)BSP 公司生产部赵生产于 2007 年 1 月 28 日送来仓库 200 个完工产品机箱，每件机箱成本为 50 元，由王业务接收。要求由王业务生成产品入库单，李主管进行审核。

(15)2007 年 1 月 28，BSP 公司由于生产的需要，有 8 个机箱需要再进行加工，要供销部的王业务将其从产品库调拨到材料库，并要求李主管进行审核。

(16)BSP 公司供销部的王业务于 2007 年 1 月 28 日对“产品库”进行盘点，发现机箱比账存数少了一个(账存数量为 5 352 件，实际库存数量为 5 351 件)，作盘亏处理，同时生成盘亏单，并由李主管进行审核。

(17)BSP 公司在每月末对本期所有外购入库进行成本核算，确定采购入库成本。要求：由供销部的王业务将采购费用在采购材料的采购成本中进行分配，确定外购入库材料的成本。

(18)BSP 公司在月末对本期所有自制产品入库进行成本核算，确定自制产品入库成本，经过核算确定自制机箱的入库成本为 50 元。要求：由供销部的王业务将自制产品的入库成本修改为 50 元。

(19)BSP 公司在月末对本期所有发出产品的成本进行核算，确定发出产品的销售成本。要求：由供销部的王业务结转本期发出产品的出库成本。

(20)BSP 公司在月末生成本期所有采购发票、采购费用发票、出库、入库、销售发票、销售费用发票等供应链业务的凭证。要求：由供销部的王业务完成。

(21)BSP 公司于 2007 年 1 月 31 日收到华东电子的建设银行转账支票一张：2007013101ZZ01，用于偿付本月 12 日购买机箱的货款共 42 120 元，及代垫的运费 500 元。BSP 公司的王业务制作一张收款单，同时进行审核。

(22)BSP 公司于 2007 年 1 月 31 日，由王业务生成本月相关的应收单据凭证。

(23)BSP 公司由王业务对本月的应收款进行到款结算核销。

(24)BSP公司于2007年1月31日，由王业务计提本月坏账准备。本公司要求按应收账款的余额的0.5%的比例计提。

(25)BSP公司于2007年1月31日支付向广东仪器公司采购的钢材款总计22 230元，同时支付运费2 000元。开出建设银行的转账支票一张：2007013102ZZ01，要求由王业务生成两张付款单，同时进行审核。

(26)BSP公司于2007年1月31日，由王业务生成本月相关的应付单据凭证。

(27)BSP公司由王业务对本月的付款单进行付款结算核销。

(28)BSP公司于2007年1月31日购入一台生产用仪器，总金额为5 000元，已开出建设银行的现金支票支付，支票号为：2007013101XJ01。具体资料如表1-0-22所示。按公司制度规定由陈主任录入新增固定资产信息。

新增固定资产卡片信息

表1-0-22

资产编码	YQ-1	变动方式	购入
名称	仪器	使用部门	生产部
类别	办公设备	折旧费用科目	制造费用
计量单位	台	币别	人民币
数量	1	原币金额	5 000
经济用途	经营用	开始使用日期	2007-01-31
使用状态	正在使用	折旧方法	平均年限法(基于入账原账)

(29)BSP公司于2007年1月31日报废一台办公设备——电脑，清理残值收入100元，收到现金，未发生清理费用。要求由陈主任进行相关固定资产减少业务处理。

(30)BSP公司在月末由陈主任生成本月相关固定资产业务的凭证。

(31)BSP公司由张会计录入本月的日记账，张会计采取的方式是直接从总账引入数据。

(32)BSP公司的陈会计在月末需要查询本公司的现金日记账与银行存款日记账。

(33)BSP公司的张会计因业务需要于2007年1月1日从建设银行购置了现金支票与转账支票各一本。张会计并在2007年1月3日领用了一张现金支票用于从银行提现，限额为10 000元，其支票号为01；2007年1月31日张会计又领用了一张现金支票用于购买固定资产，限额为5 000元，支票号为02；2007年1月31日王业务领用了一张现金支票代垫运费，限额为500元，支票号为：03，领用了二张转账支票用于支付材料款(限额为22 230元)及运费(限额为2 000元)，支票号为01、02，并且相关支付款业务已全部完成。要求由张会计完成支票的购置、支票领用、支票报销操作，由李主管进行支票审核及核销。

(34)BSP公司的张会计于2007年1月31日从建设银行取回本月的银行存款对账单，对账单信息如表1-0-23所示，要求由张会计录入银行存款对账单。

银行存款对账单

表1-0-23

日　期	摘　要	结算方式	支票号	借　方	贷　方
2007-01-03	提现备用	现金支票	Xj0103	10 000	
2007-01-12	代垫运费	现金支票	Xj0112	500	

(35)BSP公司的张会计于2007月1月31日录入银行对账单后，与建设银行存款进行对账，并编制银行存款余额调节表，核实银行存款情况。

(36)BSP公司的张会计在月末收齐了本月各部门员工的工资数据单之后，录入到工资管理系统中，并计算出各计算项、合计项。工资数据单如表1-0-24所示。

2007年1月工资数据单 表1-0-24

职员代码	职员姓名	部门代码	部门名称	基本工资	奖金
0101	李主管	01	管理部	1 800	800
0102	张会计	01	管理部	900	450
0103	陈主任	01	管理部	1 500	600
0201	赵生产	02	生产部	1 000	650
0301	王业务	03	供销部	1 600	550

(37)BSP公司的张会计在月末录入并计算完本月所有的工资数据之后，对员工的工资进行个人所得税的扣除计算。

(38)BSP公司的张会计在月末计算好所有的工资数据之后，为防止工资数据的意外修改，由李主管对本企业所有部门员工的工资数据进行了审核。

(39)BSP公司每月月末要求张会计按部门汇总，对员工的应发工资费用进行分配。

(40)BSP公司的张会计生成本月工资费用分配凭证之后，需要检查凭证的正确性。

(41)BSP公司管理部的陈主任从2007年2月1日起到生产部工作。由张会计对其变动进行处理。

6 本期期末业务

(1)BSP公司在月末由王业务对存货核算系统进行期末对账与关账。

(2)BSP公司在月末由王业务对存货核算系统进行期末结账处理。

(3)BSP公司在月末由张会计对应收款管理系统及应付款管理系统进行期末对账检查及对账处理，要求选择对账方式为会计科目对账。

(4)BSP公司的张会计在月末对应收款管理系统及应付款管理系统进行期末对账检查及对账通过之后，进行期末结账。

(5)BSP公司的陈主任在本月末计提固定资产折旧，并查看相关折旧数据是否正确。张会计对生成的折旧凭证进行审核与记账。

(6)BSP公司的陈主任确定本月相关固定资产业务已处理完毕，进行期末对账与结账处理。

(7)BSP公司的张会计对工资管理系统进行期末结账处理。

(8)BSP公司的张会计完成了整个现金管理系统的业务处理之后，进行期末结账。

(9)BSP公司的张会计从市场外汇牌价得知在本期末美元的汇率为8.0。张会计进行本期期末调汇。由李主管对汇兑损益凭证进行审核、记账。

(10)BSP公司的张会计在本期末结转本期损益。同时要李主管对结转损益凭证进行审核、记账。

(11)BSP公司的张会计对总账系统进行期末结账。

7 生成本期报表并进行财务分析

(1)BSP公司在本期末需要建立一个货币资金表，其表样结构如表1-0-25所示，并要求表内文字为蓝色、仿宋体5号字，其余各项默认系统设置。

货 币 资 金 表

单位名称:BSP公司　　2007-01-31　　单位:元　　表1-0-25

项目 / 科目	期初余额	本期发生数		期末余额
		借方发生额	贷方发生额	
库存现金				
银行存款—建设银行				
银行存款—中国银行				
其他货币资金				
合计				

单位负责人:　　会计主管:　　制表人:

(2)在上述1的基础上,完成报表的内容和公式编辑,并生成报表数据。

(3)BSP公司要求张会计生成2007年第1期的利润表及资产负债表。

(4)BSP公司的张会计在本期末对公司本期的利润表进行结构分析,从利润的构成要素总额上进行分析,找出增加本期利润最大影响因素和减少本期利润最大影响因素。

第二篇　实 训 操 作

第 1 章　系 统 管 理

1.1　系统登录

在安装金蝶 K/3 软件后，要运行金蝶 K/3 软件有两次系统登录过程，第一次是在中间层服务器进行账套管理登录，其界面如图 2-1-1 所示，以创建账套及对账套进行管理。

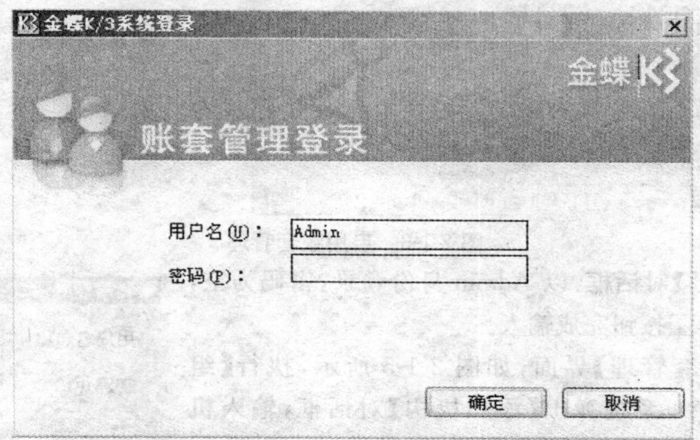

图 2-1-1　账套管理登录

如果是首次进行本界面的登录，用户名是默认的“Admin”，密码是空的，单击 确定 按钮即可进入账套管理界面中。

第二次，是创建账套之后，由客户端登录到中间层服务器上的账套中，即为“系统登录”，以对企业发生的各项业务进行管理，其界面如下图 2-1-2 所示。

图 2-1-2　系统登录

单击【组织机构(F):】及【当前账套(C):】文本编辑框的下拉按钮选择所需要登录的组织机构(可以是空的)和账套,并选择"以域用户身份登录"或"以命名用户身份登录",单击确定按钮,便可登录到所属的账套系统中。

1.2 账套管理

1.2.1 组织机构

(1)添加机构:

【例 2-1-1】 BSP 公司设置了一个组织机构,组织机构代码:BSP;组织机构名称:BSP 公司;口令:无。

操作步骤:

①启用金蝶 K/3"中间层服务部件"下的"账套管理"任务,如图 2-1-3 所示。

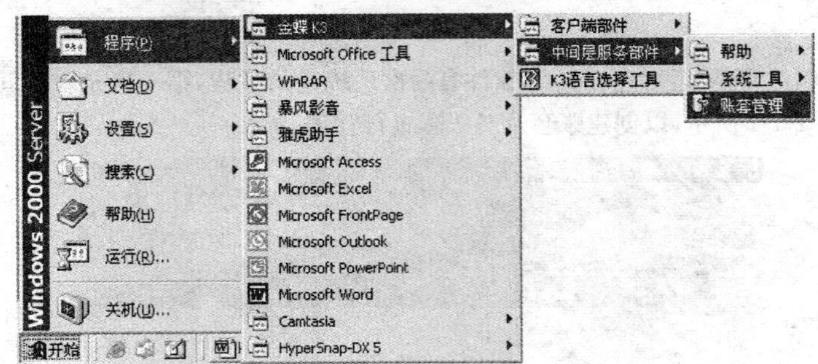

图 2-1-3 启用账套管理

②弹出【账套管理登录】对话框,以 Admin 身份登录,密码为空,如图 2-1-4 所示,单击确定按钮完成输入。

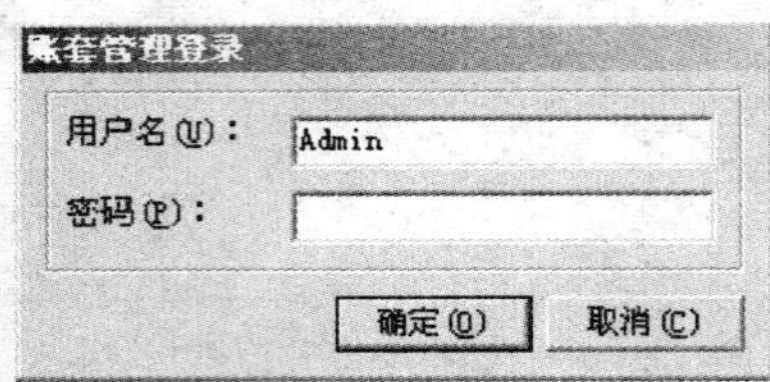

图 2-1-4 账套登录

③打开【金蝶 K/3 账套管理】界面,如图 2-1-5 所示,执行【组织机构】/【添加机构】命令,系统弹出【添加机构】对话框,输入机构代码:BSP;机构名称:BSP 公司。单击确定(O)按钮,完成组织机构的新建工作,在界面左侧组织机构下方,列出新加组织机构的名称。

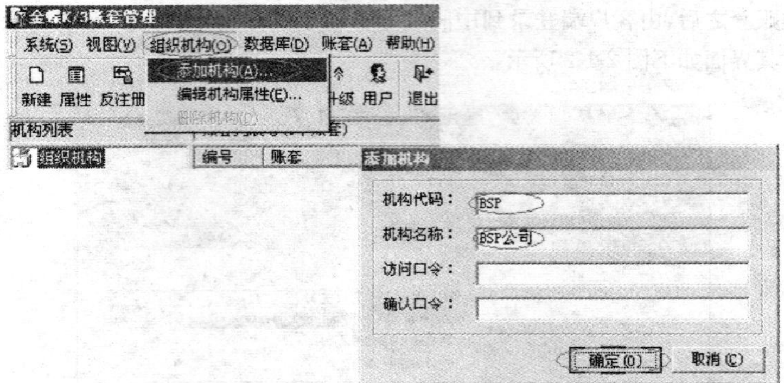

图 2-1-5 添加组织机构

(2)编辑机构:

对于已经存在的组织机构,如果想修改其机构名称或访问口令(注意机构代码是不能修改的),可选定该组织机构,执行【组织机构】/【编辑机构属性】命令,在系统弹出的【机构属性】对话框中,进行修改,注意,组织机构的代码一旦确定是不允许修改的。

【例 2-1-2】 BSP公司对组织机构BSP进行修改，将组织机构名称改为BBB公司，口令不变。

操作步骤：

①在【金蝶K/3账套管理】界面中，如图2-1-6所示，执行【组织机构】/【编辑机构属性】命令，系统弹出的【机构属性】对话框，将机构名称BSP公司改为BBB公司。单击 确定(O) 按钮。（注意此时机构代码"BSP"是灰色的，不能修改。）

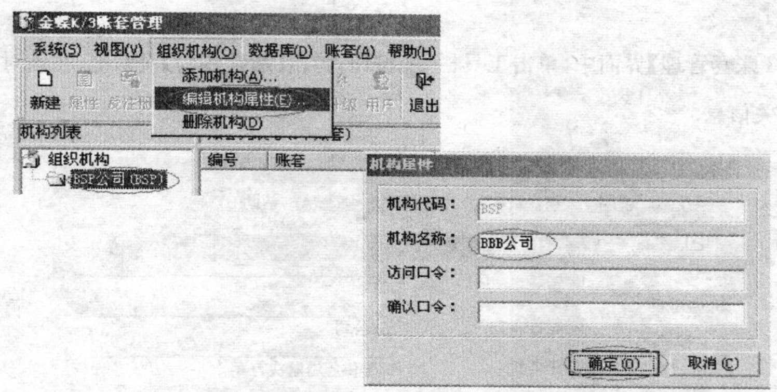

图 2-1-6　编辑机构属性

②在【金蝶K/3账套管理】界面左侧组织机构下方，将显示出新改的组织机构名称BBB公司(BSP)，括号中的BSP为组织机构代码没有改变。如图2-1-7所示。

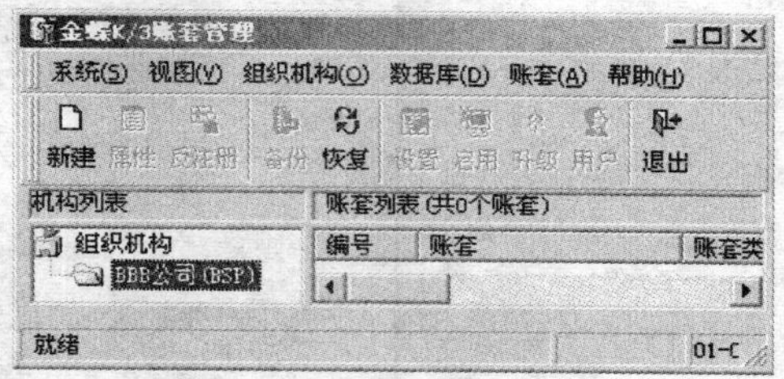

图 2-1-7　已修改的组织机构

(3)删除机构：

删除机构是将已存在的无用的组织机构进行删除，如果该组织机构下存在着账套，这个组织机构是不允许删除的。必须先将组织机构下的所有账套都删除之后，才能够删除这个组织机构。

【例 2-1-3】 将BSP公司的组织机构BBB公司(BSP)进行删除。

操作步骤：

①在【金蝶K/3账套管理】界面中，执行【组织机构】/【删除机构】命令，系统弹出提示对话框"确实要删除该机构吗！"，单击 确定(O) 按钮，将该组织机构进行删除。如图2-1-8所示：

②【金蝶K/3账套管理】界面左侧组织机构下方将为空，没有任何组织机构，原有的组织机构已被删除。如图2-1-9所示：

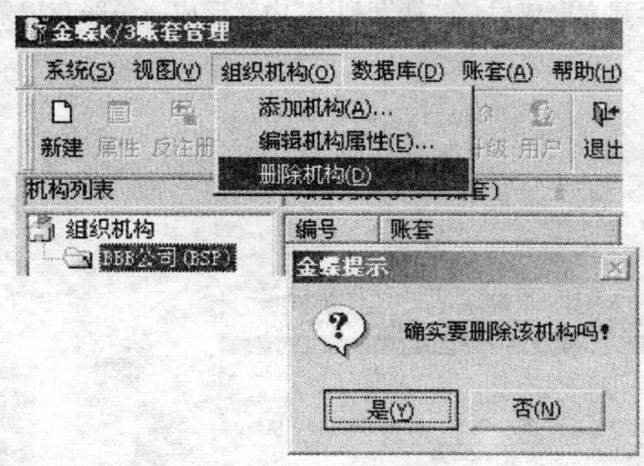

图 2-1-8　删除机构

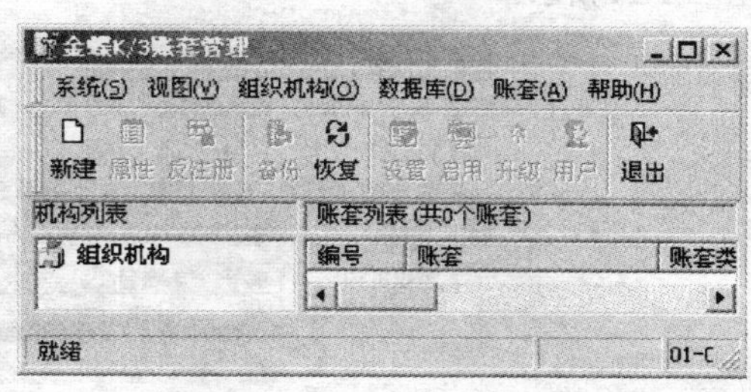

图 2-1-9　已删除组织机构

1.2.2 账套

(1)新建账套：

【例 2-1-4】 现有一个 BSP 公司于 2007 年 1 月 1 日准备实行电算化操作，需要创建一个账套，账套号是 701；账套名是 BSP 公司；账套类型为标准供应链解决方案；数据实体默认；数据库文件和数据库日志路径采用数据库服务器上的默认路径；系统账号采用“SQL Server 身份验证”，系统用户名默认为“sa”。

操作步骤：

①在【金蝶 K/3 账套管理】界面中，单击工具栏 新建 按钮，弹出【新建账套】对话框，在该对话框中如图2-1-10所示输入(设置)相关信息。

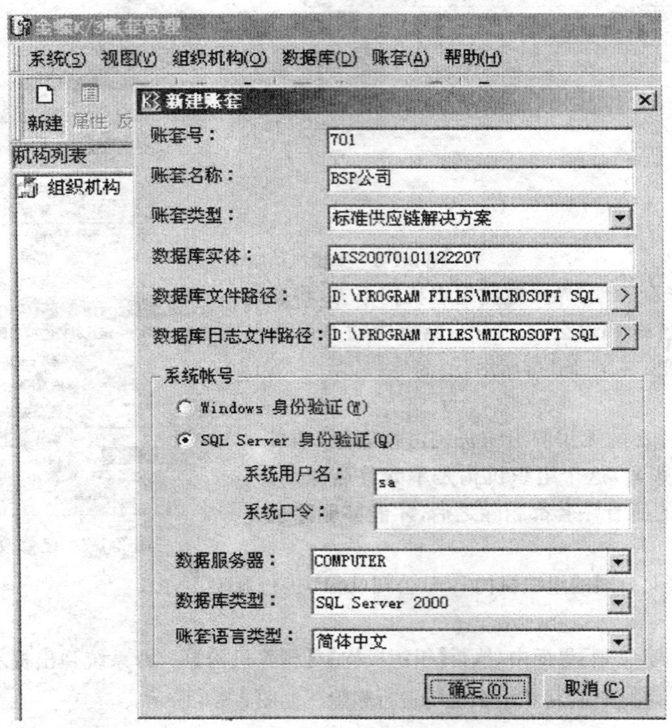

图 2-1-10 新建账套

②单击 确定(O) 按钮，系统就开始自动创建账套，账套建立完成后，在“账套列表”中就形成一条账套记录，如图 2-1-11 所示：

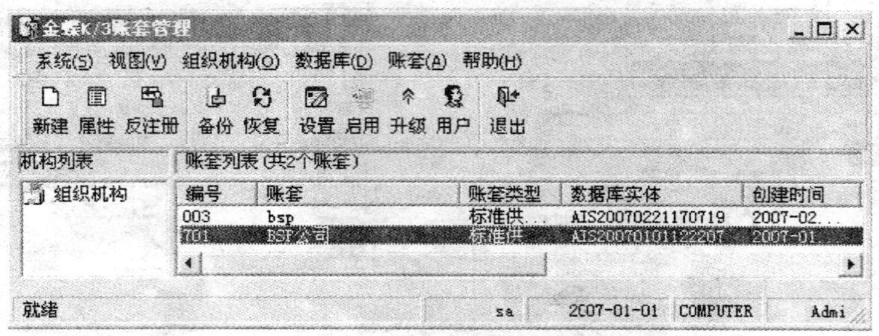

图 2-1-11 系统完成新建账套

(2)账套属性：

【例 2-1-5】 BSP 公司的机构名称是 BSP 公司；地址在 XX 市 YY 大道 38 号；电话是 0901-12345678；记账本位币代码是 RMB，名称是人民币；小数点位数是 2，要求凭证过账前必需审核；启用会计年度是 2007；启用会计期间是 1；采用自然年度会计期间。

操作步骤：

①在【金蝶 K/3 账套管理】界面中，单击工具栏 设置 按钮，系统弹出【属性设置】对话框，如图 2-1-12 所示在【系统】选项卡中的【机构名称】文本编辑框中键入“BSP 公司”；在【地址】文本编辑框中键入“XX 市 YY 大道 38 号”；在【电话】文本编辑框中键入“0901-12345678”。

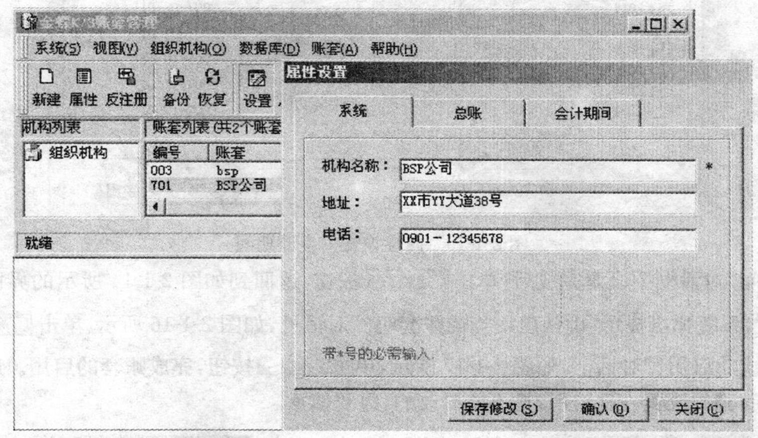

图 2-1-12 属性设置－系统

②单击【总账】选项卡，在【总账】选项卡中如图 2-1-13 所示进行设置，在“凭证过账前必需审核”的复选框中单击打上“√”，本次如果未勾选，以后在总账系统参数设置中进行勾选也可以。

③单击【会计期间】选项卡，在【会计期间】选项卡中单击 更改(M)... 按钮，如图 2-1-14 所示，以弹出【会计期间】对话框，如图 2-2-15 所示进行设置进行即可。

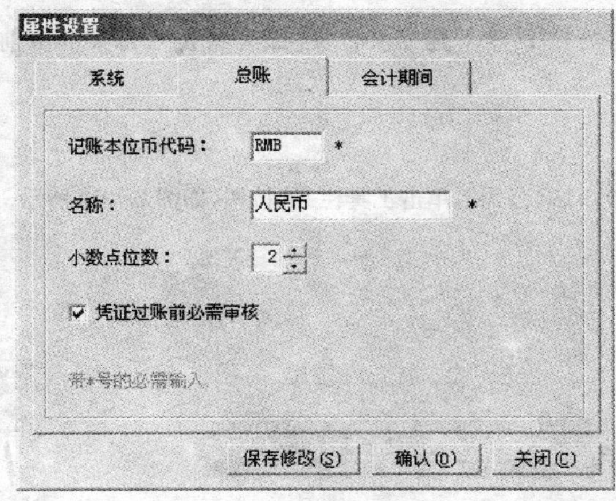

图 2-1-13 属性设置－总账

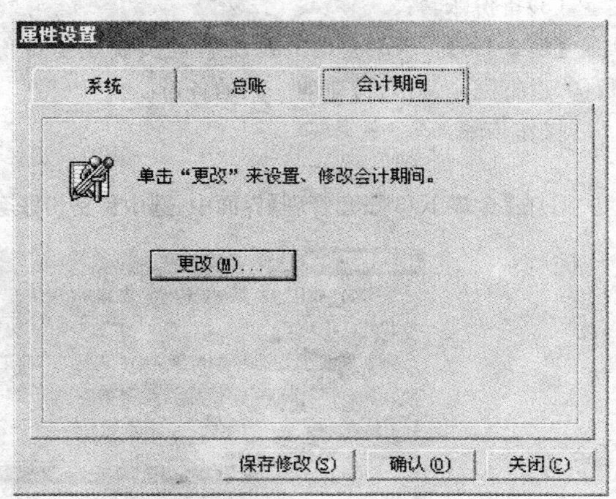

图 2-1-14 属性设置－启用会计期间

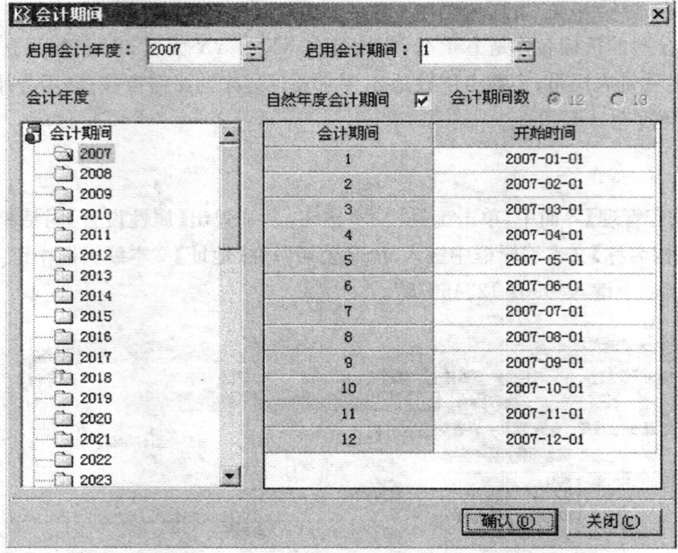

图 2-1-15　属性设置—会计期间

④在“会计期间”对话框中设置完成后，单击[确定(O)]按钮，返回到如图 2-1-14 所示的界面，在该界面中再单击[确定(O)]按钮，系统弹出提示“确认启用当前账套吗?”对话框，如图 2-1-16 所示，单击[是(Y)]，系统再次弹出“当前账套已经成功启用!”对话框，如图 2-1-17 所示，单击[确定]按钮，完成账套的启用。应特别注意，在属性设置中，【会计期间】的设置一旦启用，是不能修改的，需要慎重。

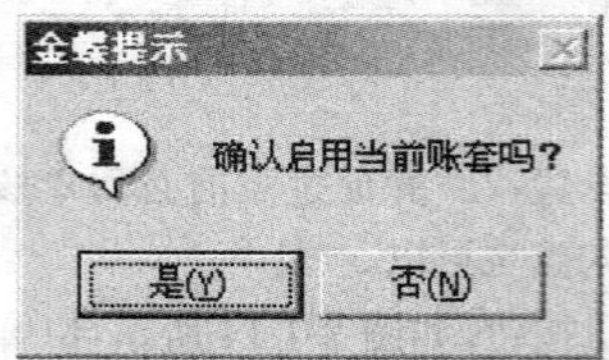

图 2-1-16　确认启用账套

图 2-1-17　成功启用账套

(3)备份账套：

【例 2-1-6】 BSP 公司的系统管理员制定了备份方案，在 D 盘下建立文件夹“账套备份”，每天下班前 17:00进行完全备份，覆盖前一天的备份。

操作步骤：

①在【金蝶 K/3 账套管理】界面中，选中待备份账套“701 BSP 公司”，单击工具栏[备份]按钮，如图 2-1-18 所示。

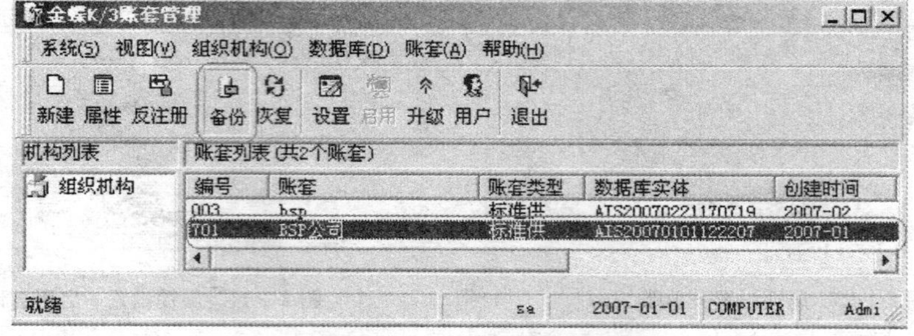

图 2-1-18　选择账套备份

②系统弹出【账套备份】对话框，选择“完全备份”，如图 2-1-19 所示，单击【备份路径】文本编辑框右边的»按钮，打开【选择数据库文件路径】对话框，如图 2-1-20 所示，选择 D:\账套备份\完全备份，单击确定(O)按钮。

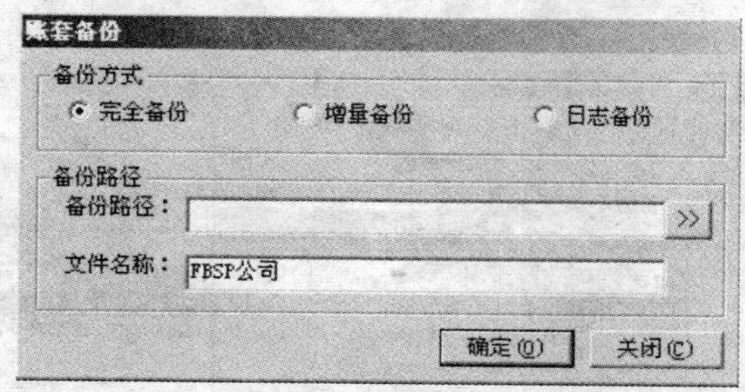

图 2-1-19 账套备份

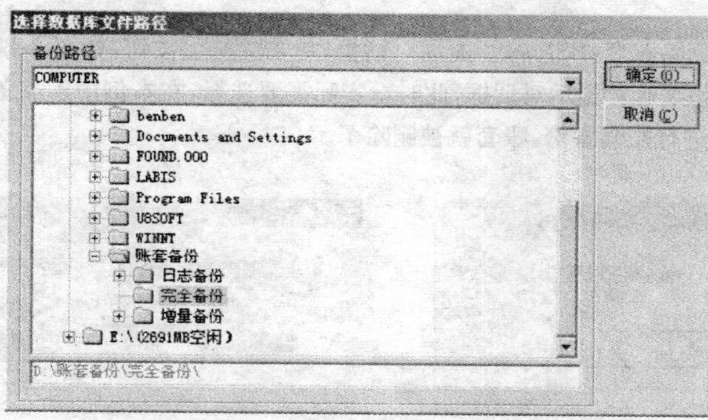

图 2-1-20 选择数据库文件路径

③返回到【账套备份】对话框，【备份路径】便设置完成了，在【文件名称】文本编辑框中修改文件名称或采用默认名称，如图 2-1-21 所示，再单击确定(O)按钮。

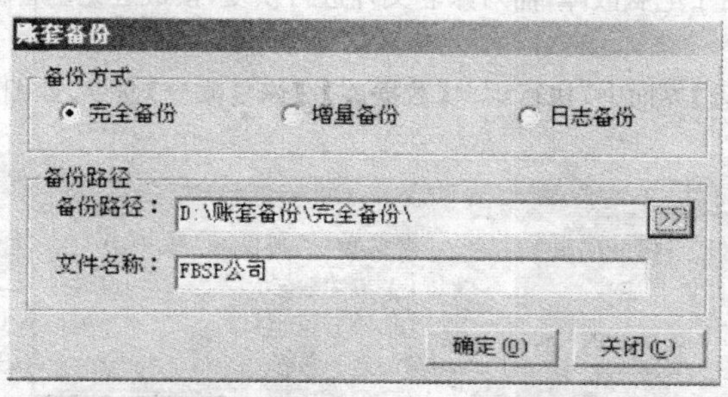

图 2-1-21 设置账套备份文件名称

④系统弹出“备份成功，生成两个文件：”的提示对话框，如图 2-1-22 所示，单击确定按钮，账套备份成功，生成了.bak 与.dbb 两个完全备份文件。在实际工作中，还需要将此处备份生成的两个文件拷贝到外部设备或制作成光盘隔离保存。

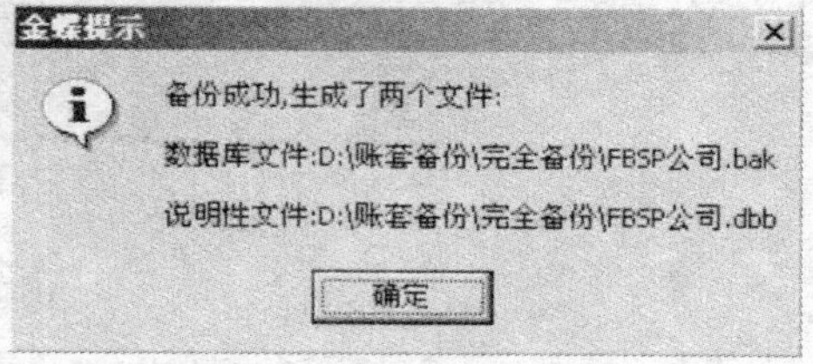

图 2-1-22 账套备份成功

(4)删除账套：

【例 2-1-7】 BSP 公司的另一套账套编号为 003，账套名称为 BSP 的账套已确定不需用了，现将其删除。

操作步骤：

①在【金蝶 K/3 账套管理】界面中，选定编号为 003 的账套，如图 2-1-23 所示执行【数据库】/【删除账套】命令。

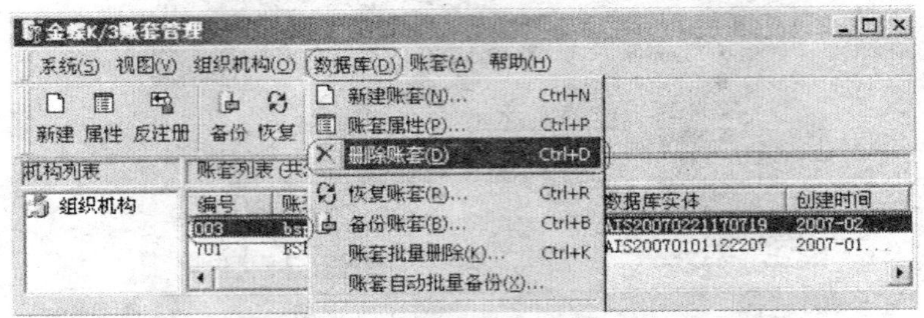

图 2-1-23 删除账套

②系统弹出“确认要删除账套：BSP 吗?”提示对话框，单击[是(Y)]按钮，如图 2-1-24 中左图所示。系统再次弹出“删除前是否备份该账套?”提示对话框，此时看实际需要选择，在本例中不需备份，单击[否(N)]按钮，如图 2-1-24 中右图所示，不进行账套备份，账套就被删除了。

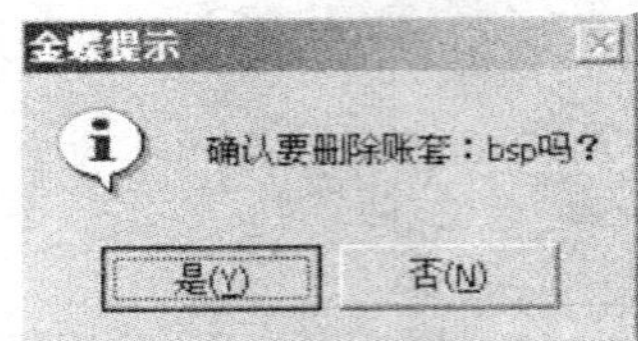

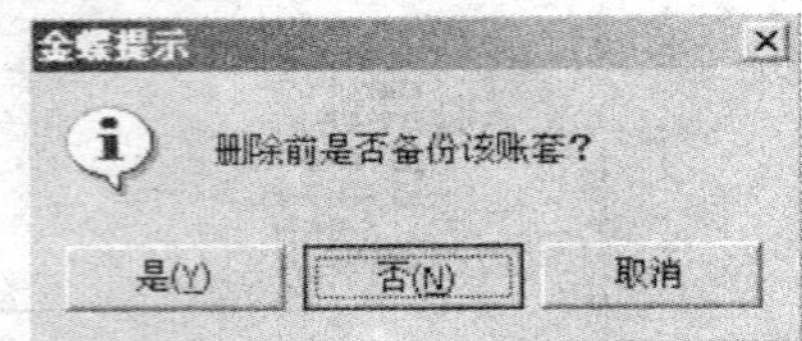

图 2-1-24 账套删除提示

(5)恢复账套：

【例 2-1-8】 BSP 公司由于电脑故障，需对账套文件进行恢复，按最近完全备份的文件的进行恢复。

操作步骤：

①在【金蝶 K/3 账套管理】界面中，执行菜单【数据库】/【恢复账套】命令，如图 2-1-25 所示：

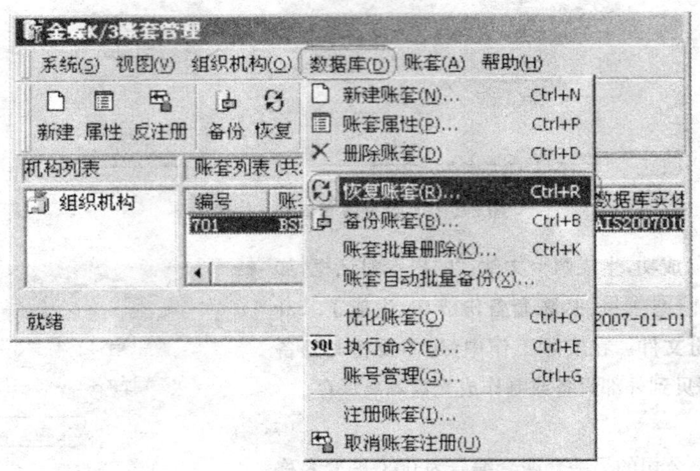

图 2-1-25 执行恢复账套命令

②打开【选择数据库服务器】界面，如图 2-1-26 所示，选择 SQL Server 身份验证，在【数据服务器】文本编辑框中输入“COMPUTER”，在【数据库类型】文本编辑框中输入“SQL Server 2000”。

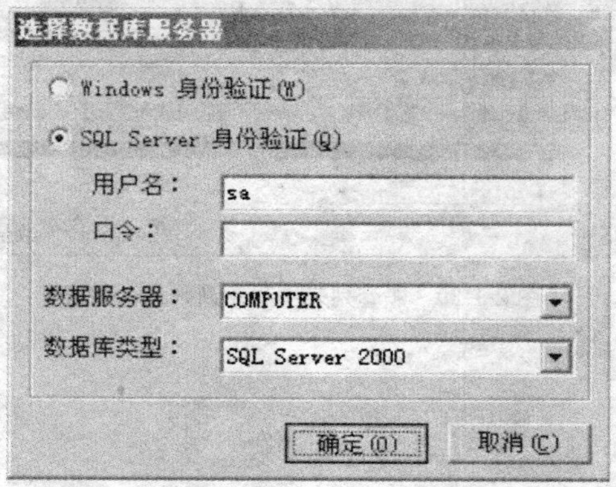

图 2-1-26 选择数据库服务器

③完成后，单击确定(O)按钮，打开【恢复账套】界面，如图 2-1-27 所示，在【服务器端备份文件】下方列表框中选择完全备份文件 FBSP 公司. dbb；在【账套号】文本编辑框中键入拟新建账套的账套编号“702”；在【账套名】文本编辑框中键入拟新建账套的账套名称“BBB 公司”。注意，编号和名称不允许同系统中已有账套的名称或者编号重复。【数据库文件路径】文本编辑框中键入拟新建账套的生成路径，本例默认为数据库安装路径。

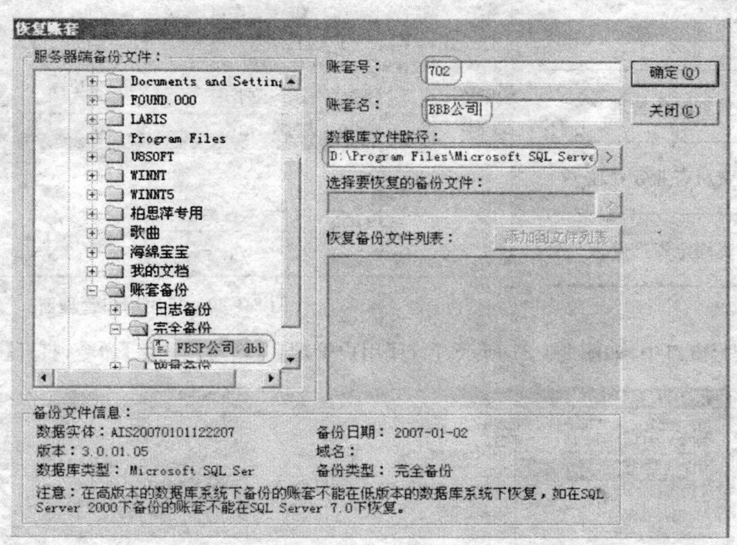

图 2-1-27 恢复账套

④单击确定(O)按钮，系统弹出“账套恢复成功，是否恢复其他账套?”的提示对话框，如图 2-1-28 所示，不需要恢复单击否(N)按钮。系统就会根据输入的“账套号：702”和“账套名：BBB 公司”开始执行恢复账套，然后在【数据库文件路径】指定的路径下生成一个新的账套，并且这个账套信息在中间层账套列表中显示出来，如图 2-1-29 所示。

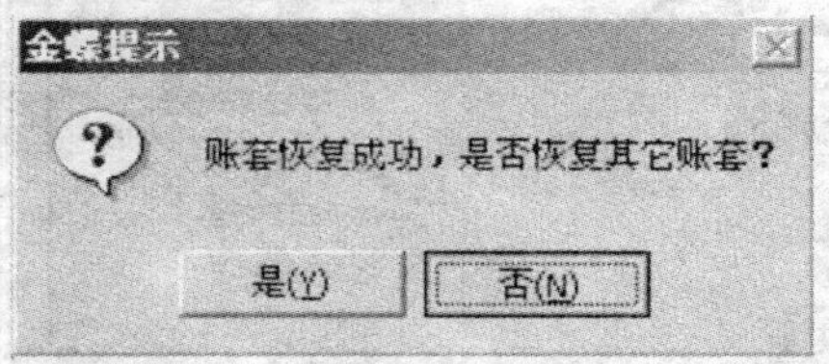

图 2-1-28 账套恢复成功提示对话框

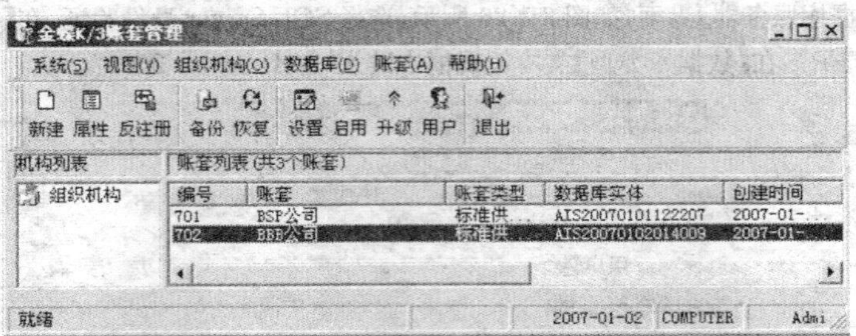

图 2-1-29 账套列表中显示新恢复的账套

1.3 用户管理

1.3.1 用户组

(1)新建用户组：

【例 2-1-9】 BSP公司由于业务需要，拟增加以下用户组如表 2-1-1 所示，以后加入该组的成员皆有此权限。

操作步骤：

①在【金蝶 K/3 账套管理】界面中，如图 2-1-30 所示，先选定账套待增加用户组的账套，再单击工具栏上的用户按钮，打开【用户管理】窗口。

用 户 组 名 表 2-1-1

用户组名	说　明
财务组	负责财务管理
业务组	负责所有业务处理
办公室组	负责固定资产管理

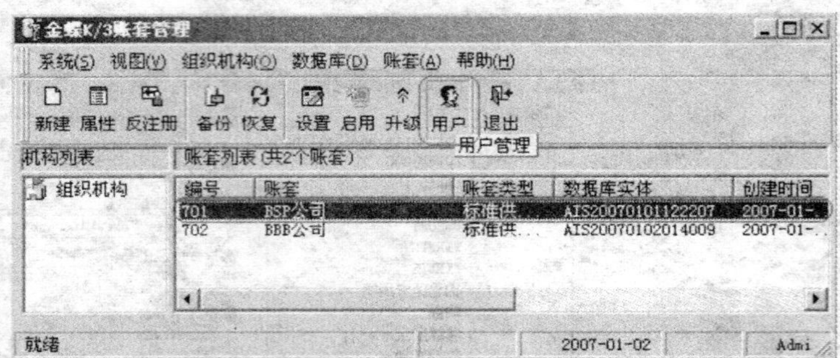

图 2-1-30 启用用户管理窗

②在【用户管理】窗口中，如图 2-1-31 所示，执行【用户管理】/【新建用户组】命令，打开【新增用户组】窗口。

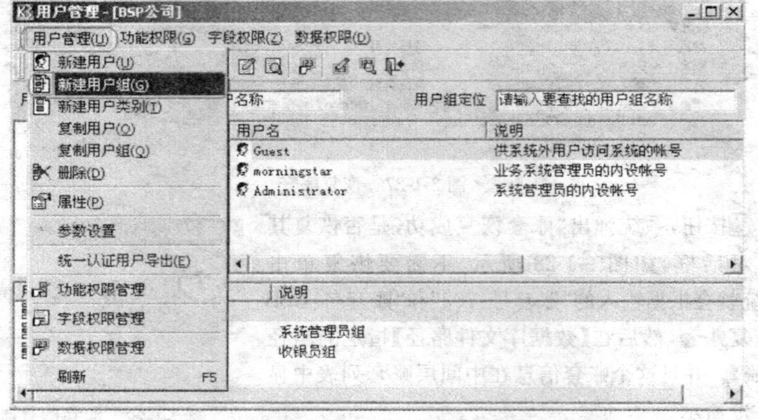

图 2-1-31 用户管理

③在【新增用户组】界面中，如图 2-1-32 所示，在【用户组名】文本编辑框中键入“财务组”，在【说明】文本编辑框中键入“负责财务管理”，再单击 确定(O) 按钮，增加了一个新的用户组——财务组在用户组列表框中显示，同样增加“业务组”与“办公室组”两个新的用户组，完成后如图 2-1-33 所示。

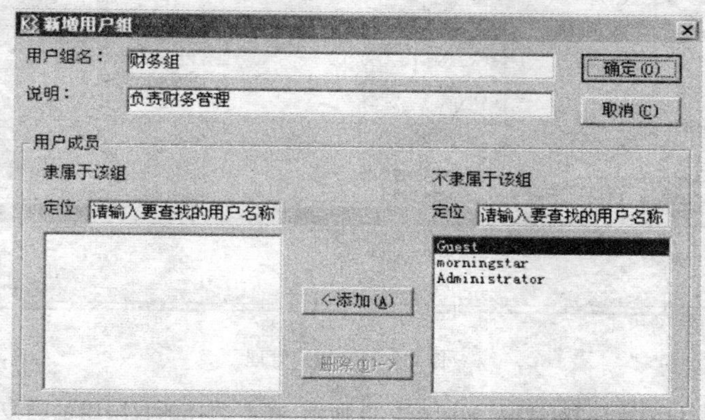

图 2-1-32　新增用户组

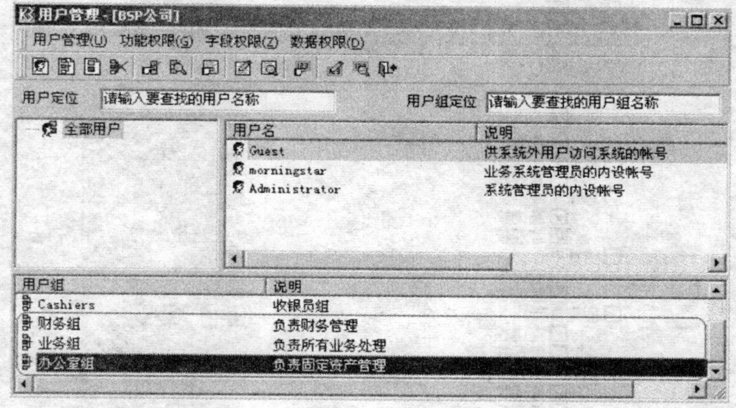

图 2-1-33　新增了三个用户组

需要注意，在用户管理窗口中已经有了三个用户组：Guest、morntingstar、Administrator，其中 Administrator 是系统管理员组，无需授权，属于该组的用户自动拥有 K/3 系统的所有权限，其余两组是一般用户组，需要经过授权才能使用 K/3 系统。

(2)用户组授权：

【例 2-1-10】 BSP 公司为了对账套的数据进行较安全的管理，对其新建的用户组进行组权限控制，如表 2-1-2所示，以后加入该组的成员皆有此权限。

用户组权限规定　　　　表 2-1-2

用 户 组 名	组 权 限
财务组	基础资料、总账、工资、报表系统、应收应付、财务分析、现金管理、现金流量表
业务组	采购、仓存、存货核算、销售管理、供应链系统公用设置、供应链分销、管理驾驶舱
办公室组	固定资产

操作步骤：

①在 K/3【用户管理】界面中，选中待授权的用户组，选如图 2-1-34 所示，选中“财务组”，执行【功能权限】/【功能权限管理】命令。

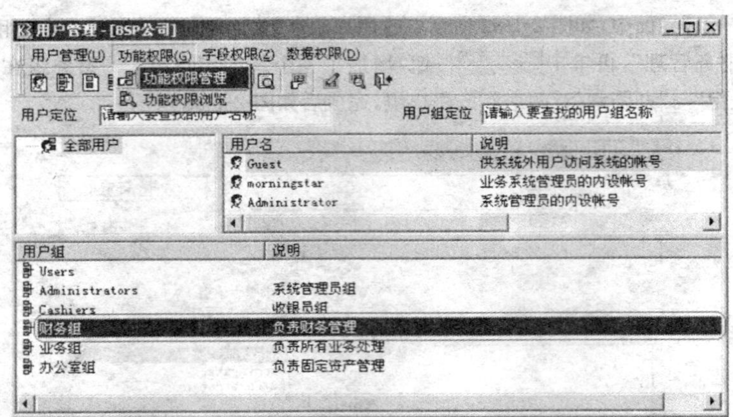

图 2-1-34　用户管理

②打开【用户管理_权限管理】对话框，如图 2-1-35 所示，在要选择的权限组的☑复选框中打上“√”，再单击[授权(S)]按钮，授权成功。重复以上两步完成“业务组”与“办公室组”授权操作。

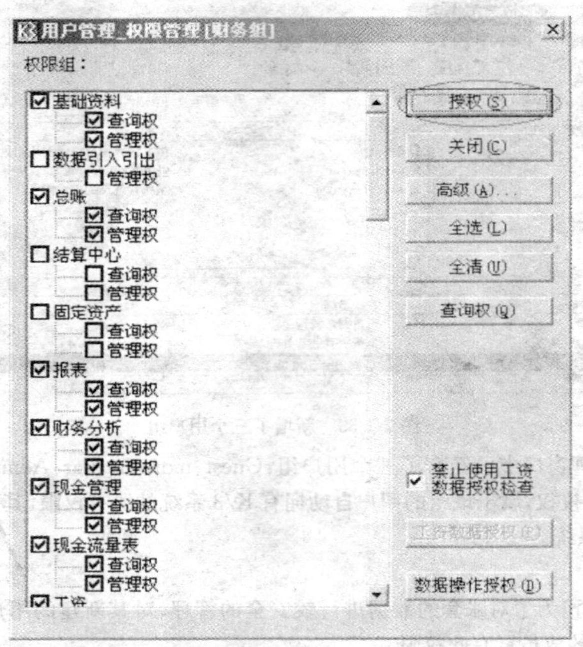

图 2-1-35　用户组授权

技巧：在图 2-1-35 用户组授权对话框中，单击“禁止使用工资数据授权检查”的☑复选框，选中该项。因为如果不选中该项，只要一个用户增加了数据授权中的任意一项中的内容，其他所有用户(除系统管理员外)都必须对增加的内容进行授权，非常复杂。在进行用户权限管理时也是一样。

1.3.2　用户

(1)新建用户：

【例 2-1-11】 BSP 公司拟新增一些用户在各用户组中，如表 2-1-3 所示。

用户名及属性　　表 2-1-3

用户组名	用户名	密码认证
财务组	李主管	空
财务组	张会计	空
业务组	王业务	空
办公室组	陈主任	空

操作步骤：

①在 K/3【用户管理】界面中，如图 2-1-36 所示，执行【用户管理】/【新建用户】命令。

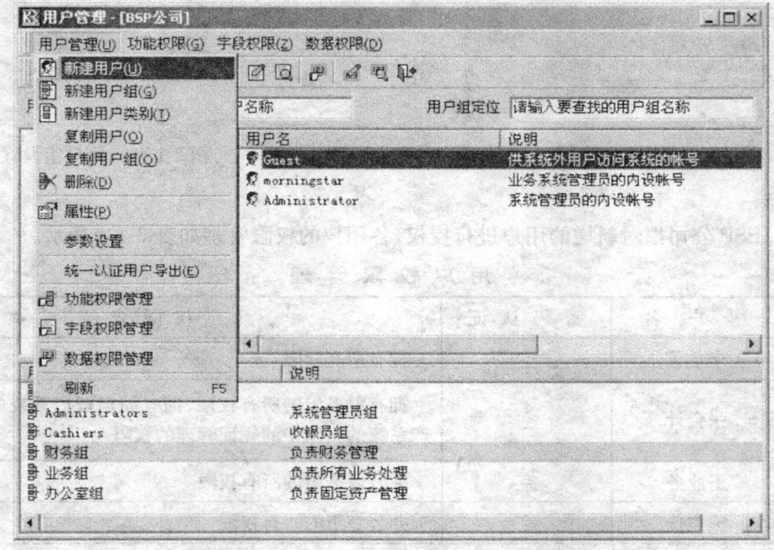

图 2-1-36　新建用户

②打开【新增用户】对话框，在【用户】选项卡中如图 2-1-37 所示录入用户姓名"李主管"；单击【认证方式】选项卡，如图 2-1-38 所示，选择⊙密码认证下的⊙传统认证方式，密码为空；单击【权限属性】选项卡，如图 2-1-39 所示，勾选"用户可以进行业务操作"、"用户具有用户管理权限"前的☑复选框，以选中此两项；单击【用户组】选项

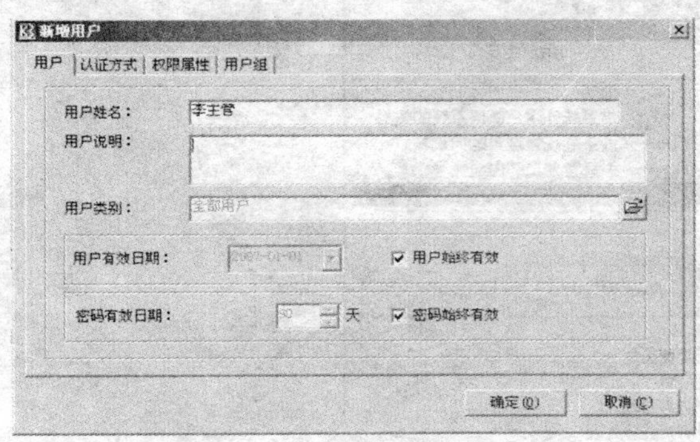

图 2-1-37　用户姓名设置

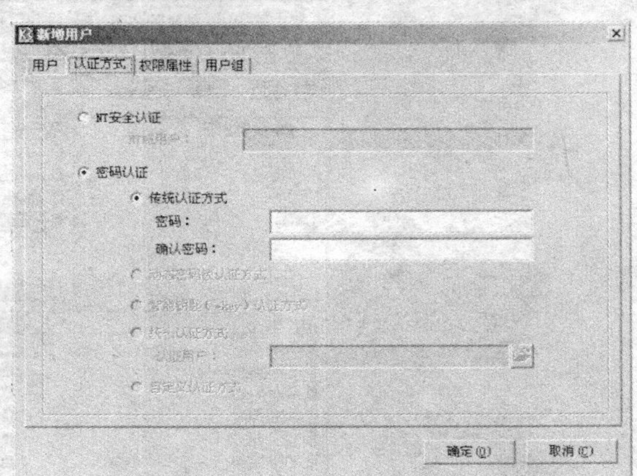

图 2-1-38　认证方式设置

卡，如图 2-1-40 所示，在【不隶属于(N)】列表框中选中"财务组"，单击[<添加(A)]按钮，将"财务组"添加到【隶属于(L)】列表框中，此时李主管将自动拥有"财务组"的一切权限。

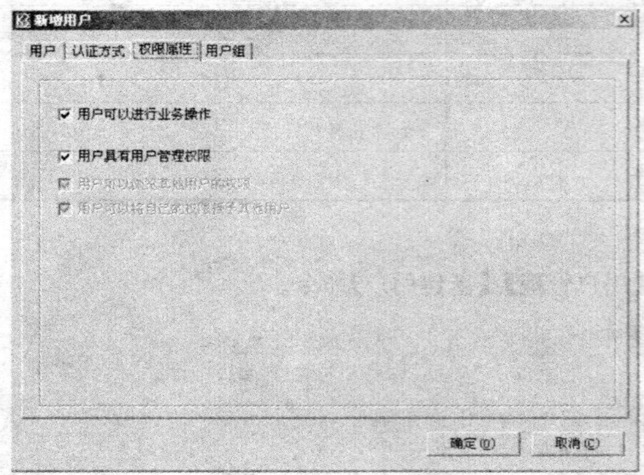

图 2-1-39　权限属性设置

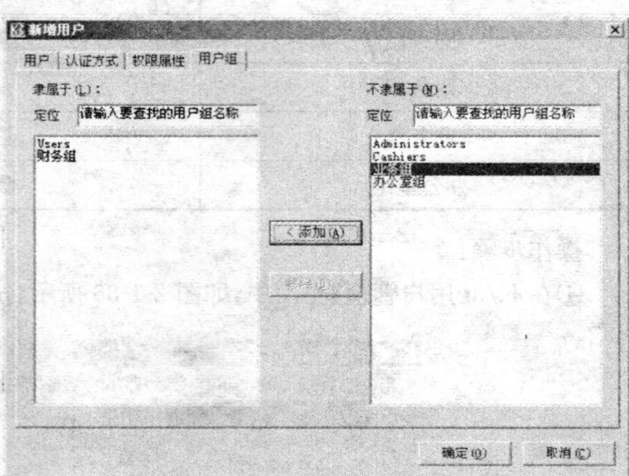

图 2-1-40　用户组设置

(2)用户授权：

【例 2-1-12】 BSP 公司拟对新增的用户进行授权，各用户的权限管理如表 2-1-4 所示。

用户权限管理　　表 2-1-4

用户组名	用户名	密码认证	权限介绍
财务组	李主管	空	拥有所有权限
财务组	张会计	空	拥有财务组的所有权限、拥有固定资产系统的查询权、固定资产系统的权限中的凭证管理的权限
业务组	王业务	空	拥有业务组的所有权限
办公室组	陈主任	空	办公室组的所有权限

操作步骤：

①在 K/3【用户管理】界面中，在用户名列表框中选中待授权的用户，如图 2-1-41 所示选中"李主管"，执行【功能权限】/【功能权限管理】命令。

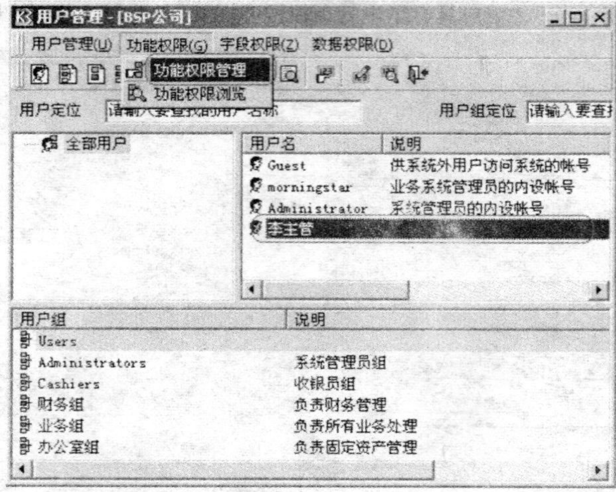

图 2-1-41　用户管理

②打开【权限管理】对话框，如下图 2-1-42 所示，先单击 全选(L) 按钮，选中所有权限，再单击 授权(S) 按钮，对李主管进行授权，授权成功后，单击 关闭(C) 按钮退出【权限管理】对话框。

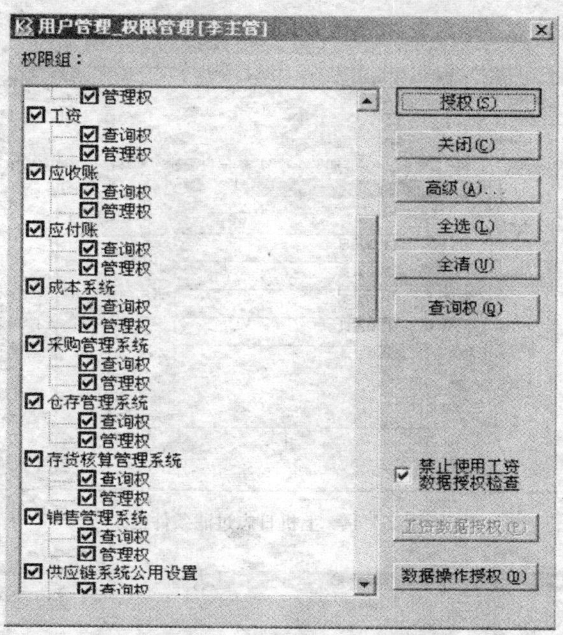

图 2-1-42　用户权限管理

依照上述①-②步的操作原理及顺序，按照表 2-1-4 中的权限管理内容并结合表 2-1-2 中的内容完成其余三位用户的授权。

1.3.3　上机日志

【例 2-1-13】　BSP 公司拟查询近段时间公司各主机对系统所进行过的业务操作情况。

操作步骤：

①在【金蝶 K/3 账套管理】界面中，如图 2-1-43 所示执行【账套】/【上机日志】命令。

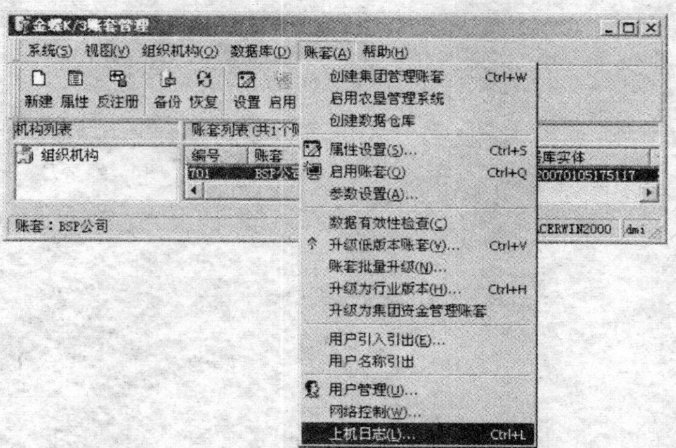

图 2-1-43　执行"上机日志"命令

②打开【上机日志】窗口中下的【过滤条件】对话框，如下图 2-1-44 所示，按企业所需求的信息条件，单击各文本输入框右边的▼下拉按钮，选择输入各项条件(本例为全部)，然后再单击[确定(O)]按钮，系统自动按条件组合对符合条件的上机操作信息显示出来，如下图 2-1-45 所示。

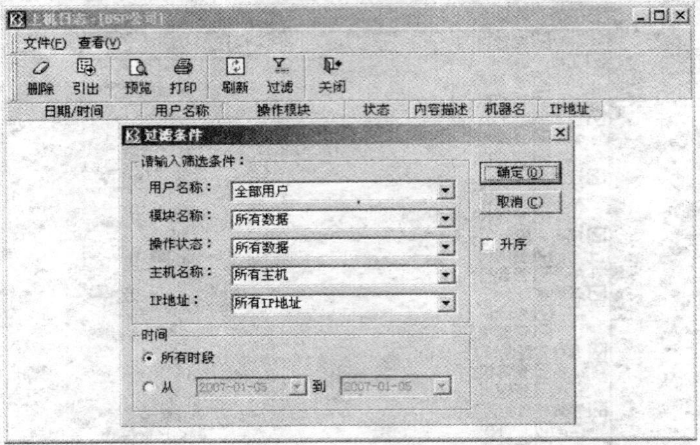

图 2-1-44　上机日志过滤条件框

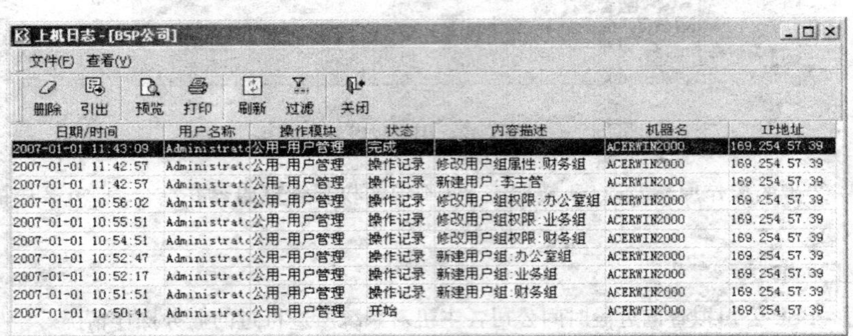

日期/时间	用户名称	操作模块	状态	内容描述	机器名	IP地址
2007-01-01 11:43:09	Administrat	公用-用户管理	完成		ACERWIN2000	169.254.57.39
2007-01-01 11:42:57	Administrat	公用-用户管理	操作记录	修改用户组属性:财务组	ACERWIN2000	169.254.57.39
2007-01-01 11:42:57	Administrat	公用-用户管理	操作记录	新建用户:李主管	ACERWIN2000	169.254.57.39
2007-01-01 10:56:02	Administrat	公用-用户管理	操作记录	修改用户组权限:办公室组	ACERWIN2000	169.254.57.39
2007-01-01 10:55:51	Administrat	公用-用户管理	操作记录	修改用户组权限:业务组	ACERWIN2000	169.254.57.39
2007-01-01 10:54:51	Administrat	公用-用户管理	操作记录	修改用户组权限:财务组	ACERWIN2000	169.254.57.39
2007-01-01 10:52:47	Administrat	公用-用户管理	操作记录	新建用户组:办公室组	ACERWIN2000	169.254.57.39
2007-01-01 10:52:17	Administrat	公用-用户管理	操作记录	新建用户组:业务组	ACERWIN2000	169.254.57.39
2007-01-01 10:51:51	Administrat	公用-用户管理	操作记录	新建用户组:财务组	ACERWIN2000	169.254.57.39
2007-01-01 10:50:41	Administrat	公用-用户管理	开始		ACERWIN2000	169.254.57.39

图 2-1-45　上机日志信息

第 2 章 系 统 设 置

2.1 系统设置

2.1.1 系统参数

【例 2-2-1】 BSP 公司的业务系统参数设置要求如下：启用年月为 2007 年 1 月；采用数量、金额核算；单据保存后立即更新；不启用门店管理。

操作步骤：

①在【金蝶 K3 主控台】中，如下图 2-2-1 中的①—④标识所示，选择【系统设置】/【初始化】/【存货核算】/【系统参数设置】并双击，进入核算参数设置向导。

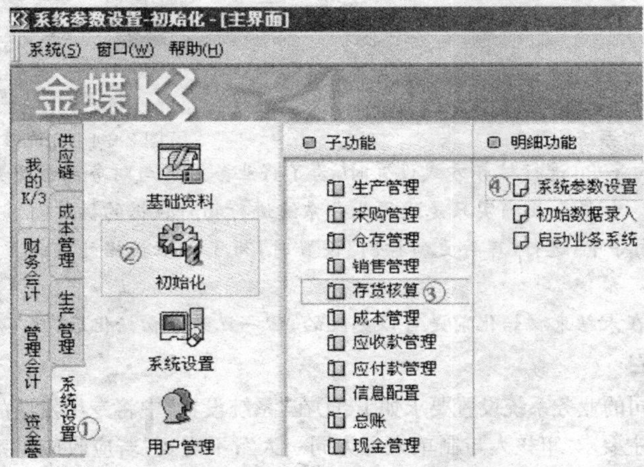

图 2-2-1 选择【系统参数设置】

②打开【核算参数设置向导】，在如下图 2-2-2 所示的业务系统设定中，设置启用年度为 2007；启用期间为 1。

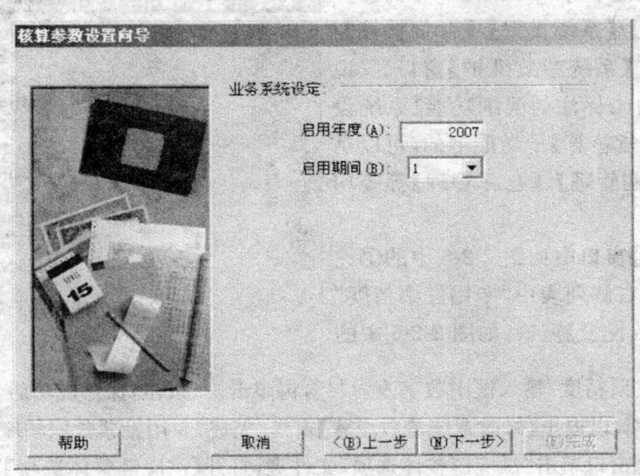

图 2-2-2 业务系统设定

③单击[(N)下一步>],打开如图 2-2-3 所示的向导图,单击“数量、金额核算”前的单选按钮[◉],选中数量、金额核算;单击“库存更新控制”下方的“单据保存后立即更新”前的单选按钮[ ],选中单据保存后立即更新;在“门店设置”下方,不勾选“启用门店管理”前的多选按钮[(N)下一步>],以不进行门店管理。

④单击[(N)下一步>],打开如图 2-2-4 所示的向导图,并在其中显示提示信息,如确信系统参数设置没有错误,可以完成系统参数设置了,则单击[(F)完成]按钮,完成系统参数的设置。

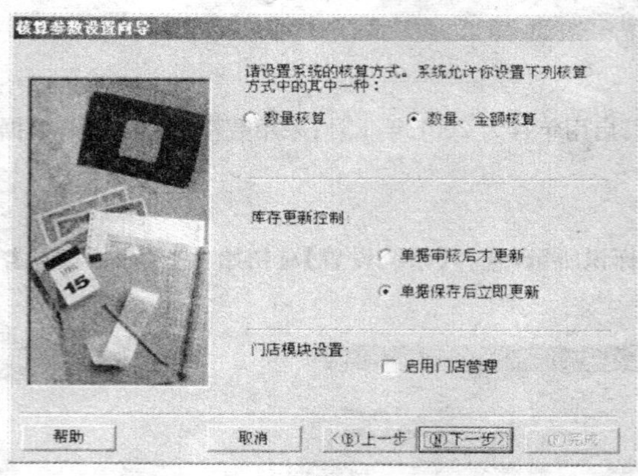

图 2-2-3 设置系统核算方式

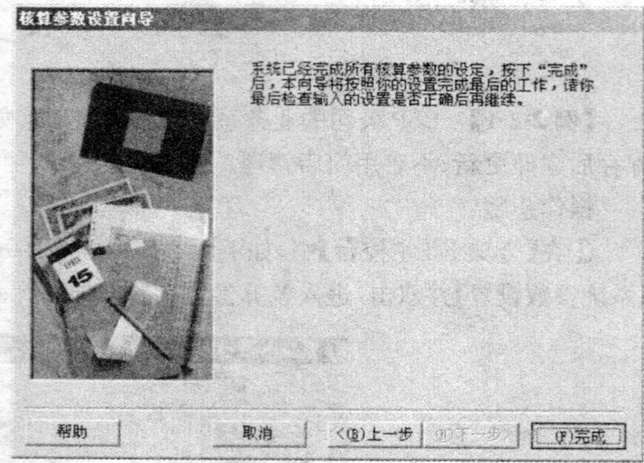

图 2-2-4 完成核算参数设置

技巧:在图 2-2-3 的向导中,进行核算方式设置时,为了将业务系统与财务系统更好的结合起来综合运用,应选择“数量、金额核算”。如果企业确实只是运用业务系统进行物料数据的核算则可以选择“数据核算”。

技巧:在图 2-2-3 的向导中,进行“库存更新控制”设置时,为了保证数据处理的严肃性,建议采用“单据审核后才更新”。

技巧:系统参数设置在未结束初始化前是可以更改的,但一旦结束初始化后,就不能更改了。

2.1.2 系统设置

【例 2-2-2】 BSP 公司的业务系统设置要求如下:①在“系统设置”中将专用发票的精度设为“4”;②在“供应链整体选项”参数维护中要求“审核人与制单人可为同一人”;不需要“若应收应付系统未结束初始化,则业务系统发票不允许保存”项;③在“核算系统选项参数”维护中设置“暂估凭证冲回方式”采用月初一次冲回。

操作步骤:

①在【金蝶 K3 主控台】中,如下图 2-2-5 中的①—④所示,选择【系统设置】/【系统设置】/【存货核算】/【系统设置】并双击,打开【系统参数维护】窗口。(说明:在选择如图 2-5 中的④标注的明细功能【系统设置】时,不一定要选择【存货核算】子功能下的,可以是其他任一子功能,如【采购管理】、【仓库管理】等等均可。)

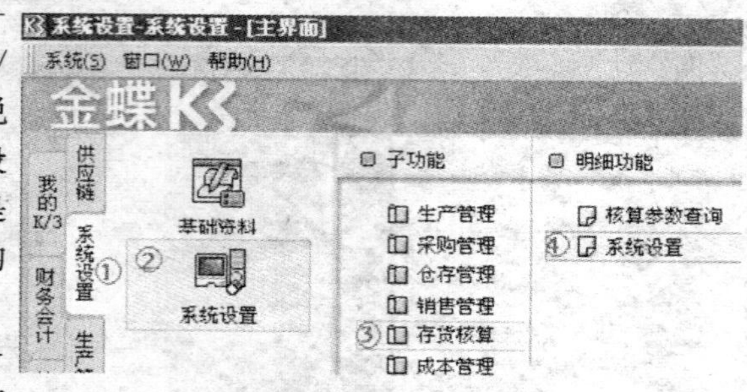

图 2-2-5 选择【系统设置】功能

②在【系统参数维护】窗口中如图 2-2-6 中的①—②所示,选择【系统设置】右侧列表中“专用发票精度”双击,打开【修改系统参数设置】窗口,如图 2-2-6 中的③—⑤所示,先将“专用发票精度”输入框中数字改为“4”,再单击[保存]按钮,保存成功后,再单击[退出]按钮,或单击窗口右上方的关闭按钮[×],以退出【修改系统参数设置】窗口,完成“专用发票数据精度”的修改。

③在【系统参数维护】窗口单击“供应链整体选项”文件夹,打开【供应链整体选项】列表框,如下图 2-2-7 所示,在“审核人与制单人可为同一人”右侧的“参数值”[ ]中单击打上“对勾”[✓];在“若应收应付系统未结束初始

化，则业务系统发票不允许保存”右侧的“参数值”中单击，取消原有的“对勾”。

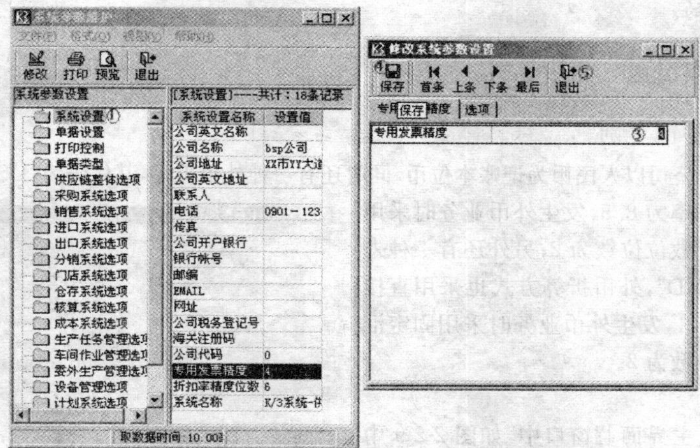

图 2-2-6 修改专用发票精度

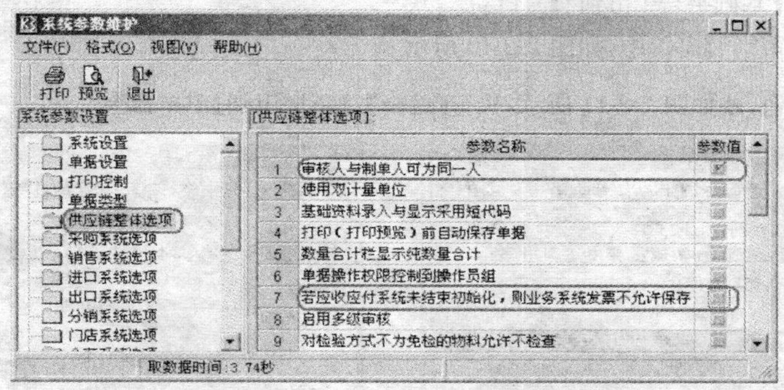

图 2-2-7 供应链整体选项参数维护

④在【系统参数维护】窗口单击“核算系统选项”文件夹，打开【核算系统选项】列表框，如下图 2-2-8 所示，单击“暂估冲回凭证生成方式”右侧的“值”栏的下拉按钮中选择“月初一次冲回”，然后再单击工具按钮，或单击窗口右上方的关闭按钮，退出【系统参数维护】窗口，完成 BSP 公司的系统设置要求。

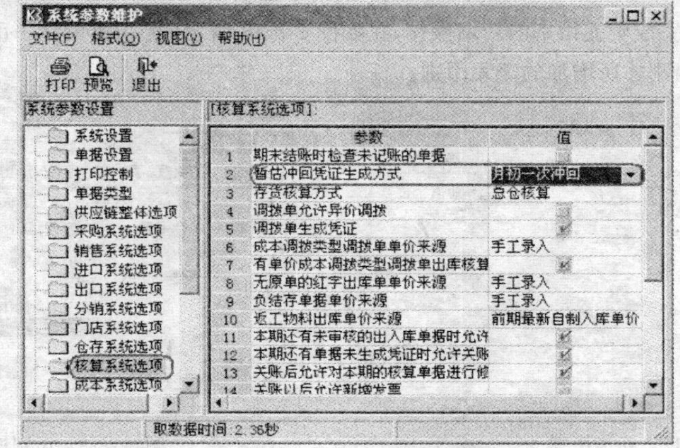

图 2-2-8 核算系统选项参数维护

技巧：在设置“暂估冲回凭证生成方式”时，一定要注意慎重对待，因为本选项值一旦设置，在系统启用后是不可能再进行修改的。

2.2 基础资料设置

2.2.1 设置货币类别

【例 2-2-3】 BSP 公司以人民币为记账本位币，同时还有一种外币美元，其代码为“USD”，外币折算方式采用直接标价法，记账汇率为 8.5，发生外币业务时采用固定汇率核算，金额小数位位数为 2；另外还有一种外币港币，其代码是“HKD”，外币折算方式也采用直接标价法，记账汇率为 1.1，发生外币业务时采用固定汇率折算，金额小数位位数为 2。

操作步骤：

①在【基础平台-[主界面]】窗口中，如图 2-2-9 中的①—④所示，选择【系统设置】/【基础资料】/【公共资料】/【币别】双击，打开【基础平台-[币别]】窗口。

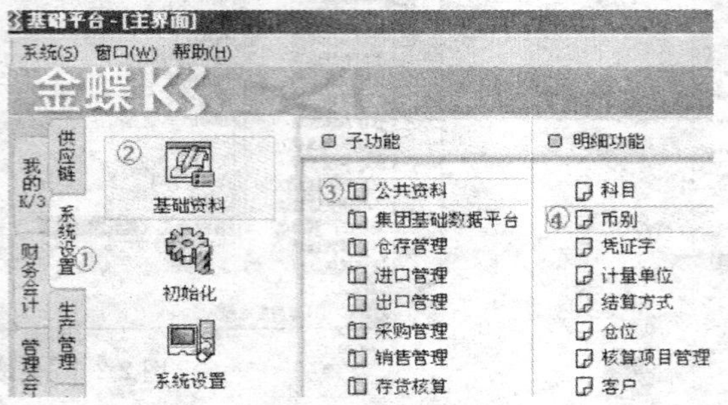

图 2-2-9 选择“币别”功能

②在【基础平台-[币别]】窗口中，如图 2-2-10 所示单击工具栏 管理 或 新增 按钮，或如图 2-2-11 所示，执行【编辑】/【新增币别】菜单命令。

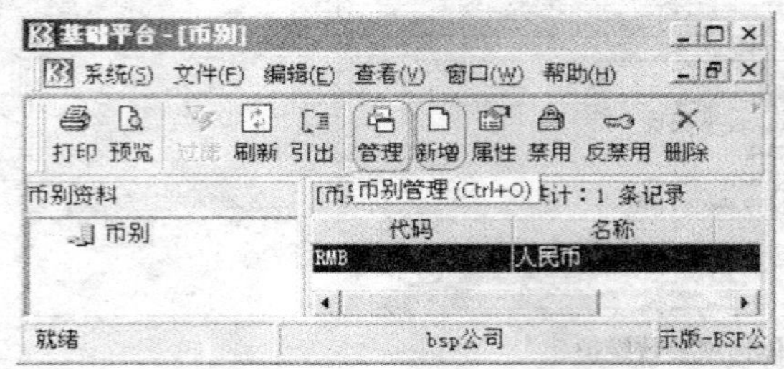

图 2-2-10 【基础平台-[币别]】窗口

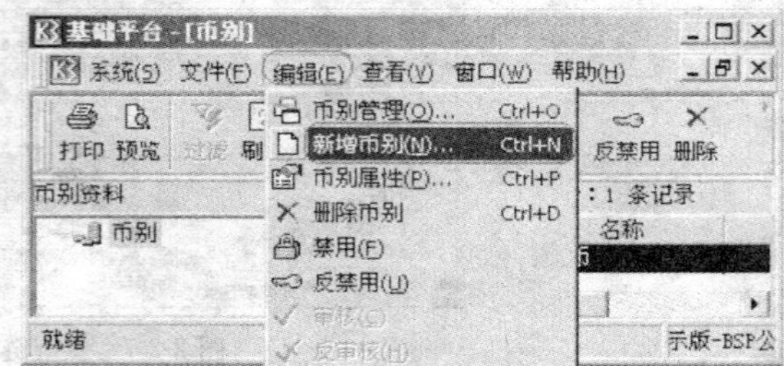

图 2-2-11 执行【新增币别】命令

③在【币别-新增】对话框中，如图 2-2-12 所示，在【币别代码】文本编辑框中键入“USD”；在【币别名称】文本编辑框中键入“美元”；在【记账汇率】文本编辑框中键入“8.5”；单击“原币 × 汇率 = 本位币”前的单选按钮⊙，选择【折算方式】为⊙ 原币 × 汇率 = 本位币；单击“固定汇率”前的单选按钮⊙，选择汇率核算方式为固定汇率核算。最后单击 确定(O) 按钮，完成美元币别的新增操作，在如图 2-2-13 所示的【基础平台－币别】窗口右下方的【币别】内容记录中就显示出刚才所增加的美元币别。

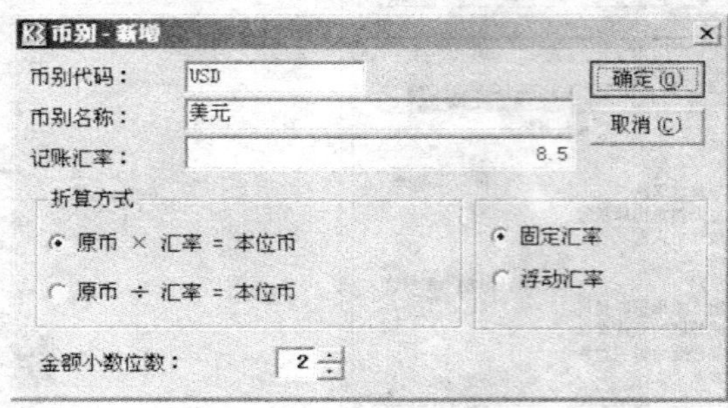

图 2-2-12 新增币别

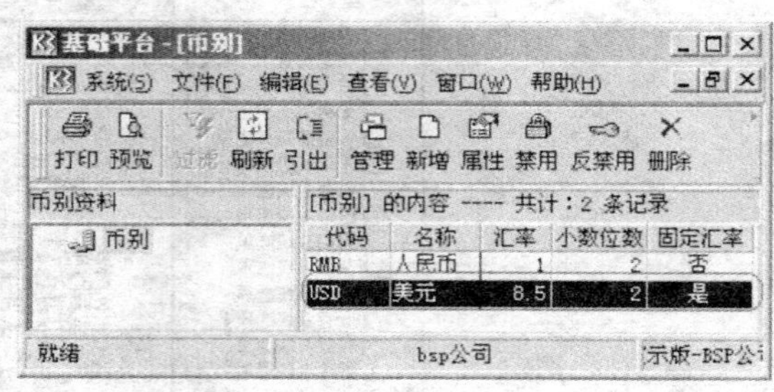

图 2-2-13 币别记录列表

④重复上述②－③步，完成币别“港币”的新增操作。

【例 2-2-4】 BSP 公司的李主管在检查币别设置时发现港币的记账汇率为 1，而不是 1.1，其余均是正确的。于是他马上进行了更正。

操作步骤：

①在【基础平台-[主界面]】窗口中，如图 2-2-9 中的①－④所示，选择【系统设置】/【基础资料】/【公共资料】/【币别】双击，打开【基础平台－[币别]】窗口。

②在【基础平台-[币别]】窗口中，如图 2-2-14 所示，先在币别记录列表中选中币别“港币”，再单击工具栏的属性按钮，或如图 2-2-15 所示，执行【编辑】/【币别属性】菜单命令。

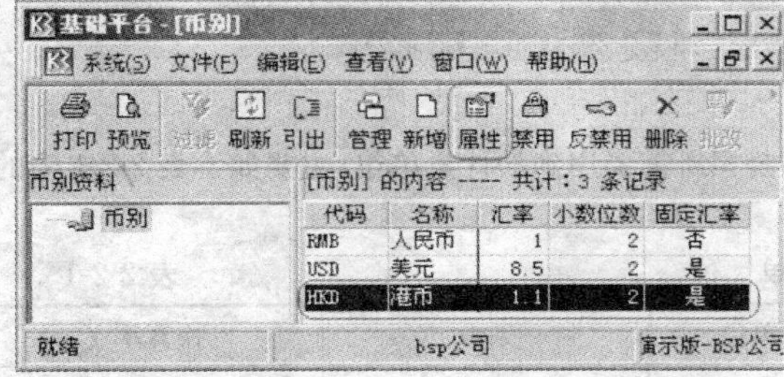

图 2-2-14　选择“港币”，单击【属性】工具按钮

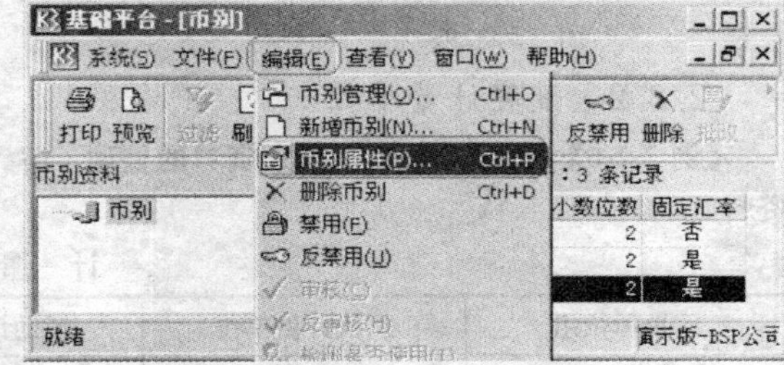

图 2-2-15　执行【币别属性】命令

③打开【币别-修改】对话框，如图 2-2-16 所示，将【记账汇率】文本编辑框中的 1.1 改为 1，再单击确定按钮完成港币记账汇率的更正操作。

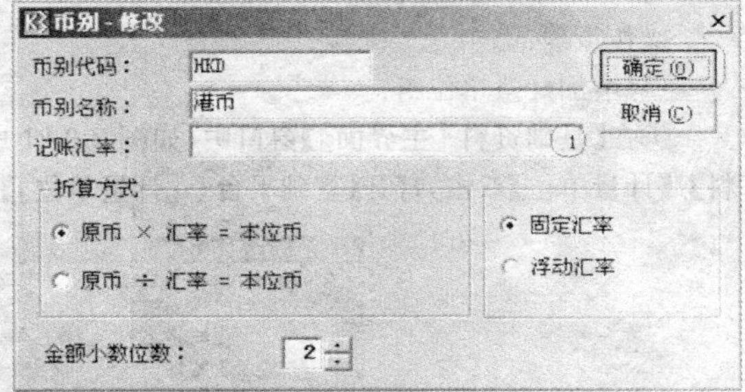

图 2-2-16　修改港币的记账汇率

【例 2-2-5】 BSP 公司的李主管在检查币别设置时发现币别港币的设置是多余的，该公司现只有一种外币“美元”，没有“港币”。

操作步骤：

①在【基础平台-[主界面]】窗口中，如图 2-2-9 中的①－④所示，选择【系统设置】/【基础资料】/【公共资料】/【币别】双击，打开【基础平台-[币别]】窗口。

②在【基础平台-[币别]】窗口中，如图 2-2-17 所示，先在币别记录列表中选中币别“港币”，再单击工具栏的删除按钮，或如图 2-2-18 所示，执行【编辑】/【删除币别】菜单命令。

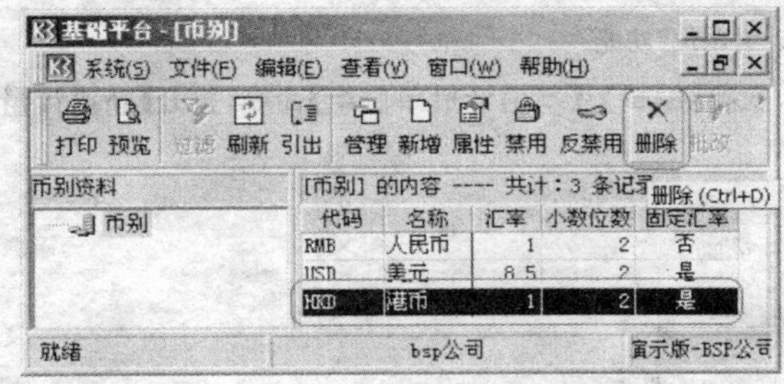

图 2-2-17　选择“港币”，单击【删除】工具按钮

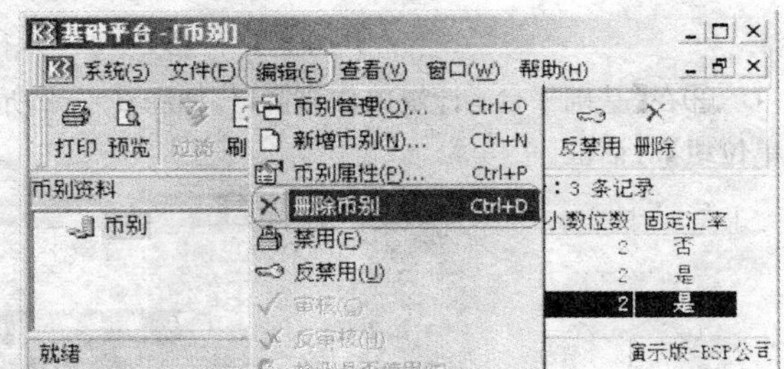

图 2-2-18　执行【删除币别】菜单命令

③弹出【金蝶提示】对话框，如图 2-2-19 所示，单击是(Y)按钮，将币别“港币”删除。删除后，在如图 2-2-20 所示的【基础平台-[币别]】窗口中的【币别】记录列表中将不再有“港币”币别记录。

图 2-2-19

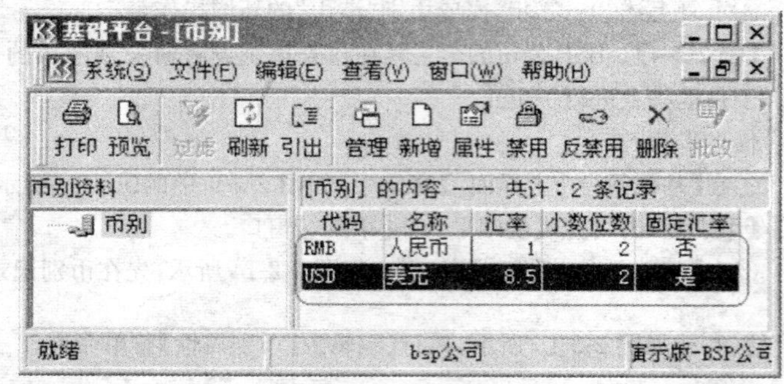

图 2-2-20 【币别】记录列表

2.2.2 设置计量单位

【例 2-2-6】 BSP公司根据前期资料的整理了解到本公司所需要用到的计量单位，主要如下表 2-2-1 中的资料所示。

计 量 单 位 表 2-2-1

计量单位组	默认计量单位	辅助计量单位	系数	换算率
数量组	件(010)	箱(011)	10	固定
重量组	公斤(020)	吨(021)	1 000	固定

操作步骤：

(1)增加计量单位组：

①在【基础资料-[主界面]】窗口中，如图 2-2-21 中的①—④所示，选择【系统设置】/【基础资料】/【公共资料】/【计量单位】双击，打开【基础平台-[计量单位]】窗口。

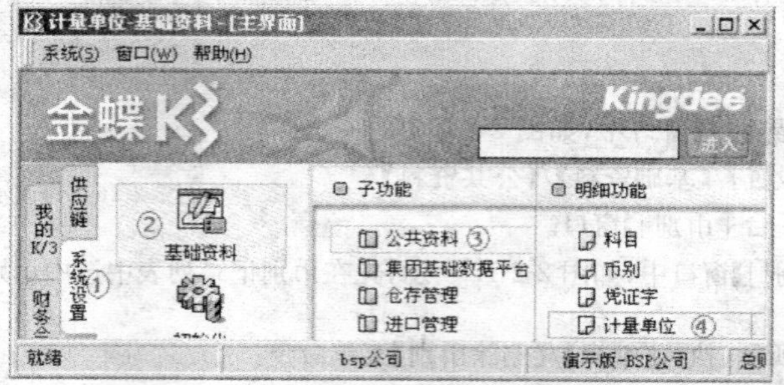

图 2-2-21 执行"计量单位"功能

②在【基础平台-[计量单位]】窗口，如图 2-2-22 所示，执行【编辑】/【新增计量单位组】命令，打开【新增计量单位组】对话框。

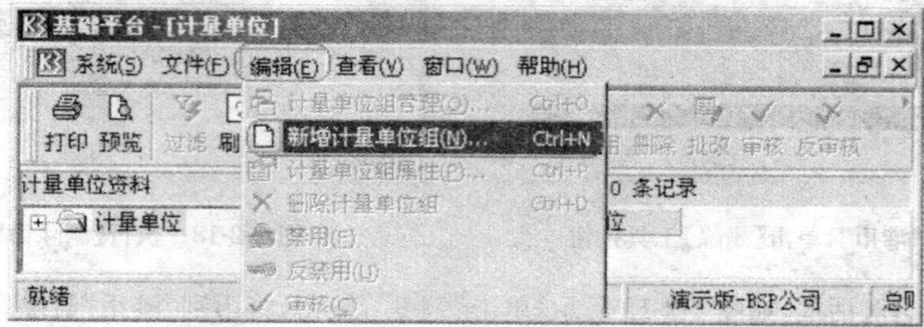

图 2-2-22 执行【新增计量单位组】命令

③在【新增计量单位组】对话框中，按照表2-2-1的内容，如图2-2-23所示，在【计量单位组】文本编辑框中键入“数量组”，再单击[确定(O)]按钮，新增加一个计量单位组“数量组”。

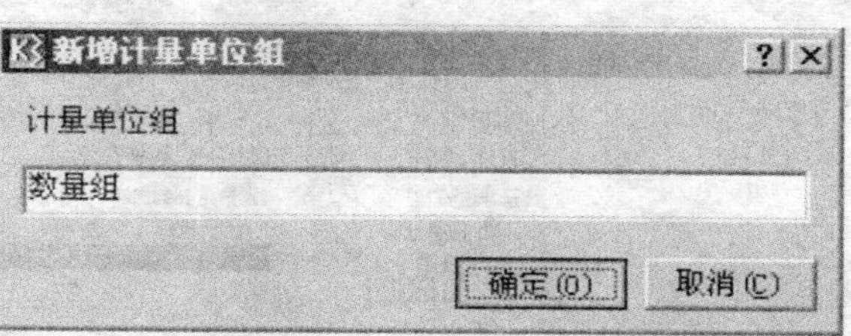

图2-2-23　新增计量单位组“数量组”

④重复第②－③步，按照表2-2-1的内容，新增另一个计量组“重量组”。

⑤新增计量单位组后，将如图2-2-24所示，在【基础平台－[基础资料-计量单位]】窗口中的列表处显示所新增的计量组。

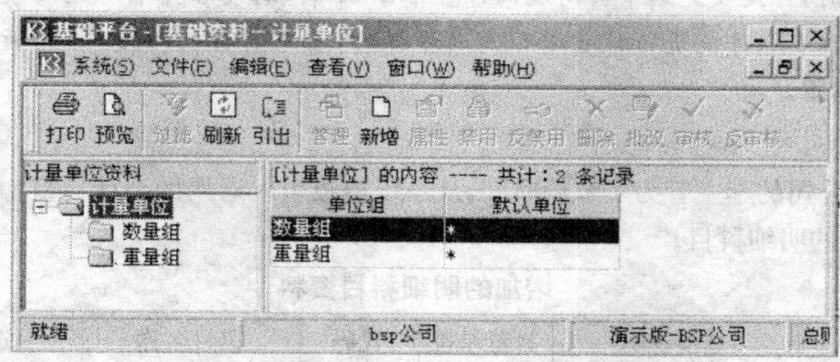

图2-2-24　显示新增的计量单位组

(2)新增计量单位：

①在【基础平台-[基础资料－计量单位]】窗口，如下图2-2-25的①－③所示，单击第①步“数量组”，再单击第②步所示的空白处(如不进行此步操作，则打开的是【新增计量单位组】窗口)，再单击第③处的工具栏[新增]按钮，打开【计量单位－新增】对话框。

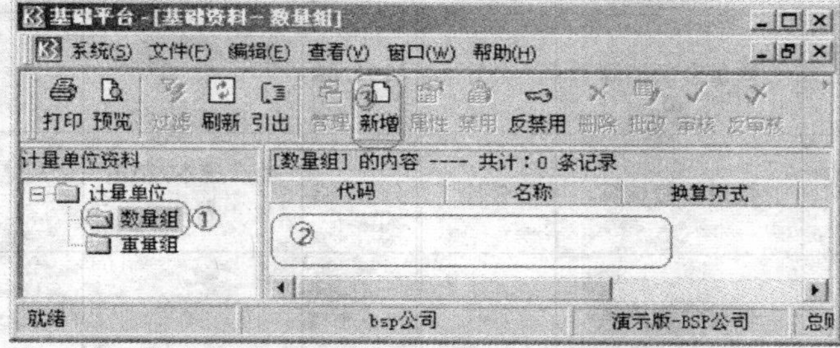

图2-2-25　工具按钮【新增】计量单位

②在【计量单位-新增】对话框中，按照表2-2-1中的内容，如图2-2-26所示，在【代码】文本编辑框中键入“010”；在【名称】文本编辑框中键入“件”；在【换算率】文本编辑框中键入“1”(因为件本身是默认计量单位也是主计量单位，它与自己的换算率就是1。)；在【换算方式】单选按钮区单击“固定换算率”前的⊙单选按钮，选择“固定换算率”。

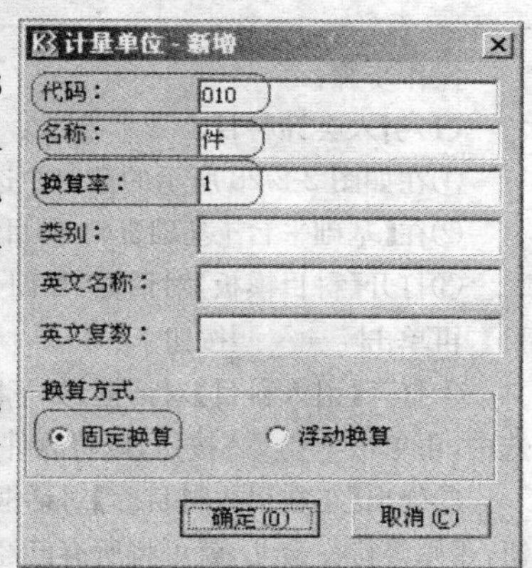

图2-2-26　新增计量单位“件”

③重复①－②步，完成表2-2-1中的其他计量单位的增加操作。

④新增完所有的计量单位后，在【基础平台-基础资料】窗口右边的记录区域将如下图2-2-27所示在相应的计量组中显示所有新增的计量单位。

注意：(1)在进行增加计量单位操作时，一定要先增加计量单位组才能增加计量单位。

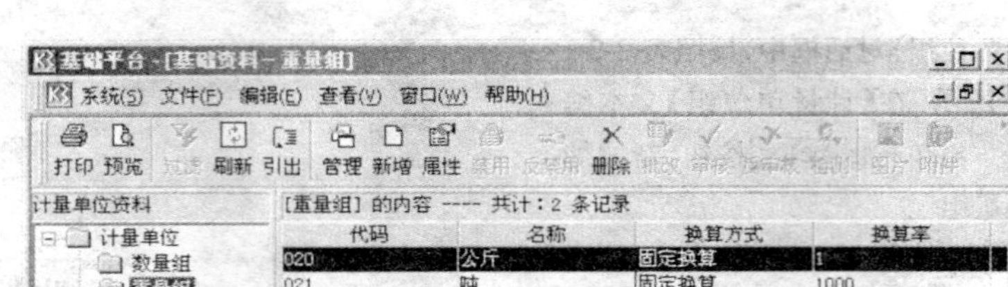

图 2-2-27　计量单位记录

(2)增加计量单位时，一定要先选中其所属的计量单位组，再在【基础平台—基础资料】窗口右边的计量单位显示记录区任意单击一下，才能进行计量单位的新增操作，否则打开的对话框是【新增计量单位组】而不是【计量单位—新增】对话框。

2.2.3　设置会计科目

【例 2-2-7】　BSP公司的李主管为了节约时间，从系统模板引入通用的会计科目，并针对公司的实际情况拟增加如下表 2-2-2 中的明细科目。

增加的明细科目资料　　表 2-2-2

代码	科目名称	选项说明	计量单位	代码	科目名称	选项说明	计量单位
1002.01	银行存款/建设银行	银行科目、出日记账		1211.02	原材料/其他原材料	数量金额核算	公斤
1002.02	银行存款/中国银行	银行科目、出日记账、核算美元、期末调汇		4101.01	生产成本/直接材料		
1201.01	物资采购/生产用物资采购	数量金额核算	公斤	4101.02	生产成本/直接人工		
1201.02	物资采购/其他物资采购	数量金额核算	公斤	4101.03	生产成本/制造费用		
1211.01	原材料/生产用原材料	数量金额核算	公斤				

操作步骤：

(1)引入会计科目：

①在如图 2-2-28 所示的窗口中选择“科目”明细功能，双击，打开【基础平台-[科目]】窗口。

②在【基础平台-[基础资料-科目]】窗口中，如图 2-2-29 所示，执行【文件】/【从模板中引入科目】命令。

③打开【科目模板】对话框，如图 2-2-30 所示，单击【行业】下拉列表右边的下拉按钮选择【新会计准则科目】，再单击 引入 按钮。

④打开【引入科目】对话框，如下图 2-2-31 所示，单击 全选(A) 按钮，将列表中的所有代码及科目名称全部选中，再单击 确定(O) 按钮，以将软件系统中预置的新会计准则科目引入到本账套中。

⑤弹出【正在引入科目..】对话框，如图 2-2-32 所示，此时，如不需要引入科目可单击对话框中的 取消 按钮，否则等待一会儿，就可将所有已经选择的科目引入到本账套中。

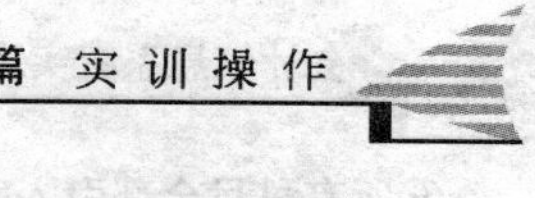

图 2-2-28 【科目-基础资料】窗口

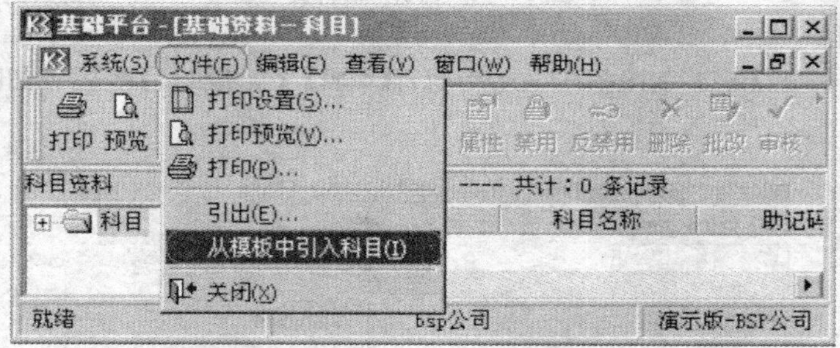

图 2-2-29 从模板中引入科目

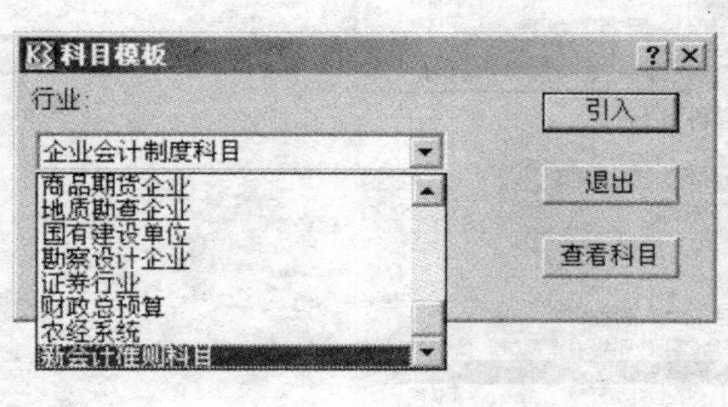

图 2-2-30 选择新会计准则科目

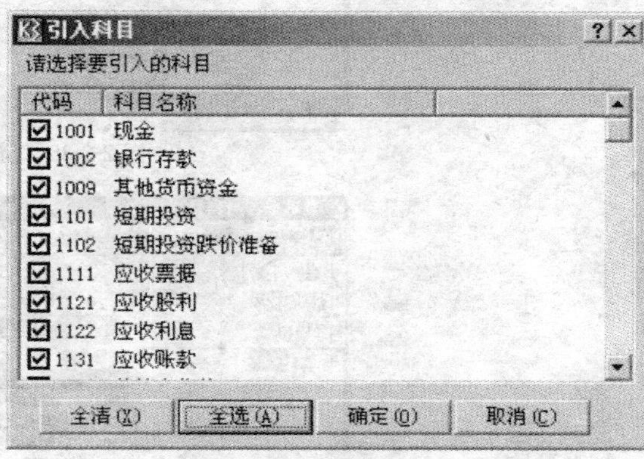

图 2-2-31 选择所有科目引入

⑥所有科目全部引入完毕，弹出【引入成功】提示对话框，如图 2-2-33 所示，单击 确定 按钮，完成科目引入工作。

图 2-2-32　正在引入科目

图 2-2-33　引入成功

⑦科目引入成功后，在【基础平台-[科目]】窗口将显示所引入的科目，如图 2-2-34 所示。

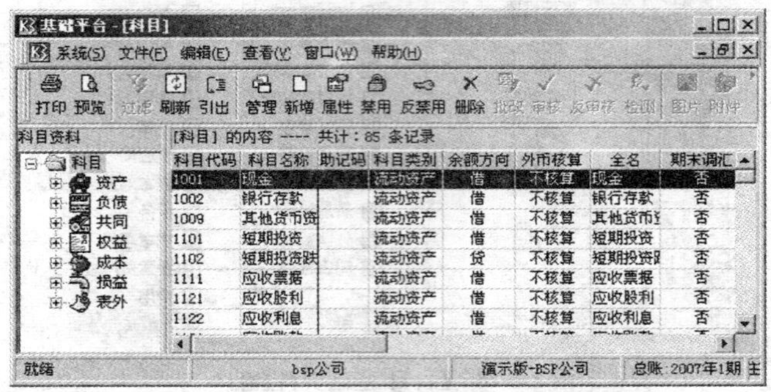

图 2-2-34　已引入的科目

(2)增加会计科目：

①在【基础平台-[科目]】窗口，如图 2-2-35 所示，执行【编辑】/【新增科目】命令，或如图 2-2-36 所示，单击工具栏 新增 按钮。

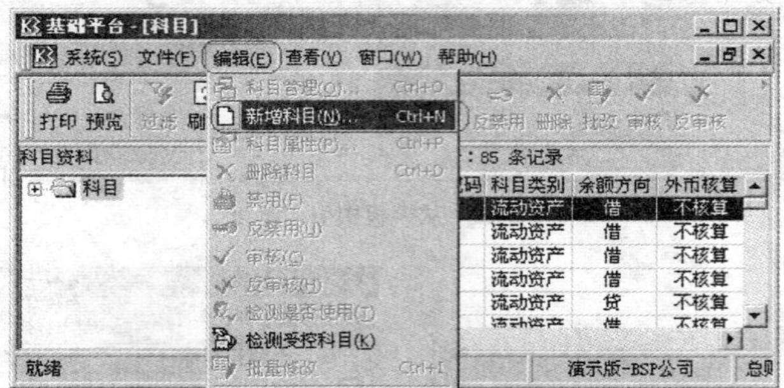

图 2-2-35　【新增科目】命令

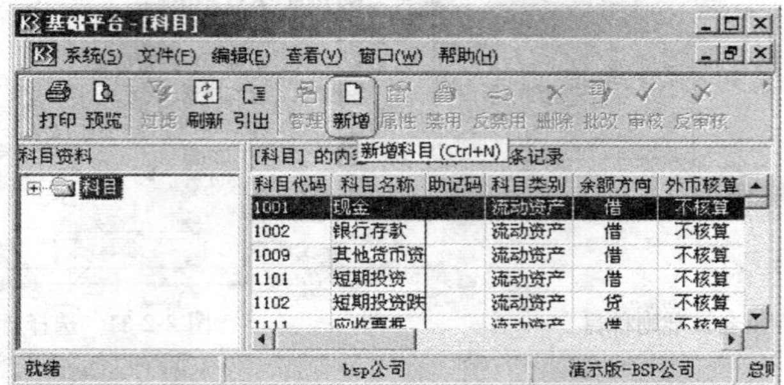

图 2-2-36　工具按钮【新增】

②打开【会计科目-[新增]】对话框，按表 2-2-2 中的内容，如图 2-2-37 所示，在【科目代码】文本编辑框中键入“1002.01”；在【科目名称】文本编辑框中键入“建设银行”，完成后单击保存按钮，为“1002，银行存款”增加了一个下级明细科目“1002.01，建设银行”。

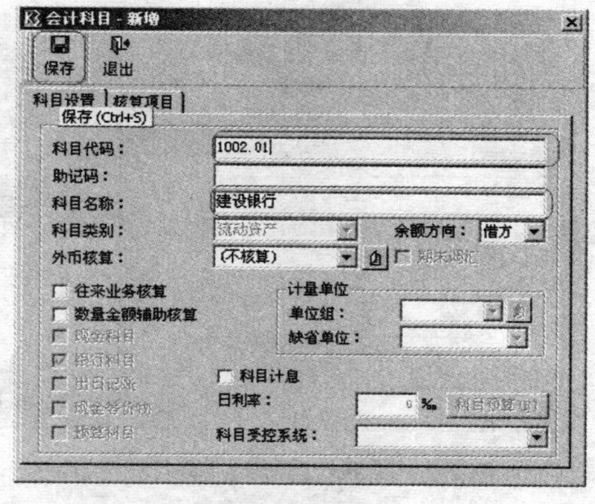

图 2-2-37　新增会计科目“1002.01”

③重复第②步，完成“1002，银行存款”的下级明细科目“1002.02，中国银行”；完成“1211，原材料”的下级明细科目“1211.01，生产用原材料”、“1211.02，其他用原材料”；完成“1201，物资采购”的下级明细科目“1201.01，生产用物资采购”、“1201.02，其他用物资采购”。

注意：在新增会计科目时，一定要勾选其相应的核算选项，如本例中的“1002.02，中国银行”明细科目要如图 2-2-38 所示，在【外币核算】下拉列表框中选择“美元”，并要勾选【期末调汇】复选框。或如本例中的“1211.01，生产用原材料”等则一定要如图 2-2-39 所示，勾选【数量金额辅助核算】复选框，并在【计量单位】下拉列表区选择【单位组】为“重量组”，选择【缺省单位】为“公斤”，再单击保存按钮保存。

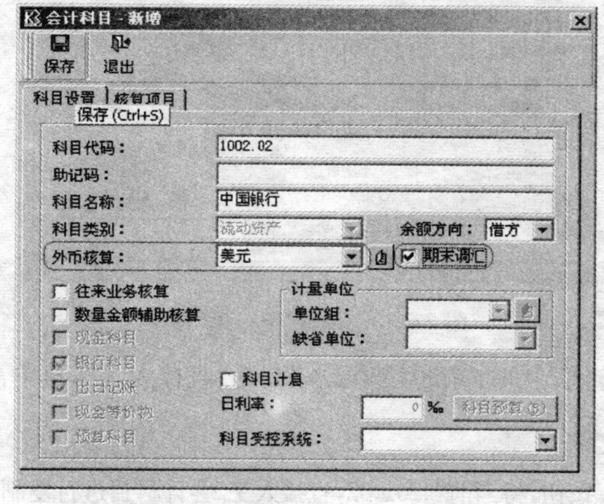

图 2-2-38　新增 1002.02 科目

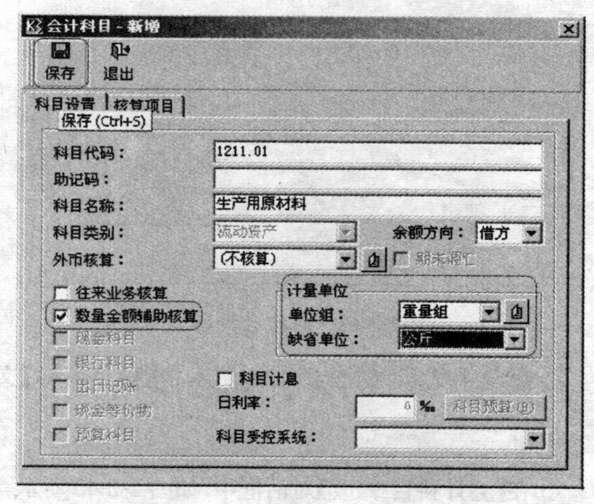

图 2-2-39　新增 1211.01 科目

(3)修改、复制会计科目：

按本例中表 2-2 的要求，将“生产成本”科目下明细科目改为“直接材料”、“直接人工”、“制造费用”三个二级明细科目。

①在【基础平台-[基础资料]】窗口，如图 2-2-40 所示，选择“成本”/“4101，生产成本”/“4101.01，基本生产成本”，再执行【编辑】/【科目属性】命令，或如图 2-2-41 所示，单击工具栏属性按钮，打开【会计科目-修改】对话框。

②在【会计科目-修改】对话框中，如图 2-2-42 所示，将【科目名称】文本编辑框中的“基本生产成本”改为“直接材料”，再单击保存按钮保存修改结果。

③保存成功后，如图 2-2-43 所示，单击下一条按钮，在【会计科目-修改】对话框中显示“4101.02，辅助生产成本”会计科目。

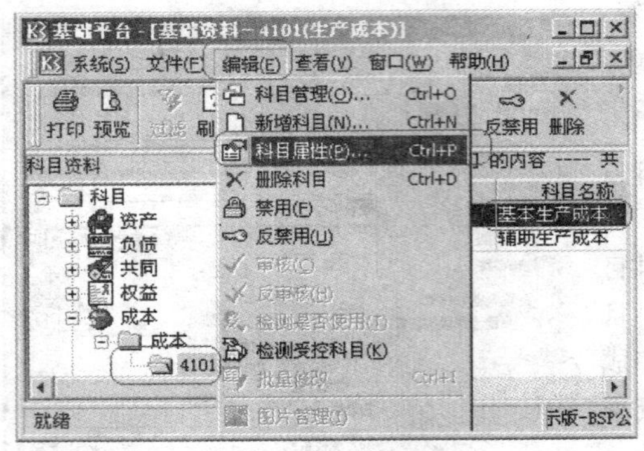

图 2-2-40 执行【编辑】/【科目属性】命令

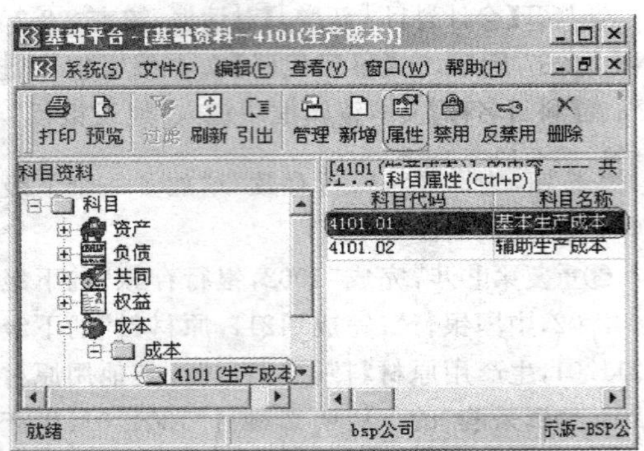

图 2-2-41 工具栏“属性”按钮

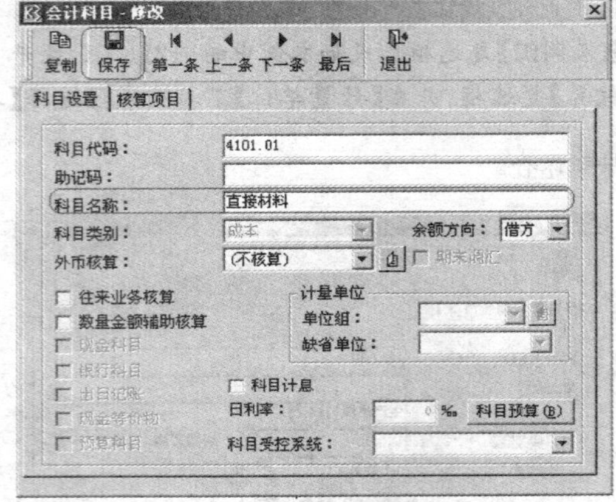

图 2-2-42 修改会计科目

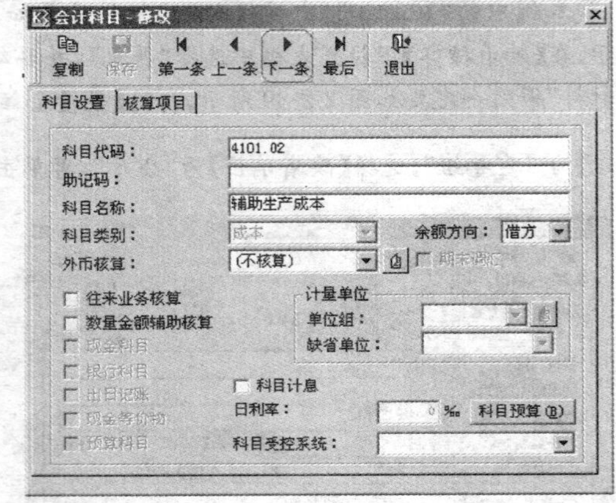

图 2-2-43 单击“下一条”按钮

④重复第②步，如图 2-2-44 所示将【科目名称】文本编辑框中的“辅助生产成本”改为“直接人工”，再单击保存按钮。

⑤在【会计科目-修改】对话框中，如图 2-2-45 所示，单击复制按钮，将当前“4201.02，直接人工”会计科目进行复制。

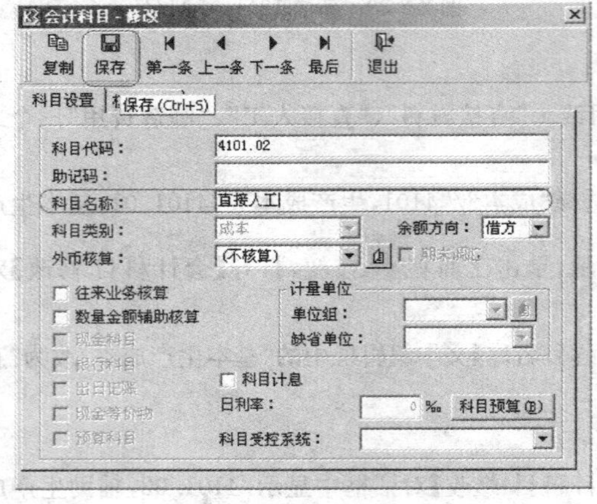

图 2-2-44 修改 4101.02 科目

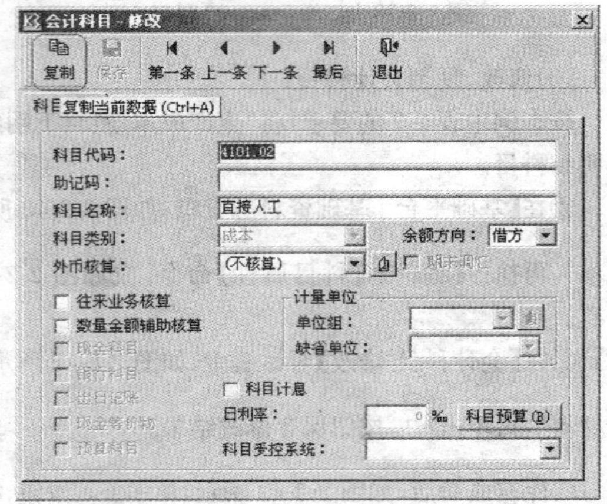

图 2-2-45 复制会计科目

⑥将复制下来的会计科目进行修改，如图 2-2-46 所示，将【科目代码】文本编辑框中的“4101.02”改为“4101.03”，将【科目名称】文本编辑框中的“直接人工”改为“制造费用”，再单击 保存 按钮，将修改结果保存。

⑦“生产成本”下的明细科目全部修改好后，在【基础平台-[基础资料]】窗口的右下方显示区域，将如图 2-2-47所示显示“生产成本”科目下所有的明细科目。

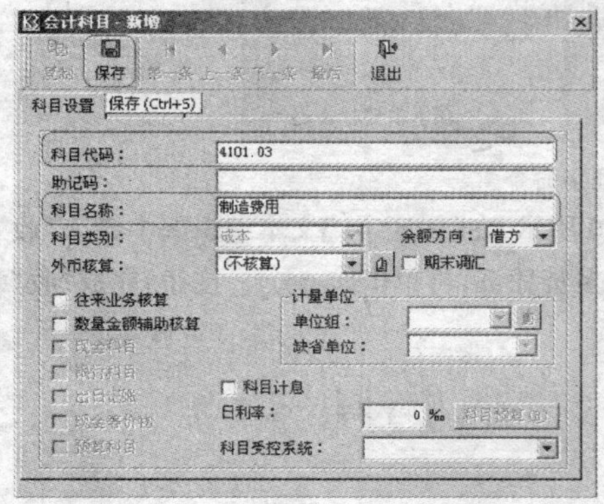

图 2-2-46 修改 4101.03 科目

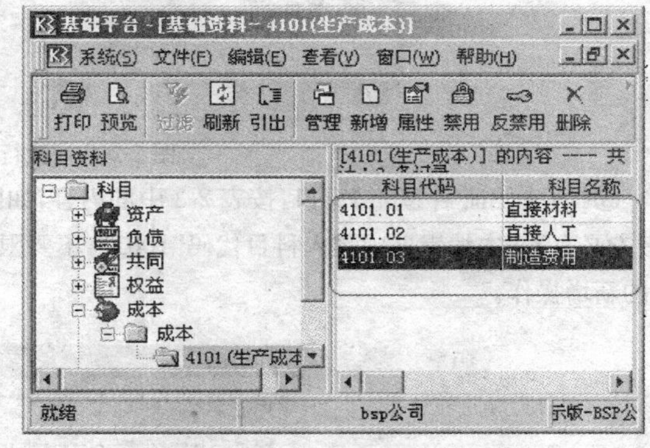

图 2-2-47 显示“生成成本”下的明细科目

2.2.4 设置凭证字

(1)新增凭证字：

【例 2-2-8】 BSP 公司的根据日常业务发生的情况，拟将本公司的凭证字设为“收”、“付”、“转”三种类别。其中“收”指所有收款业务所要记录的凭证字；“付”指所有付款业务所要记录的凭证字；“转”是指所有转账业务所要记录的凭证字。具体设置要求如下表 2-2-3 所示。

凭证字列表 表 2-2-3

凭 证 字	限制条件	会计科目
收	借方必有	1001、1002
付	贷方必有	1001、1002
转	借和贷必无	1001、1002

操作步骤：

①在【基础平台-[主界面]】窗口中，如图 2-2-48 中的①－④所示，选择【系统设置】/【基础资料】/【公共资料】/【凭证字】双击，打开【基础平台－[凭证字]】窗口。

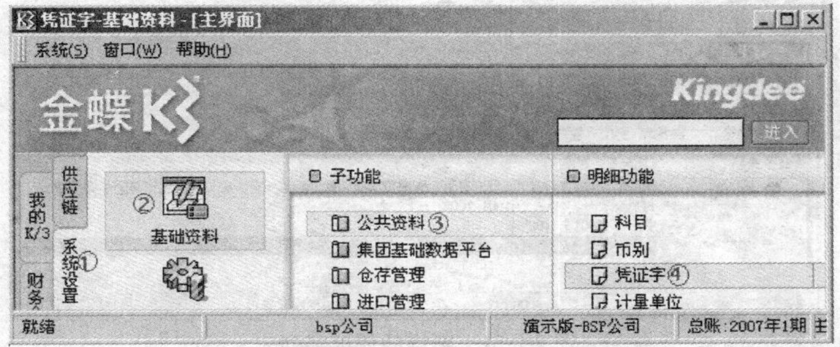

图 2-2-48 选择【凭证字】功能

②在【基础平台-[凭证字]】窗口，如图 2-2-49 所示，执行【编辑】/【新增凭证字】命令。

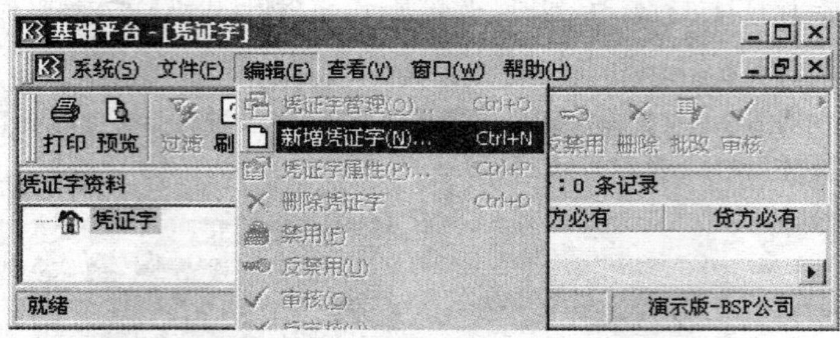

图 2-2-49　执行新增凭证字命令

③打开【凭证字-新增】窗口，按表 2-3 中的内容，如图 2-2-50 所示，在【凭证字:】文本编辑框中键入“收”，在【借方必有】文本编辑框中键入科目代码“1001”，不要限制多借多贷凭证，再单击 确定(O) 按钮，完成“收”字凭证的新增操作。

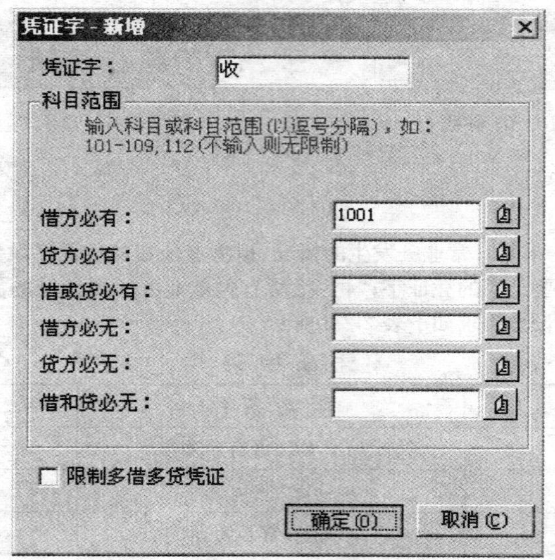

图 2-2-50　新增凭证字

④重复②—③步，完成“付”、“转”字凭证的新增操作。

⑤全部凭证字新增完成后，如图 2-2-51 所示在【基础平台—[凭证字]】窗口的下方列表中显示出所新增的凭证字。

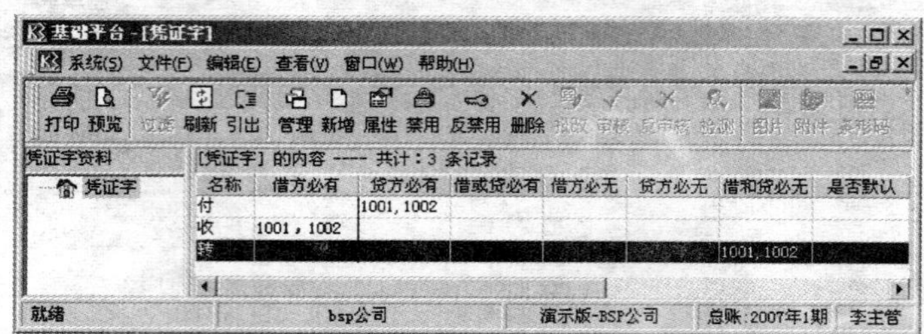

图 2-2-51　新增的凭证字列表

(2)修改、删除凭证字：

【例 2-2-9】 BSP 公司的主管决定为了精简核算将本公司的凭证字重新设置为“记”字一种凭证。具体设置要求如下表 2-2-4 所示。

凭 证 字 列 表 表 2-2-4

凭 证 字	限 制 条 件	会 计 科 目
记	无	

操作步骤：

①在【基础平台-[凭证字]】窗口中，如图 2-2-52 所示，选择“转”字凭证字，执行【编辑】/【删除凭证字】命令，或如图 2-2-53 所示，单击工具栏的删除按钮，将“转”字凭证字删除。

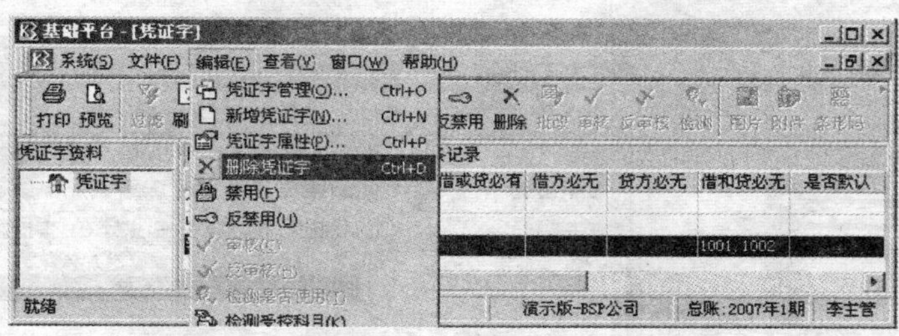

图 2-2-52 采用命令删除凭证字

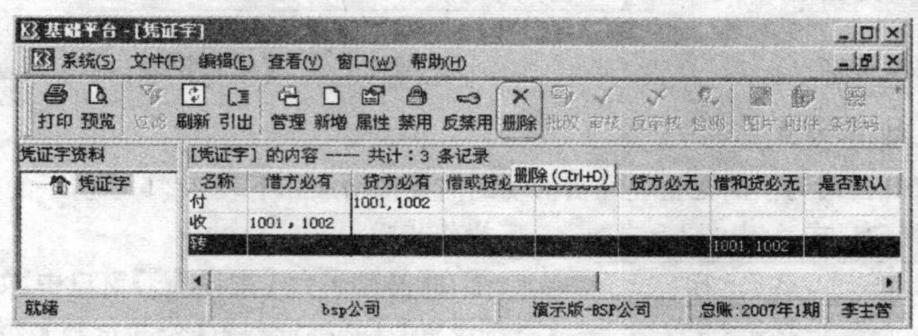

图 2-2-53 采用工具按钮删除凭证字

②重复第①步，将“收”字凭证字进行删除。

③选择“付”字凭证字，如图 2-2-54 所示，单击工具栏属性按钮，或者如下图 2-2-55 所示执行【编辑】/【凭证字属性】命令。

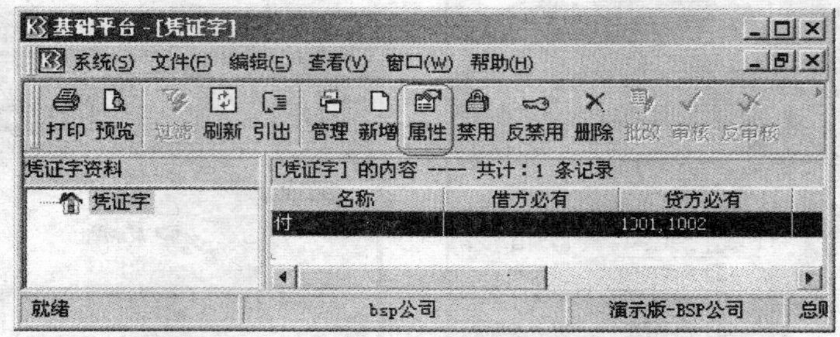

图 2-2-54 工具栏【属性】按钮

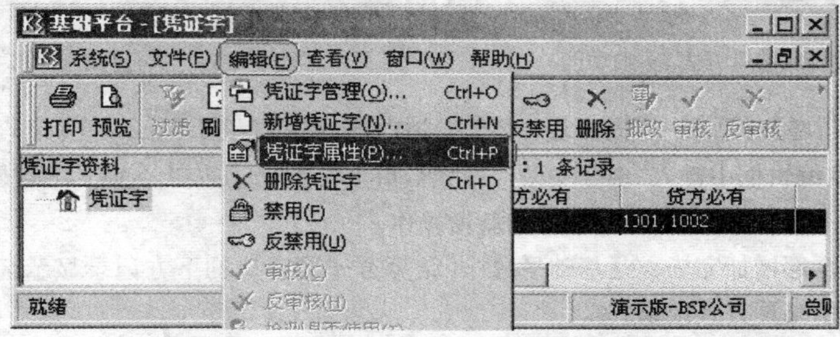

图 2-2-55 执行【凭证字属性】命令

④弹出【凭证字－修改】对话框，按照表 2-4 中的内容，如图 2-2-56 所示，进行修改：将【凭证字】文本编辑框中原来的“付”字修改为“记”；将【贷方必有】文本编辑框中的“1001，1002”删除。再单击 确定(O) 按钮，完成“记”字凭证字的设置，如图 2-2-57 所示。

⑤完成凭证字的修改后，在【基础平台—[凭证字]】窗口下方的列表处将显示出已修改好的“记”字凭证字记录内容。

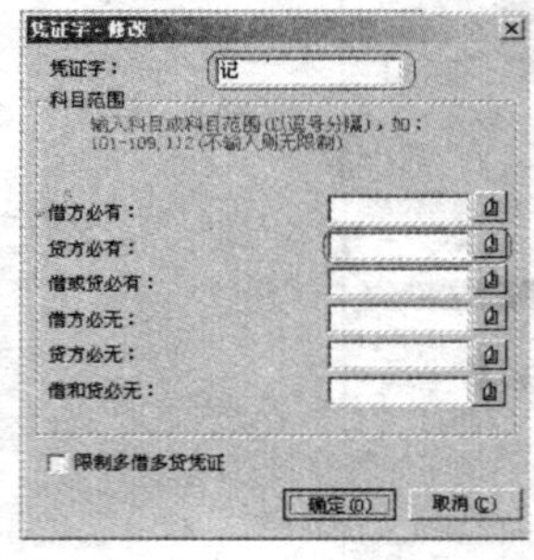

图 2-2-56　修改凭证字

图 2-2-57　【凭证字】窗口显示列表

2.2.5　设置结算方式

【例 2-2-10】　BSP 公司为了满足企业经营活动的需要拟增加如下表 2-2-5 中所示的两种结算方式。

结 算 方 式　表 2-2-5

代　码	名　称
JF06	现金支票
JF07	转账支票

操作步骤：

①在【基础平台-[主界面]】窗口中，如图 2-2-58 所示，选择【系统设置】/【基础资料】/【公共资料】/【结算方式】双击，打开【基础平台-[结算方式]】窗口。

②在【基础平台-[结算方式]】窗口中，可如图 2-2-59 所示，执行【编辑】/【新增结算方式】命令；或如图 2-2-60 所示，单击工具栏的 新增 工具，打开【结算方式-新增】对话框。

图 2-2-58　选择【结算方式】明细功能

图 2-2-59　执行【新增结算方式】菜单命令

③在【结算方式-新增】对话框中，按照表 2-2-5 中的内容，如图 2-2-61 所示，在【代码】文本编辑框中键入“JF06”；在【名称】文本编辑框中键入“现金支票”。然后，单击 确定(O) 按钮，完成“现金支票”的新增操作。

④重复上述第②－③步，完成“转账支票”的新增操作。

⑤所有结算方式全部增加完毕，在【基础平台－[结算方式]】窗口的下方记录显示区域，将如图 2-2-62 所示显示出所新增的两条结算方式记录。

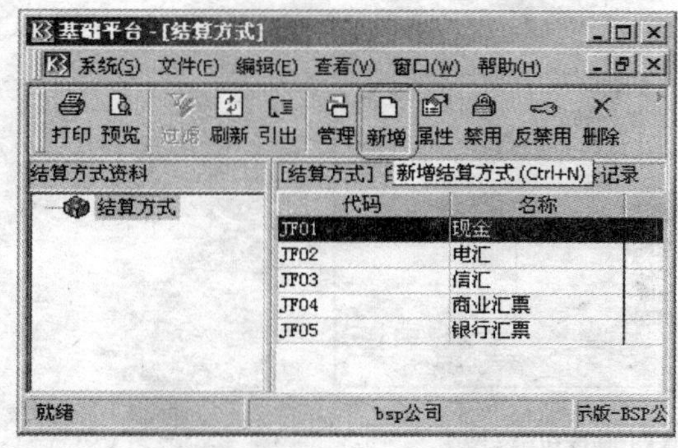

图 2-2-60 使用【新增】工具

图 2-2-61 新增“现金支票”

2.2.6 设置核算项目类别

【例 2-2-11】 BSP 公司的在业务往来过程中产生一些“其他应收账款”，与客户、供应商没有关系，因此需单独设置“其他往来单位”核算项目类别，其代码为“601”。

操作步骤：

①在【基础平台-[主界面]】窗口中，如下图 2-2-63 所示，选择【系统设置】/【基础资料】/【公共资料】/【核算项目管理】明细功能，双击打开【基础平台－[全部核算项目]】窗口。

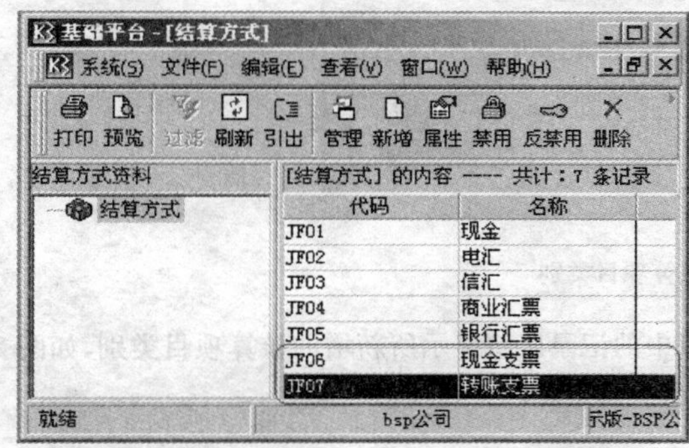

图 2-2-62 显示“结算方式”记录

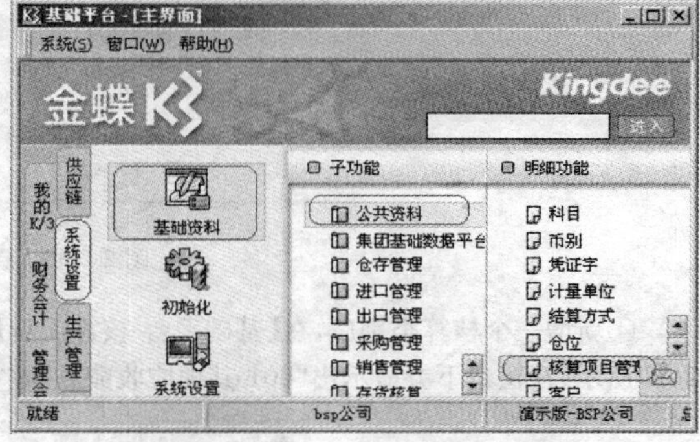

图 2-2-63 【基础平台－[主界面]】窗口

②在【基础平台-[全部核算项目]】窗口中，如图 2-2-64 所示，执行【编辑】/【新增核算项目类别】命令，或如图 2-2-65 所示，在工具栏，单击【新增】工具按钮，打开【核算类别-新增】对话框。

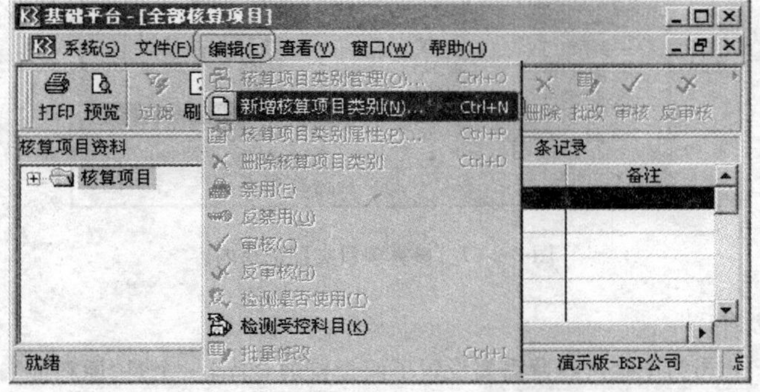

图 2-2-64 【新增核算项目类别】命令

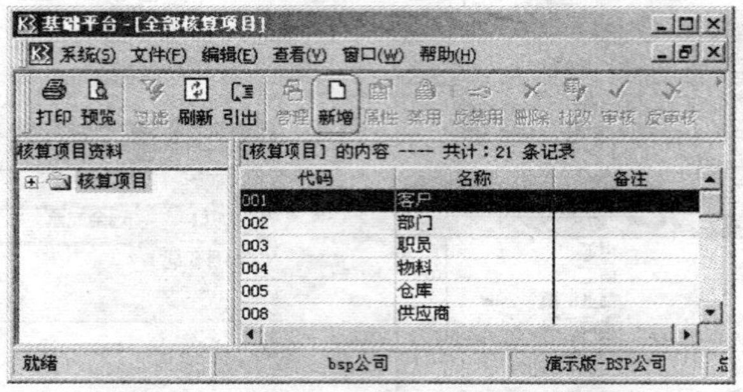

图 2-2-65 【新增】工具按钮

③在【核算项目类别－新增】对话框中，按本例中的内容，如图 2-2-66 所示，在【代码】文本编辑框中录入“601”；在【名称】文本编辑框中录入“其他应收账款”，再单击 确定(O) 按钮，完成核算项目类别的新增。

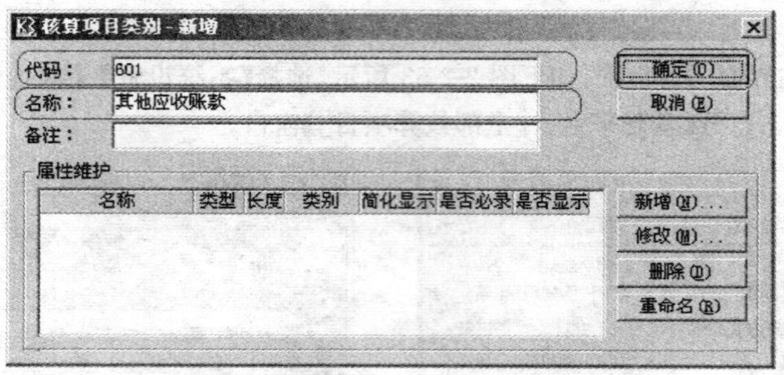

图 2-2-66 新增核算项目类别

④新增一个核算类别后，在【基础平台-核算项目】窗口中的记录区域显示所新增的核算项目类别，如图 2-2-67 所示，在窗口下方显示出“601 其他应收账款”核算项目类别记录。

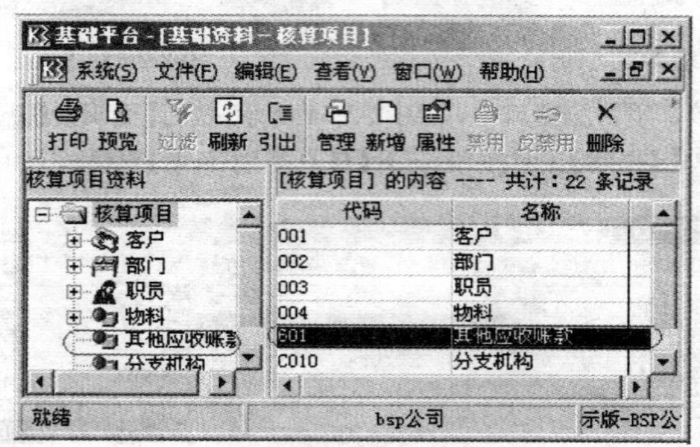

图 2-2-67 核算项目类别记录内容

2.2.7 设置仓库

【例 2-2-12】 BSP 公司为了生产经营需要设置了两个普通仓库，一个是“原料库”，另一个是“成品库”，并对其进行了审核，其具体资料如下表 2-2-6 所示。

仓　库　设　置　　　表 2-2-6

代　码	名　称	仓库属性	仓库类型
1	原料库	良品	普通仓
2	成品库	良品	普通仓

操作步骤：

①在【基础平台-[主界面]】窗口中，如图 2-2-68 所示，选择【系统设置】/【基础资料】/【公共资料】/【仓库】明细功能，双击打开【基础平台-[仓库]】窗口。

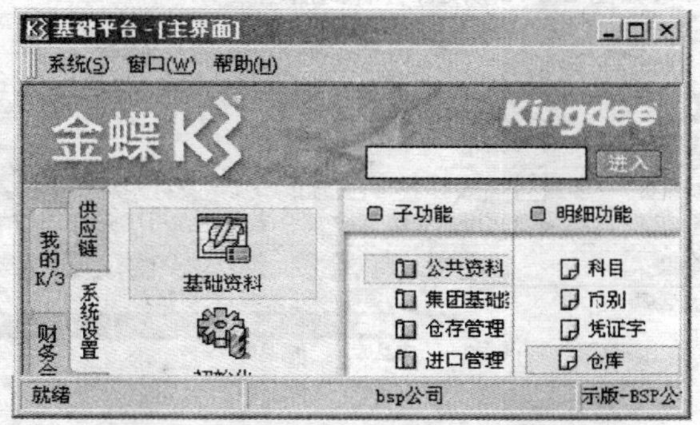

图 2-2-68　选择“仓库”明细功能

②在【基础平台-[仓库]】窗口，如图 2-2-69 所示，单击【编辑】/【新增仓库】菜单命令；或如图 2-2-70 所示，单击工具栏的【新增】工具按钮，打开【仓库-新增】窗口。

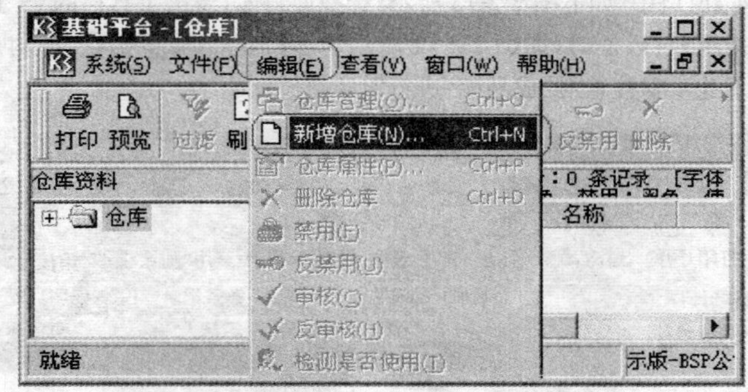

图 2-2-69　执行【新增仓库】菜单命令

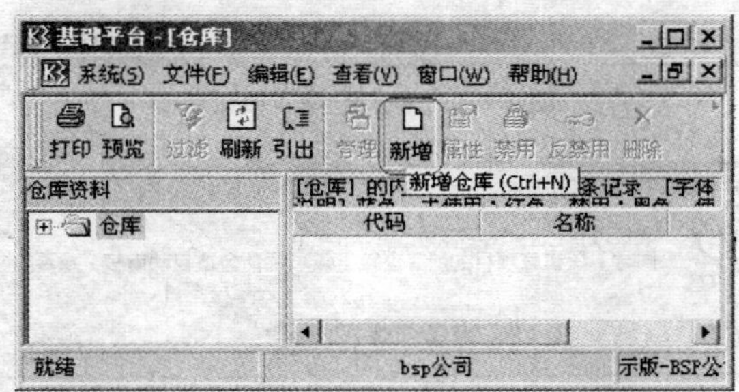

图 2-2-70　单击【新增】工具按钮

③【仓库-新增】窗口中，按表 2-2-5 中的内容，如图 2-2-71 所示，在【仓库-新增】窗口的【基本资料】选项卡中，在【代码】文本编辑框中键入“1”；在【名称】文本编辑框中键入“原料库”；在【仓库属性】文本编辑框中单击，选择输入“良品”；在【仓库类型】文本编辑框中单击，选择输入“普通仓”。然后单击保存按钮，完成“原料库”的设置。重复此步骤接着完成“成品库”的设置。

④所有的仓库资料均设置完成后，退出【仓库-新增】窗口，返回到【基础平台-仓库】窗口，如图 2-2-72 所示，会看到所增加的仓库记录。

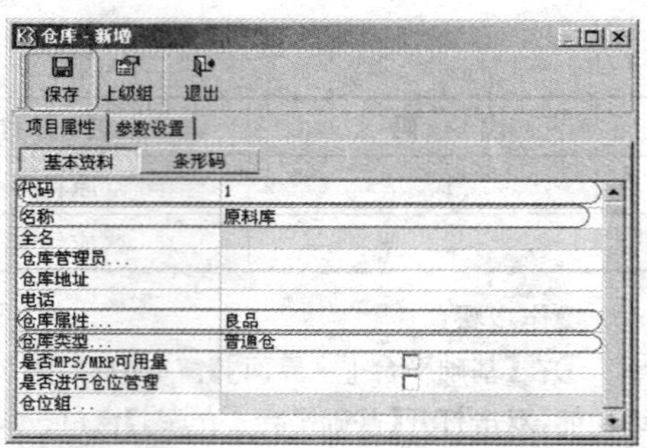

图 2-2-71 新增“原料库”

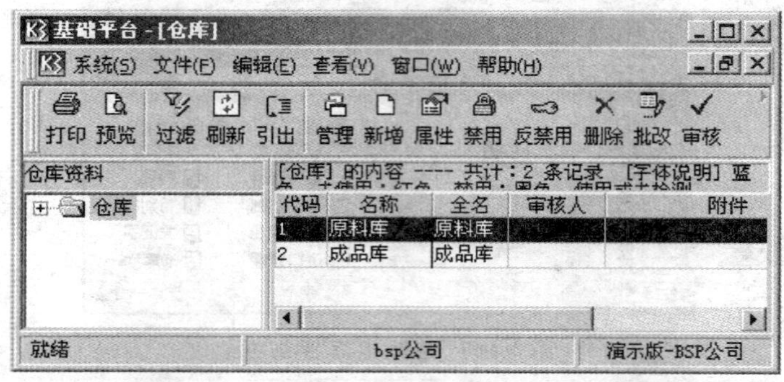

图 2-2-72 显示仓库记录

⑤在【基础平台-仓库】窗口中，如下图 2-2-73 所示，选择原料库，单击工具栏的审核工具按钮，对原料库进行审核，在系统弹出【金蝶提示】对话框时，如图 2-2-74 所示单击按钮是(Y)确认“原料库”的审核的操作，完成对“原料库”的审核。重复此步骤接着对“成品库”进行审核。

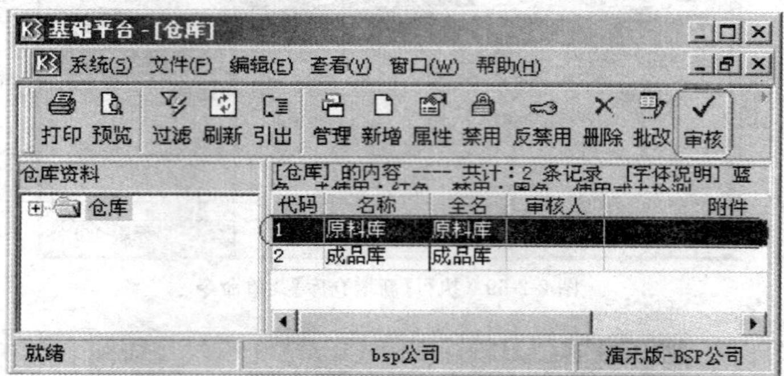

图 2-2-73 执行仓库审核命令

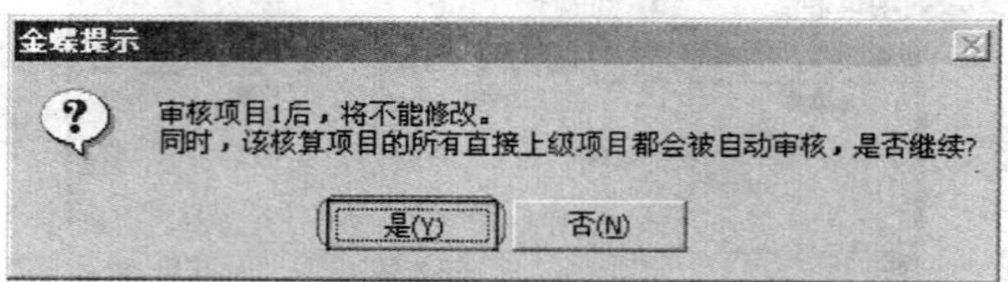

图 2-2-74 确认审核仓库

⑥所有审核完成后，在【基础平台-仓库】窗口中，如图 2-2-75 所示，将看到所有仓库记录的"审核人"栏均签上了执行审核命令的操作员的名字，在此即为"李主管"的名字。

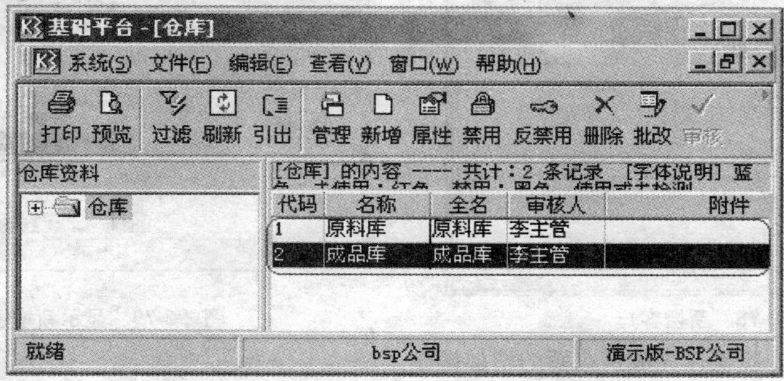

图 2-2-75 审核完成后的仓库记录

2.2.8 设置客户和供应商档案

【例 2-2-13】 BSP 公司的销售客户及供应商的具体资料如下表 2-2-7 所示。

客户与供应商资料 表 2-2-7

类别	代码	名称	状态
客户	01	华东电子	使用
供应商	01	广东仪器	使用

操作步骤：

①在【基础平台-[主界面]】窗口中，如图 2-2-76 所示，选择【系统设置】/【基础资料】/【公共资料】/【客户】明细功能，双击打开【基础平台-[客户]】窗口。

图 2-2-76 选择客户明细功能

②在【基础平台-[客户]】窗口中，单击右边的空白区域，激活【新增】工具按钮。再如图 2-2-77 所示，单击"新增"按钮，打开【客户-新增】窗口。

③在【客户-新增】窗口，参照表 2-2-7 中的内容，如图 2-2-78 所示，在【代码】文本编辑框中键入"01"，在【名称】文本编辑框中键入"华东电子"，在【状态】文本编辑框中，选择输入"使用"。再单击工具按钮"保存"，完成一个客户的新增操作。返回到【基础平台—客户】窗口，如图 2-2-79 所示，在窗口右边的显示区域会显示所增加的客户信息。

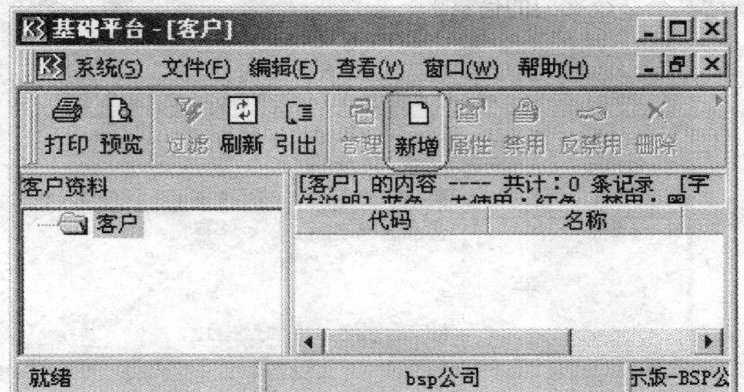

图 2-2-77 单击【新增】按钮

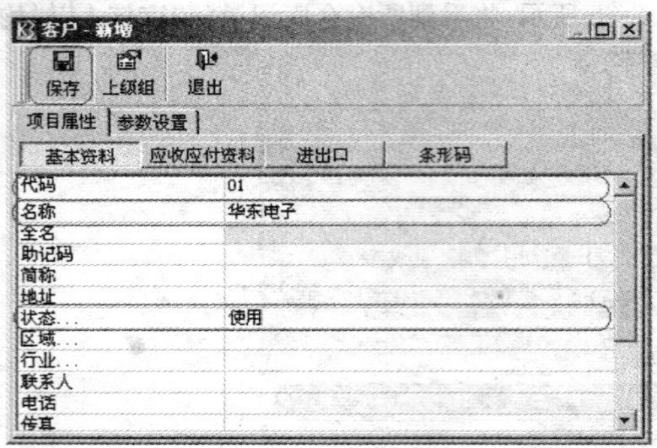

图 2-2-78　新增客户

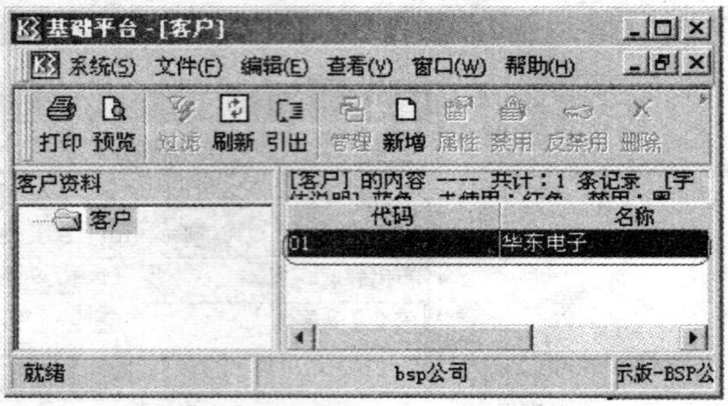

图 2-2-79　显示新增客户信息

④重复上述①—③步操作完成供应商的增加操作。

2.2.9　设置部门档案

【例 2-2-14】 BSP 公司的部门设置资料如下表 2-2-8 所示。

部 门 资 料　　表 2-2-8

代　码	名　称	部　门 属 性	成本核算类型
01	管理部	非车间	期间费用部门
02	生产部	车间	基本生产部门
03	供销部	非车间	期间费用部门

操作步骤：

①在【基础平台-[主界面]】窗口中，如图 2-2-80 所示，选择【系统设置】/【基础资料】/【公共资料】/【部门】明细功能，双击打开【基础平台-[部门]】窗口。

②在【基础平台-[部门]】窗口中，单击右边的空白区域，激活【新增】工具按钮。再如图 2-2-81 所示，单击新增按钮，打开【部门-新增】窗口。

③在【部门-新增】窗口，参照表 2-2-8 中的内容，如图 2-2-82 所示，在【代码】文本编辑框中键入“01”，在【名称】文本编辑框中键入“管理部”，在【部门属性】文本编辑框中，选择输入“非车间”，在【成本核算类型】文本编辑框中选择输入“期间费用部门”。再单击工具按钮保存，完成一个部门的新增操作。重复本步，新增其余 2 个部门的信息。

图 2-2-80　选择部门明细功能

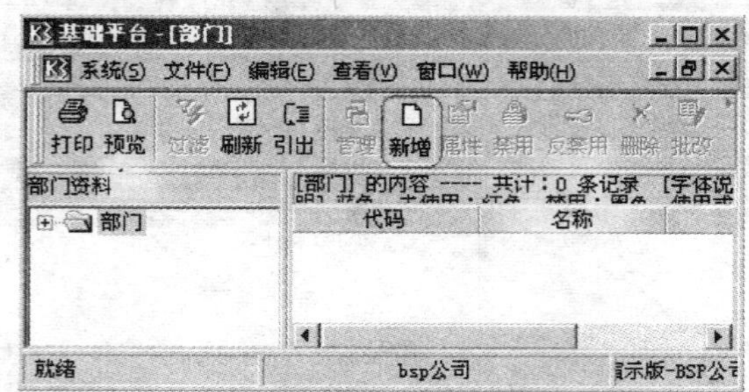

图 2-2-81　单击新增工具按钮

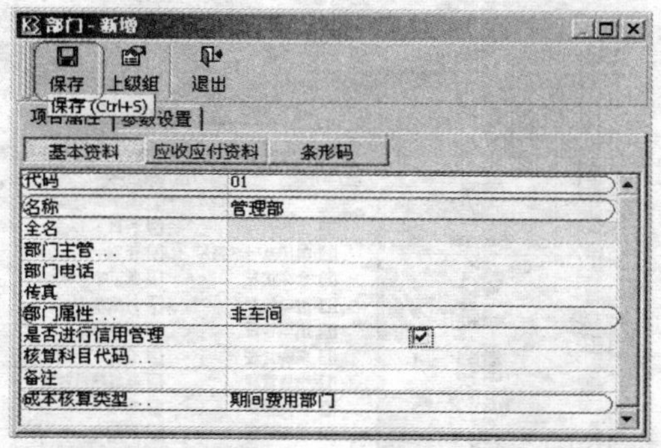

图 2-2-82 新增部门

④新增所有的部门之后，返回到【基础平台-部门】窗口，如图 2-2-83 所示，在窗口右边的显示区域会显示所增加的客户信息。

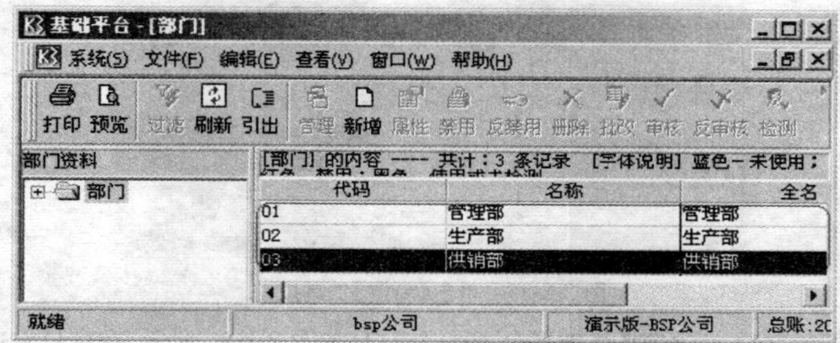

图 2-2-83 显示新增的部门

2.2.10 设置职员档案

【例 2-2-15】 BSP 公司的职员档案资料如下表 2-2-9 所示。

职 员 资 料 表 2-2-9

代 码	名 称	性 别	所 属 部 门
0101	李主管	男	管理部
0102	张会计	女	管理部
0103	陈主任	女	管理部
0201	赵生产	男	生产部
0301	王业务	男	供销部

操作步骤：

①在【基础平台-[主界面]】窗口中，如图 2-2-84 所示，选择【系统设置】/【基础资料】/【公共资料】/【职员】明细功能，双击打开【基础平台-[职员]】窗口。

②在【基础平台-[职员]】窗口中，单击右边的空白区域，激活【新增】工具按钮。再如图 2-2-85 所示，单击 新增 按钮，打开【职员—新增】窗口。

③在【职员-新增】窗口，参照表 2-2-9 中的内容，如图 2-2-86 所示，在【代码】文本编辑框中键入“0101”，在【名称】文本编辑框中键入“李主管”，在【部门名称】文本编辑框中，选择输入“01 管理部”，在【性别】文本编辑框中选择输入“男”。再单击工具按钮 保存，完成一名职员档案的新增操作。重复本步，新增其余 4 名职员档案的信息。

图 2-2-84　选择【职员】明细功能

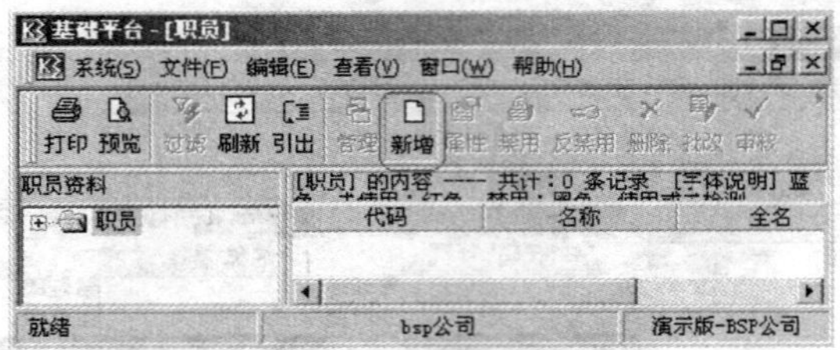

图 2-2-85　单击【新增】工具按钮

④新增完所有的职员之后，返回到【基础平台-职员】窗口，如图 2-2-87 所示，在窗口右边的显示区域会显示所增加的职员档案信息。

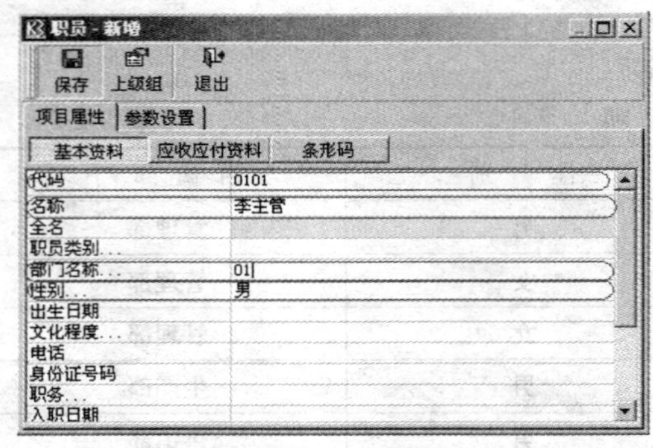

图 2-2-86　新增职员

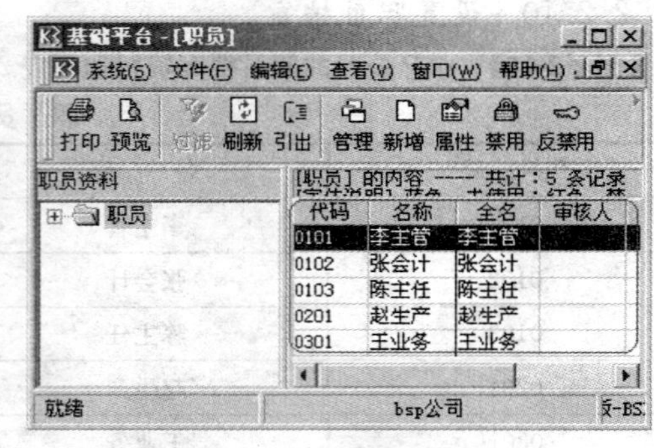

图 2-2-87　新增的职员档案信息

2.2.11　新增物料(商品)资料

【例 2-2-16】 BSP 公的物料资料如表 2-2-10 所示。

物　料　资　料　　　　表 2-2-10

代码	名称	物料属性	计量单位	计价方法	销售收入科目	销售成本科目	存货科目	默认仓库
01	原材料	外购						
0101	钢材	外购	公斤	加权平均法	5102	5405	1211.01	原料库
02	产成品	自制						
0201	机箱	自制	件	加权平均法	5101	5401	1243	成品库

操作步骤：

①在【基础平台-[主界面]】窗口中，如图 2-2-88 所示，选择【系统设置】/【基础资料】/【公共资料】/【物料】明细功能，双击打开【基础平台-[物料]】窗口。

图 2-2-88　选择【物料】明细功能

②在【基础平台-[物料]】窗口中，单击右边的空白区域，激活【新增】工具按钮。再如图 2-2-89 所示，单击 新增 按钮，打开【物料-新增】窗口。

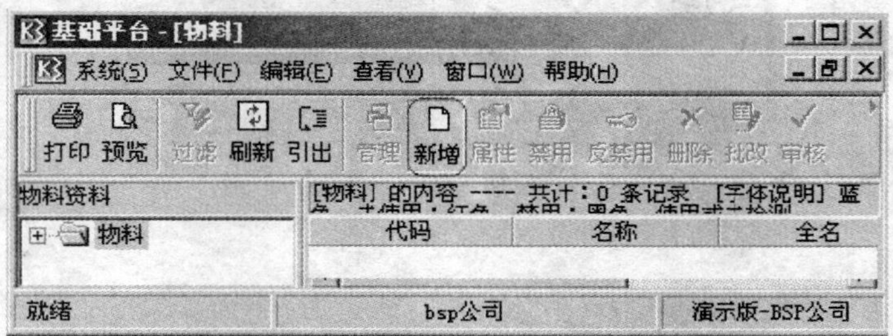

图　2-2-89

③在【物料-新增】窗口，参照表 2-2-10 中的内容，在【基本资料】选项卡中，如图 2-2-90 所示，在【代码】文本编辑框中键入“0101”；在【名称】文本编辑框中键入“钢材”；在【物料属性】文本编辑框中，选择输入“外购”；在【计量单位】文本编辑框中选择输入“重量组”，并在【采购计量单位】、【销售计量单位】、【生产计量单位】、【库存计量单位】文本编辑框中选择输入“公斤”；在【默认仓库】文本编辑框中选择输入“原料库”。再在【物流资料】选项卡中，如图 2-2-91 所示，在【计价方法】文本编辑框中选择输入“加权平均法”；在【存货科目代码】文编辑框中选择输入“1211.01”；在【销售收入科目代码】文编辑框中选择输入“5102”；在【销售成本科目代码】文编辑框中选择输入“5405”。再单击工具按钮 保存，完成“钢材”物流信息的新增操作。重复本步，完成“机箱”物流信息的新增操作。

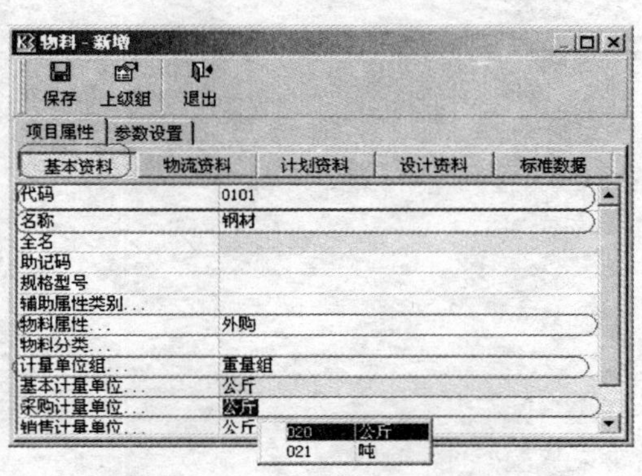

图　2-2-90

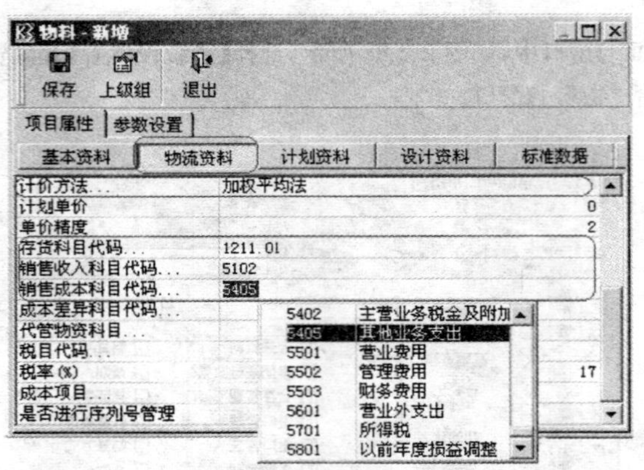

图 2-2-91

④新增完所有的物流信息之后，返回到【基础平台-物流】窗口，如图 2-2-92 所示，在窗口右边的显示区域会显示所有新增的物流资料信息。

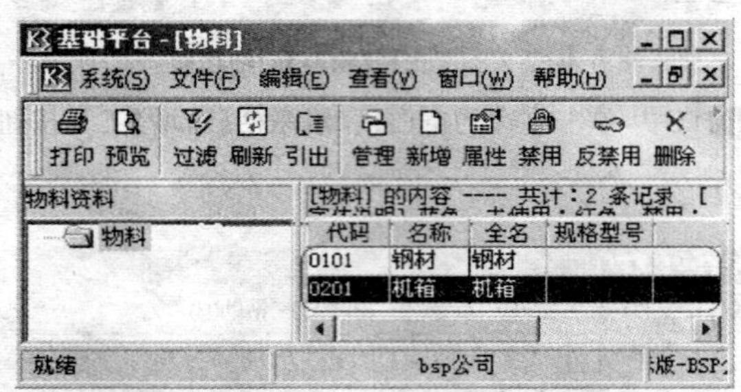

图 2-2-92

第 3 章 系统初始化

3.1 系统初始化顺序

企业的业务发生是有一定的先后顺序的，那么在会计信息系统中各个子模块的初始化设置相对而言也有一定的前后关系，在进行初始数据输入时也应遵照其规律：先财务后业务。具体的初始化顺序可以用图 2-3-1 来进行描述。

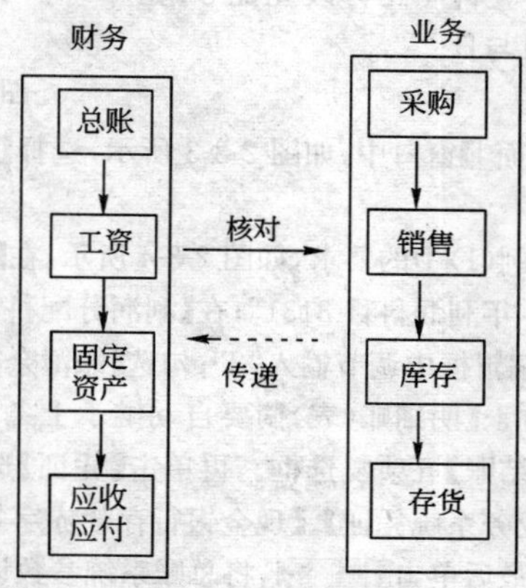

图 2-3-1 初始余额录入顺序

3.2 总账系统的初始化

3.2.1 总账系统简介

总账系统是会计信息系统的核心，是最为重要的部分，总账系统的总体业务处理流程如图 2-3-2 所示。

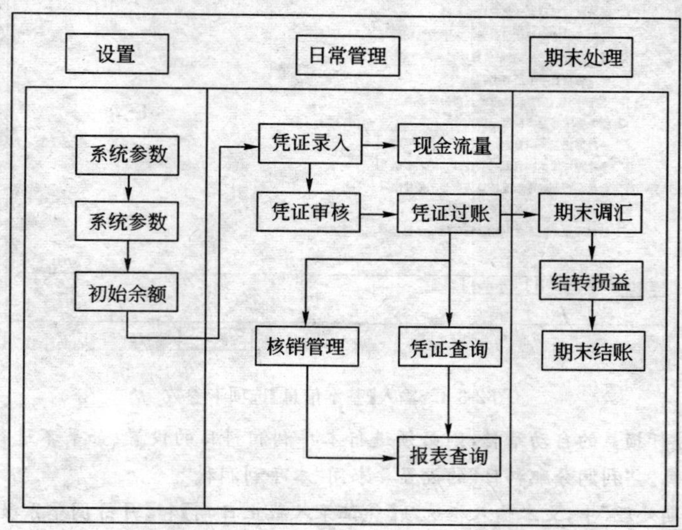

图 2-3-2 总账系统业务流程

3.2.2 总账系统参数设置

图 2-3-3 选择【系统参数】明细功能

【例 2-3-1】 BSP公司针对本企业的情况，设置总账系统参数要求如下：

基本信息设置：本年利润科目：3131；利润分配科目：3141；数量单价位数：2；账簿余额方向与科目余额方向相同；凭证/明细账分级显示核算项目名称；明细账（表）摘要自动继承上条分录摘要；结账要求损益类科目余额为零；不允许进行跨财务年度反结账。

凭证设置：凭证过账前必需审核；不允许修改/删除业务系统凭证；现金、银行存款赤字报警；不允许手工修改凭证号；凭证号按期间统一排序。不控制结账月与日。

操作步骤：

①在【系统参数-系统设置-[主界面]】窗口中，如图 2-3-3 所示，选择【系统设置】/【总账】/【系统参数】子功能双击打开【系统设置】对话框。

②在【系统参数】对话框中，按照例(1)中的要求，如图 2-3-4 所示，在【总账】/【基本信息】选项卡中的【本年利润科目】文本编辑框中选择输入“本年利润科目 3131”；在【利润分配科目】文本编辑框中选择输入“利润分配科目 3141”；在【数量单价位数】文本编辑框中调节输入“2”；勾选【账簿余额方向与科目设置的余额方向相同】、【凭证/明细账分级显示核算项目名称】、【明细账(表)摘要自动继承上条分录摘要】、【结账要求损益类科目余额为零】、【不允许进行跨账务年度反结账】五项复选框。再单击【凭证】选项卡，如图 2-3-5 所示，勾选【凭证过账前必须审核】、【不允许修改/删除业务系统凭证】、【现金银行存款赤字报警】、【不允许手工修改凭证号】、【凭证号按期间统一排序】五项复选框。最后单击[保存修改]，将总账系统参数设置结果保存下来。

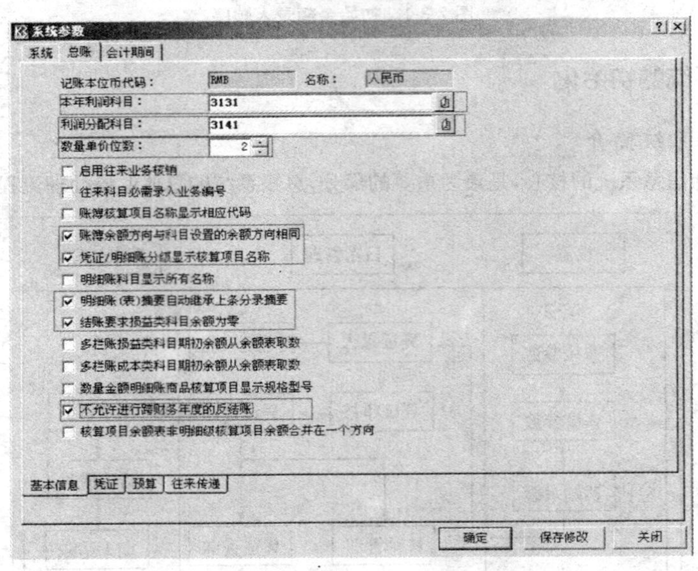

图 2-3-4 输入【基本信息】选项卡参数

注意：如果需要进行损益的自动结转，则必须进行本年利润科目的设置；如果不进行损益的自动结转，可以不设置本年利润科目。“利润分配科目”的设置要求同“本年利润科”。

注意：在“凭证日期处理”中，文本输入框选项【凭证录入截止日期】和【月份调整系数】，供月份和截止日期的选择。如账套期间为 8 月份，8 月份的结账日是 9 月 6 日，则在 9 月 6 日前仍然可以增加、修改凭证，在 9 月

6日后便不再允许对8月份的凭证进行新增、修改和删除。可处理为：在凭证录入截止日期的选框中输入数字6，在月份调整系数中输入数字1即可。月份调整系数可输入正自然数和负自然数，实际的控制月是“当前账套期间加月份调整系数”，当月份为0，只选择结账日，则默认该结账日为所有月份的结账日。当结账日为0时，则月份可以随便输入，不做控制。当“结账月”和“结账日”都为0时，则不控制结账月和结账日。而在本例，公司要求不“控制结账月与日”，因此在“凭证日期处理”处的【凭证结账日期】与【月份调整系数】文本编辑框中均为“0”。

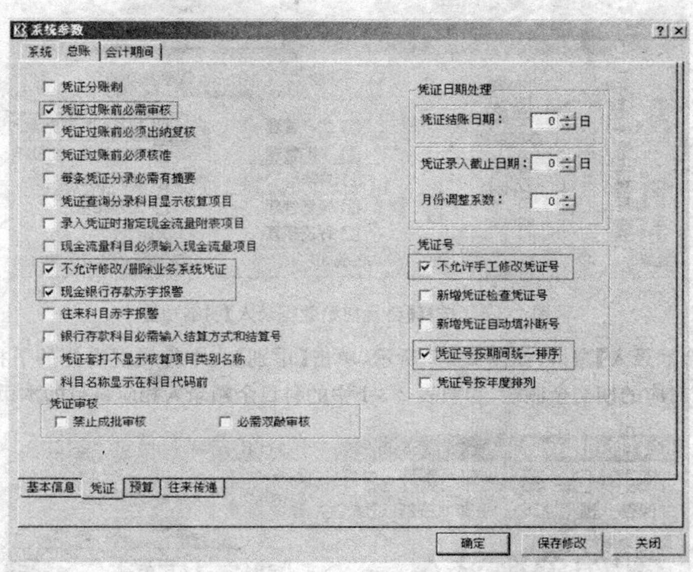

图2-3-5　输入【凭证】选项卡参数

3.2.3　输入期初余额

【例2-3-2】　BSP公司经过整理，2007年1月份的相关科目及期初余额如下表2-3-1所示。

相关科目及期初余额表　　表2-3-1

会计科目	借方期初余额	贷方期初余额
现金	37 400	
银行存款-建设银行	923 800	
银行存款-中国银行(美元)	35 000(折合人民币297 500)	
应收账款	40 000	
原材料-生产用原材料	380 000(38 000公斤)	
库存商品	1 050 000	
固定资产	1 423 000	
累计折旧		500 000
短期借款		534 000
应付账款		13 300
实收资本		3 062 400
利润分配-未分配利润		42 000

操作步骤：

①在【科目初始数据录入-初始化-[主界面]】窗口中，如图 2-3-6 所示，选择【系统设置】【初始化】/【总账】/【科目初始数据录入】明细功能，双击打开【科目初始余额录入】窗口。

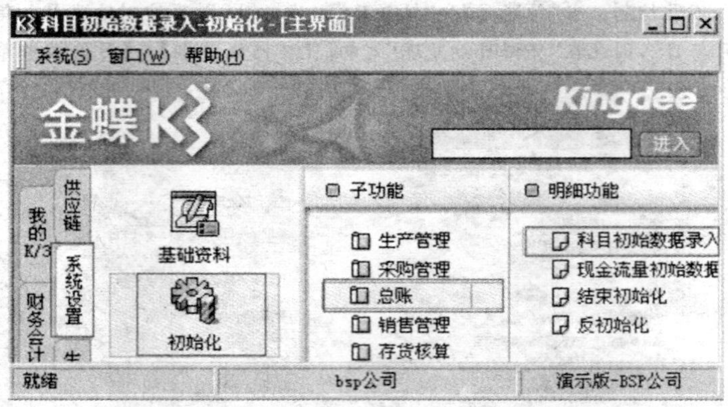

图 2-3-6 选择【科目初始数据录入】明细功能

②在【科目初始余额录入】窗口，如图 2-3-7 所示，单击【币别】文本编辑框右侧的下拉按钮，选择“人民币”，再单击某科目所对应的期初余额栏，参照表 2-3-1 中的科目余额录入相应科目的本币期初余额。

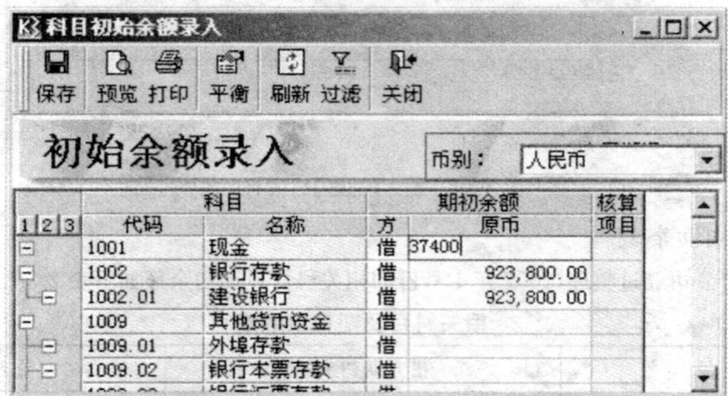

代码	名称	方	期初余额 原币	核算项目
1001	现金	借	37400	
1002	银行存款	借	923,800.00	
1002.01	建设银行	借	923,800.00	
1009	其他货币资金	借		
1009.01	外埠存款	借		
1009.02	银行本票存款	借		

图 2-3-7 录入本币科目期初余额

③在【科目初始余额录入】窗口，如图 2-3-8 所示，单击【币别】文本编辑框右侧的下拉按钮，选择一种外币，如本例所示，即选择“美元”。再单击和会计科目“中国银行”所对应的期初余额栏，参照表 2-3-1 中的“中国银行”的科目余额(美元)录入，则在其本位币栏系统会根据当前相应的汇率自动计算出其对应本位币金额。

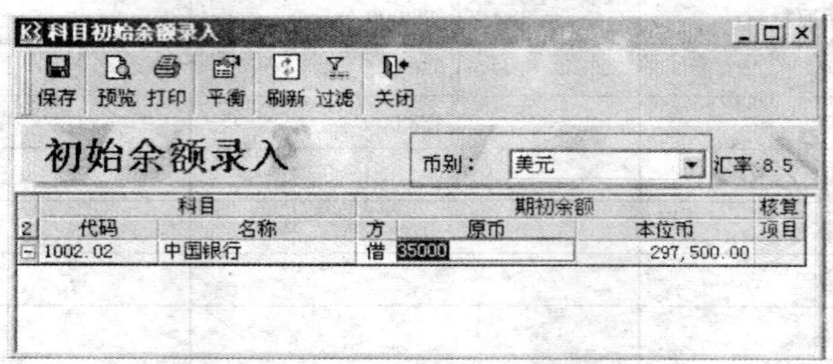

代码	名称	方	期初余额 原币	本位币	核算项目
1002.02	中国银行	借	35000	297,500.00	

图 2-3-8 录入外币的科目期初余额

④全部科目的期初余额录入完毕后，如图 2-3-9 所示，单击，将录入的期初余额保存到系统中。再单击【币别】文本编辑框右侧的下拉按钮，如图 2-3-10 所示，选择“综合本位币”，再单击工具栏按钮，弹出如图 2-3-11 所示的【试算借贷平衡】对话框，查看其显示结果是否平衡，如已平衡，则单击 关闭 按钮，返回到【初

科目初始余额录入

保存 预览 打印 平衡 刷新 过滤 关闭

初始余额录入　　币别：人民币

代码	名称	方	原币	核算项目
1001	现金	借	37,400.00	
1002	银行存款	借	923,800.00	
1002.01	建设银行	借	923,800.00	
1009	其他货币资金	借		
1131	应收账款	借	40,000.00	
1211	原材料	借	380,000.00	
1211.01	生产用原材料	借	380,000.00	
1243	库存商品	借	1,050,000.00	
1501	固定资产	借	1,423,000.00	
1502	累计折旧	贷	500,000.00	
2101	短期借款	贷	534,000.00	
2121	应付账款	贷	13,300.00	
3101	实收资本（或股本）	贷	3,062,400.0C	
3141	利润分配	贷	42,000.00	
3141.15	未分配利润	贷	42,000.00	

图 2-3-9　保存录入的科目期初余额

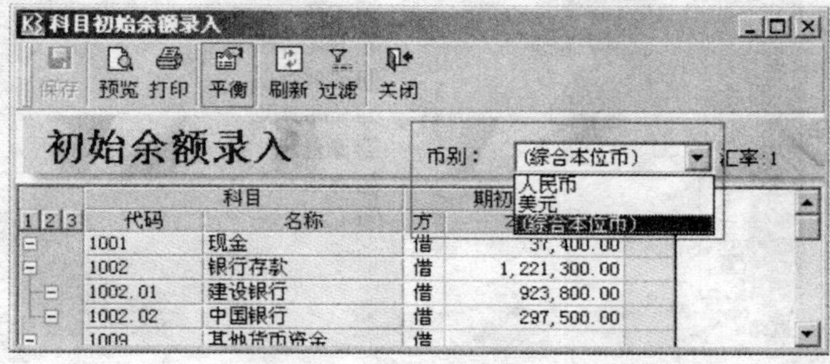

图 2-3-10　进行试算平衡

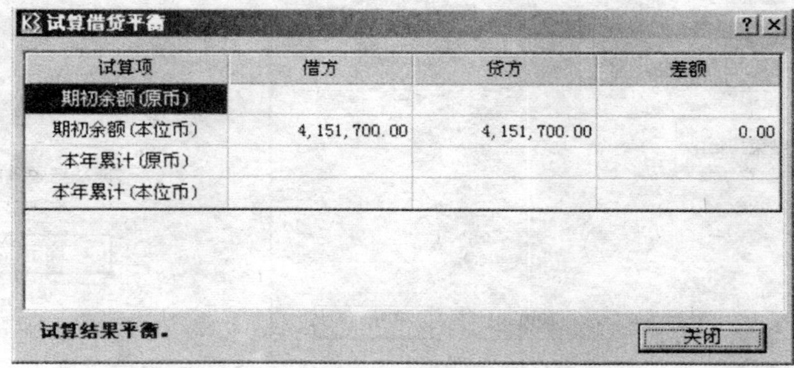

图 2-3-11　试算借贷平衡结果

始余额录入】窗口，再单击按钮退出录入窗口；否则返回到【初始余额录入】窗口后，再进一步检查录入的余额是否有误，并进行更正，直至平衡为止。

⑤退出【科目初始余额录入】窗口后，返回到【初始化主界面】窗口，如图 2-3-12 所示，选择【系统设置】/【初始化】/【总账】/【结束初始化】明细功能双击，打开如图 2-3-13 所示的【初始化】对话框，单击【结束初始化】的单选按钮选中，再单击 开始(S) 按钮，系统弹出如图 2-3-14 所示的【成功结束初始化工作】提示框，单击 确定 按钮，结束总账系统的初始化工作。

图 2-3-12 选择【结束初始化】明细功能

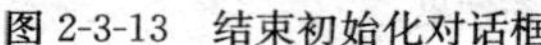

图 2-3-13 结束初始化对话框

图 2-3-14 成功结束初始化工作

3.3 应收、应付款管理系统的初始化

3.3.1 应收、应付款管理系统简介

应收、应付款管理系统的主要功能有:单据管理、票据管理、结算、凭证处理、坏账处理、报表管理、合同管理、外币核算、期末调汇、系统对账等。其操作流程如图 2-3-15 所示。

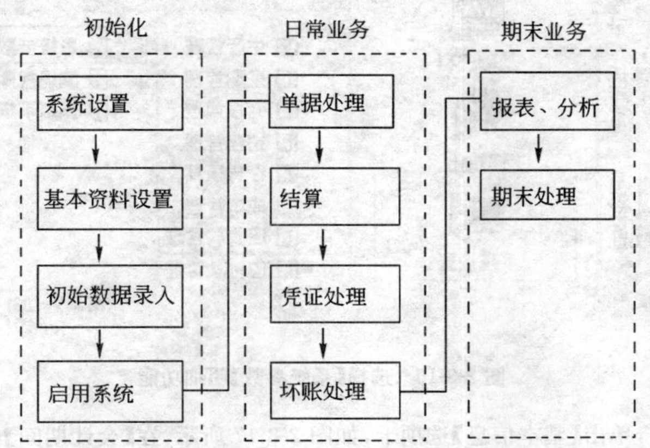

图 2-3-15 应收、应付处理流程

3.3.2 应收、应付款系统参数设置

【例 2-3-3】 BSP 公司的应收款管理相关参数要求如下:

①启用期间是 2007 年 1 月;

②坏账准备核算方法是备抵法,坏账计提方法是应收账款百分比法;

③坏账损失科目是:管理费用;

④坏账准备科目是:坏账准备;计提坏账准备科目是:应收账款;计提方向是:借方,计提比率为 0.5%;

⑤其他应收单、销售发票、收款单、退款单的科目均设置为:应收账款;

⑥预收单的会计科目设置为:预收账款;

⑦应收票据业务会计科目为:应收票据;

⑧应交税金会计科目为:应交税费-应交增值税(销项税额);

⑨核算项目类别为:“客户”;

⑩选择“只允许修改和删除本人录入的单据”;

⑪税率来源“取产品属性中的税率”;

⑫选择“审核后自动核销”;

⑬选择“预收冲应收生成凭证”;

⑭选择“结账与总账期间同步”;

⑮选择“期末处理前凭证处理应该完成”;

⑯选择“期末处理前单据全部完成审核”;

⑰选择“启用期末调汇”。

操作步骤:

①在【系统参数—系统设置—[主界面]】窗口中,如图 2-3-16 所示,选择【系统设置】/【系统设置】/【应收款管理】/【系统参数】明细功能双击,打开应收管理系统【系统参数】设置窗口。

图 2-3-16 选择【系统参数】明细功能

②在【系统参数】窗口，单击【基本信息】选项卡，如图 2-3-17 所示，在【会计期间】的【启用年份】文本编辑框内，参照本例中的内容，输入 2007；单击【启用会计期间】文本编辑框右侧的下拉按钮，在弹出的下拉列表框内选择“1”输入。

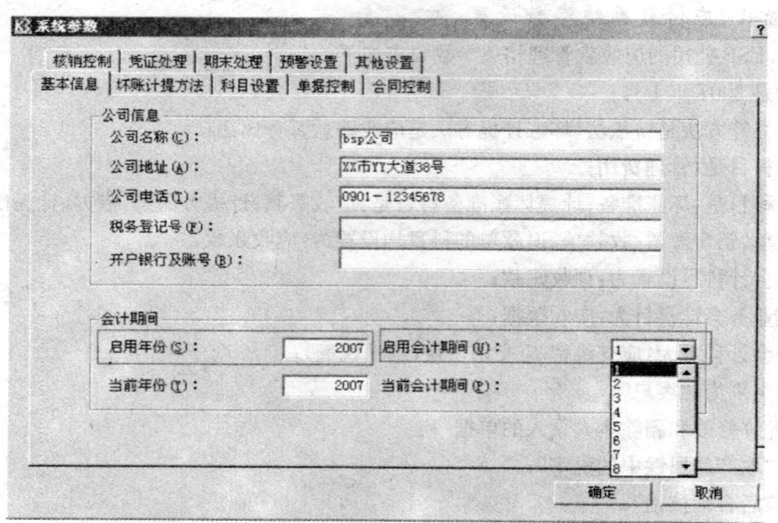

图 2-3-17 【基本信息】选项卡设置

③在【系统参数】窗口，单击【坏账计提方法】选项卡，如图 2-3-18 所示，参照例【3】的内容，在【计提方法】设置框内单击【备抵法】前的单选按钮，选中备抵法；在【备抵法选项】设置框内单击【应收账款百分比法】前的单选按钮，选中应收账款百分比法；在【坏账损失科目代码】文本编辑框内，单击选择输入“5502 管理费用”；在【坏账准备科目代码】文本编辑框内，单击选择输入“1141 坏账准备”；双击【计提坏账科目】的下方文本编辑框，选择输入“1131 应收账款”；单击【借贷方向】的下方文本编辑框右侧的下拉按钮，在弹出的下拉列表框内选择“借”输入；在【计提比率(%)】的下方文本编辑框内输入“0.5”。

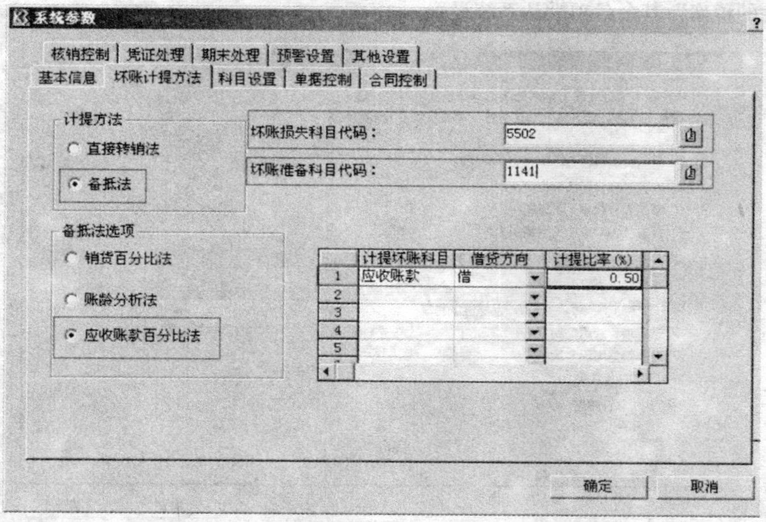

图 2-3-18 【坏账计提方法】选项卡设置

④在【系统参数】窗口，单击【科目设置】选项卡，如图 2-3-19 所示，参照本例中的内容，先在【设置单据类型科目】设置框内，单击【其他应收单】文本编辑框右侧的按钮选择输入“1131 应收账款”；单击【收款单】文本编辑框右侧的按钮选择输入“1131 应收账款”；单击【预收单】文本编辑框右侧的按钮选择输入“2131 预收账款”；单击【销售发票】文本编辑框右侧的按钮选择输入“1131 应收账款”；单击【退款单】文本编辑框右侧的按钮选择输入“1131 应收账款”。再单击【应收票据科目代码】文本编辑框右侧的按钮选择输入“1111 应收票据”；单击【应交税金科目代码】文本编辑框右侧的按钮选择输入“2171.01.05 应交税费—应交增值税—销项税额”。最后单击【核算项目类别】文本编辑框右侧的下拉按钮，从弹出的下拉列表框内选择“客户”。

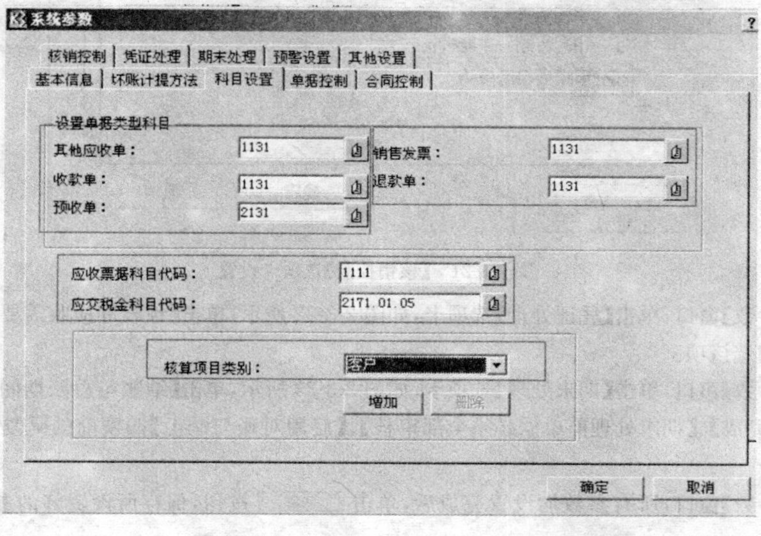

图 2-3-19 【科目设置】选项卡设置

⑤在【系统参数】窗口，单击【单据控制】选项卡，如图 2-3-20 所示，单击【只允许修改、删除本人录入的单据】前的复选按钮，勾选该项；单击【税率来源】文本编辑框右侧的下拉按钮，从弹出的下拉列表框内选择

输入"取产品属性的税率";其余各项默认系统设置。

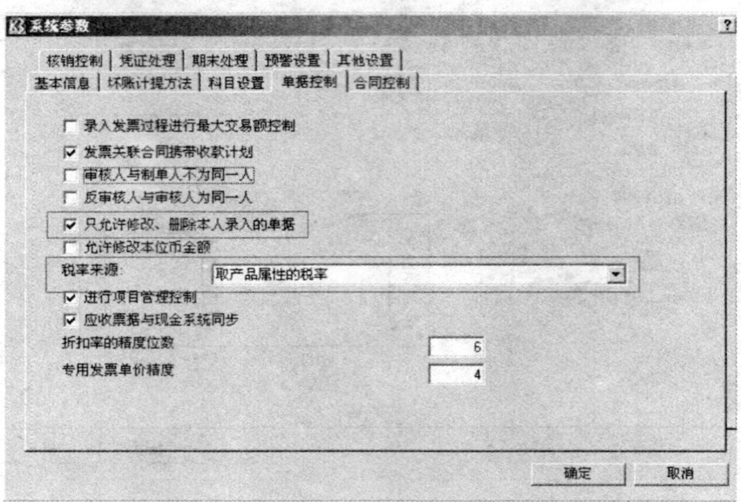

图 2-3-20 【单据控制】选项卡的设置

⑥在【系统参数】窗口,单击【核销控制】选项卡,如图 2-3-21 所示,单击【审核后自动核销】前的☑复选按钮,勾选该项。

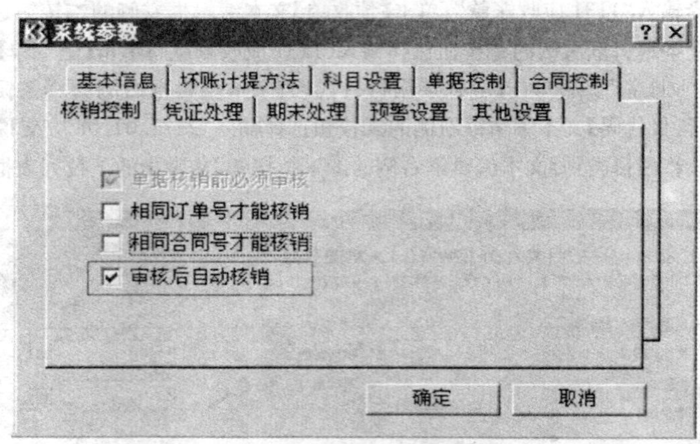

图 2-3-21 【核销控制】选项卡设置

⑦在【系统参数】窗口,单击【凭证处理】选项卡,如图 2-3-22 所示,单击【预收冲应收需要生成转账凭证】前的☑复选按钮,勾选该项。

⑧在【系统参数】窗口,单击【期末处理】选项卡,如图 2-3-23 所示,单击【结账与总账期间同步】、【期末处理前凭证处理应该完成】、【期末处理前单据必须全部审核】、【启用对账与调汇】四项前的☑复选按钮,勾选此四项。

⑨在【系统参数】窗口,所有参数均设置完成后,单击 [确定] 按钮,保存所设置好的参数,退出【系统参数】窗口。

提示 1:在进行应收款管理系统中的参数设置时,在【科目设置】选项卡中所用到的科目,除税金科目之外,其余的科目均需要在【基础资料】/【公共资料】/【科目】设置时事先将其科目受控系统设置为受控于"应收应付"。

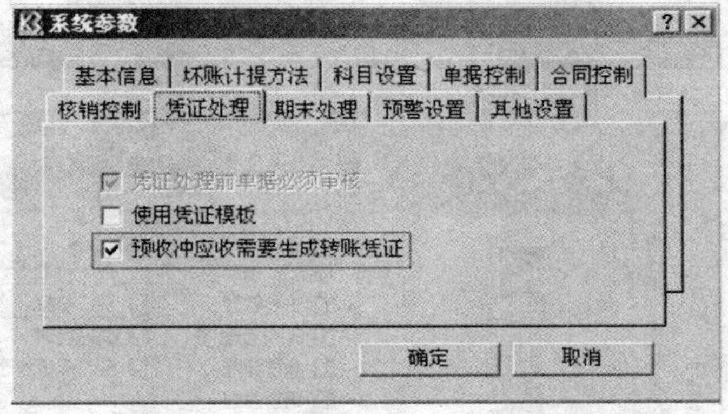

图 2-3-22　【凭证处理】选项卡设置

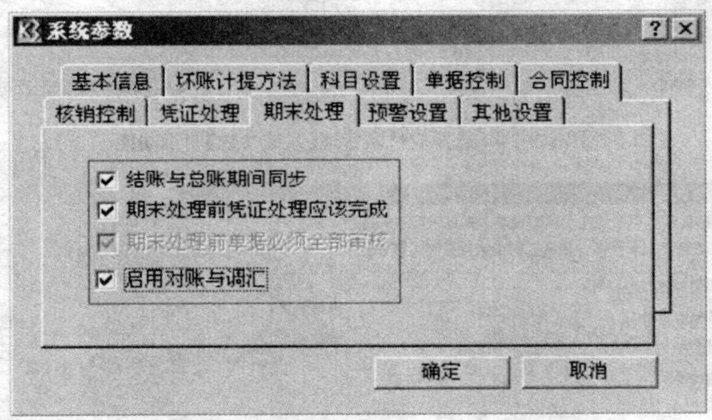

图 2-3-23　【期末处理】选项卡设置

【例 2-3-4】 BSP 公司的应付款管理相关参数要求如下：所有单据类型科目均为“2121 应付账款”；应付票据科目为“2111 应付票据”；应交税金科目为“2171.01.01 应交税费—应交增值税—进项税额”；核算项目类别为“供应商”。

操作步骤：

①在【系统参数—系统设置—[主界面]】窗口中，如图 2-3-24 所示，选择【系统设置】/【系统设置】/【应付款管理】/【系统参数】明细功能双击，打开应付管理系统【系统参数】设置窗口。

②在【系统参数】窗口，单击【科目设置】选项卡，如图 2-3-25 所示，先在【设置单据类型科目】设置框内，单击【其他应付单】文本编辑框右侧的按钮选择输入“2121 应付账款”；单击【付款单】文本编辑框右侧的按钮选择输入“2121 应付账款”；单击【预付单】文本编辑框右侧的按钮选择输入“2121 应付账款”；单击【采购发票】文本编辑框右侧的按钮选择输入“2121 应付账款”；单击【退款单】文本编辑框右侧的按钮选择输入“2121 应付账款”。再单击【应付票据科目代码】文本编辑框右侧的按钮选择输入“2111 应付票据”；单击【应交税金科目代码】文本编辑框右侧的按钮选择输入“2171.01.01 应交税费—应交增值税—进项税额”。最后单击【核算项目类别】文本编辑框右侧的下拉按钮，从弹出的下拉列表框内选择“供应商”。

③在【系统参数】窗口，所有参数均设置完成后，单击 确定 按钮，保存所设置好的参数，退出【系统参数】窗口。

提示 2：在进行应付款管理系统中的参数设置时，在【科目设置】选项卡中所用到的科目，除税金科目之外，其余的科目均需要在【基础资料】/【公共资料】/【科目】设置时事先将其科目受控系统设置为受控于“应收应付”。

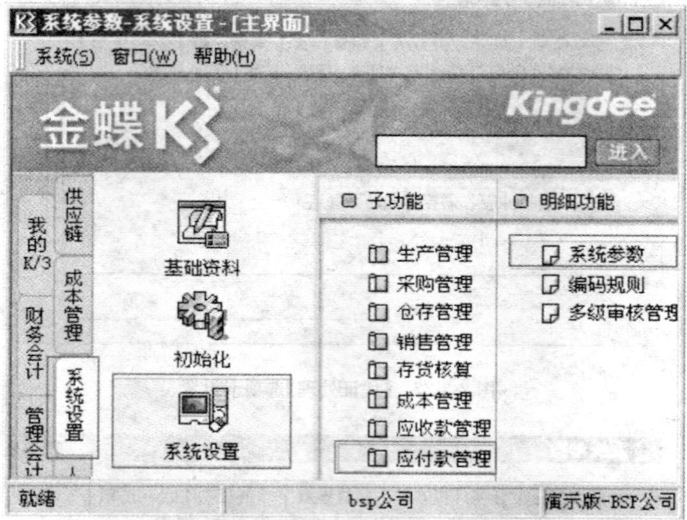

图 2-3-24 选择应付款管理【系统参数】明细功能

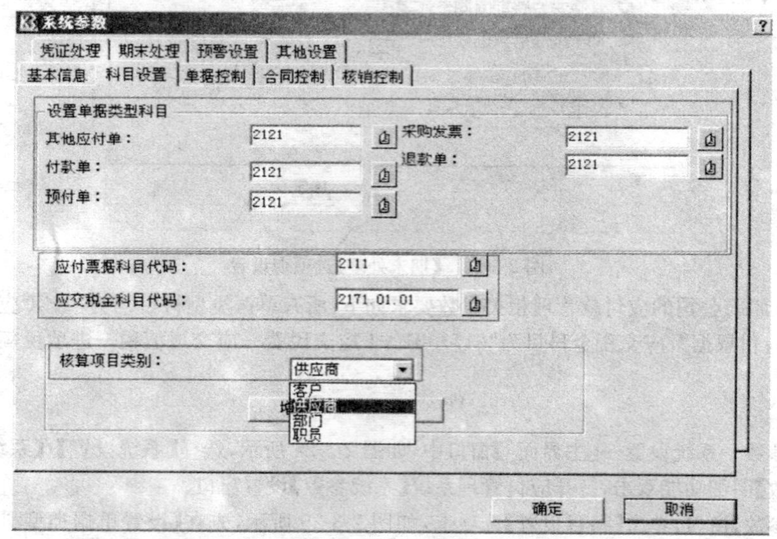

图 2-3-25 应付款管理的相关科目设置

3.3.3 输入期初余额

【例 2-3-5】 BSP 公司的应收款管理系统的相关初始余额，经过整理如表 2-3-2 所示。录入完成之后，进行初始化检查与对账，并结束应收款管理系统的初始化。

应收账款初始数据

表 2-3-2

客　户	单据类型	单据日期 财务日期	部门	业务员	发生额	商品	数量	含税单价	应收日期
华东电子	普通销售发票	2006.9.10	供销部	王业务	40 000	机箱	200	200	2007.3.1

操作步骤：

①在【初始化数据-应收账款-初始化-[主界面]】窗口中，如图 2-3-26 所示，选择【系统设置】/【初始化】/【应收款管理】/【初始销售普通发票-新增】明细功能双击，打开应收管理系统【初始化-销售普通发票[新增]】设置窗口。

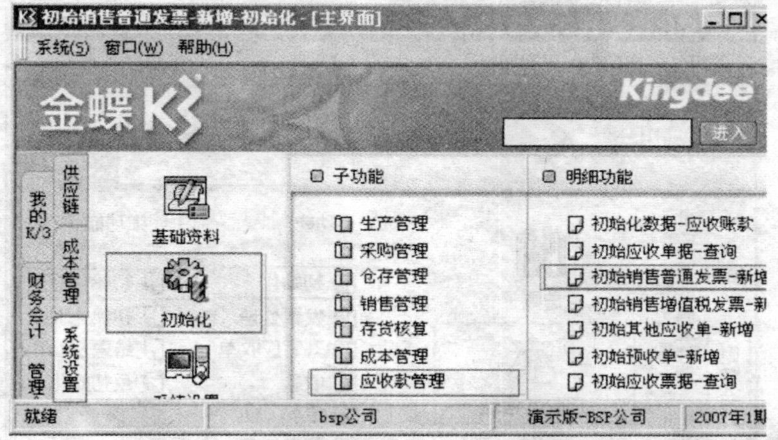

图 2-3-26 选择【初始销售普通发票—新增】明细功能

②在【初始化-销售普通发票[新增]】窗口，如图 2-3-27 所示，单击【本年】右侧的复选框，取消【本年】复选项；单击【录入产品明细】右侧的复选框，选择【录入产品明细】复选项；单击【单据日期】文本编辑框，将单据日期修改为“2006-09-10”；单击【财务日期】文本编辑框，将财务日期修改为“2006-09-10”；单击【核算项目】文本编辑框右侧的浏览按钮，选择输入“华东电子”；单击【应收日期】列表框下方对应的单元格，输入“2007-03-01”；单击【应收金额】列表框下方对应的单元格，输入“40000.00”；单击【产品代码】下方对应的单元格，在单元格右侧会弹出浏览按钮，单击此按钮，选输入“0201”，在【产品名称】下方对应的单元格中会自动显示出对应的产品名称为“机箱”；单击【数量】下方对应的单元格，在单元格右侧会弹出浏览按钮，单击此按钮，选输入“200”；单击【单价】下方对应的单元格，在单元格右侧会弹出浏览按钮，单击此按钮，选输入“200”，在【不含税单价】下方对应的单元格中会自动折算出对应的不含税单价为“170.94”，在【实际单价】下方对应的单元格中会自动显示出对应产品的实际单价为“200”；输入完所有的项目之后，单击工具栏的按钮，保存新增普通销售

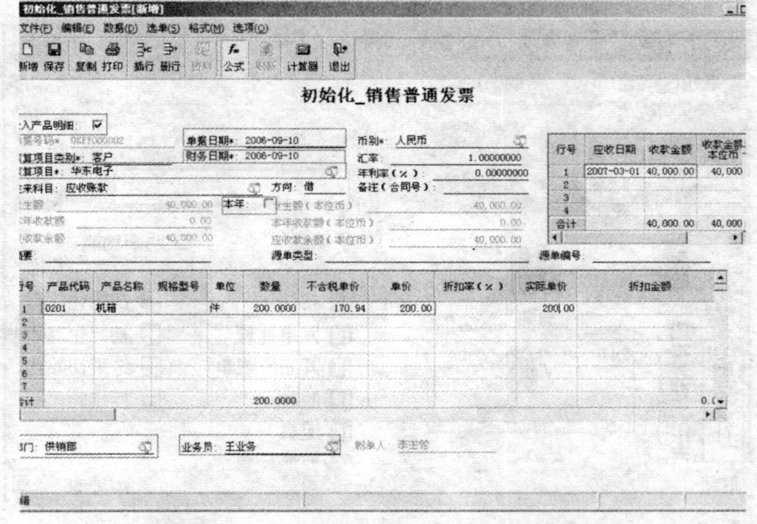

图 2-3-27 输入【初始化—销售普通发票数据】

发票的初始数据。最后,单击按钮,退出【初始化—销售普通发票[新增]】窗口。

③在【初始化检查-应收款管理-[主界面]】窗口,如图 2-3-28 所示,选择【财务会计】/【应收款管理】/【初始化】/【初始化检查】明细功能双击,弹出系统提示对话框。

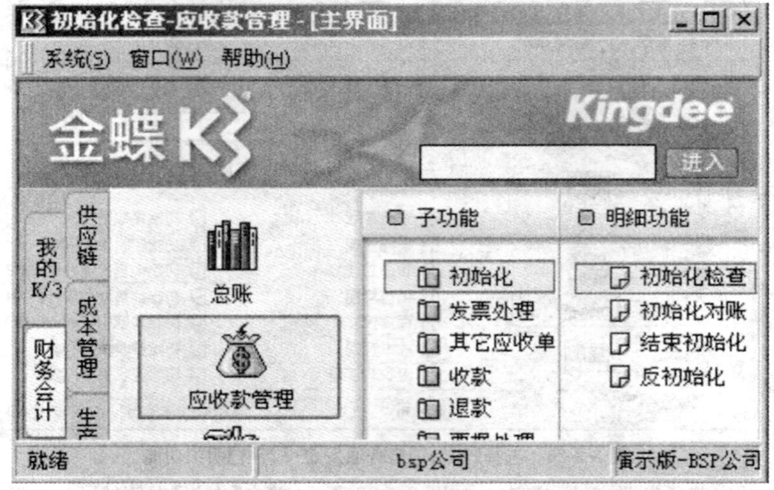

图 2-3-28 选择【初始化检查】明细功能

④在系统提示【初始化检查已经通过】对话框中,如图 2-3-29 所示单击 按钮完成初始化检查。

图 2-3-29 初始化检查结果

⑤在【初始化检查-应收款管理-[主界面]】窗口,如图 2-3-30 所示,选择【财务会计】/【应收款管理】/【初始化】/【初始化对账】明细功能双击,系统弹出【初始化对账-过滤条件】对话框。

⑥在【初始化对账-过滤条件】对话框中,如图 2-3-31 所示,单击【科目代码】下方的单元格输入本公司应收款项有期初余额的科目代码"1131 应收账款",系统在【科目名称】及【科目方向】下方的单元格中会自动显示默认设置。再单击 按钮,再一次进行上述第⑤步

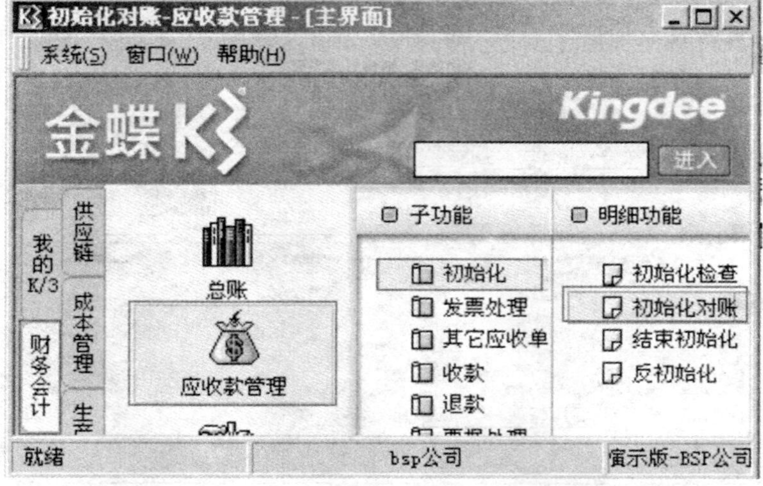

图 2-3-30 选择【初始化对账】明细功能

的检查(如已进行过第⑤步的操作本处可不用对账检查)。最后单击[确定(O)]按钮,打开【应收款管理系统-[初始化对账]】窗口。

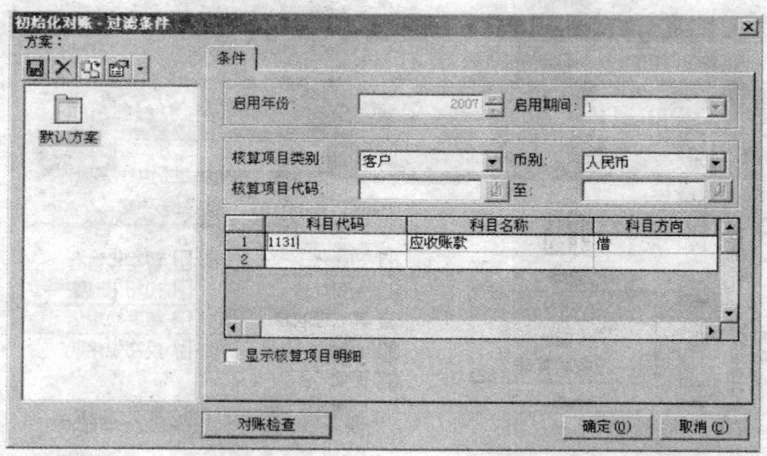

图 2-3-31 进行对账检查设置

⑦在【应收款管理系统-[初始化对账]】窗口中,如图 2-3-32 所示,在初始化对账列表框中会显示出应收款管理系统的期初余额与总账系统期初余额的对账结果,在应收系统余额栏与总账系统余额栏两栏中的金额相同,表明对账结果正确;否则在差额栏会显示出其相差的金额,表明对账结果不正确需要进行相应的修改。再单击[退出]按钮,退出【应收款管理系统-[初始化对账]】窗口。

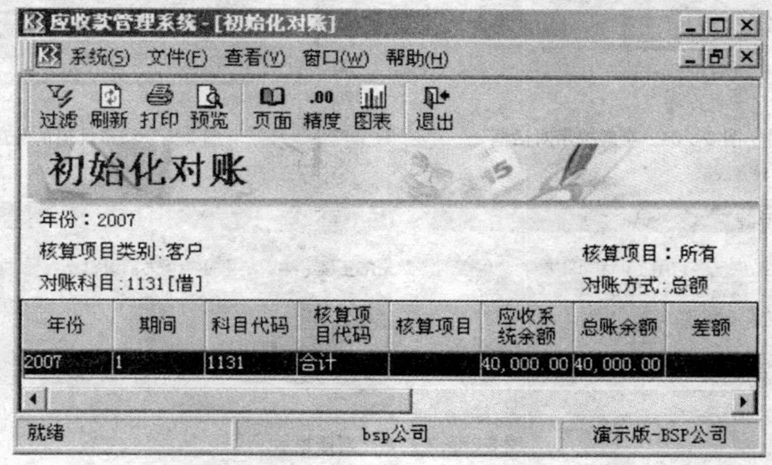

图 2-3-32 应收款管理系统初始化对账结果

⑧在【初始化检查-应收款管理-[主界面]】窗口,如图 2-3-33 所示,选择【财务会计】/【应收款管理】/【初始化】/【结束初始化】明细功能双击,系统弹出【金蝶提示】对话框。

⑨在【金蝶提示】对话框中,如图 2-3-34 所示,按照提示,单击[是(Y)]按钮,系统弹出【系统提示】对话框。

⑩在【系统提示】对话框中,如图 2-3-35 所示,系统提示"初始化检查已经通过",单击[确定]按钮,系统再次弹出【初始化对账】提示对话框。

⑪在【金蝶提示】对话框中,如图 2-3-36 所示,提示"您已经启用了调汇和对账。为了保障对账数据的正确,建议结束初始化之前进行初始化对账。现在需要初始化对账吗?"单击[否(N)]按钮,不再进行初始化对账

(注意,在上述的第⑥-⑧步,已经进行了初始化对账,因此在此不再进行初始化对账,否则必须进行初始化对账)。

图 2-3-33　选择【结束初始化】明细功能

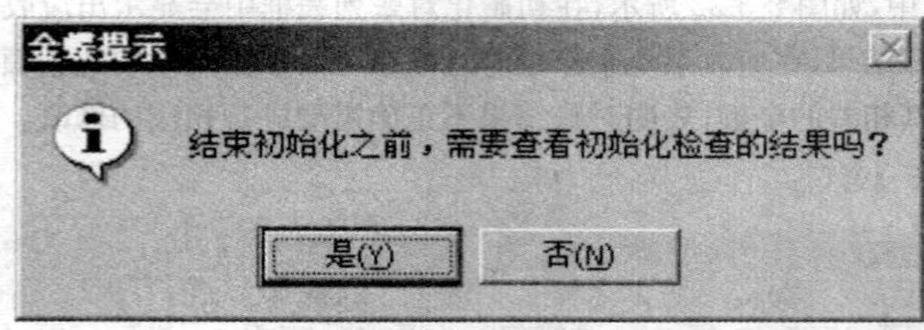

图 2-3-34　金蝶提示对话框

图 2-3-35　系统提示检查已经通过

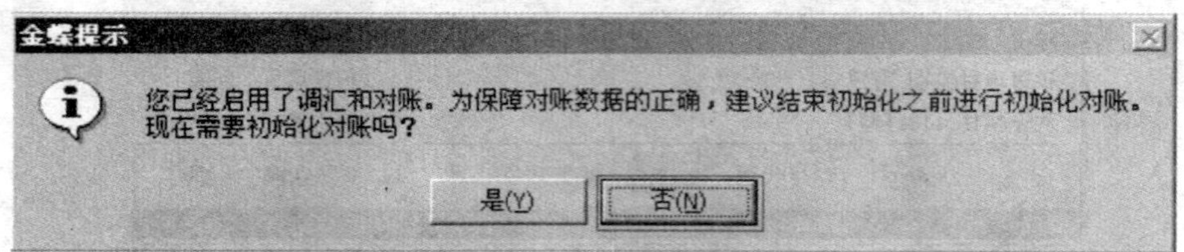

图 2-3-36　初始化对账提示

⑫在系统弹出的【金蝶提示】对话框中,如图 2-3-37 所示,提示“系统成功启用”,单击 确定 按钮,结束应收款管理系统初始化,同时启用应收款管理系统。

图 2-3-37　系统成功启用

提示 3:在录入【财务日期】时要注意,如勾选了【本年】复选项,则【财务日期】中所输入的日期必须要在启用本系统年份之内。如本例中勾选了【本年】复选项,则输入的【财务日期】就不能是 2006-09-10,因为本系统的启用日期是 2007-01-01,即必须是 2007-01-01。

应付款管理系统的初始数据录入工作及启用系统的操作与应收款管

理系统相同,下面以一个案例简单说明,不再详述。

【例 2-3-6】 BSP 公司的应付款管理系统中应付账款的初始余额如表 2-3-3 所示,进行相关余额录入及初始化检查、初始化对账,并结束初始化。

应付账款的初始余额 表 2-3-3

供应商	单据类型	单据日期 财务日期	部门	业务员	发生额	商品	数量	单价	应收日期
广华仪器	普通采购发票	2006.8.1	供销部	王业务	13 300	钢材	1 330	10	2007.2.1

操作步骤:

①录入初始化余额,在金蝶主界面窗口选择【系统设置】/【初始化】/【应付款管理】/【应付采购普通发票-新增】明细功能,双击打开【初始化-采购普通发票[新增]】窗口,参照本例中表 2-3-3 的内容录入应付账款的初始余额,如图 2-3-38 所示。

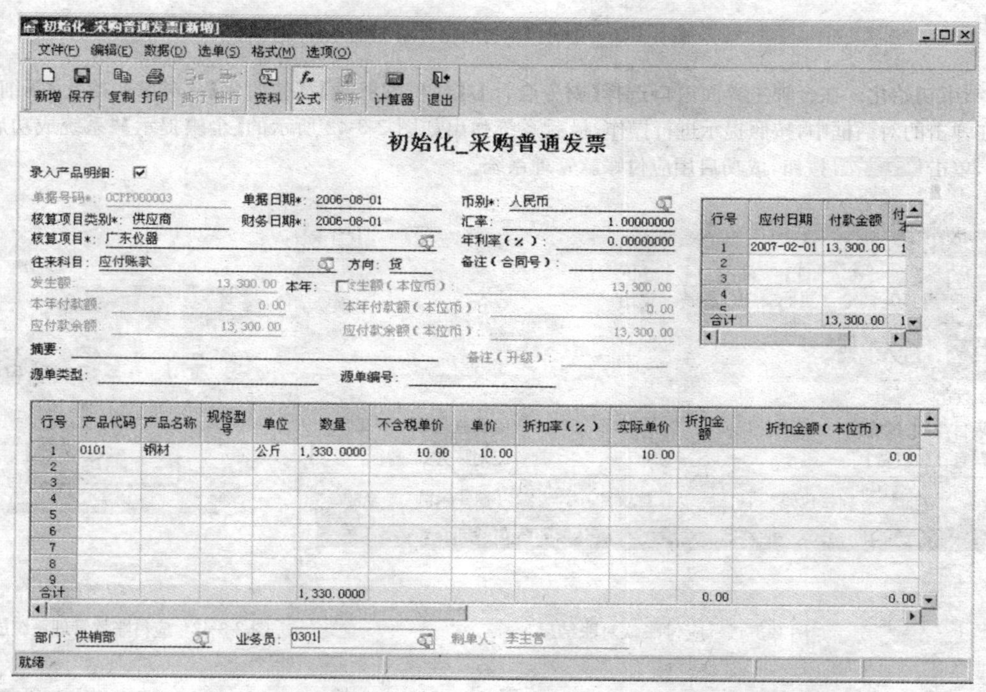

图 2-3-38 录入应付账款初始余额

②进行初始化检查。在金蝶主界面窗口选择【财务会计】/【应付款管理】/【初始化】/【初始化检查】明细功能,双击,弹击【系统提示】"初始化检查已通过"对话框,如图 2-3-39 所示,单击 确定 按钮,完成初始化检查。

图 2-3-39 应付款管理系统初始化检查已通过

③进行初始化对账。在金蝶主界面窗口选择【财务会计】/【应付款管理】/【初始化】/【初始化对账】明细功能,双击,弹击【初始化对账-过滤条件】对话框,如图 2-3-40 所示进行设置,再单击 确定 按钮,进行初始化对账。对账完成后,打开【初始化对账】窗口,如图 2-3-41 所示,并在列表框中显示对账结果。

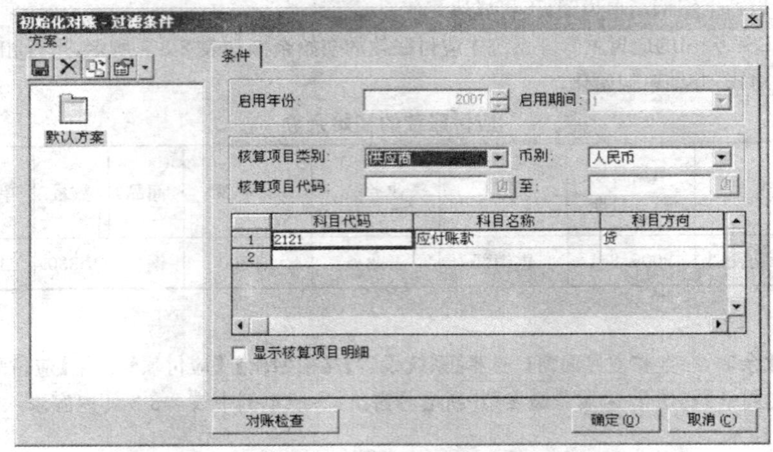

图 2-3-40　应付账款初始化对账-过滤条件

④结束初始化。在金蝶主界面窗口选择【财务会计】/【应付款管理】/【初始化】/【对束初始化】明细功能，双击，在弹击的对话框中，按照提示进行操作，最后系统弹出如图 2-3-42 所示的【金蝶提示】"系统成功启用！"对话框，单击 [确定] 按钮，成功启用应付账款管理系统。

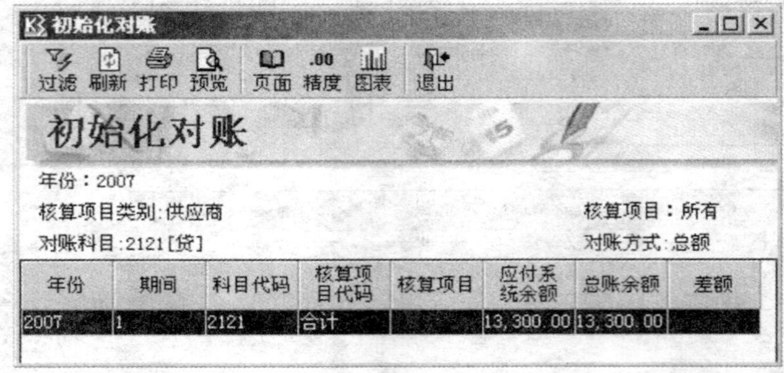

图 2-3-41　应付账款对账结果

图 2-3-42　应付账款管理系统成功启用

3.4　固定资产管理系统的初始化

3.4.1　固定资产管理系统简介

固定资产系统的主要功能包括固定资产的新增、清理、变动，按国家会计准则的要求进行计提折旧，以及与折旧相关的基金计提和分配的核算工作。固定资产管理系统的操作流程主要由三块业务流程组成，即初始化、日常业务处理和期末处理，具体流程图如图 2-3-43 所示。

提示 4：在图 2-3-43 中的固定资产管理系统的初始化设置中第一项是"新建账套"，要注意此步操作是指企业独立使用固定资产管理系统时，在进行初始化时必须先新建账套，如本书是与整个金蝶 K/3 系统融合使用的，在系统启用时已经创建好了账套，此时在启用固定资产管理系统时无须再新建账套，共用系统一套账即可。

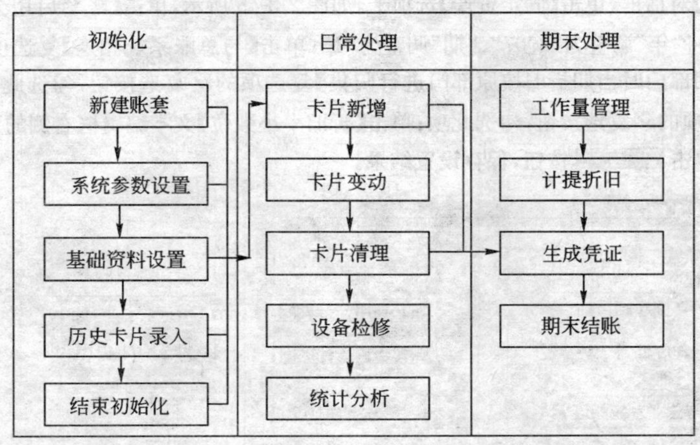

图 2-3-43 固定资产管理系统处理流程

3.4.2 固定资产管理系统参数设置

【例 2-3-7】 BSP 公司根据本公司固定资产管理和工作流程的需要，选择系统参数设置如下：

①启用期间为 2007 年 1 月；

②与总账系统相连；

③不允许改变基础资料编码；

④期末结账前先进行自动对账；

⑤变动使用部门时当期折旧按原部门进行归集；

⑥折旧率小数位 2 位。

操作步骤：

①在金蝶【系统参数-系统设置-[主界面]】窗口，如图 2-3-44 所示，选择【系统设置】/【系统设置】/【固定资产管理】/【系统参数】明细功能，双击打开【系统选项】对话框。

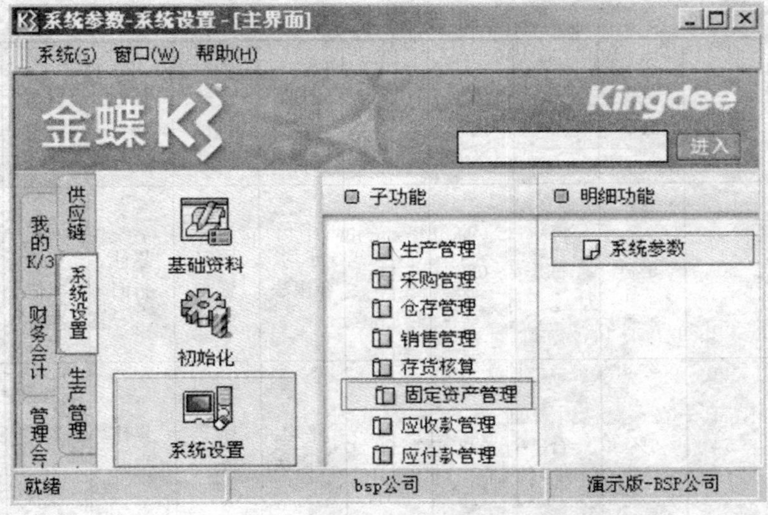

图 2-3-44 选择【系统参数】明细功能

②在【系统选项】对话框，单击【固定资产】选项卡，如图2-3-45所示，单击【账套启用会计期间】文本编辑框右侧的调节按钮，将"年"调整为"2007"、"期"调整为"1"；单击【与总账系统相连】复选项的☑复选按钮，勾选此项；单击【变动使用部门时当期折旧按原部门进行归集】复选项的☑复选按钮，勾选此项；单击【期末结账前进行自动对账】复选项的☑复选按钮，勾选此项；单击【折旧率小数位】文本编辑框右侧的调节按钮，将小数位数调整为"2"，再单击 确定 按钮，保存设置结果。

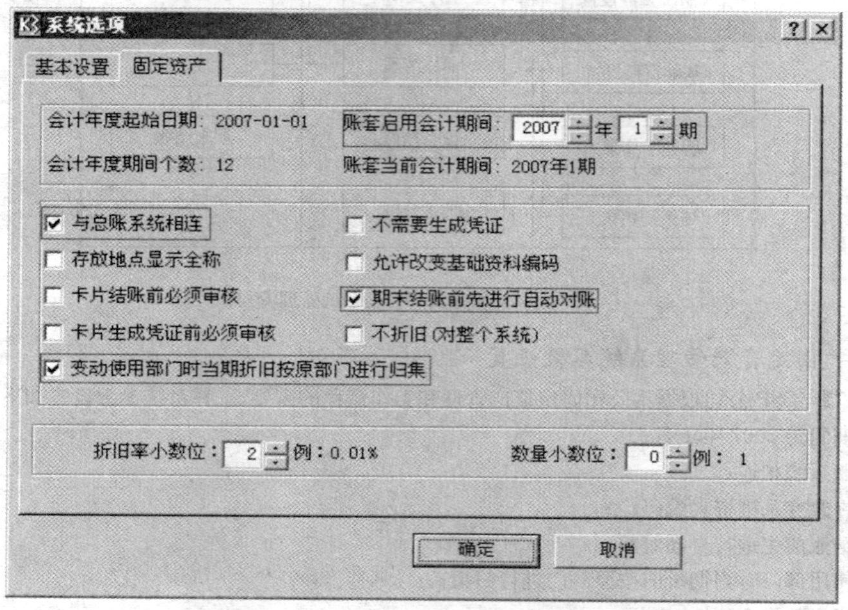

图2-3-45 固定资产系统参数设置

3.4.3 基础资料录入

【例2-3-8】 BSP公司的固定资产管理系统根据企业对固定资产的管理需要，需再增加如表2-3-4所示的固定资产类别，其余默认系统设置。

固 定 资 产 类 别 表2-3-4

固定资产类别代码	名称	年限	净残值率	单位	单位代码	所属计量单位组	折旧方法	资产科目	折旧科目	减值准备	编码规则	是否计提折旧
001	房屋及建筑物	50	5%	栋	022	栋	平均年限法	固定资产	累计折旧	固定资产减值准备	FW-	一直计提
002	办公设备	5	5%	台	033	台	平均年限法	固定资产	累计折旧		BG-	由使用状态决定是否计提

操作步骤：

①根据表 2-3-4 的内容，需先增加计量单位组及计量单位。在【计量单位-基础资料-[主界面]】窗口，如图 2-3-46 所示，选择【系统设置】/【基础资料】/【公共资料】/【计量单位】双击，打开【基础平台-[计量单位]】窗口。

图 2-3-46 选择【计量单位】明细功能

②在【基础平台-[计量单位]】窗口，如图 2-3-47 所示，单击窗口左侧计量单位资料显示区域的【计量单位】，再单击工具栏按钮，弹出【新增计量单位组】对话框，在【计量单位组】文本编辑框中输入“房屋组”，最后单击按钮，增加一个新的计量单位组“房屋组”。再依此步骤操作，新增另一个计量单位组“办公设备组”，如图 2-3-48 所示。

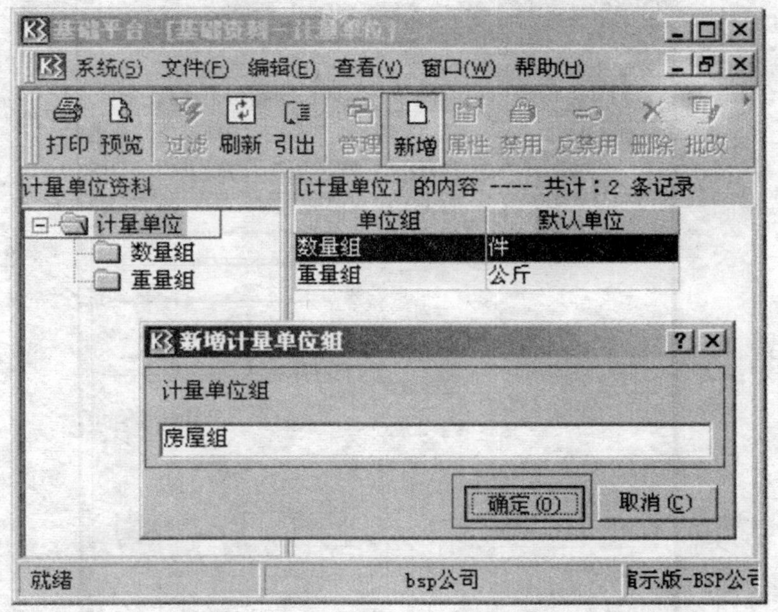

图 2-3-47 新增“房屋组”计量单位组

③在【基础平台-[计量单位]】窗口，如图 2-3-49 所示，单击窗口左侧计量单位资料显示区域的【房屋组】，接着单击窗口右侧显示区域的空白区域，再单击工具栏按钮，弹出【计量单位-新增】对话框，在【代码】文本编辑框中输入“022”，在【名称】文本编辑框中输入“栋”，最后单击按钮，增加一个新的计量单位“栋”。再

依此步骤操作，新增另一个计量单位“台”。增加完所有的计量单位之后，单击【基础平台-[计量单位]】窗口右侧的☒退出按钮，返回到金蝶 K/3 系统的【主界面】窗口。

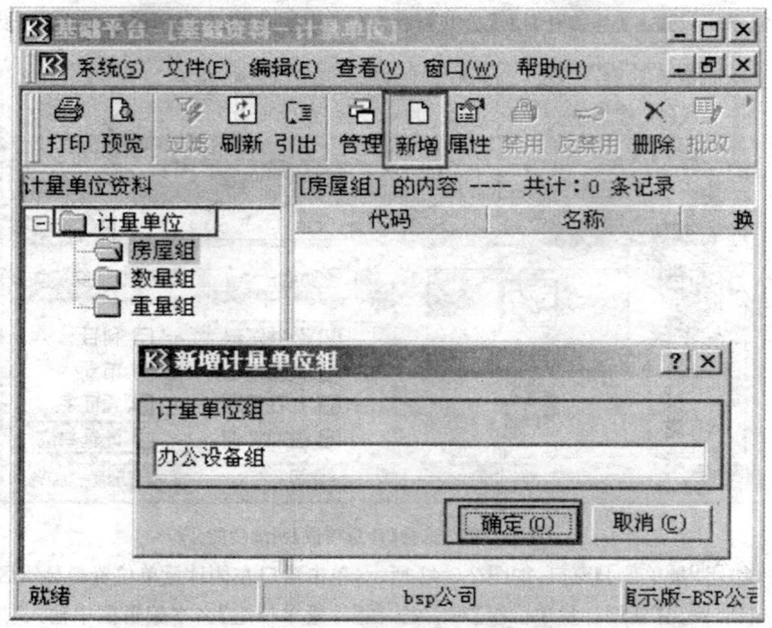

图 2-3-48　新增“办公设备组”计量单位组

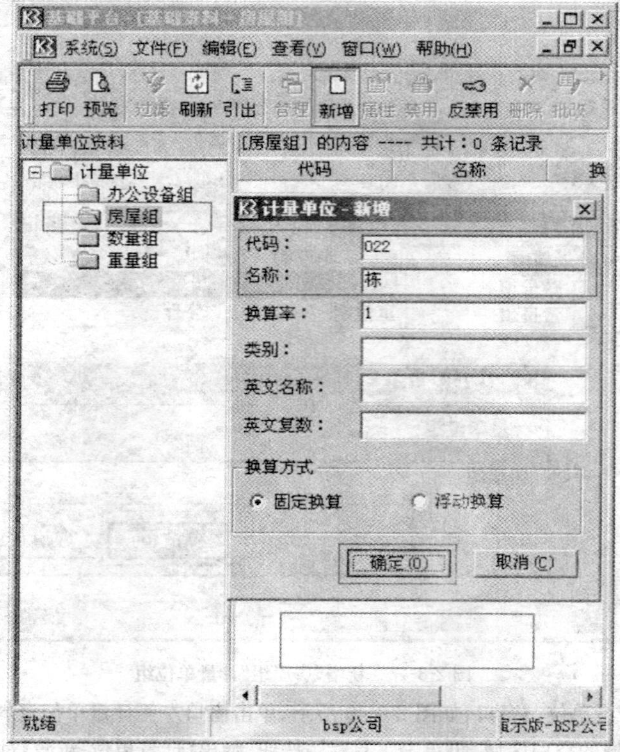

图 2-3-49　新增计量单位“栋”

④在【卡片类别管理-固定资产-[主界面]】窗口，如图 2-3-50 所示，选择【财务会计】/【固定资产管理】/【基础资料】/【卡片类别管理】，双击，打开【固定资产类别】对话框。

图 2-3-50　选择【卡片类别管理】明细功能

⑤在【固定资产类别】对话框中，如图 2-3-51 所示，单击对话框右侧的 新增(A) 按钮，打开【固定资产类别-新增】对话框。

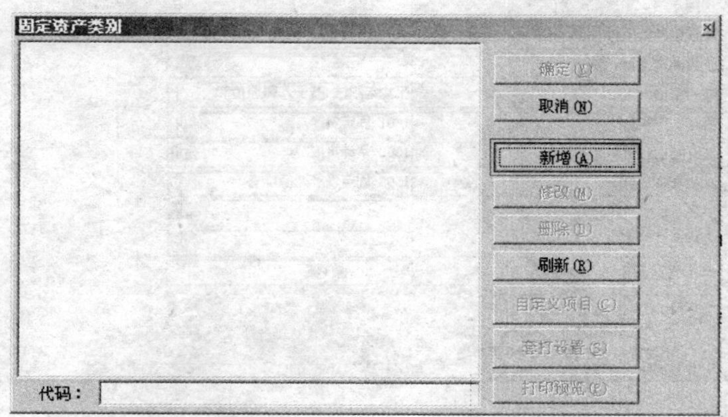

图 2-3-51　【固定资产类别】对话框

⑥在【固定资产类别-新增】对话框中，如图 2-3-52 所示，在【代码】文本编辑框中录入“001”；在【名称】文本编辑框中录入“房屋及建筑物”；在【使用年限】文本编辑框中录入“50”；在【净残值率】文本编辑框中录入“5”；在【计量单位】文本编辑框中录入“栋”，或单击【计量单位】文本编辑框右侧的浏览按钮，选择录入“栋”；单击【预设折旧方法】文本编辑框右侧的浏览按钮，选择录入“平均年限法(基于原值和入账预计使用年限)”；单击【固定资产科目】文本编辑框右侧的浏览按钮，选择录入“1501-固定资产”；单击【累计折旧科目】文本编辑框右侧的浏览按钮，选择录入“1502-累计折旧”；单击【减值准备科目】文本编辑框右侧的浏览按钮，选择

录入"1505-固定资产减值准备";在【卡片编码规则】文本编辑框中录入"FW-";单击【不管使用状态如何一定提折旧】单选项前的[新增(A)]单选按钮,勾选此项。输入完所有信息后,单击[新增(A)]按钮,保存录入的信息。重复此步骤,如图2-3-53所示,增加"办公设备"固定资产类别。固定资产类别新增完成后,单击【固定资产类别-新增】对话框右侧的[关闭(C)]按钮,返回到【固定资产类别】对话框。

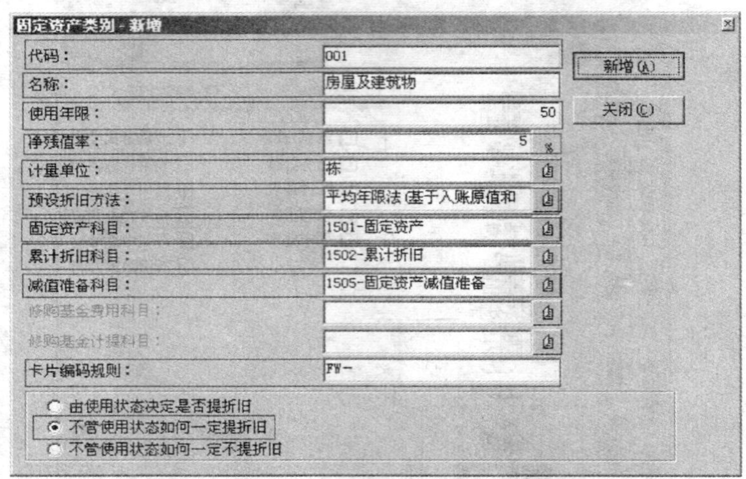

图2-3-52　新增【房屋建筑物】固定资产类别

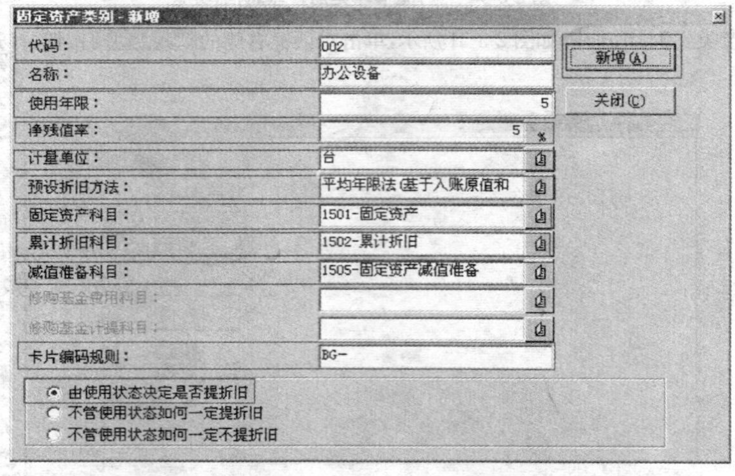

图2-3-53　新增【办公设备】固定资产类别

⑦在【固定资产类别】对话框的显示区域显示出已新增的固定资产类别,如图2-3-54所示,单击对话框左侧的[确定(O)]按钮,完成固定资产类别的新增操作,返回到金蝶K/3系统主界面。

提示5:在金蝶K/3系统中支持固定资产类别多级管理,并可以在生成报表的时候分级汇总。

提示6:固定资产类别可以新增、修改和删除,但要注意已使用过的类别不能删除。

3.4.4　输入期初余额

【例2-3-9】 BSP公司在2006年12月底对本公司的固定资产经过整理得到如表2-3-5所示的固定资产期初相关信息,请完成本公司的固定资产初始化工作,并结束初始化。

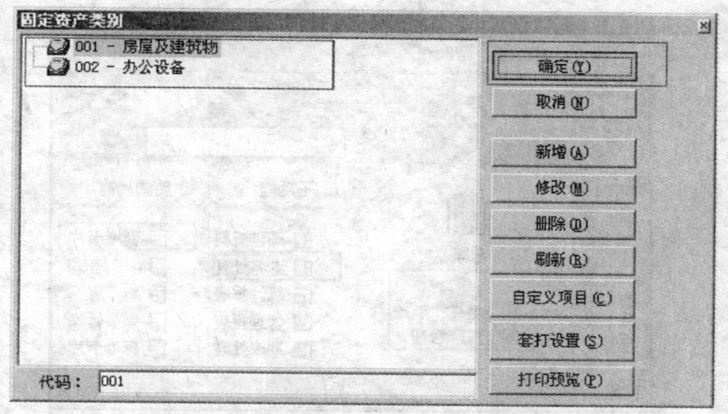

图 2-3-54 显示已新增的固定资产类别

固定资产期初相关信息 表 2-3-5

资产编码	FW-1	BG-1
名称	办公楼	电脑
类别	房屋建筑物	办公设备
计量单位	栋	台
数量	1	5
入账日期	2006-12-31	2006-12-31
经济用途	经营用	经营用
使用状态	正常使用	正常使用
变动方式	自建	购入
使用部门	管理部(50%)、供销部(50%)	管理部
折旧费用科目	管理费用/销售费用	管理费
币别	人民币	人民币
原币金额	1 400 000	23 000
购进累计折旧	0	0
开始使用日期	1987-12-20	2004-2-10
已使用期间	222	22
累计折旧金额	492 100	7 900
折旧方法	平均年限法	平均年限法
本年已提折旧	0	0

操作步骤：

①在【新增卡片-固定资资产-[主界面]】窗口，如图 2-3-55 所示，选择【财务会计】/【固定资产管理】/【业务处理】/【新增卡片】双击，弹出如图 2-3-56 所示的【金蝶提示】对话框，单击［是(Y)］按钮。

②打开【卡片及变动-新增】对话框，参照本例中的“办公楼”的相关信息，先在【基本信息】选项卡中，单击【资产类别】文本编辑框右侧的浏览按钮选择录入“房屋及建筑物”；在【资产名称】文本编辑框中录入“办公楼”；单击【经济用途】文本编辑框右侧的下拉按钮选择录入“经营用”；单击【使用状况】文本编辑框右侧的浏览按钮选择录入“正常使用”；单击【变动方式】文本编辑框右侧的浏览按钮选择录入“自建”，如图 2-3-57

图 2-3-55　选择【新增卡片】功能

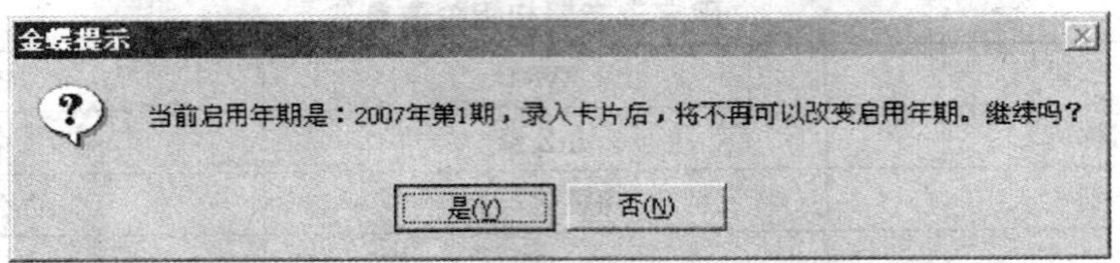

图 2-3-56　确定“启用年期”

所示。再单击【部门及其他】选项卡，如图 2-3-58 所示，在【固定资产】文本编辑框中录入“固定资产”；在【固定资产科目】文本编辑框中录入“累计折旧”；单击【使用部门】选项下的◉多个按钮，并单击□浏览按钮，打开【部门分配情况-编辑】对话框，单击该对话框右侧的增加(A)...按钮，增加“管理部”及“销售部”并将其分配比例各设为 50%，再单击关闭(C)按钮，返回到【卡片及变动-新增】对话框。单击【折旧费用分配】选项下的◉多个按钮，并单击□浏览按钮，打开【折旧费用分配情况-编辑】对话框，如图 2-3-59 所示，单击该对话框下方的增加(A)...按钮，增加“销售部、销售费用”及“管理部、管理费用”并将其分配比例均设为 50%，再单击关闭(C)按钮，返回到【卡片及变动-新增】对话框。最后单击【原值与折旧】选项卡，如图 2-3-60 所示，单击【单币别】前的◉单击按钮，选择单币别；在【原币金额】文本编辑框中录入“1 400 000”；在【已使用期间数】文本编辑框中录入“222”；在【累计折旧】文本编辑框中录入“492 100”。再单击保存(S)按钮，保存所录新增固定资的卡片信息，最后单击确定按扭，返回到【卡片管理】窗口。

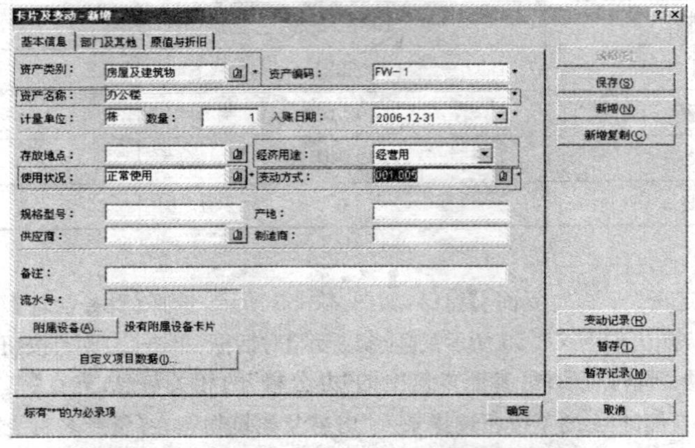

图 2-3-57　录入新增固定资产的“基本信息”

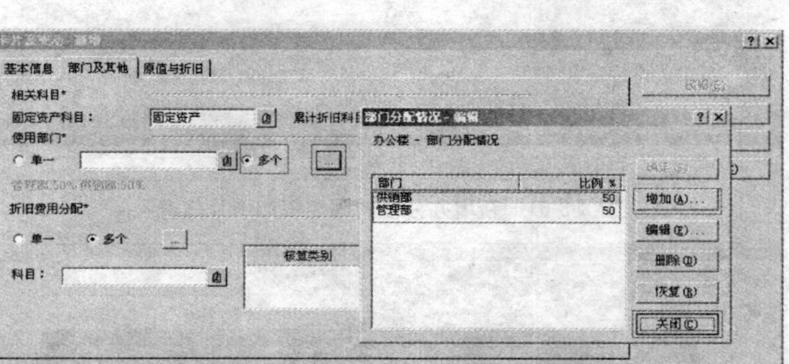

图 2-3-58 设置新增固定资产的部门

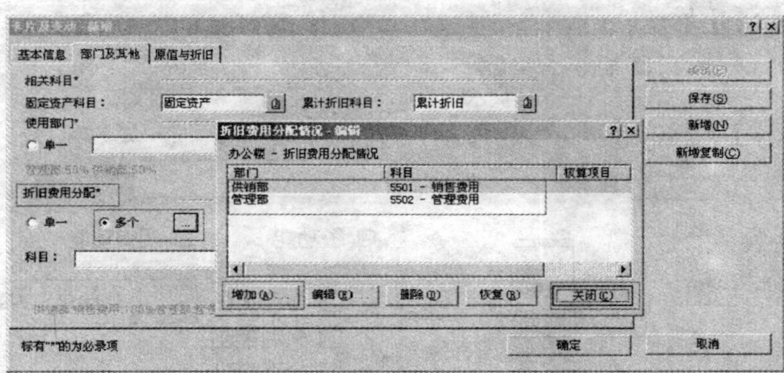

图 2-3-59 设置固定资产折旧费用分配

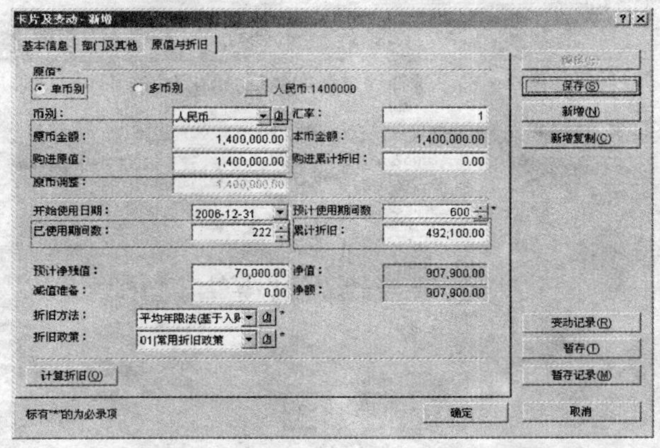

图 2-3-60 设置新增固定资产的原值与折旧

③在【卡片管理】窗口，会显示出如图 2-3-61 所示的新增固定资产卡片的信息。如还需要增加固定资产卡片，再单击【卡片管理】窗口上的工具栏按钮 增加 ，重复操作步骤②增加其他固定资产“办公设备”，增加完后，显示结果如图 2-3-62 所示。

④在【初始化-初始化-[主界面]窗口，如图 2-3-63 所示，选择【系统设置】/【初始化】/【固定资产】/【初始化】明细功能，双击，打开【结束初始化】对话框。

⑤在【结束初始化】对话框，如图 2-3-64 所示，单击结束初始化前的 ⊙ 单选按钮，选中“结束初始化”动作，并单击 开始 按钮，进行结束初始化操作。

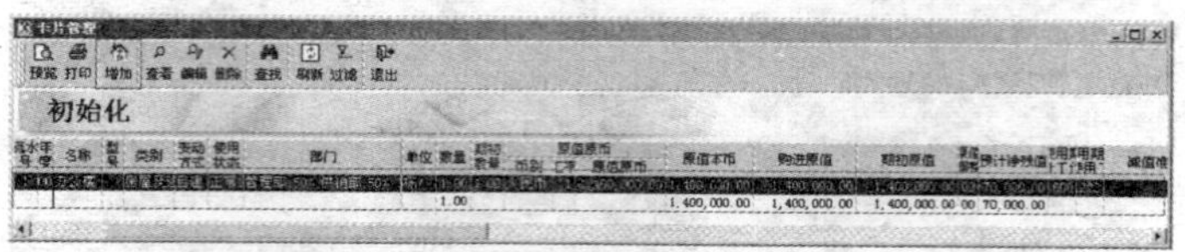

图 2-3-61　新增办公楼的固定资产卡片信息

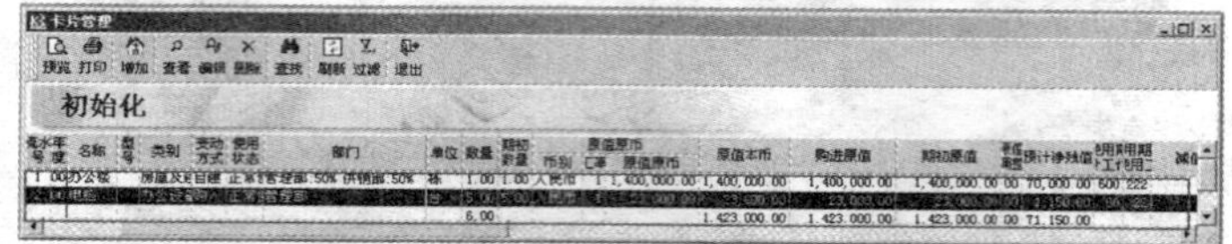

图 2-3-62　“办公楼”及“电脑”的卡片信息

图 2-3-63　选择固定资产的【初始化】功能

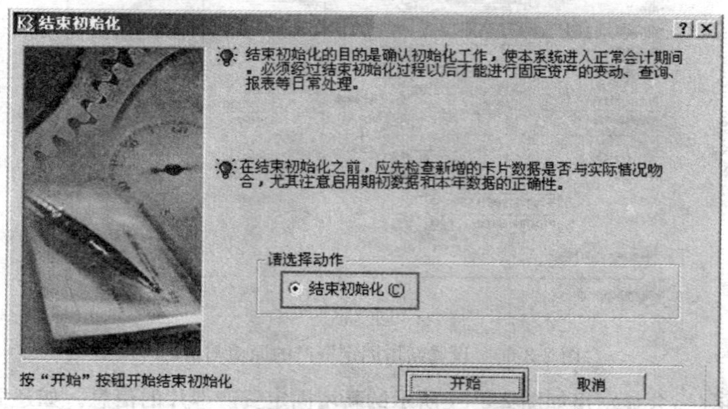

图 2-3-64　开始结束初始化

⑥结束初始化过程完毕后，系统弹出如图 2-3-65 所示的“结束初始化成功!”提示对话框，单击[确定]按钮，完成结束初始化操作。只有结束初始化之后，固定资产系统才能进行日常固定资产的管理工作。

图 2-3-65　结束初始化

提示 7：在进行新增固定资产卡片时，如一种固定资产的使用部门是多个部门，则在设置使用部门时，要注意，将折旧金额按比例在各部门之间进行分配，分配比例之和为 100%。但在进行折旧费用分配时，各个部门对应的折旧费用科目

的分配比就是该部门的所有应分摊的折旧费用，因此其分配比例应该是100%，除非在一个部门其折旧费用需要在多个费用科目之间分配，则分配比例之和为100%，但此种情况少见。

3.5 现金管理系统的初始化

3.5.1 现金管理系统简介

现金管理系统是金蝶K/3系统的组成部分之一，主要涉及现金管理、银行存款管理和票据管理。现金管理系统与其他系统的数据的关系如图2-3-66所示。

3.5.2 现金管理系统参数设置

【例2-3-10】 BSP公司根据需要对现金管理系统的参数设置要求是：结账与总账期间同步；自动生成对方科目日记账；允许从总账引入日记账；与总账对账期末不等时允许结账；审核后的凭证才可复核；日记账所对应凭证总账凭证必须存在。

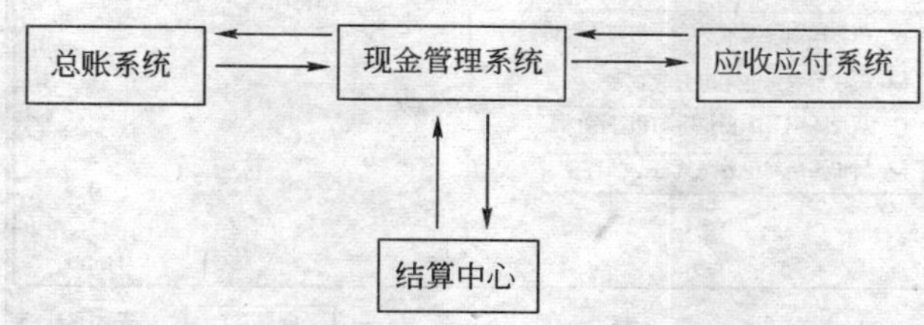

图2-3-66 现金管理系统与其他系统的数据关系

操作步骤：

①在【系统参数-系统设置-[主界面]】窗口，如图2-3-67所示，选择【系统设置】/【系统设置】/【现金管理】/【系统参数】明细功能，双击打开【系统参数】窗口。

图2-3-67 选择现金管理系统的【系统参数】明细功能

②在【系统参数】窗口，如图2-3-68所示，单击“结账与总账期间同步”多选项前的☑复选框，勾选此项；单击“自动生成对方科目日记账”多选项前的☑复选框，勾选此项；单击“允许从总账引入日记账”多选项前的☑复选框，勾选此项；单击“与总账对账期末不等时允许结账”多选项前的☑复选框，勾选此项；单击“审核后的凭证才可复核记账”多选项前的☑复选框，勾选此项；单击“日记账所对应总账凭证必须存在”多选项前的☑复选框，

勾选此项。最后单击[保存(S)]按钮，将选设置的选项保存。

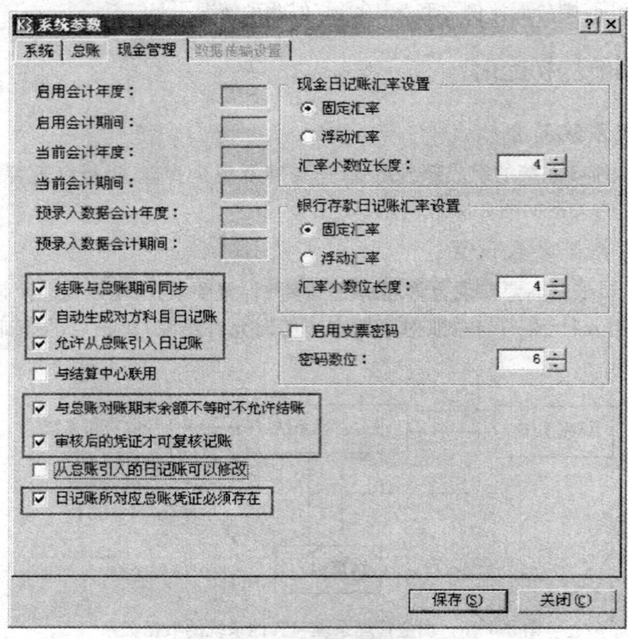

图 2-3-68　现金管理系统的参数设置

3.5.3　输入期初余额

【例 2-3-11】 BSP公司从总账系统中引入现金、银行存款科目；增加一个综合币科目“1002，银行存款”，设置其账号为：4300012007010101；引入现金、银行存款科目余额。该公司在银行存款下按开户行设置了明细科目，其建设银行的账号为：4300012007010101jh01；中国银行的账号为：53000120070101zg01。要求完成余额引入工作后并结束初始化。

操作步骤：

①在【现金管理系统-[主界面]】，如图 2-3-69 所示，选择【系统设置】/【初始化】/【现金管理】/【初始数据录入】明细功能，双击，打开【现金管理系统-[初始数据录入]】窗口。

图 2-3-69　选择现金管理系统中的初始数据录入明细功能

②在【现金管理系统-[初始数据录入]】窗口，如图 2-3-70 所示，单击工具栏的引入工具按钮，打开【从总账引入科目】对话框，单击【期间】文本编辑框的调节按钮输入“2007”年“1”期，再单击“从总账引入期初余额和发生额”前的复选框，勾选此项，最后单击确定(O)按钮，引入“现金”、“银行存款”会计科目的期初余额。

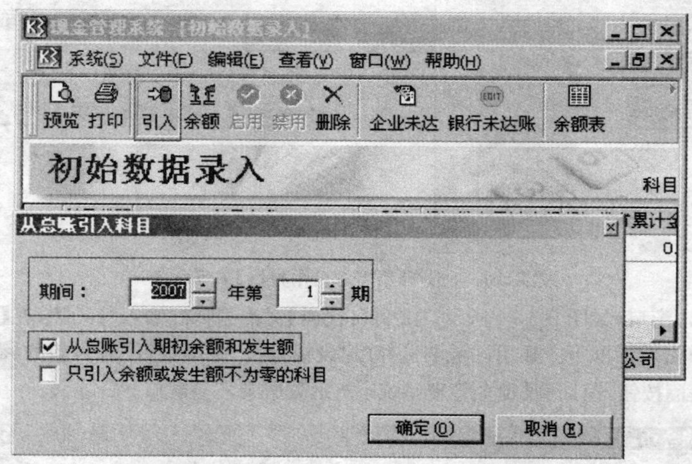

图 2-3-70 引入总账科目

③引入“现金”、“银行存款”会计科目的期初余额之后，如图 2-3-71 所示，在【现金管理系统-[初始数据录入]】窗口的显示区域显示出相应的期初余额。单击【现金管理系统-[初始数据录入]】窗口中的【科目类别】文本编辑框右侧的按钮，选择“现金”科目，在下方的显示区域显示出相应的现金科目及科目余额；选择“银行存款”科目，在下方的显示区域显示出相应的银行存款科目及科目余额，如图 2-3-72 所示。

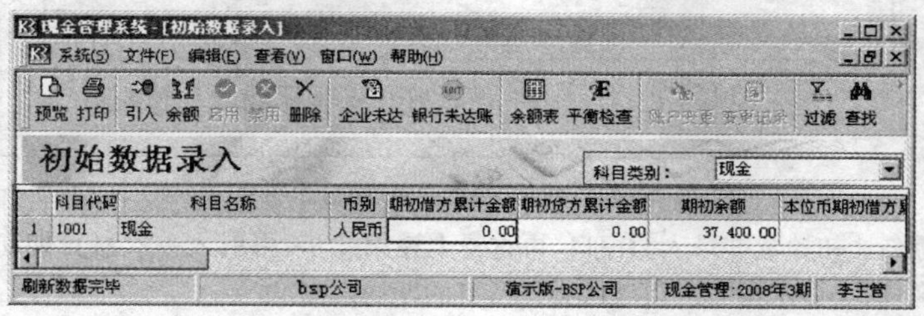

图 2-3-71 显示“现金”科目余额

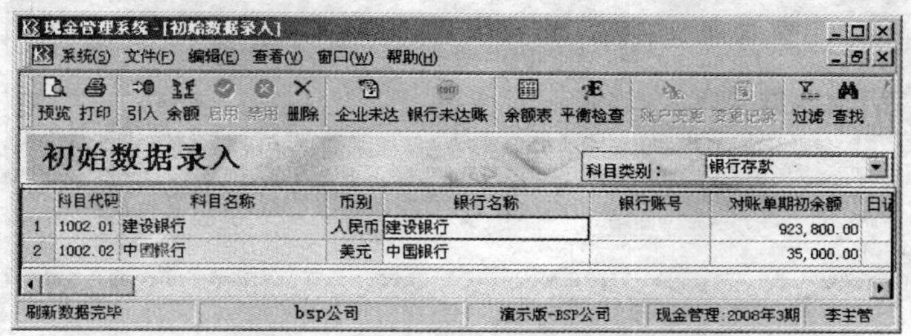

图 2-3-72 显示“银行存款”科目余额

④在【现金管理系统-[初始数据录入]】窗口，如图 2-3-73 所示，单击工具栏的编辑(E)按钮，弹出下拉菜单，选择【新增综合币科目】，打开【综合币科目】对话框。

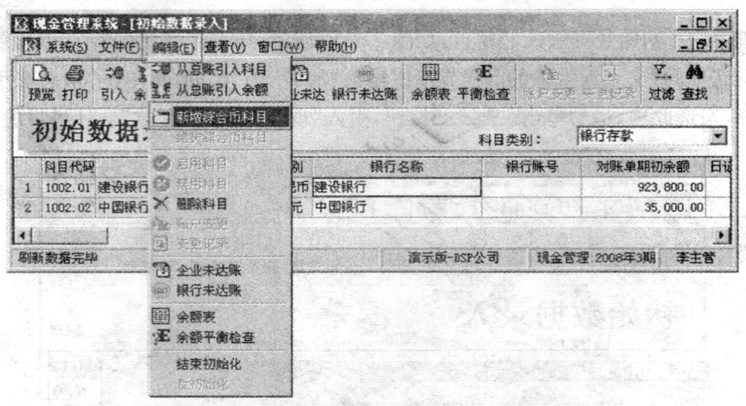

图 2-3-73 选择【新增综合币科目】菜单命令

⑤在【综合币科目】窗口，如图 2-3-74 所示，在【科目代码】文本编辑框输入“1002”，在【科目名称】文本编辑框输入“银行存款”，单击对话框下方显示区域的选择“建设银行”、“中国银行”科目前的☑按钮，选择此两项会计科目，再单击确定(O)按钮，返回到【现金管理系统-[初始数据录入]】窗口。

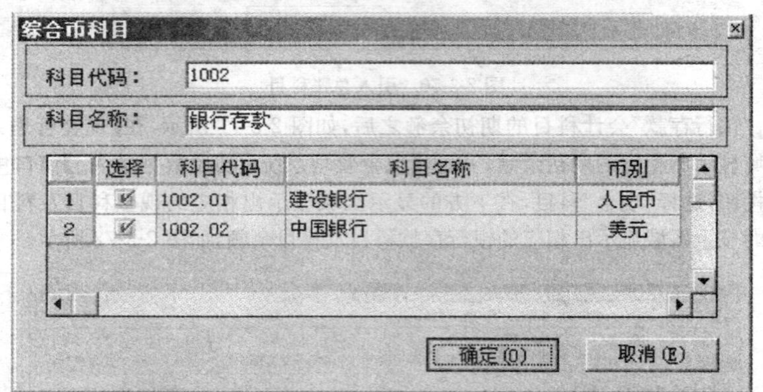

图 2-3-74 新增“银行存款”综合币科目

⑥在【现金管理系统-[初始数据录入]】窗口，再重复上述第②步，再引入一次科目期初余额，引入后，如图 2-3-75 所示，在显示区域，会显示出“银行存款”会计科目的期初余额。

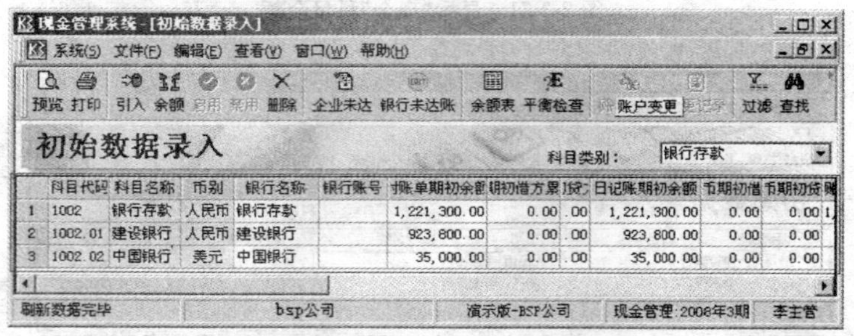

图 2-3-75 显示“银行存款”综合币科目的期初余额

⑦结束现金管理系统的初始化工作。在【现金管理系统-[初始数据录入]】窗口，如图 2-3-76 所示，单击编辑(E)菜单，执行【编辑】菜单下的【结束初始化】命令，系统弹出如下图 2-3-77 所示的【启用会计期间-结束初始化】对话框，单击其确定(O)按钮，弹出【金蝶提示】对话框。

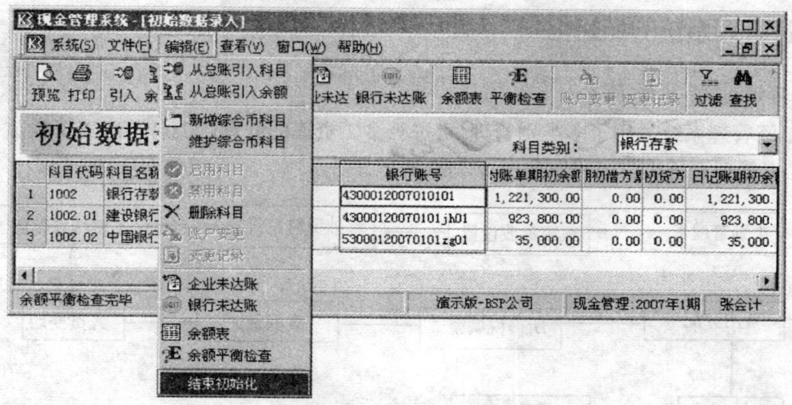

图 2-3-76 执行结束初始化命令

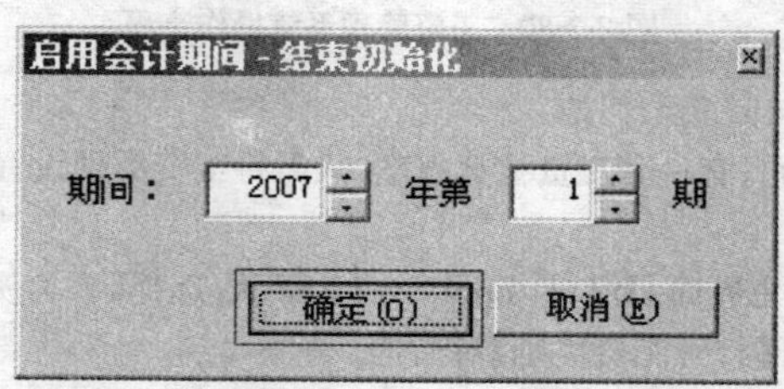

图 2-3-77 设置启用会计期间

⑧在【金蝶提示】对话框中，如下图 2-3-78 中左图所示，提示："结束初始化后，将不能再输入新科目的初始数据！继续吗?"，单击确定(O)按钮，系统将弹出如图 2-3-78 中右图所示的提示："结束新科目初始化完毕"，单击此提示对话框中的确定(O)按钮，完成结束初始化操作，并返回到【现金管理系统-[初始数据录入]】窗口。

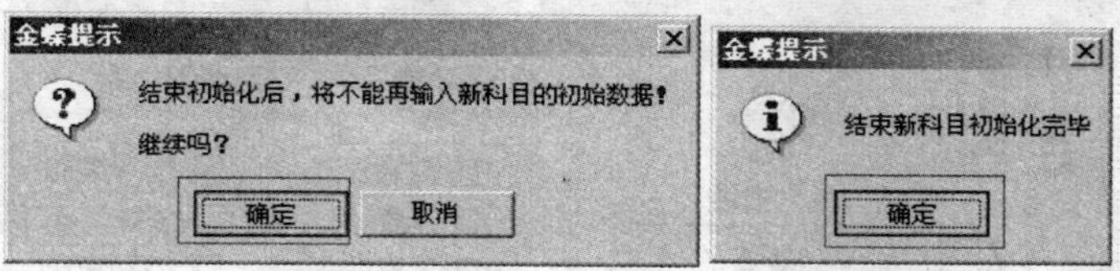

图 2-3-78 金蝶提示对话框

⑨在【现金管理系统-[初始数据录入]】窗口，如图 2-3-79 所示，数据显示区域中的【启用】表单元中的☑复选按钮，将全部打上"对勾"，表明此科目已经启用。单击此窗口右侧的☒关闭按钮，退出此窗口。

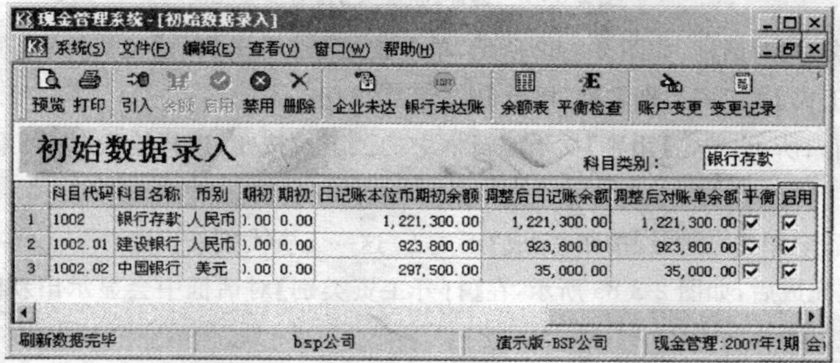

图 2-3-79 显示现金科目全部启用

3.6 工资管理系统的初始化

3.6.1 工资管理系统简介

金蝶 K/3 工资管理系统采用了多类别管理，可进行多工资库的处理、工资核算、工资发放、工资费用分配、银行代发等。工资管理系统操作流程图如图 2-3-80 所示。

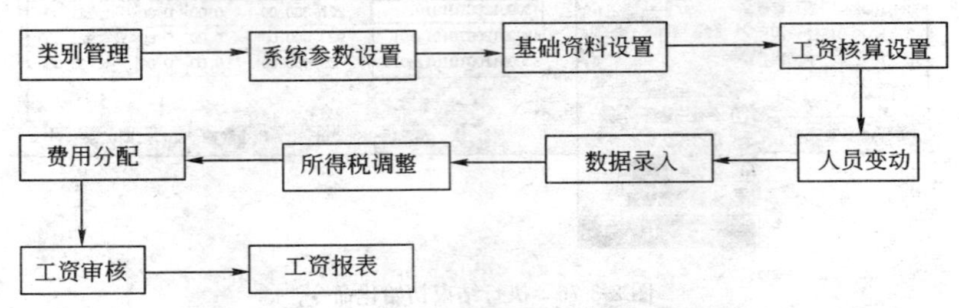

图 2-3-80 工资管理系统操作流程

3.6.2 工资类别设置

【例 2-3-12】 BSP 公司因为只有一套工资核算方案，只需将工资类别设置为“正式工”一个工资类别。

操作步骤：

①在【新建类别-工资管理-[主界面]】窗口，如图 2-3-81 所示，选择【人力资源】/【工资管理】/【类别管理】/【新建类别】明细功能，双击，打开【打开工资类别】对话框。

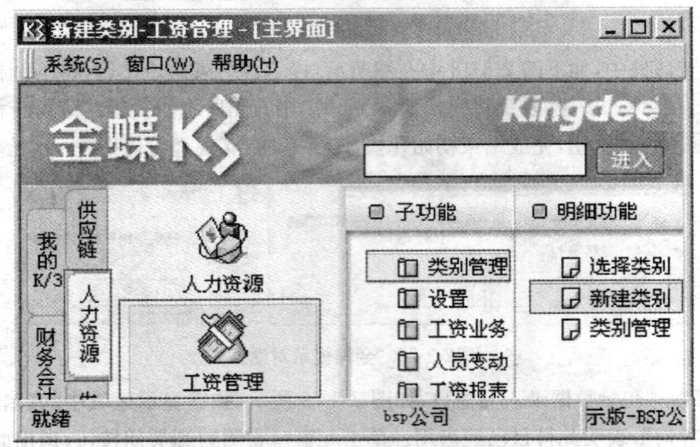

图 2-3-81 选择【新建类别】明细功能

②在【打开工资类别】对话框，如图 2-3-82 所示，单击[类别向导(I)]，打开【新建工资类别】对话框，在【类别名称】文本编辑框中输入“正式工”工资类别名称，再单击[下一步(N)]按钮。

③如图 2-3-83 窗口所示，单击【币别】文本编辑框中的▼下拉按钮，选择输入“人民币”，再单击[下一步(N)]按钮。

④如图 2-3-84 所示，单击[完成(F)]按钮，完成“正式工”这一工资类别的设置。

⑤工资类别新建完成后，如图 2-3-85 所示，在【打开工资类别】对话框中会显示出新建的“正式工”工资类别名称。

3.6.3 部门设置

【例 2-3-13】 BSP 公司在工资管理系统中引入总账系统的部门信息。

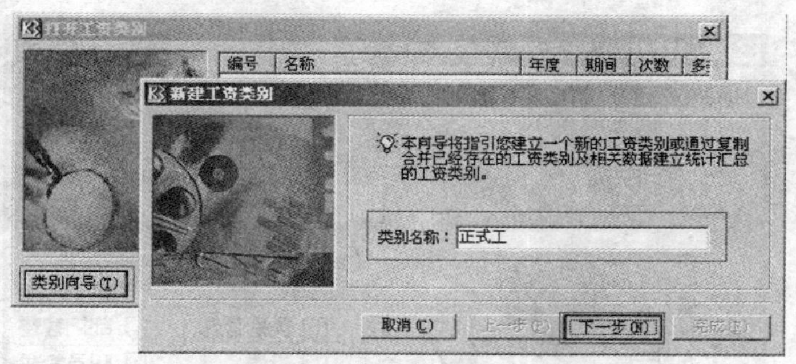

图 2-3-82 设置工资类别"名称"

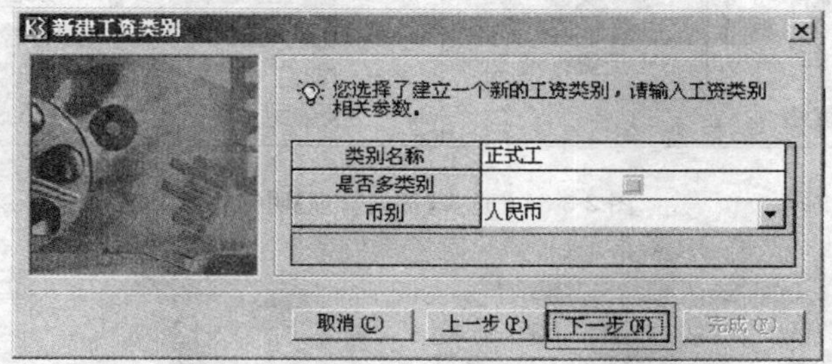

图 2-3-83 设置工资类别参数

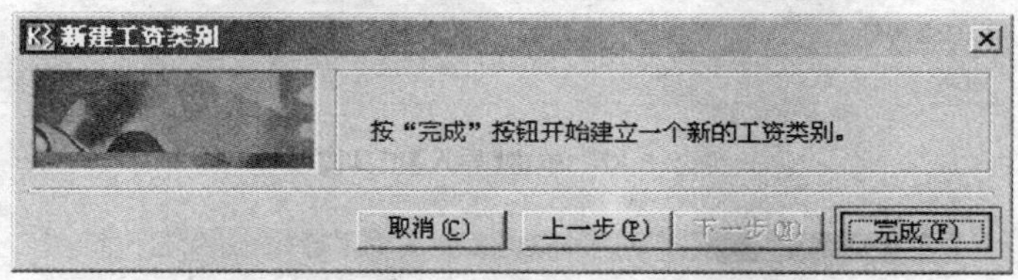

图 2-3-84 完成工资类别的设置

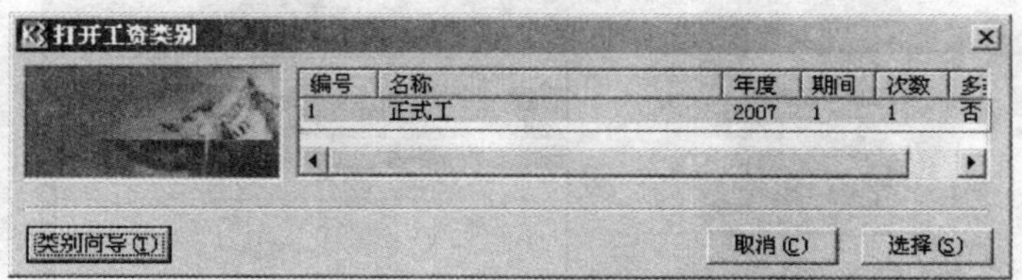

图 2-3-85 显示新建的工资类别

操作步骤：

①在【部门管理-工资管理-[主界面]】窗口中，如图 2-3-86 所示，选择【人力资源】/【工资管理】/【设置】/【部门管理】，双击打开【部门】窗口。

②在【部门】窗口，如图 2-3-87 所示，单击工具栏的导入按钮，打开导入部门信息的相关选项。

③在【部门】窗口的导入部门信息选项中，如图 2-3-88 所示，单击"总账数据"的单选按钮，选中该项，再单击全选(A)按钮，将窗口右侧的部门信息全部选中，最后单击导入(I)按钮，将总账中的部门信息导入到工资管理系统中。

④导入完成之后，在【部门】窗口，单击工具栏的浏览按钮，再单击刷新按钮，如图 2-3-89 所示，在窗口下方的显示区域，会显示出刚才所导入的部门信息。

图 2-3-86　选择【部门管理】明细功能

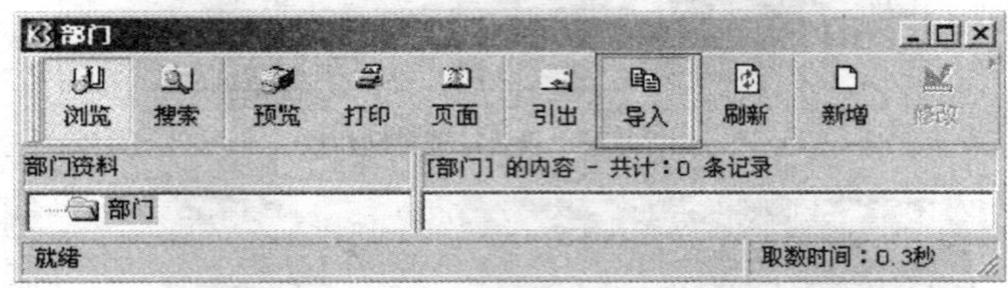

图 2-3-87　单击【导入】工具按钮

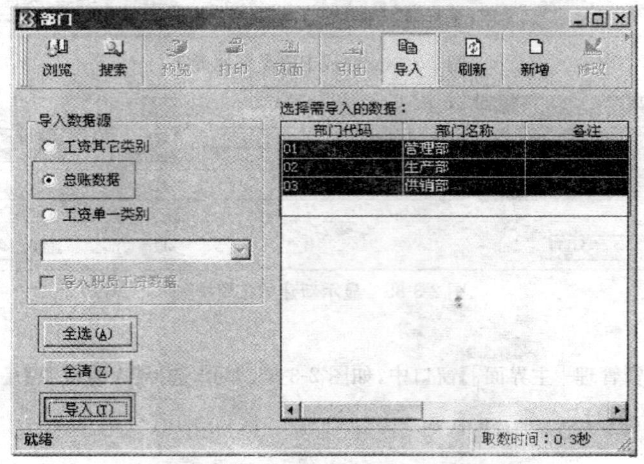

图 2-3-88　选择部门导入

3.6.4　职员设置

【例 2-3-14】 BSP公司在工资管理系统中引入总账系统的职员信息。

操作步骤：

①在【职员管理-工资管理-[主界面]】窗口，如图 2-3-90 所示，选择【人力资源】/【工资管理】/【设置】/【职员管理】明细功能，双击，打开【职员】窗口。

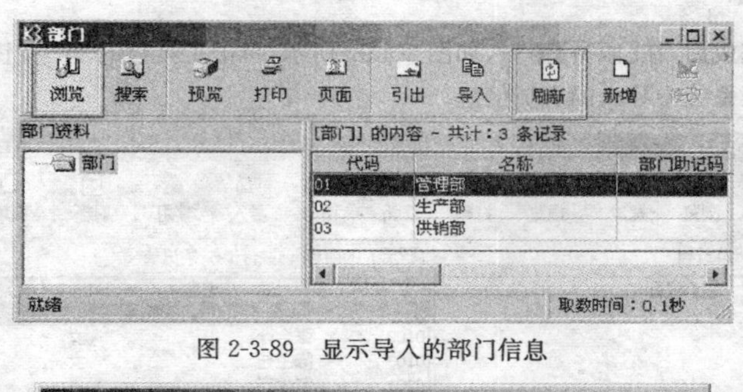

图 2-3-89　显示导入的部门信息

图 2-3-90　选择【职员管理】明细功能

②在【职员】窗口，如图 2-3-91 所示，单击工具栏的导入按钮，打开职员导入信息相关选项，再单击“总账数据”前的单选按钮，选择总账数据，单击全选(A)按钮选择所有的职员信息，最后单击导入(T)按钮，将总账中已设置好的职员信息导入到工资管理系统中。

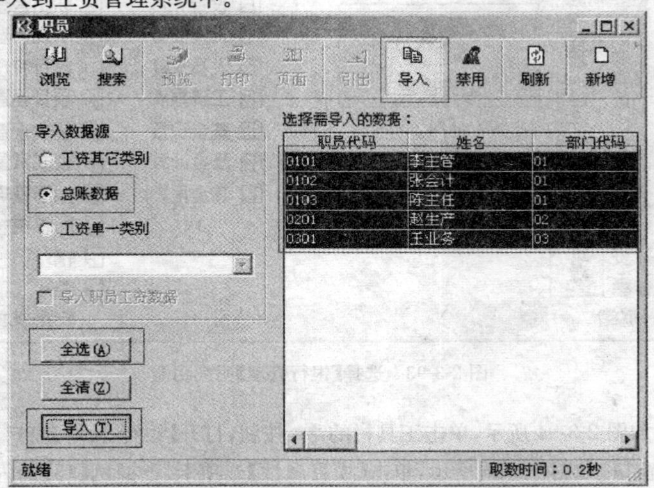

图 2-3-91　导入职员信息

③导入职员信息完成后，在【职员】窗口，如图 2-3-92 所示，单击工具栏的 按钮，在【职员】窗口的下方显示区域会显示出从总账系统中导入的职员信息。

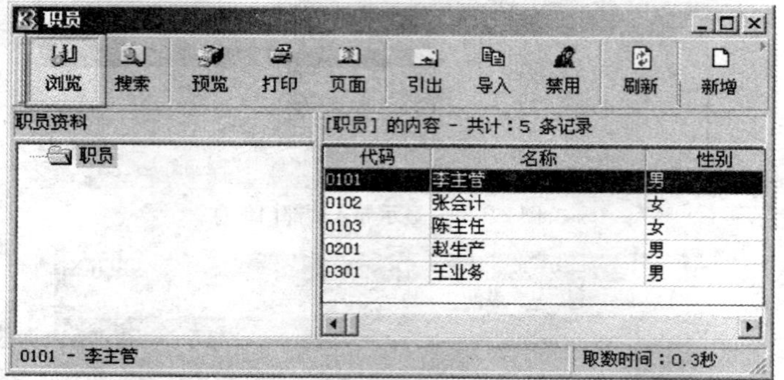

图 2-3-92　显示职员信息

3.6.5　银行管理设置

【例 2-3-15】 BSP 公司的代发员工工资银行只有一个是“建设银行”，银行代码为“001”，账号长度为 18 位。

操作步骤：

①在【银行管理-工资管理-[主界面]】窗口中，如下图 2-3-93 所示，选择【人办资源】/【工资管理】/【设置】/【银行管理】明细功能，双击，打开【银行】窗口。

图 2-3-93　选择【银行管理】明细功能

②在【银行】窗口，如图 2-3-94 所示，单击工具栏的 按钮，打开【银行-新增】窗口。

③在【银行-新增】窗口，如图 2-3-95 所示，单击【项目属性】选项卡，参照例【15】的内容，在【代码】文本编辑框中录入“001”；在【名称】文本编辑框中输入“建设银行”；在【账号长度】文本编辑框中输入“18”。再单击工具

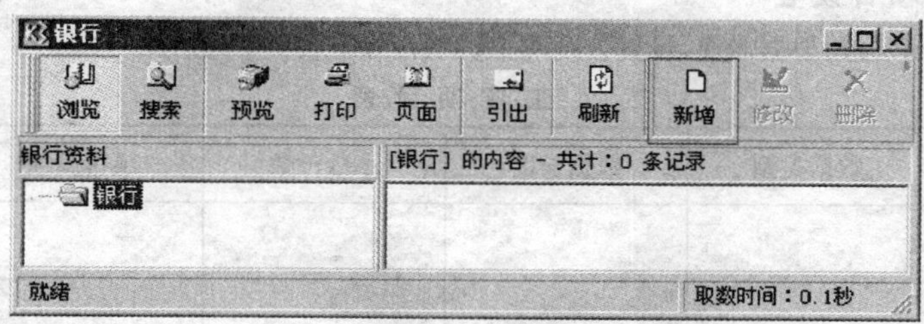

图 2-3-94　新增银行

栏的保存按钮，保存此银行信息，并单击退出按钮，返回到【银行】窗口。

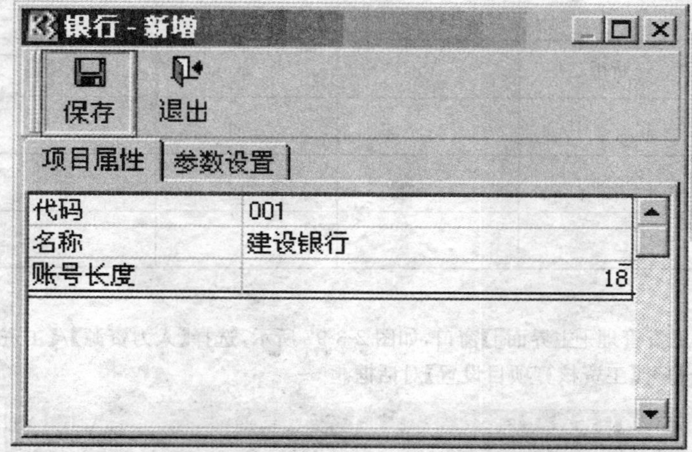

图 2-3-95　设置银行属性

④在【银行】窗口，如图 2-3-96 所示，单击工具栏的浏览按钮，在窗口的下方显示区域会显示出刚录入的银行信息。

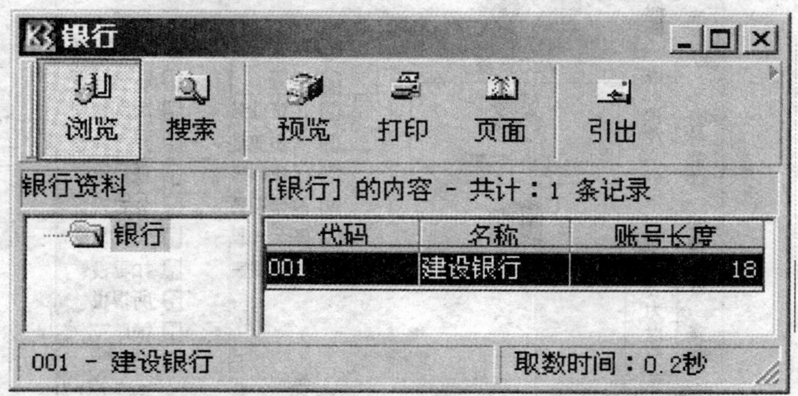

图 2-3-96　显示银行信息

3.6.6 工资项目设置

【例 2-3-16】 BSP 公司根据需要，设置公司的工资项目如下表 2-3-6 所示。

工资项目表 表 2-3-6

项目名称	数据类型	数据长度	小数位数	项目属性	系统是否预设
职员代码					是
职员姓名					是
职员部门					是
基本工资					是
奖金					是
补贴	货币	15	2	可变项目	否
应发合计					是
代扣税					是
实发合计					是

操作步骤：

①在【项目设置-工资管理-[主界面]】窗口，如图 2-3-97 所示，选择【人力资源】/【工资管理】/【设置】/【项目设置】明细功能，双击打开【工资核算项目设置】对话框。

图 2-3-97 选择【项目设置】明细功能

②参照表 2-3-6 的内容可知，本例只需增加“补贴”一项工资项目。在【工资核算项目设置】对话框中，如图 2-3-98 所示，单击对话框右侧的新增(A)按钮，打开【工资项目-新增】对话框。

③在【工资项目-新增】对话框中，如图 2-3-99 所示，在【项目名称】文本编辑框中输入“补贴”；单击【数据类型】文本编辑框右侧的▼下拉按钮选择输入“货币”；单击【小数位数】文本编辑框右侧的调整按钮调整小数位数为“2”；单击“可变项目”前的新增(A)单选按钮，选择项目属性为“可变项目”，再单击对话框右侧的新增(A)按钮，将“补贴”工资项目增加到【工资核算项目设置】对话框中。无须再新增工资项目，再单击对话框右上角的×按钮，返回到【工资核算项目设置】对话框。

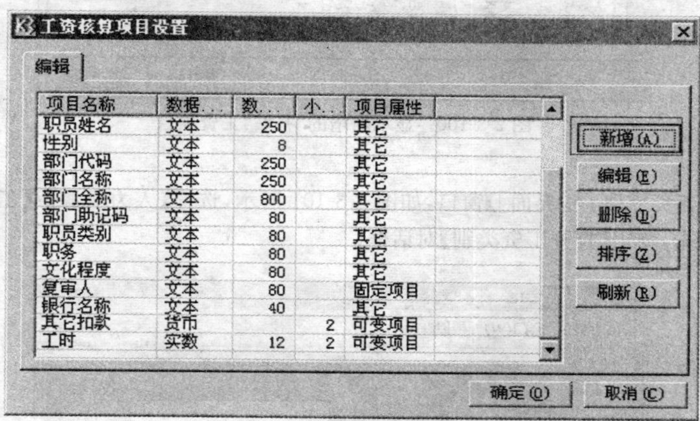

图 2-3-98 工资核算项目设置

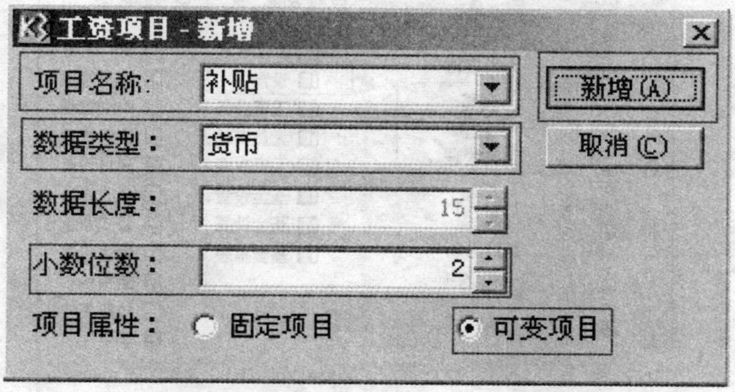

图 2-3-99 新增“补贴”工资项目

④新增工资项目后，在【工资核算项目设置】对话框中，如图 2-3-100 所示，可以显示出新增的工资项目。再单击对话框下方的确定(O)按钮，关闭此对话框。

提示 8：在进行工资管理系统相关基础资料设置时，要注意如是多工资类别的，对于“部门”、“职员”的信息是要分类别进行设置的，即在一个类别中设置好相应的“部门”与“职员”信息，再进入另一个类别重新录入或导入本类别相应的“部门”与“职员”信息。而“工资项目”则是不分类别设置的，在一个工资类别设置好后，其他的工资类别也是可以共享其信息的。

3.6.7 工资项目计算公式设置

【例 2-3-17】 BSP 公司对本公司的一些工资项目要求系统自动采用公式计算求出，其公式定义要求如下：

基本工资小于等于 900 时，补贴为 150，其余的补贴为 200；

应发合计＝基本工资＋奖金＋补贴；

实发合计＝应发合计－代扣税。

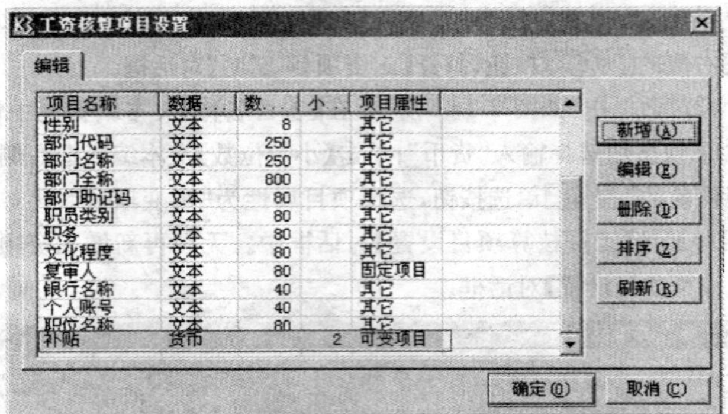

图 2-3-100　显示新增的“补贴”工资项目

操作步骤：

①在【公式设置-工资管理-[主界面]】窗口，如图 2-3-101 所示，选择【人力资源】/【工资管理】/【设置】/【公式设置】明细功能，双击，弹出【打开工资类别】对话框。

图 2-3-101　选择【公式设置】明细功能

②在【打开工资类别】对话框，如图 2-3-102 所示，单击“正式工”工资类别，选择此工资类别，再单击选择(S)按钮，打开【工资核算项目设置】对话框。

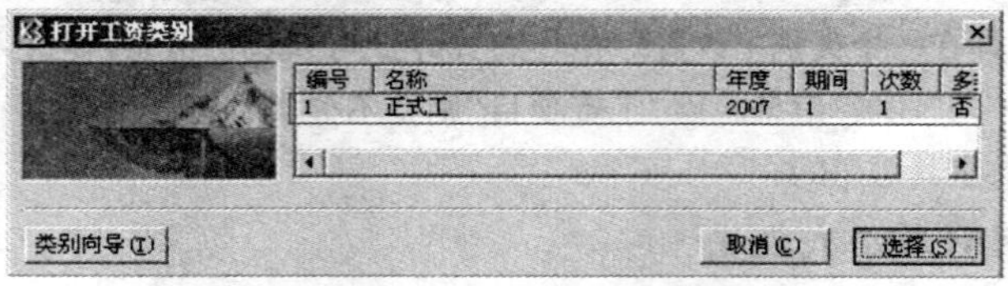

图 2-3-102　选择工资类别

③在【工资核算项目设置】对话框中，如图 2-3-103 所示，在【计算方法】选项卡中，单击新增(A)按钮，激活新增公式功能。

④如图 2-3-104 所示，在【公式名称】文本编辑框中输入“补贴”；单击条件 如果...否则... 按钮，选择此条件函

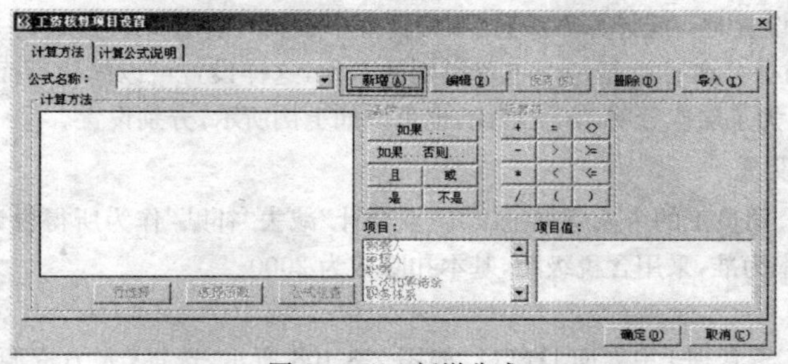

图 2-3-103 新增公式

数加入到【计算方法】文本编辑框，并完成此条件表达式；并单击【计算方法】文本编辑框下方的[公式检查]按钮，系统弹出如图 2-3-105 所示的“公式检查正确！”提示对话框，再单击[确定]按钮，关闭此提示对话框，返回到【工资核算项目设置】对话框，最后单击[保存(S)]按钮，保存“补贴”计算公式的设置。

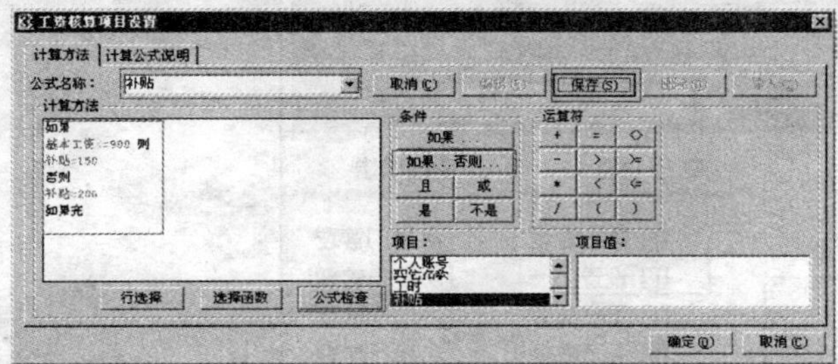

图 2-3-104 设置“补贴”计算公式

图 2-3-105 公式检查提示对话框

⑤重复上述第③、④步，设置“应发合计”的计算公式及“实发合计”的计算公式，设置完后结果如图 2-3-106、图 2-3-107 所示。

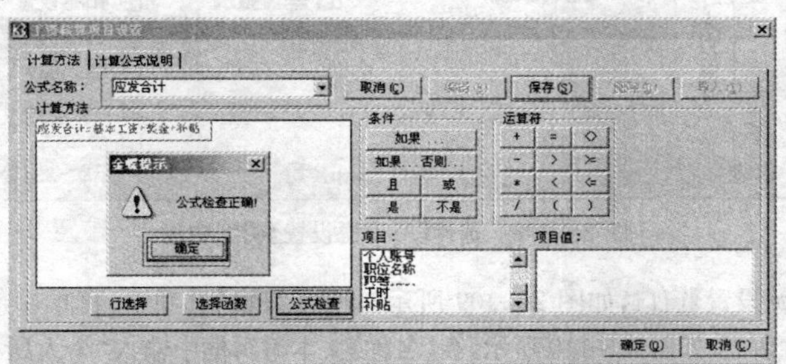

图 2-3-106 应发合计的计算公式

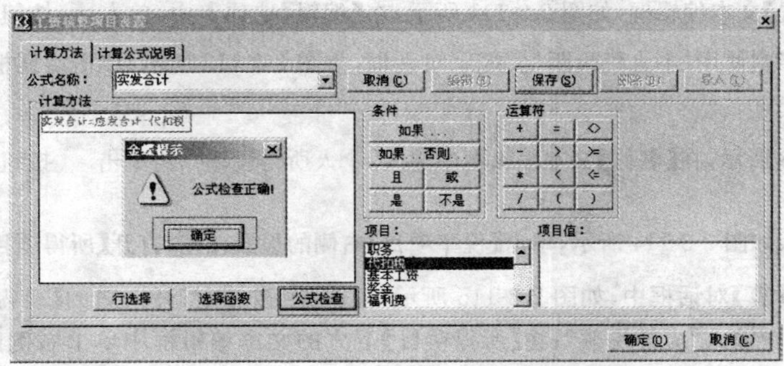

图 2-3-107 实发合计的计算公式

提示 9：在进行公式设置时，在【计算方法】文本编辑框中编辑计算公式，可以将一个工资类别所有需要设置的公式均设置进，此时公式名称就是一个工资类别的名称，这样设置可以简化后面的工资日常业务处理中的工资计算工作。当然，为了层次分明，方便解说，也可以如上例所示，分别设置。

3.6.8 所得税设置

【例 2-3-18】 BSP 公司员工的个人所得税以“应发合计”减去“补贴”作为所得税计算的工资项目，税率以国家规定的超额累进税率为准，采用含税级距，基本扣除数为 2000。

操作步骤：

①在【所得税设置-工资管理-[主界面]】窗口，如图 2-3-108 所示，选择【人力资源】/【工资管理】/【设置】/【所得税设置】明细功能，双击，打开【个人所得税初始设置】窗口。

图 2-3-108 选择【所得税设置】明细功能

②在【个人所得税初始设置】窗口，如图 2-3-109 所示，单击【编辑】选项卡，再单击 新增 按钮。激活一个新的【个人所得税初始设置】对话框，如图 2-3-110 所示，在【名称】文本编辑框中输入“个人所得税计算”，再单击【税率类别】右侧的设置按钮，弹出【税率类别设置】文本编辑框。

③【税率类别设置】文本编辑框，如图 2-3-111 所示，在【编辑】选项卡中，单击 新增 按钮，弹出“是否使用‘含税级距’？若选择‘否’则使用‘不含税级距’。”提示对话框，如图 2-3-112 所示，单击对话框下方的 是(Y) 按钮，采用含税级距。

④如下图 2-3-113 所示，在【名称】文本编辑框中输入“个人所得税率”，再单击 保存 按钮，最后单击 确定(O) 按钮。

⑤设置税率项目，如图 2-3-114 所示，单击【税率项目】右侧的设置按扭，打开【所得项目计算】对话框。

⑥在【所得项目计算】对话框中，如图 2-3-115 所示，单击 新增 按钮，打开一新的【所得项目计算】对话框。在【名称】文本编辑框中输入“应纳税额”；在【所得项目】下方的文本编辑框中单击右侧的 ▾ 下拉按钮，选择输入“应发合计”；在相应的【属性】文本编辑框中单击右侧的 ▾ 下拉按钮，选择输入“增项”；再增加一行，输入【所得项目】为“补贴”；输入相应的属性为“减项”。再单击 确定(O) 按钮，保存所有设置，并返回到【个人

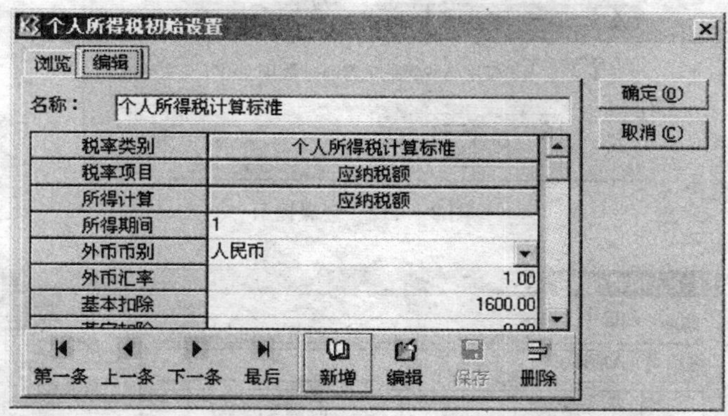

图 2-3-109 个人所得税初始设置

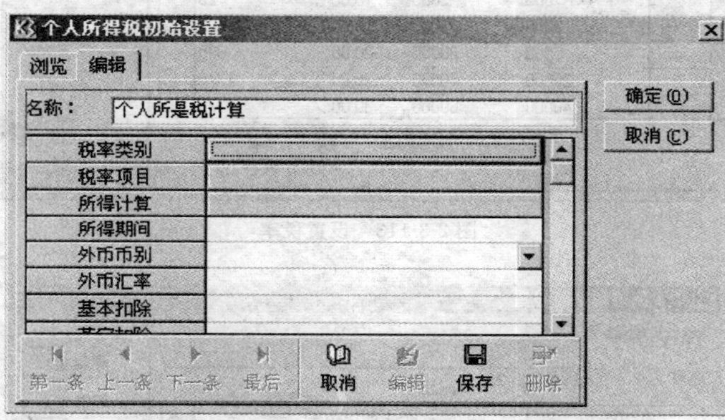

图 2-3-110 设置个人所得税名称

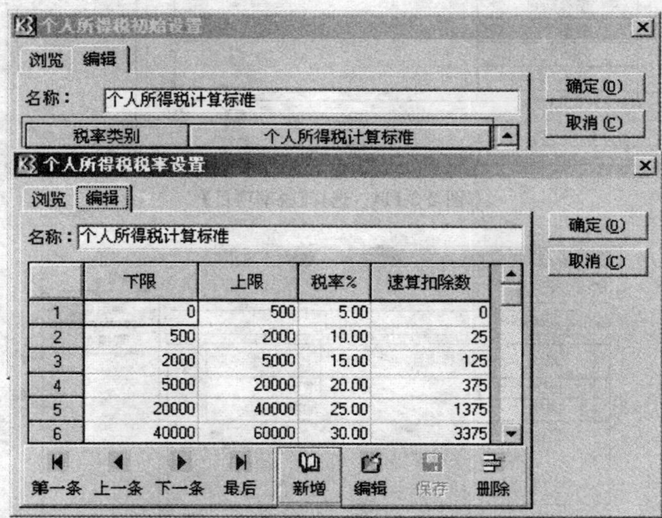

	下限	上限	税率%	速算扣除数
1	0	500	5.00	0
2	500	2000	10.00	25
3	2000	5000	15.00	125
4	5000	20000	20.00	375
5	20000	40000	25.00	1375
6	40000	60000	30.00	3375

图 2-3-111 新增个人所得税税率类别

所得税设置】对话框。

⑦在【个人所得税初始设置】窗口，如图 2-3-116 所示，在【所得期间】文本编辑框中输入“1”；单击【外币币

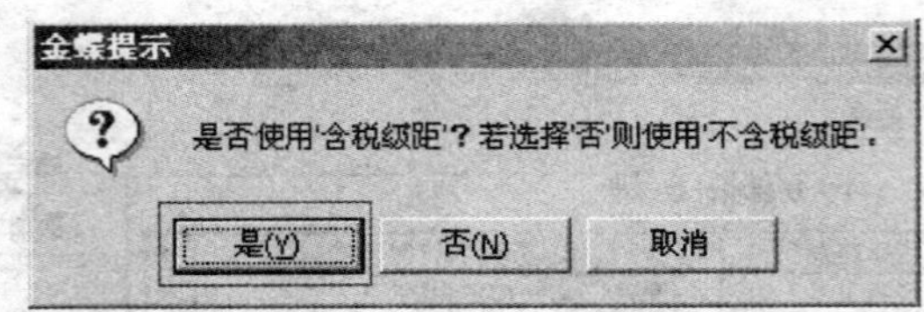

图 2-3-112　金蝶提示

	下限	上限	税率%	速算扣除数
1	0	500	5.00	0
2	500	2000	10.00	25
3	2000	5000	15.00	125
4	5000	20000	20.00	375
5	20000	40000	25.00	1375
6	40000	60000	30.00	3375

图 2-3-113　设置税率

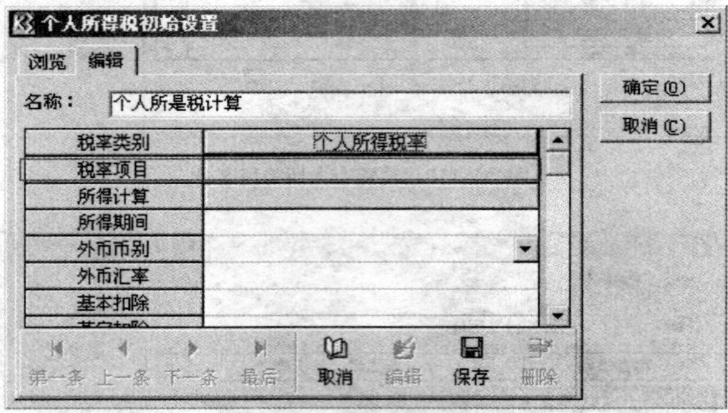

图 2-3-114　选择【税率项目】

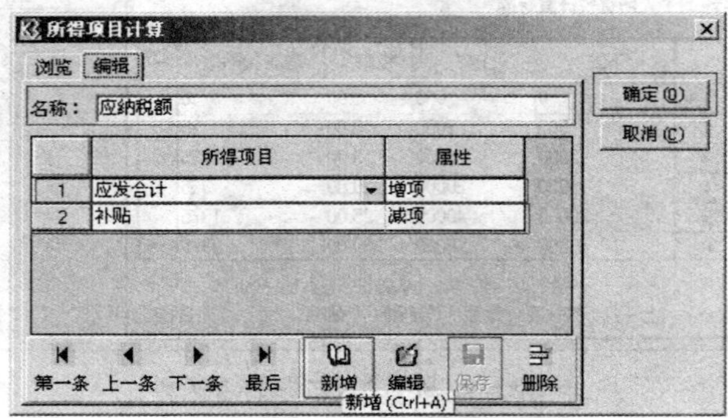

图 2-3-115　设置所得项目

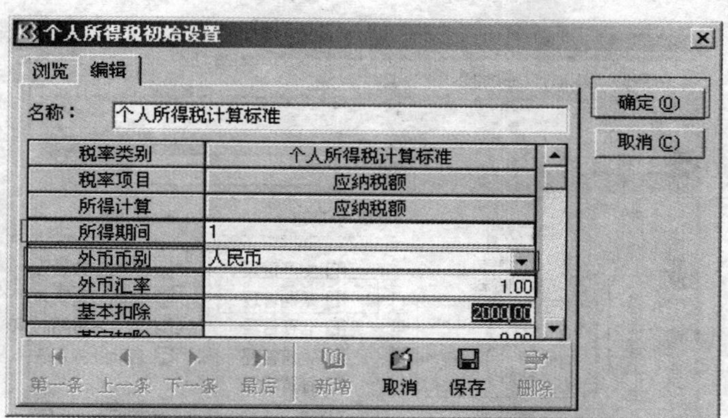

图 2-3-116 设置所得期间与基本扣除

别】文本编辑框中的▾按钮，选择输入“人民币”；在【基本扣除】文本编辑框中输入 2000。再单击对话框右侧的 确定(O) 按钮，完成个人所得税的初始设置，并返回到金蝶 K/3 主界面。

3.7 供应链管理系统初始化

3.7.1 供应链管理系统概述

供应链管理系统包括采购管理、销售管理、仓存管理、存货核算四大子系统。供应链管理系统中各子系统既可单独使用，也可以集成使用，以提供更完整、全面的企业物流业务流程管理和财务管理信息。各系统集成使用之间的关系如图 2-3-117 所示。

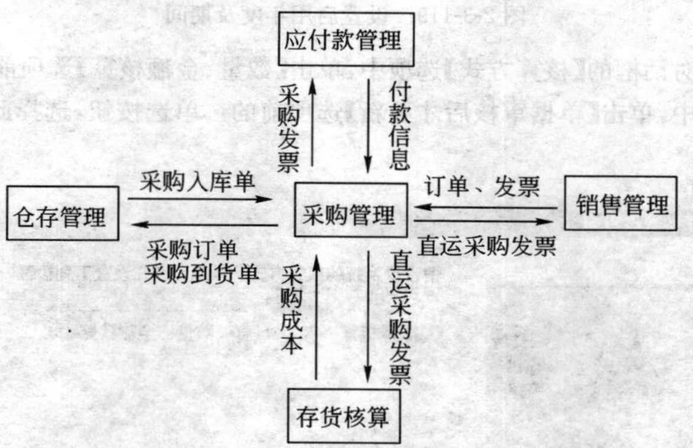

图 2-3-117 采购管理与其他系统的关系

3.7.2 系统参数设置

【例 2-3-19】 BSP 公司根据自身的工作需要，整个供应链系统集成运用，系统参数设置的要求如下：启用日期与整个 **ERP** 系统的启用日期一致是 2007 年 1 月；核算方式采用数量、金额核算；不允许出现负库存；单据审核后才更新库存数据。

操作步骤：

①在【系统参数设置-初始化-[主界面]】窗口，如图 2-3-118 所示，选择【系统设置】/【初始化】/【采购管理】/【系统参数设置】明细功能，双击，打开【核算参数设置向导】对话框。

②在【核算参数向导】对话框的【业务系统设定】选项中，如图 2-3-119 所示，在【启用年度】文本编辑框中输入“2007”；单击【启用期间】文本编辑框右侧的▾下拉按钮，选择输入“1”，再单击 (N)下一步> 按钮。

图 2-3-118　选择【系统参数设置】明细功能

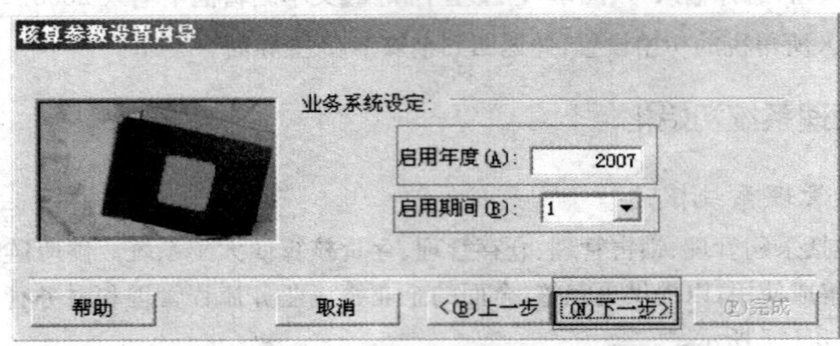

图 2-3-119　设置启用年度及期间

③在【核算参数向导】对话框的【核算方式】选项中，单击【数量、金额核算】选项前的⊙单选按钮，选择此项；再在【库存更新控制】选项中，单击【单据审核后才更新】选项前的⊙单选按钮，选择此项，如图 2-3-120 所示，最后单击(N)下一步>按钮。

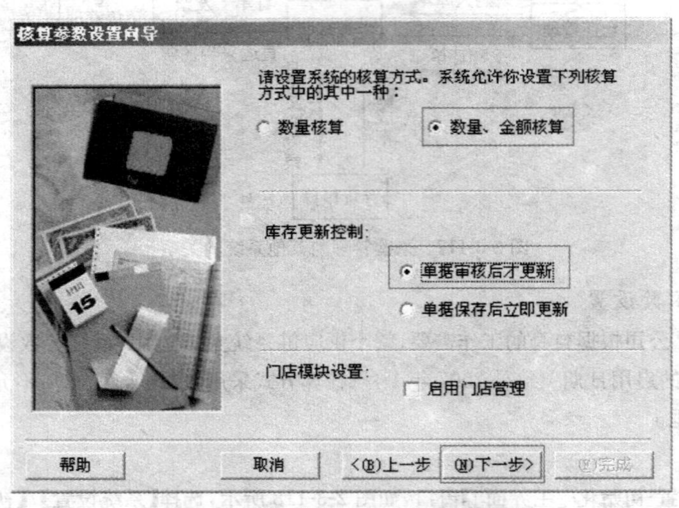

图 2-3-120　设置核算方式及库存更新控制

④在【核算参数向导】的【完成】对话框中，如图 2-3-121 所示，单击(F)完成按钮，完成系统参数的设置，并返回到【系统参数设置-初始化-[主界面]】窗口。

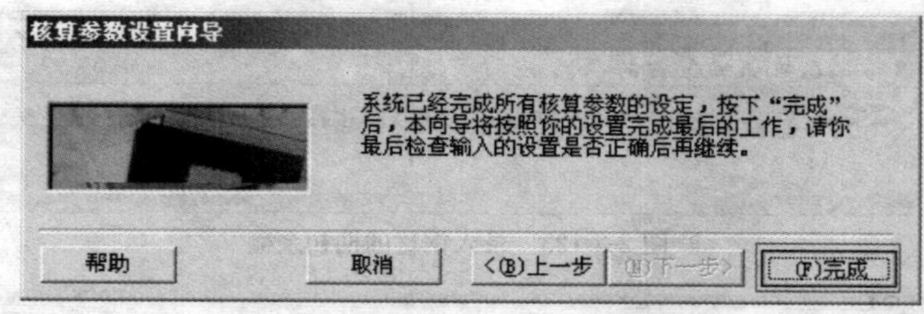

图 2-3-121 完成系统参数设置

提示 10：系统参数的设置可以在供应链四个子系统的任一子系统中进行设置。并且系统参数设置在设置好后，如果已经结束初始化操作了则不能再修改了，在未结束初始化前是可以修改的。

3.7.3 输入期初余额

【例 2-3-20】 BSP 公司在 2007 年初的物料结存情况如表 2-3-7 所示，录入期初余额，并与总账数据核对无误。

物料期初结存资料 表 2-3-7

物料代码	物料名称	计量单位	期初数量	期初金额	入库日期
0101	钢材	公斤	38 000	380 000	2006.12.31
0201	机箱	件	5 250	1 050 000	2006.12.31

操作步骤：

①在【采购管理(供应链)系统-[主界面]】窗口，如图 2-3-122 所示，选择【系统设置】/【初始化】/【采购管理】/【初始数据录入】明细功能，双击，打开【采购管理(供应链)系统-[初始数据录入]】窗口。

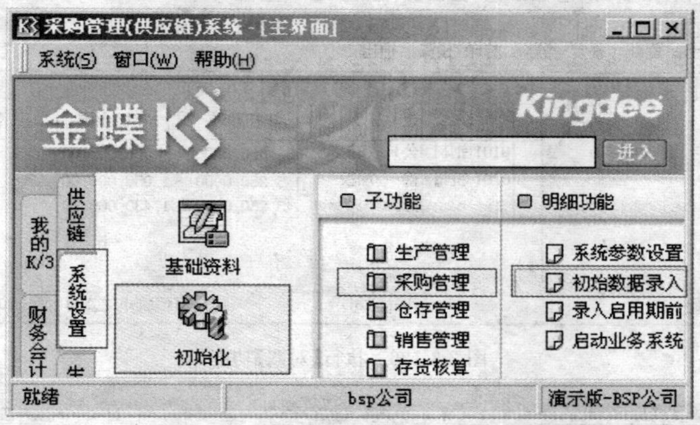

图 2-3-122 选择【初始数据录入】明细功能

②在【采购管理(供应链)系统-[初始数据录入]】窗口中，参照本例中表 2-3-7 的资料，如图 2-3-123 所示，选择【原料库】，再选择物料“钢材”表单记录行，在【年初数量】对应的表单元中输入“38 000”，在【年初金额】对应的表单元中输入“380 000”，在【入库日期】对应的表单元中输入“2006-12-31”，再单击工具栏的保存按钮，保存此物料期初数据信息。重复此步，输入库存商品-机箱的期初结存数据，如图 2-3-124 所示。

③录入完全部物料的期初余额后，单击窗口左侧的【全部仓库】目录，如图 2-3-125 所示，在窗口的右侧可以看到所有物料的初始余额信息。

④核对物料的期初余额信息，在【采购管理(供应链)系统-[初始数据录入]】窗口，如图 2-3-126 所示，单击工具栏的对账按钮，系统会自动将物料期初数据按所属科目汇总，如图 2-3-127 所示，并与总账数据核对无误

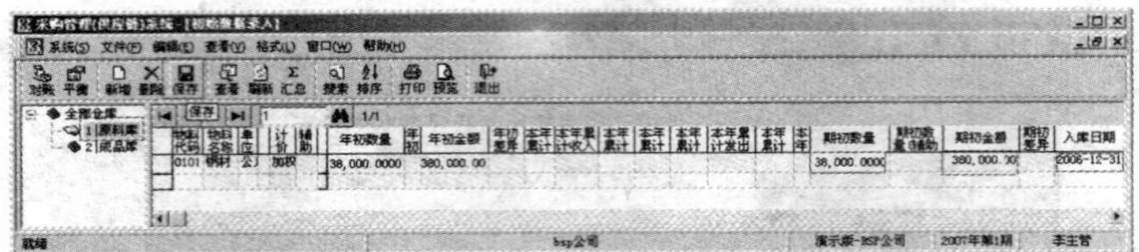

图 2-3-123　录入钢材的期初余额

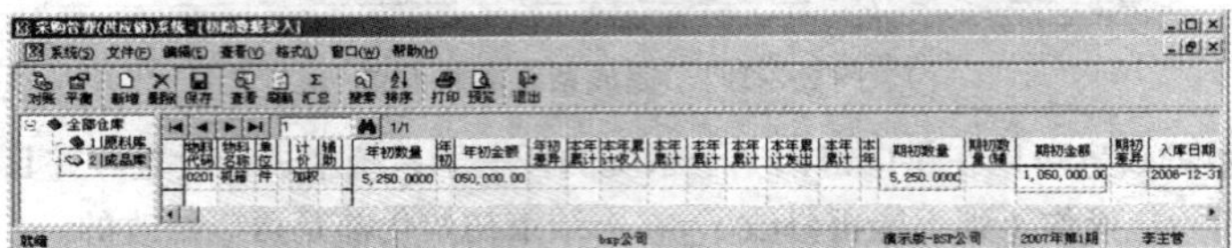

图 2-3-124　录入机箱的期初余额

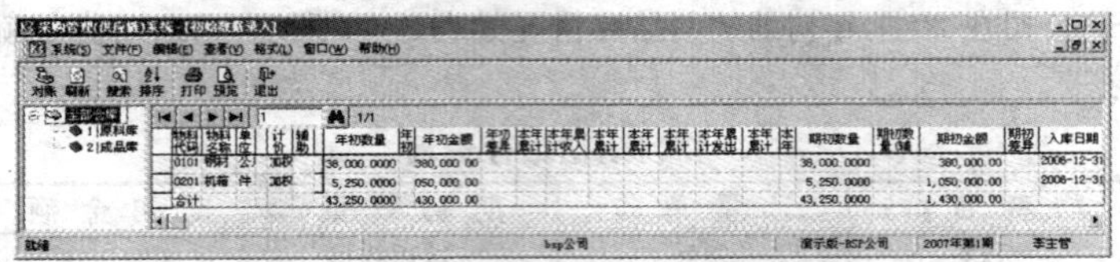

图 2-3-125　所有物料的期初余额

后，单击窗口工具栏的 退出 按钮，返回到系统主界面。

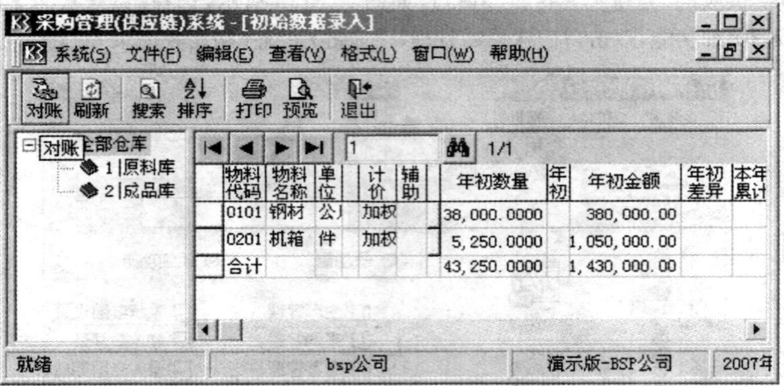

图 2-3-126　执行【对账】功能

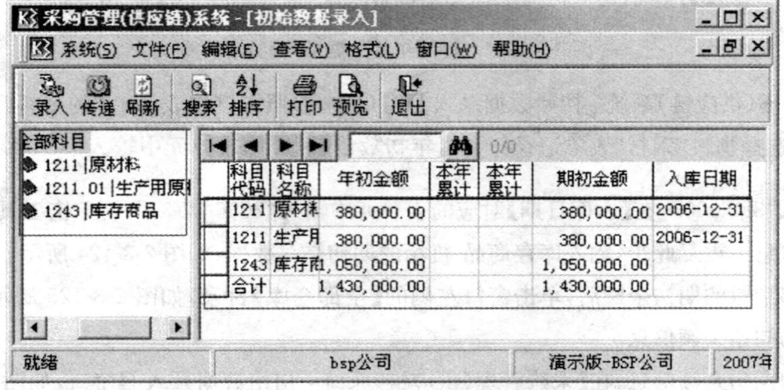

图 2-3-127　对账结果

提示 11：在供应链系统中录入期初余额时，年初数量与年初金额及在计划成本核算法下的年初差异是不需要录入的，系统会自动根据平衡公式：年初数量＝期初数量－本年累计收入数量＋本年累计发出数量；年初金额＝期初金额－本年累计收入金额＋本年累计发出金额；年初差异＝期初差异－本年累计收入差异＋本年累计发出差异，计算得出。

3.7.4　启动供应链业务系统

【例 2-3-21】 BSP 公司对供应链系统的初设化设置进行了检查，认为可以启动业务系统。

操作步骤：

①在【系统参数设置-初始化-[主界面]】窗口，如图 2-3-128 所示，选择【系统设置】/【初始化】/【存货核算】/【启动业务系统】明细功能，双击，弹出金蝶提示对话框。

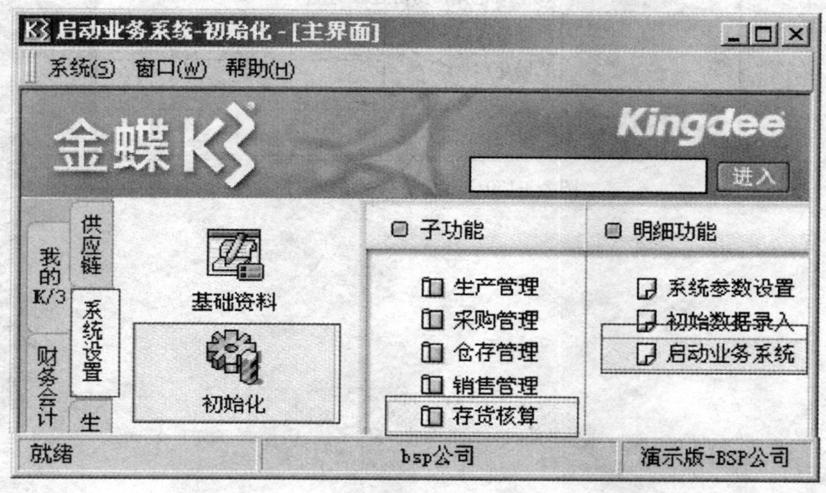

图 2-3-128　选择【启动业务系统】明细功能

②在【金蝶提示】对话框中，如图 2-3-129 所示，单击[是(Y)]按钮，完成初始化，启动业务系统，同时打开【金蝶 K/3 系统登录】窗口。

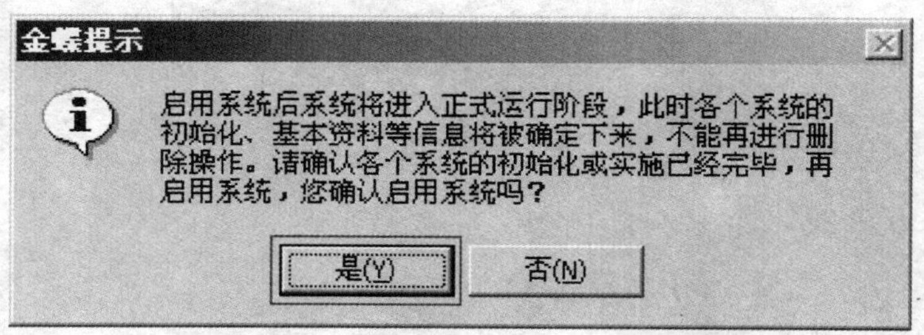

图 2-3-129　启动业务系统

③在【金蝶 K/3 系统登录】窗口，如图 2-3-130 所示，可以根据业务处理的需要，选择相应的用户，并单击[确定]按钮，登录到系统主控台中。

提示 12：在供应链系统中，启动业务系统时，可以在采购管理、销售管理、仓存管理、存货核算任一子系统中进行此项操作，其作用效果是一样。

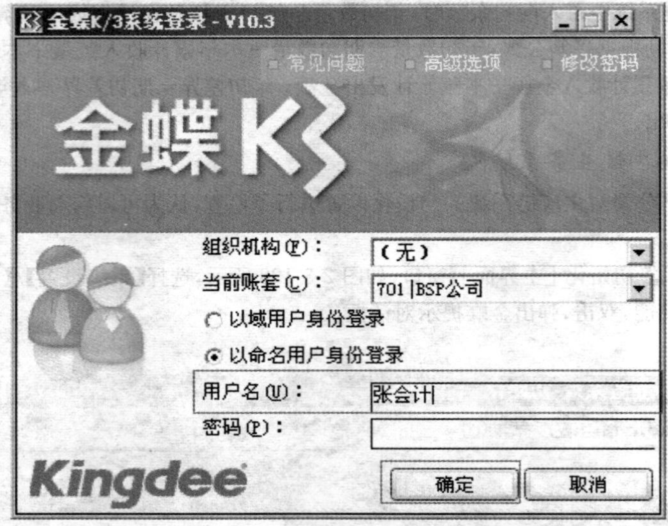

图 2-3-130　重新登录到系统主控台

第 4 章　日常账务处理的一般程序

4.1　日常账务处理概述

在总账系统中进行日常账务处理，其账务处理的起点是填制会计凭证，再经过会计信息系统对已输入凭证进行处理，将有关数据自动记入各种账簿。主要内容包括：凭证处理、记账、账簿管理等，基本流程如图2-4-1所示。

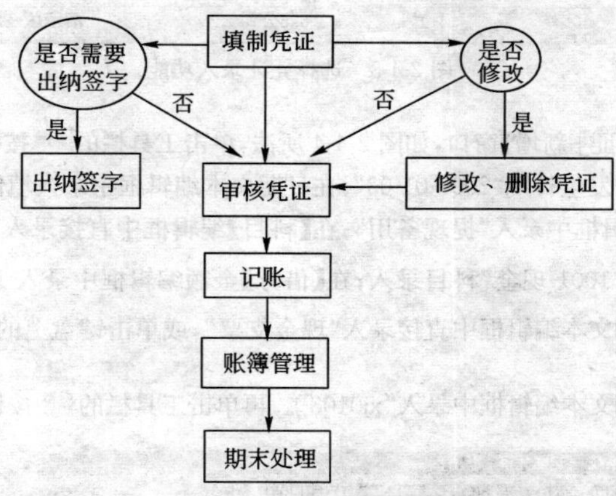

图 2-4-1　日常账务处理流程

4.2　凭证处理

凭证处理环节包括：凭证录入、凭证查询、凭证审核、出纳复核、主管核准、凭证过账、凭证汇总，如果已记账凭证有错要进行修改的还要经过凭证冲销这一环节。凭证处理的流程图如图 2-4-2 所示。

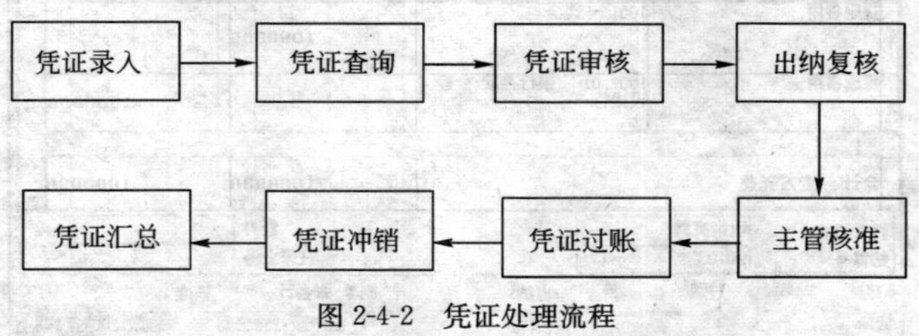

图 2-4-2　凭证处理流程

4.2.1　凭证录入

【例 2-4-1】　BSP 公司在 2007 年 1 月有下列业务通过总账将凭证录入到系统中去：

1 月 3 日，提取现金 10 000 元备用，现金支票号 xj0103；

1 月 5 日，管理部购买办公用品，用现金支付 1 000 元。

操作步骤：

①在【凭证录入-总账-[主界面]】窗口，如图 2-4-3 所示，选择【财务会计】/【总账】/【凭证处理】/【凭证录入】功能，双击打开【总账系统-[记账凭证]-新增】窗口。

图 2-4-3　选择凭证录入功能

②在【总账系统-[记账凭证]-新增】窗口，如图 2-4-4 所法，单击工具栏的"新增"按钮，激活凭证录入单。在【业务日期】文本编辑框中录入业务发生日期"2007-01-03"；在日期文本编辑框中录入填制凭证的日期"2007-01-31"；在第 1 条分录对应的【摘要】编辑框中录入"提现备用"；在【科目】编辑框中直接录入"1001-现金"，或单击键盘上的F7按钮调用会计科目，选择"1001-现金"科目录入；在【借方】金额编辑框中录入 10000；同样录入第 2 条分录之后，再在凭证尾的【结算方式】文本编辑框中直接录入"现金支票"，或单击键盘上的F7按钮，调用结算方式，选择"现金支票"录入；在【结算号】文本编辑框中录入"xj0103"。再单击工具栏的"保存"按钮，保存此凭证。

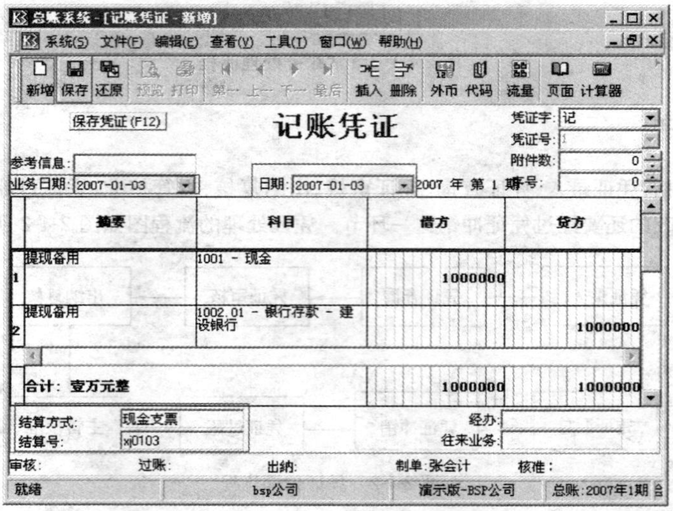

图 2-4-4　录入"提现备用"记账凭证

③重复上步，录入 1 月 5 日管理部门购买办公用品的凭证，如图 2-4-5 所示。所有凭证录入完毕，单击【总账系统-[记账凭证]-新增】窗口右上方的×退出按钮，返回到【总账系统-[主界面]】窗口。

提示 1：在进行凭证录入时，如需要查询"科目"、"摘要"、"核算项目"资料时可按F7功能键或双击鼠标左键，如想模糊查询，即只要输入查询内容的某一个字，即可找到相似内容的，则按F9功能键。

提示 2：在录入凭证时，如需要在金额栏取借贷金额自平衡数，则可单击=等号功能键，或按 Ctrl+F7 组合键。如需要切换借贷金额的方向，则可单击空格键。

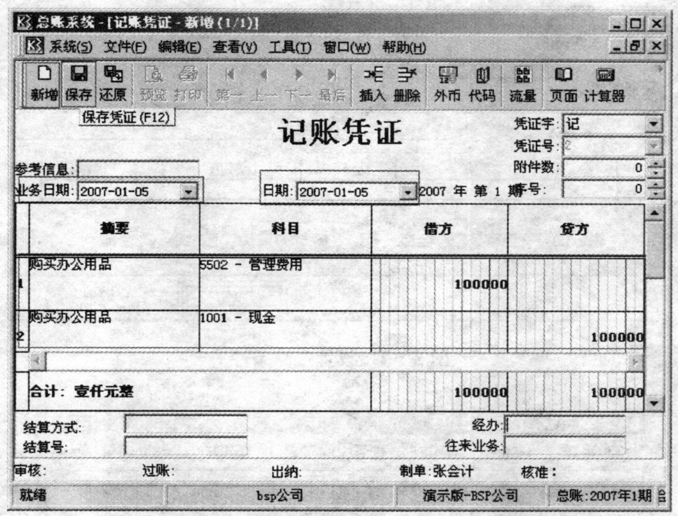

图 2-4-5 录入“购买办公用品”记账凭证

提示 3：在录入摘要时，如需要复制上一条分录的摘要，可单击 . 键两下；如需要复制第一条的分录摘要则单击 / 键两下。

4.2.2 凭证修改

【例 2-4-2】 BSP 公司 2007 年 1 月 5 日购入的办公用品是供销部使用的而不是管理部门使用的。

操作步骤：

①在【凭证查询-总账-[主界面]】窗口中，如下图 2-4-6 所示，选择【财务会计】/【总账】/【凭证处理】/【凭证查询】明细功能，双击，打开【会计分录序时簿过滤】对话框。

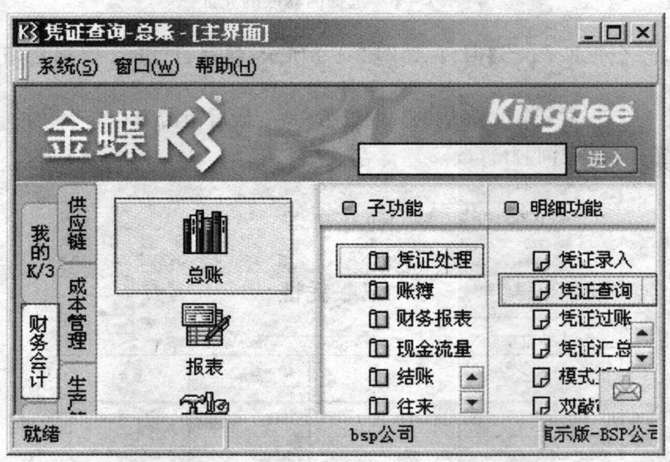

图 2-4-6 选择【凭证查询】功能

②在【会计分录序时簿过滤】对话框中，如下图 2-4-7 所示，单击【条件】选项卡中的“未过账”条件项前的单选按钮，选择此项。再单击 确定 按钮，打开【总账系统-[凭证查询]】窗口。

③在【总账系统-[凭证查询]】窗口中，如图 2-4-8 所示，选择需要修改的购买办公用品的凭证，单击工具栏的 修改 按钮。

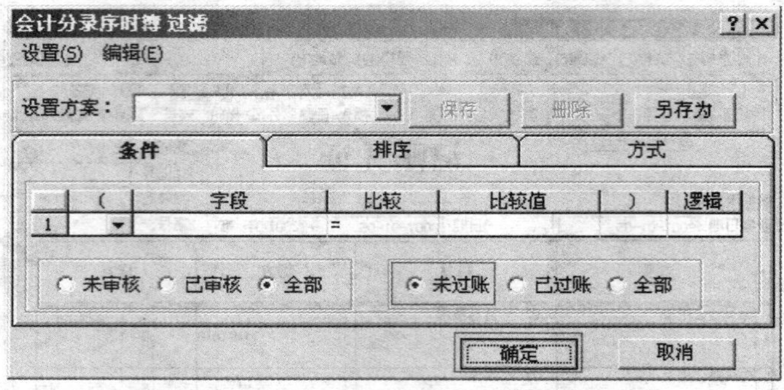

图 2-4-7　设置过滤条件

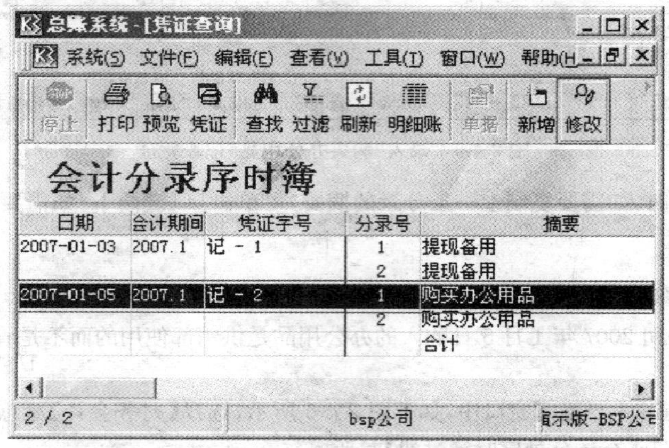

图 2-4-8　选择需修改的凭证

④在【总账系统-[记账凭证-修改]】窗口，如图 2-4-9 所示，将科目“5502-管理费用”修改为“5501-销售费用”，再单击工具栏的保存按钮，将已修改完成的凭证进行保存，最后单击窗口右上角的☒关闭按钮，退出修改窗口，返回到【总账系统-[凭证查询]】窗口。

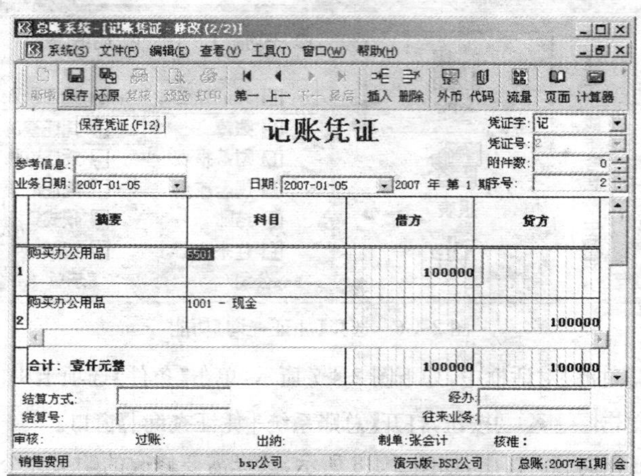

图 2-4-9　修改凭证

4.2.3　凭证删除

【例 2-4-3】　BSP 公司 2007 年 1 月 5 日供销部购买办公用品的凭证并未收到原始凭证，需要从系统中删除。

操作步骤：

①在【总账系统-[主界面]】窗口中，如图 2-4-10 所示，选择【财务会计】/【总账】/【凭证处理】/【凭证查询】明细功能，双击，打开【会计分录序时簿过滤】对话框。

图 2-4-10　选择凭证查询明细功能

②在【会计分录序时簿过滤】对话框中，单击【条件】选项卡，如图 2-4-11 所示，在【字段】文本编辑框中选择输入“日期”；在【比较】运算符编辑框中输入“＝”运算符；在【比较值】文本编辑框中输入“2007-01-05”，再单击“未过账”条件项前的单选按钮，选择此项。最后单击按钮，打开【总账系统-[凭证查询]】窗口。

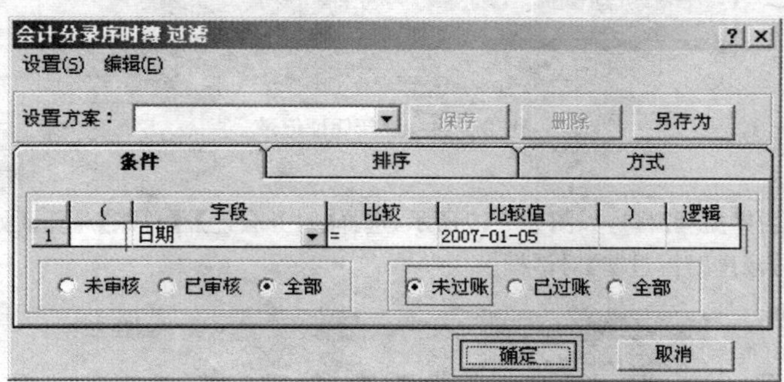

图 2-4-11　设置过滤条件

③在【总账系统-[凭证查询]】窗口的显示区域显示出按条件查询到的凭证，如下图 2-4-12 所示，选择“2007-01-05 购买办公用品”的凭证，单击工具栏的按钮，系统弹出【金蝶提示】对话框“是否删除当前凭证?”，单击，确认将当前选中的凭证的删除。

④在【总账系统-[凭证查询]】窗口，单击工具栏的按钮，如图 2-4-14 所示，在窗口下方的显示区域，凭证发生了变化，少了一张凭证记录。

提示 4：有时已输入到系统的凭证，出现了错误，或者需要作废，也可以不通过【删除】功能，将其从系统中删除，而是通过【编辑】菜单中的【作废】命令将凭证作废。凭证只能在可修改状态下执行作废功能，凭证已复

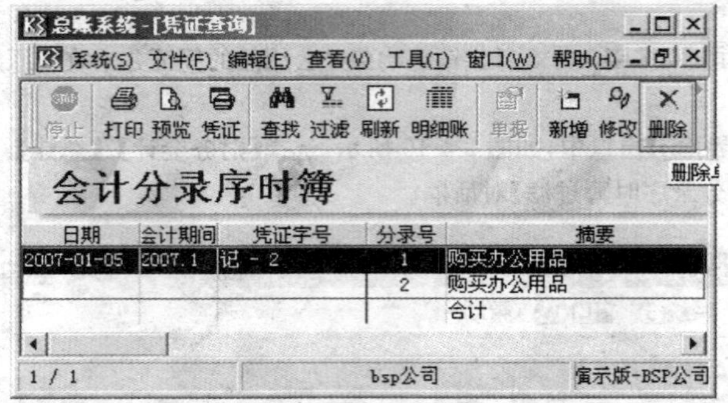

图 2-4-12　删除凭证

核、已审核、已核准、已过账、已结账、已核销不允许进行作废；由业务系统生成的机制凭证、已经预算扣减的凭证不允许作废(包括总账期末调汇、结转损益、自动转账生成的凭证)。作废凭证在系统中保留，但不参与会计的记账。有作废标志的凭证，允许删除，但不允许修改、过账、复核、审核、核准、指定现金流量、发送内部往来信息等操作。

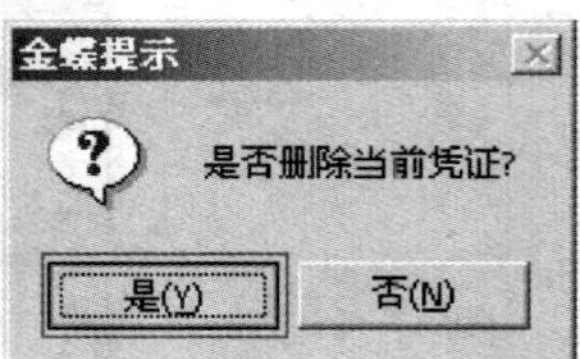

图 2-4-13　金蝶提示

4.2.4　凭证审核

【例 2-4-4】 BSP 公司由李主管对所有凭证进行审核。

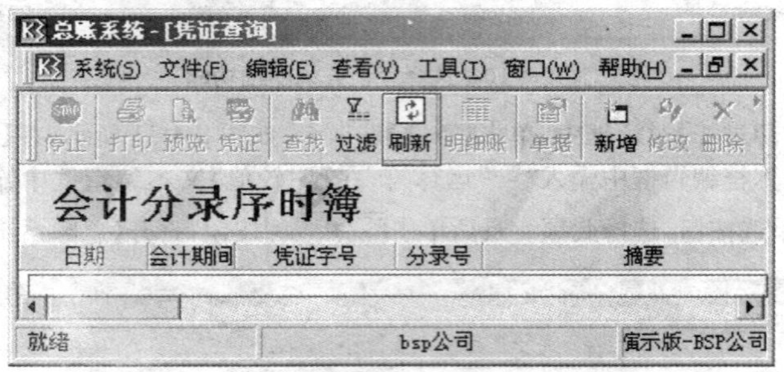

图 2-4-14　刷新凭证记录

操作步骤：

①在【总账系统-[主界面]】窗口，如图 2-4-15 所示，选择【财务会计】/【总账】/【凭证处理】/【凭证查询】明细功能，双击打开【会计分录序时簿过滤】对话框。

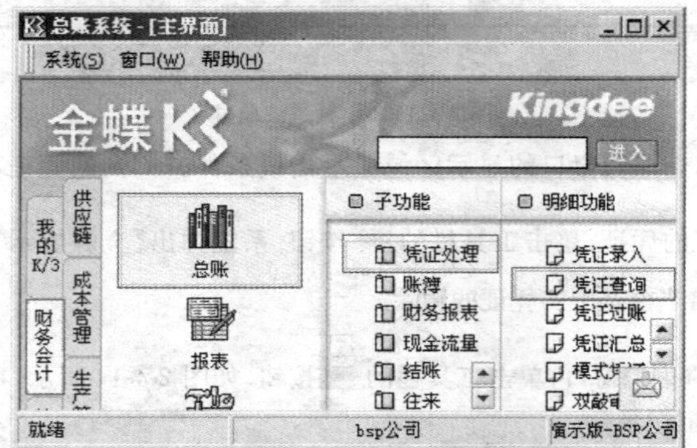

图 2-4-15　选择【凭证查询】明细功能

②在【会计分录簿过滤】对话框中，如图 2-4-16 所示，单击【条件】选项卡中的“未审核”条件项前的单选按钮，再单击确定按钮，打开【总账系统-[凭证查询]】窗口。

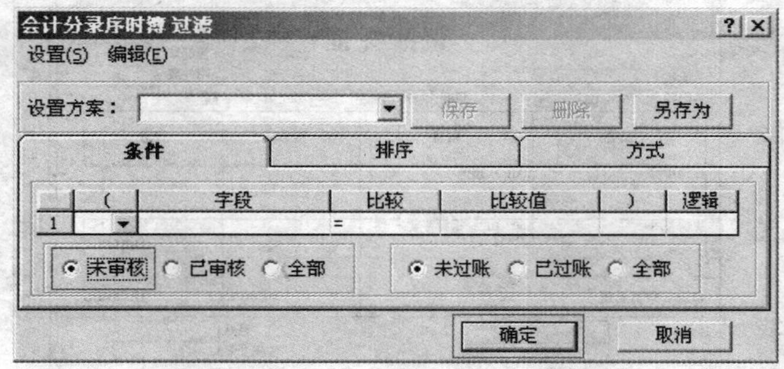

图 2-4-16　设置过滤条件

③在【总账系统-[凭证查询]】窗口中，如图 2-4-17 所示，选择需审核的凭证，单击工具栏的审核按钮，打开【总账系统-[记账凭证-审核]】窗口。

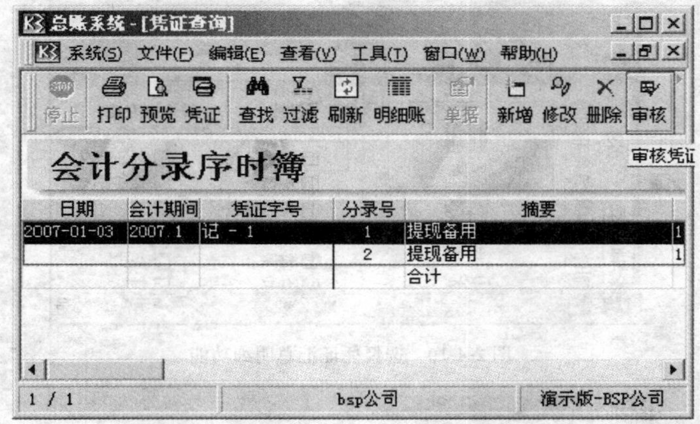

图 2-4-17　选择待审核凭证

④在【总账系统-[记账凭证-审核]】窗口，如图 2-4-18 所示，查看凭证正确无误后，单击工具栏的审核按钮，在凭证尾的【审核】签章处签上“李主管”，完成此张凭证的审核工作。如需继续审核，可单击工具栏的下一按钮，重复本步操作，对其他凭证进行审核。

4.2.5　凭证汇总

【例 2-4-5】　BSP 公司对 2007 年 1 月份的所有记账凭证按一级科目进行汇总。

操作步骤：

①在【总账系统-[主界面]】窗口，如图 2-4-19 所示，选择【财务会计】/【总账】/【凭证处理】/【凭证汇总】明细功能，双击打开凭证【过滤条件】对话框。

②在【过滤条件】对话框中，如图 2-4-20 所示，在【日期】文本编辑框中输入“2007-01-01”至“2007-01-31”；在【科目级别】文本编辑框中输入“1”到“1”；在【选择凭证字范围】的条件项中单击【凭证字】下方的多选按钮，选择“记”字凭证字，再单击确定按钮，打开【总账系统-[凭证汇总表]】窗口。

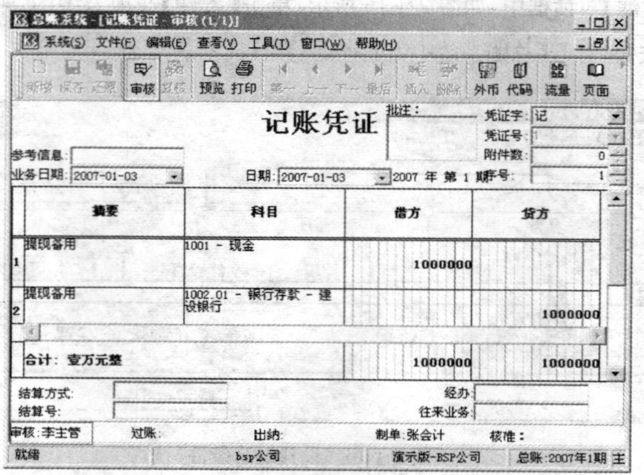

图 2-4-18　凭证审核

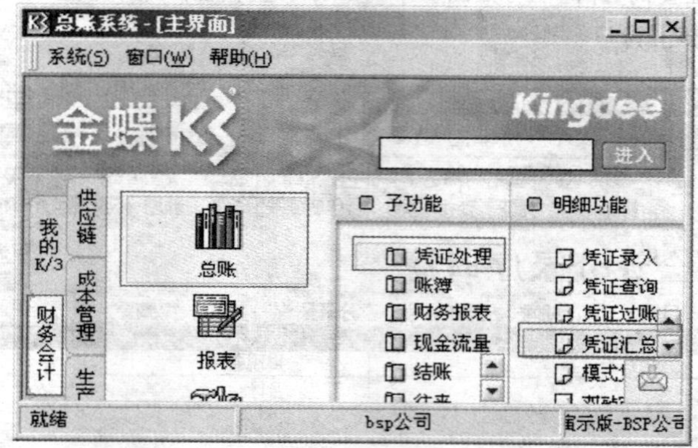

图 2-4-19　选择凭证汇总明细功能

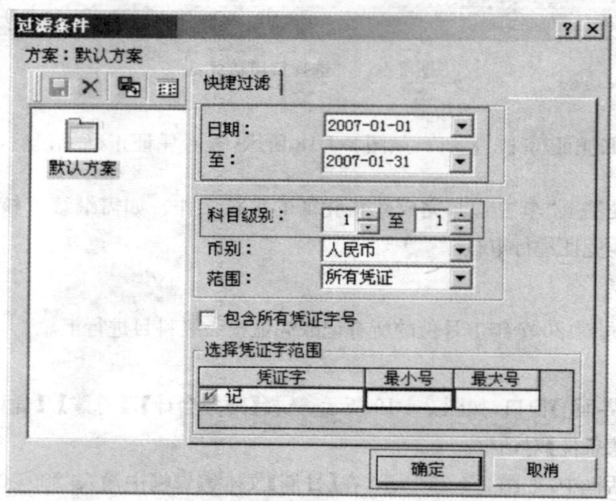

图 2-4-20　设置过滤条件

③在【总账系统-[凭证汇总表]】窗口的显示区域，如图 2-4-21 所示，显示出所有凭证按条件汇总的结果情况。

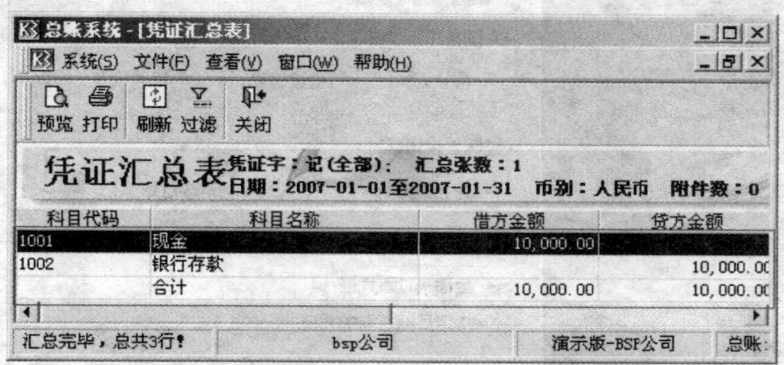

科目代码	科目名称	借方金额	贷方金额
1001	现金	10,000.00	
1002	银行存款		10,000.00
	合计	10,000.00	10,000.00

图 2-4-21　凭证汇总表

4.3　记账

【例 2-4-6】 BSP 公司，由李主管对所有未过账的凭证进行过账操作，要求凭证有断号时停止过账、过账发生错误时停止过账。

操作步骤：

①【凭证过账-总账-[主界面]】窗口，如图 2-4-22 所示，选择【财务会计】/【总账】/【凭证处理】/【凭证过账】明细功能，双击打开【凭证过账】向导对话框。

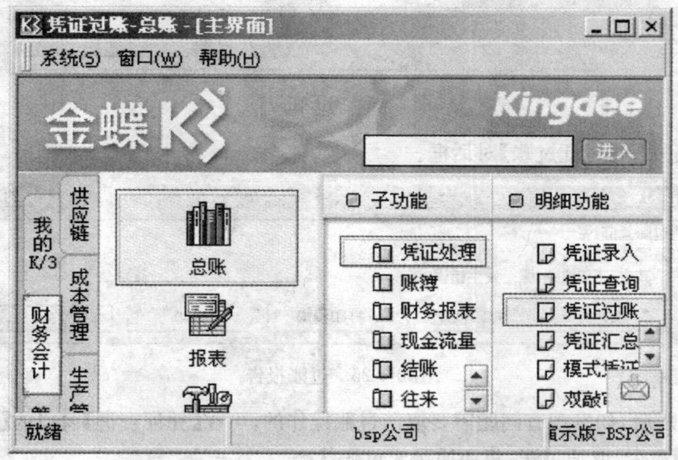

图 2-4-22　选择凭证过账明细功能

②在【凭证过账】向导的第一步【选择过账参数】对话框中，如图 2-4-23 所示，单击【凭证号不连续时】参数选项下方的“停止过账”前的⊙单选按钮，选中此项；单击【过账发生错误时】参数选下方的“停止过账”前⊙单选按钮，选中此项；单击【凭证范围】参数选项下方的“全部未过账凭证”前的⊙单选按钮，选中此项，再单击［开始过账(B)］按钮，进入到【过账】向导对话框。

③在【正在过账】对话框，如图 2-4-24 所示，系统会提示“正过账…(n/m)待过账凭证 m 张”，此时如想中止过账，可单击对话框右下方的［中止］按钮，否则过账完毕，会弹出【过账报告】对话框。

④在【过账报告】对话框中，如图 2-4-25 所示，会显示过账情况报告单。如需要将此报告单保存到磁盘文件，可单击对话框下方的［保存］按钮；如需要将此报告打印输出，可单击对话框下方的［打印］按钮，否

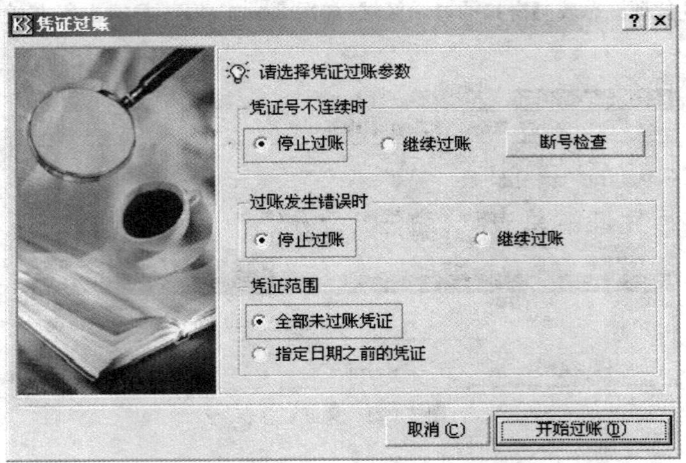

图 2-4-23　选择过账参数

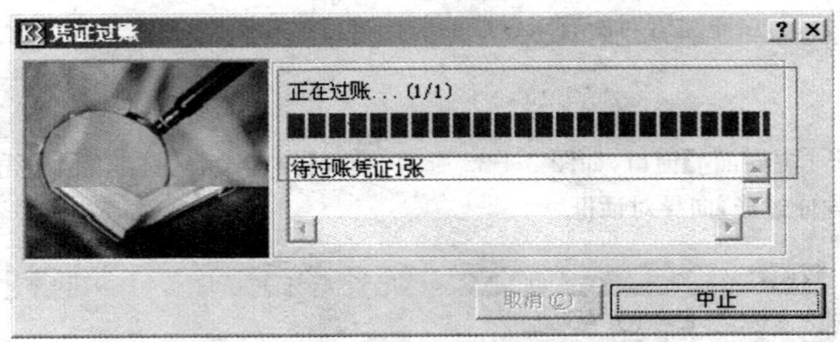

图 2-4-24　正在过账

则单击【关闭】按钮关闭【凭证过账】对话框。

图 2-4-25　过账报告

提示 5:凭证已过账后,如发现有问题需要取消过账操作的,可在【凭证查询】窗口的【编辑】菜单中选择【反过账】或【全部反过账】命令,取消过账,将还原到未过账状态。

4.4　账簿管理

4.4.1　总分类账

【例 2-4-7】 BSP 公司根据需要设置总分类账的显示内容包括:科目代码并锁定、科目名称、期间、摘要、借方、贷方、余额(指定借贷方向),其余全部默认系统设置,并查询本期所有总分类账信息。

操作步骤:

①在【总账系统-[主界面]】窗口,如图 2-4-26 所示,选择【财务会计】/【总账】/【账簿】/【总分类账】明细功能,双击打开【过滤条件】对话框。

②在【过滤条件】对话框中,如图 2-4-27 所示,在【会计期间】文本编辑框中,输入“2007 年 1 期至 2007 年 1

图 2-4-26 选择总分类账明细功能

期”;在【科目级别】文本编辑框中输入“1 至 1”,再单击确定按钮,打开【总账系统-总分类账】窗口。

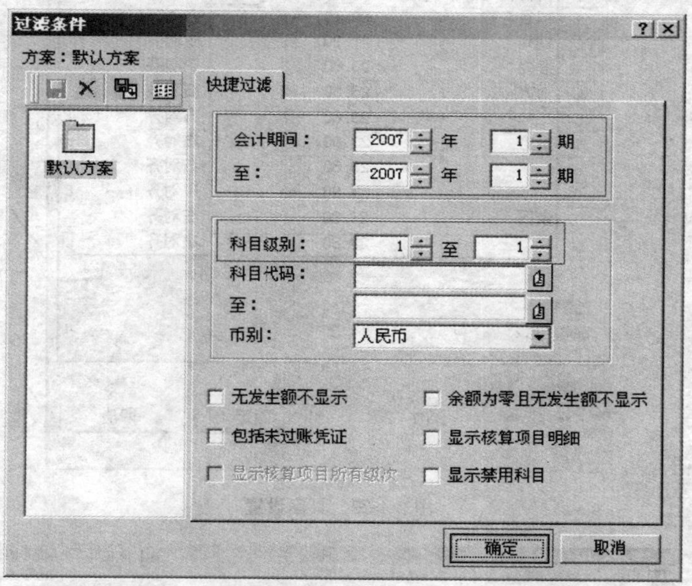

图 2-4-27 设置过滤条件

③在【总账系统-[总分类账]】窗口,如图 2-4-28 所示,单击查看(V)菜单,执行【页面设置】菜单命令,打开【页面设置】对话框。

④在【页面设置】对话框中,如图 2-4-29 所示,单击【科目代码】、【科目名称】、【期间】、【摘要】、【借方】、【贷方】、【余额】所对应的【显示】项下的☑多选按钮选择这些项目,并单击【科目代码】的【锁定】项下的☑多选按钮,再单击确定按钮,完成页面设置,并返回到【总账系统-[总分类账]】窗口。

⑤在【总账系统-[总分类账]】窗口,如图 2-4-30 所示,显示区域会按页面设置的要求显示出总分类账信息,其中只有【科目代码】的列宽是不可调整的。

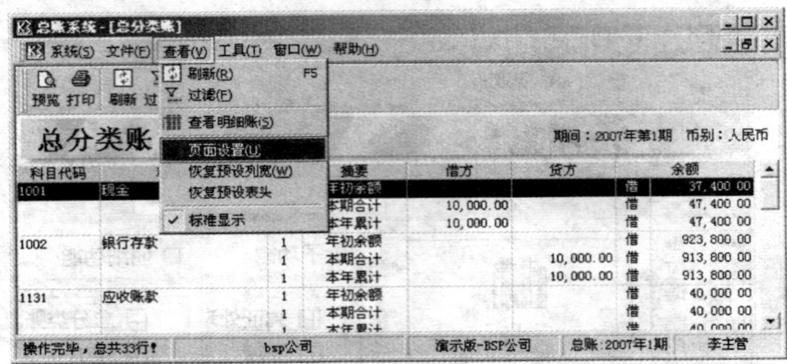

图 2-4-28 执行【页面设置】命令

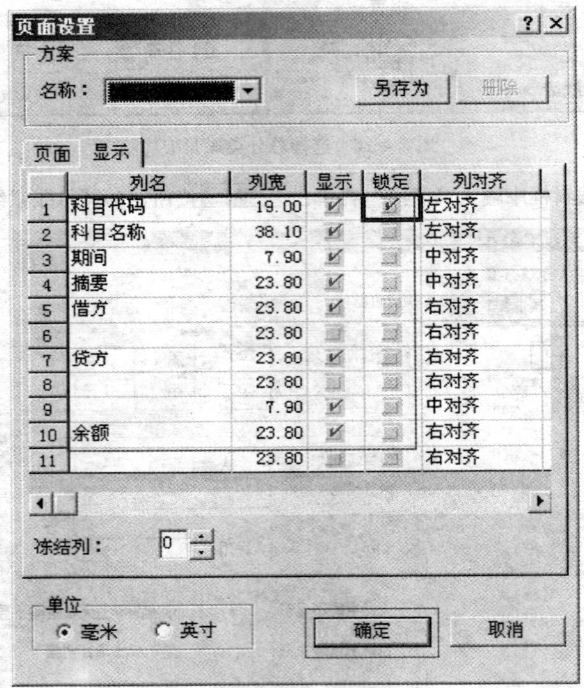

图 2-4-29 页面设置

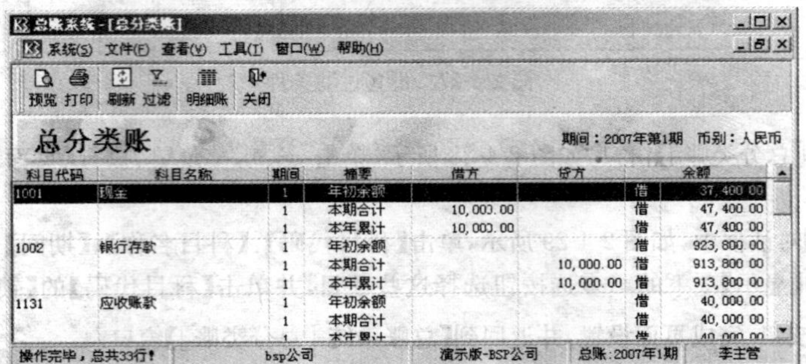

图 2-4-30 显示总分类账信息

4.4.2　明细分类账

明细分类账是用于查询各科目的明细分类账账务数据，可以输出现金日记账、银行存款日记账和其他各科目的三栏式明细账的账务明细数据；还可以按照各种币别输出某一币别的明细账；同时还提供了按非明细科目输出明细分类账的功能。

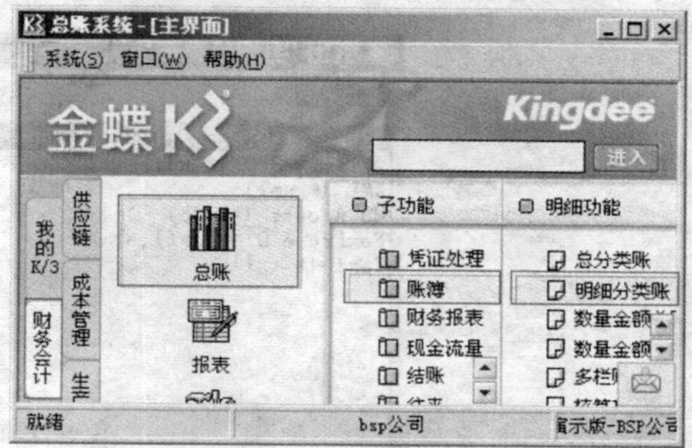

图 2-4-31　选择【明细分类账】明细功能

【例 2-4-8】　BSP 公司，需要查询本期现金日记账信息，并以 200801 现金日记账. xls 为文件名输出到磁盘文件。

操作步骤：

①在【总账系统-[主界面]】窗口中，如图 2-4-31 所示，选择【财务会计】/【总账】/【账簿】/【明细分类账】明细功能，双击打开【过滤条件】对话框。

②在【过滤条件】对话框中，如图 2-4-32 所示，在【会计期间】文本编辑框中输入“2007 年 1 期至 2007 年 1 期”；单击【科目代码】右侧的浏览按钮，选择输入“1001”，再单击确定按钮，打开【总账系统-[明细分类账-[1001]现金]】窗口。

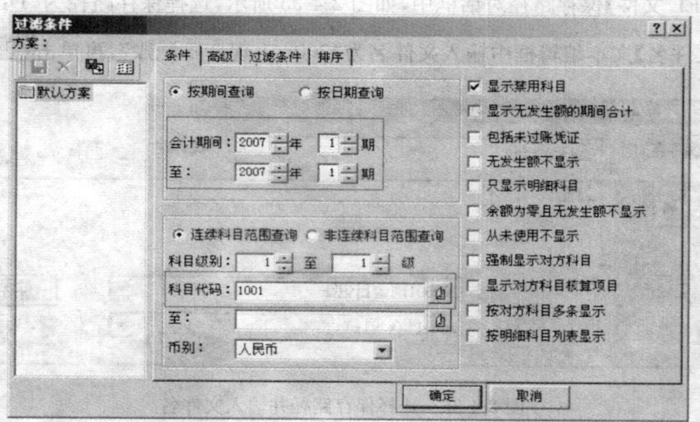

图 2-4-32　设置过滤条件

③在【总账系统-[明细分类账-[1001]现金]】窗口，如图 2-4-33 所示，单击文件(F)菜单，执行【引出】菜单命令，打开【引出‘明细分类账’】对话窗。

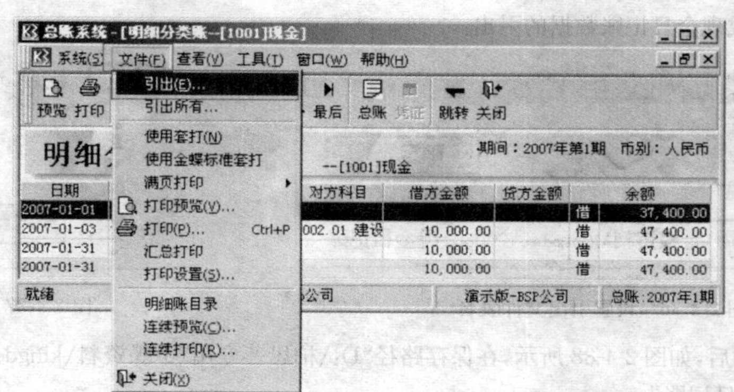

图 2-4-33　执行【引出】命令

④在【引出'明细分类账'】对话窗中，如图 2-4-34 所示，在【数据类型】列表框中，选择"MS Excel 97-2002（*. xls)数据类型，再单击对话框右侧的确定按钮，弹出【选择 EXCEL 文件】保存路径对话框。

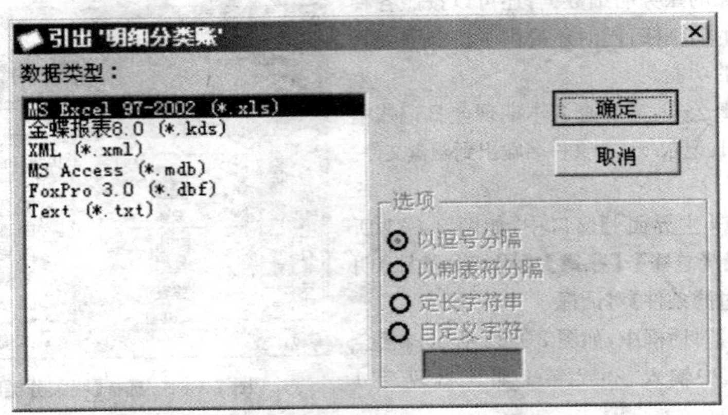

图 2-4-34 选择引出数据类型

⑤在【选择 EXCEL 文件】保存路径对话框中，如图 2-4-35 所示，选择保存路径为"D:\柏思萍专用\金蝶资料 kingdee"，并在【文件名】文本编辑框中输入文件名为"200801 现金日记账"，再单击保存(S)按钮。

图 2-4-35 选择保存路径并输入文件名

⑥系统弹出【数据引出】对话框，如图 2-4-36 所示，在【表名】文本编辑框中，系统会默认显示"明细分类账"的电子表名(在此可以更改表名)，再单击确定(O)按钮。

⑦系统弹出【金蝶提示】对话框，如图 2-4-37 所示，显示提示信息"成功引出'明细分类账'"，单击确定按钮，完成现金日记账数据的引出。

图 2-4-36 设置引出文件表名

图 2-4-37 提示信息

⑧文件引出成功后，如图 2-4-38 所示，在保存路径"D:\柏思萍专用\金蝶资料\kingdee"下可以找到所引出的文件"200801 现金日记账"。

图 2-4-38 查看引出文件

第 5 章 日常业务处理的具体方法

5.1 采购业务日常处理

采购业务是一个生产型企业的日常业务中物流的起点，其主要业务有采购订单、采购入库、采购结算、费用发票、采购退料等，采购业务的主要流程如图 2-5-1 所示。

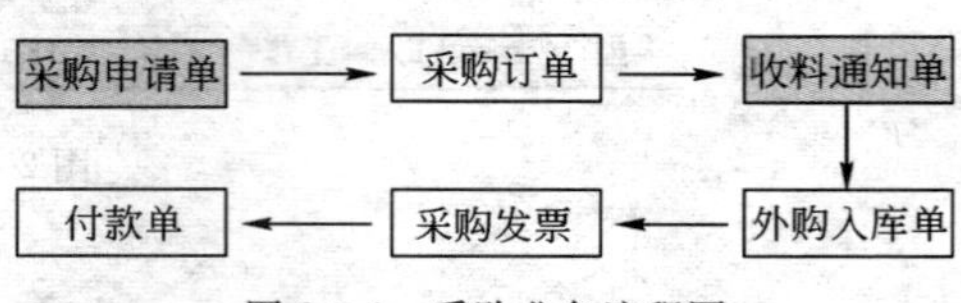

图 2-5-1 采购业务流程图

5.1.1 采购订单处理

【例 2-5-1】 BSP 公司供销部的王业务于 2007 年 1 月 1 日向广东仪器公司发出采购订单，要求订购钢材 2000 公斤，双方协商价格为 10 元/kg，验货后付款，要求到货日为 2007 年 1 月 3 日。要求王业务进行订单录入，李主管进行订单审核。

操作步骤：

①在【金蝶 K/3 系统登录窗口】中，如图 2-5-2 所示，在【用户名】文本编辑框中输入“王业务”，再单击 确定 按钮，以王业务的身份登录到金蝶 K/3 系统主控台中。

图 2-5-2 登录主控台

②在【采购订单-录入-采购管理-[主界面]】窗口中，如图 2-5-3 所示，选择【供应链】/【采购管理】/【订单处理】/【采购订单-录入】明细功能项，双击打开【录入单据】窗口。

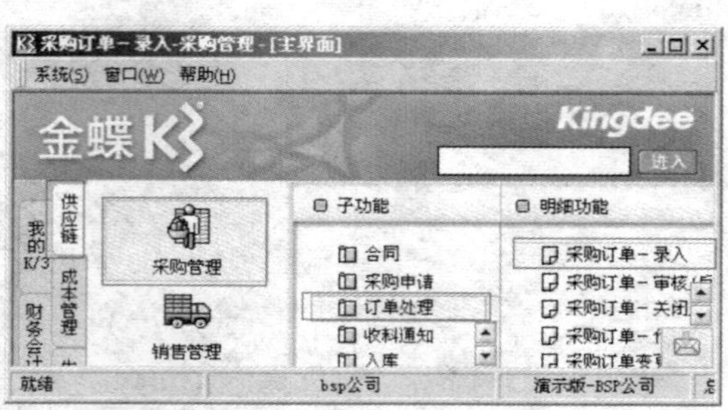

图 2-5-3 执行【采购订单-录入】明细功能

③在【录入单据】窗口，如下图 2-5-4 所示，参照【例 1】的资料，①单击【供应商】文本编辑框，按 F7 功能键，调出【核算项目-供应商】资料，选择“广东仪器”供应商输入；②单击【日期】文本输入框，输入“2007-01-01”；③单击【物料代码】对应的表单元，按 F7 功能键，调出【核

算项目-物料】资料，选择“0101-钢材”输入；④单击【数量】对应的表单元，输入“2000”；⑤单击【单价】对应的表单元，输入“10”；⑥单击【部门】文本编辑框，按 F7 功能键，调出【核算项目-部门】资料，选择“供销部”输入；⑦单击【业务员】文本编辑框，按 F7 功能键，调出【核算项目-职员】资料，选择“王业务”输入。最后单击工具栏的 保存 按钮，将录入的采购订单保存，再单击 ✕ 退出按钮，返回到【采购管理-[主界面]】窗口。

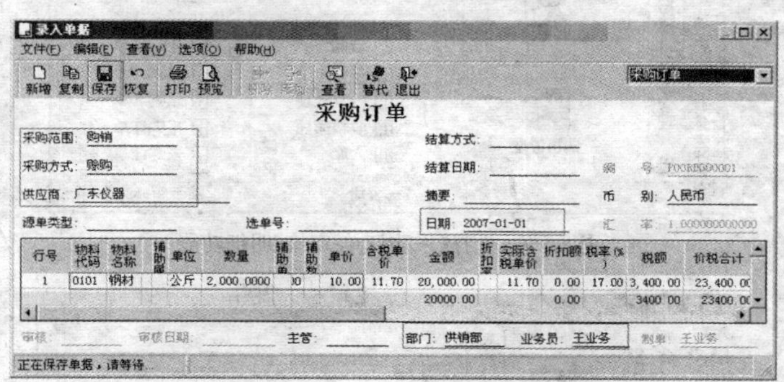

图 2-5-4 录入采购订单

④在【采购管理-[主界面]】窗口，如图 2-5-5 所示，单击 系统(S) 菜单，执行【更换操作员】菜单命令，系统打开如图 2-5-6 所示的【金蝶 K/3 系统登录】窗口，在【用户名】文本编辑框中，录入“李主管”，再单击 确定 按钮。

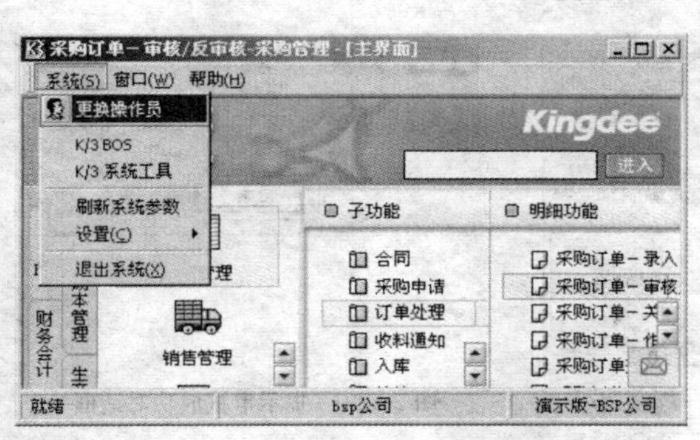

图 2-5-5 更换操作员

图 2-5-6 以李主管身份登录

⑤在【采购订单-审核/反审核-采购管理-[主界面]】窗口中，如图 2-5-7 所示，选择【供应链】/【采购管理】/【订单处理】/【采购订单-审核】明细功能项，双击打开【条件过滤】窗口。

⑥在【条件过滤】窗口中，如图 2-5-8 所示，选择【默认方案】，单击 确定(O) 按钮，打开【采购订单序时簿】窗口。

⑦在【采购订单序时簿】窗口，如图 2-5-9 所示，选择上述所录入的订单，单击工具栏的 审核 按钮，系统弹出如图 2-5-10 所示的【金蝶提示】对话框，提示“编号为 POORD000001 的单据审核成功！”再单击 确定 按钮，返回到【采购订单序时簿】窗口。

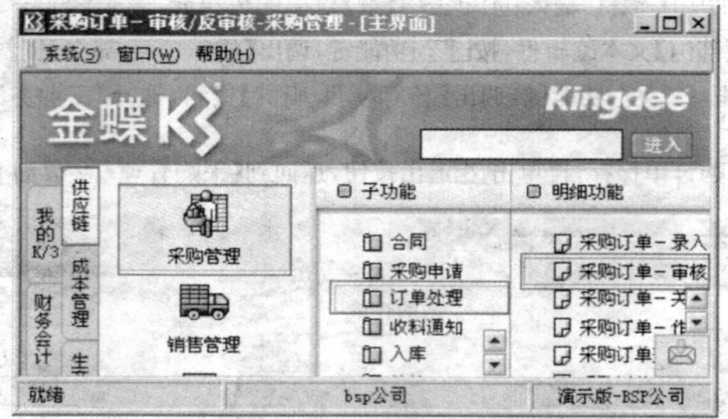

图 2-5-7　选择【采购订单-审核】明细功能

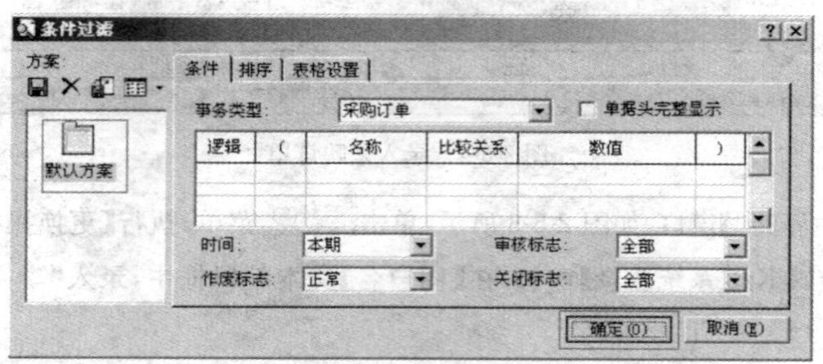

图 2-5-8　执行【条件过滤】

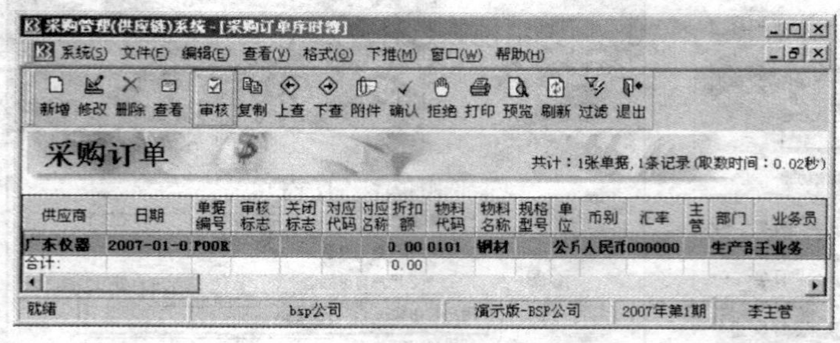

图 2-5-9　执行【审核】功能

图 2-5-10　提示审核成功对话框

⑧审核成功后，在【采购订单序时簿】窗口，如图 2-5-11 所示，在显示列表框【审核标志】对应的表单元中会显示出“Y”表示已审的标志。再单击退出按钮，退出本窗口，返回到【采购管理(供应链)系统-[主界面]】窗口。

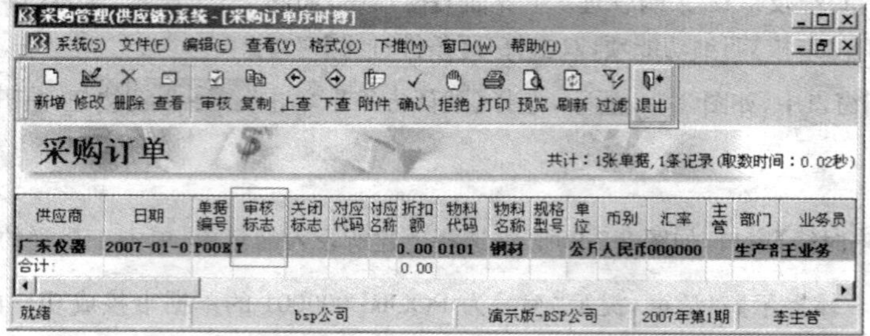

图 2-5-11　已审核采购订单

技巧:在录入采购订单时,可以按[F7]功能键调出相关的核算资料选择输入,也可以双击调出相关的核算资料选择输入,还可以直接从键盘输入,但要注意从键盘输入时,输入的信息与原已存的信息必须一致,否则会出现“金蝶提示”对话框,提示输入信息不正确。

5.1.2 采购入库处理

【例 2-5-2】 BSP 公司供销部的王业务于 2007 年 1 月 1 日向广东仪器公司发出采购订单,在 2007 年 1 月 3 日已经到货由赵生产进行验货入库并保管。要求王业务进行收料通知单及外购入库单的生成,李主管进行相关审核工作。

操作步骤:

①在【金蝶 K/3 系统登录窗口】中,如图 2-5-12 所示,在【用户名】文本编辑框中输入“王业务”,再单击[确定]按钮,以王业务的身份登录到金蝶 K/3 系统主控台中。

②在【收料通知单-录入-采购管理-[主界面]】窗口中,如图 2-5-13 所示,选择【供应链】/【采购管理】/【收料通知】/【收料通知单-录入】明细功能,双击打开【录入单据】窗口。

图 2-5-12 登录主控台

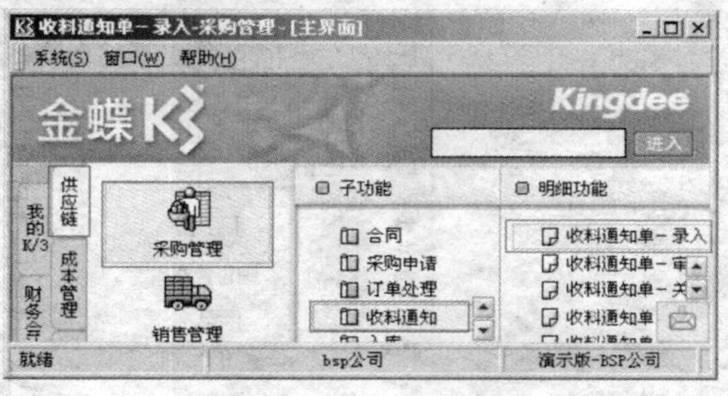

图 2-5-13 执行【收料通知单-录入】明细功能

③在【录入单据】窗口,参照本例资料,可通过“采购订单号”接口引入数据。如图 2-5-14 所示,单击【源单类型】文本编辑框右侧的▼下接按钮,选择【采购订单】;再单击【选单号】文本编辑框,按[F7]功能键,打开【采购订单序时簿】窗口,选择录入订单号“POORD000001”;修改日期为“2007-01-03”在窗口下方的显示区域,会显示出根据所选择的订单生成的收料通知单相关信息。最后单击[保存]按钮,保存生成的收料通知单,并单击[退出]按钮,返回到【收料通知单-录入-采购管理-[主界面]】窗口。

④在【收料通知单-录入-采购管理-[主界面]】窗口中,如图 2-5-15 所示,单击[系统(S)]菜单,执行【更换操作员】菜单命令,打开【金蝶 K/3 系统登录】窗口。

⑤在【金蝶 K/3 系统登录】窗口,如图 2-5-16 所示,在【用户名】文本编辑框中输入“李主管”,单击[确定]按钮,登录到【收料通知单-审核/反审核-采购管理-[主界面]】窗口。

⑥在【收料通知单-审核/反审核-采购管理-[主界面]】窗口,如图 2-5-17 所示,选择【供应链】/【采购管理】/【收料通知单】/【收料通知单-审核/反审核】明细功能,双击打开【条件过滤】对话框。

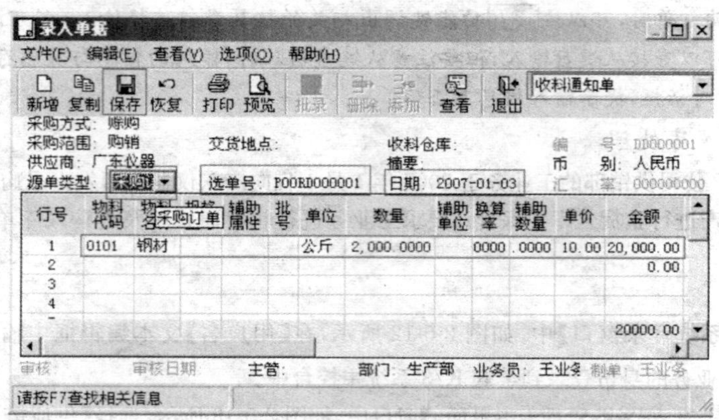

图 2-5-14 录入收料通知单

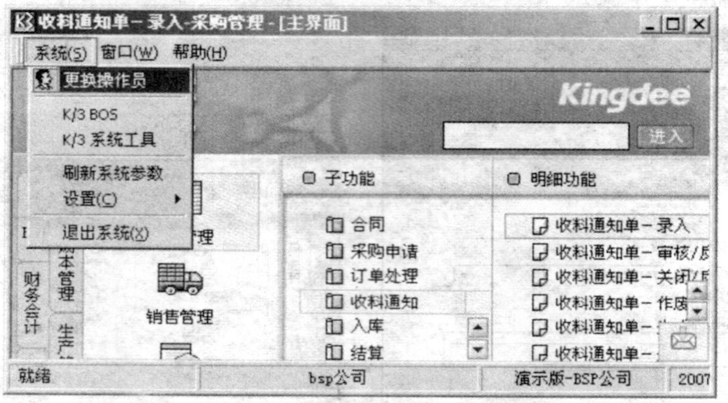

图 2-5-15 执行【更换操作员】菜单命令

图 2-5-16 以“李主管”身份进行登录

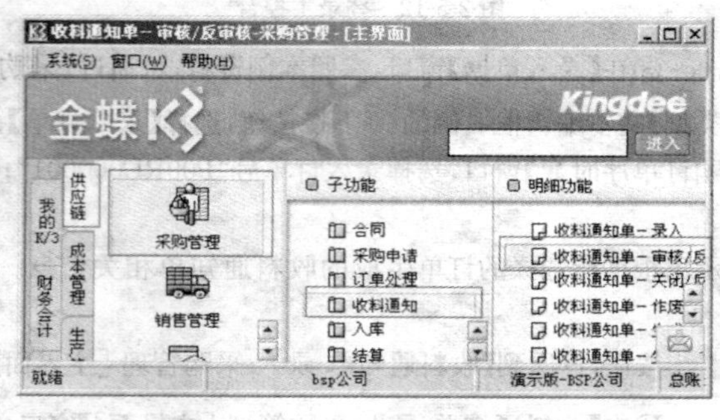

图 2-5-17 选择【收料通知单-审核/反审核】明细功能

⑦在【条件过滤】对话框中，如图 2-5-18 所示，选择【默认方案】，单击 确定(O) 按钮，打开【采购管理(供应链)系统-[收货单据序时簿]】窗口。

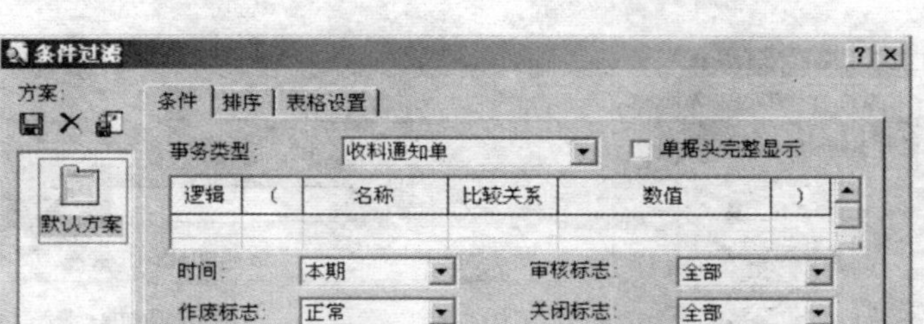

图 2-5-18 进行条件过滤

⑧在【采购管理(供应链)系统-[收货单据序时簿]】窗口中,如图 2-5-19 所示,选择单据号为“DD000001”的

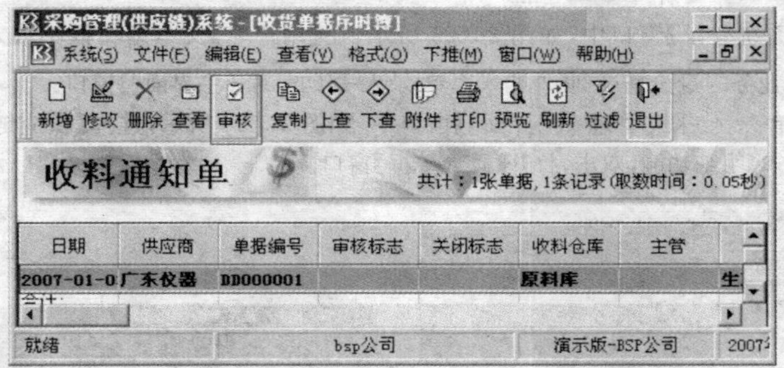

图 2-5-19 审核收料单

收料通知单,单击工具栏的审核按钮。系统弹出如图 2-5-20 所示的【金蝶提示】对话框,提示“编号为 DD000001 的单据审核成功”。再确定按钮,返回到【采购管理(供应链)系统-[收货单据序时簿]】窗口中,如图 2-5-21 所示,在收料通知单的【审核标志】对应表单元中会显示出已审标志“Y”,最后单击工具栏的退出按钮,返回到【采购管理(供应链)系统-[主界面]】窗口。

图 2-5-20 审核成功提示

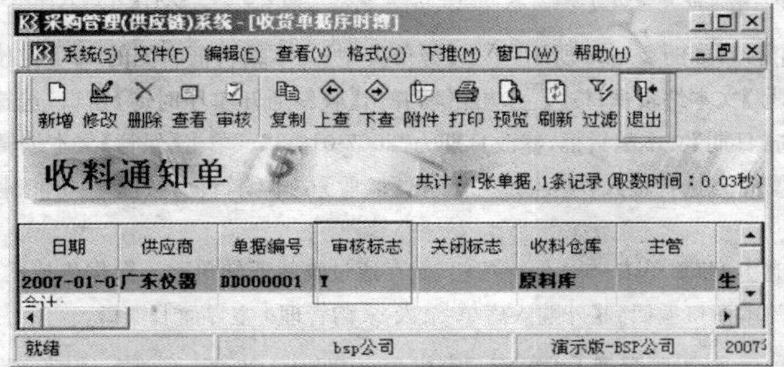

图 2-5-21 显示审核志

⑨在【采购管理(供应链)系统-[主界面]】窗口,如图 2-5-22 所示,单击系统(S)菜单,执行【更换操作员菜单命令】,打开【金蝶 K/3 系统登录】窗口。

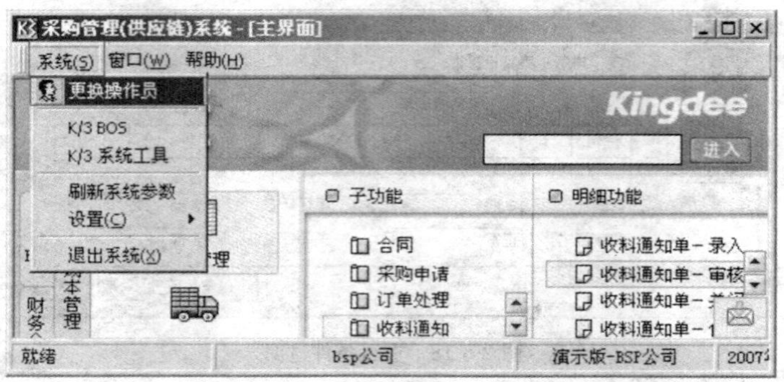

图 2-5-22 更换操作员

⑩在【金蝶 K/3 系统登录】窗口中，如图 2-5-23 所示，在【用户名】文本编辑框中输入“王业务”，再单击 确定 按钮，以王业务的身份登录到【外购入库单-录入-采购管理-[主界面]】窗口。

⑪在【外购入库单-录入-采购管理-[主界面]】窗口中，如图 2-5-24 所示，选择【供应链】/【采购管理】/【入库】/【外购入库单-录入】明细功能，双击，打开【录入单据】窗口。

图 2-5-23 以王业务身份登录

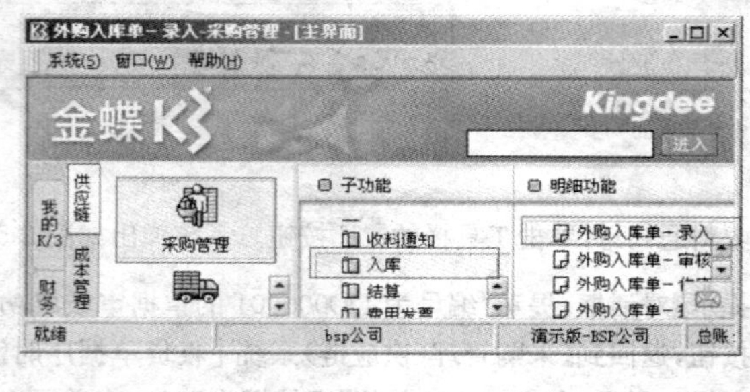

图 2-5-24 执行【外购入库单-录入】明细功能

⑫在【录入单据】窗口，如图 2-5-25 所示，单击【源单类型】文本编辑框右侧的下拉按钮，选择输入“收料通知单”。单击【选单号】文本编辑框，按 F7 功能键，弹出【收料通知单序时簿】窗口，选择输入外购入库单单号“DD000001”。单击【日期】文本编辑框，修改日期为“2007-01-03”。单击【保管】文本编辑框，按 F7 功能键，弹出【核算项目-职员】窗口，选择输入“赵生产”。单击【验收】文本编辑框，按 F7 功能键，弹出【核算项目-职员】窗口，选择输入“赵生产”。单击 保存 保存按钮，保存通过收料通知单引入数据生成的外购入库，再击窗口右上方的 × 按钮，关闭本窗口返回到【外购入库单-录入-采购管理-[主界面]】窗口。

⑬在【外购入库单-录入-采购管理-[主界面]】窗口中，如图 2-5-26 所示，单击 系统(S) 菜单，执行【更换操作员】菜单命令，打开【金蝶 K/3 系统登录】窗口。

⑭在【金蝶 K/3 系统登录】窗口，如图 2-5-27 所示，在【用户名】文本编辑框中输入“李主管”，单击 确定 按钮，登录到【外购入库单-审核/反审核-采购管理-[主界面]】窗口。

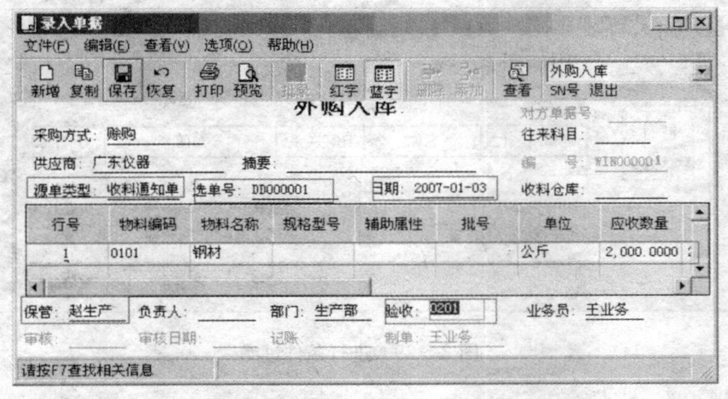

图 2-5-25 录入外购入库单

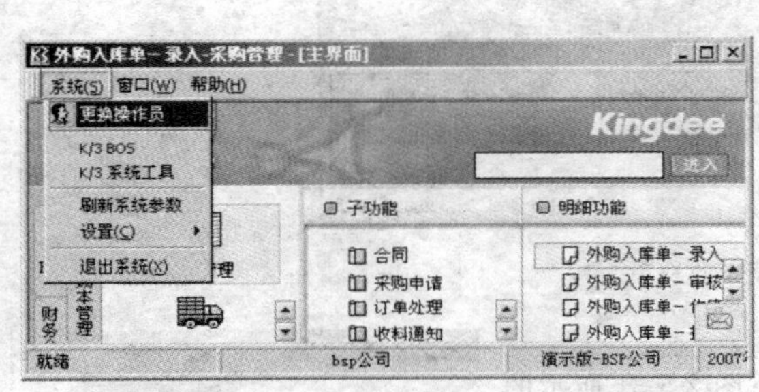

图 2-5-26 执行【更换操作员】菜单命令　　　　图 2-5-27 以“李主管”身份进行登录

⑮在【外购入库单-审核/反审核-采购管理-[主界面]】窗口，如图 2-5-28 所示，选择【供应链】/【采购管理】/【入库】/【外购入库单-审核/反审核】明细功能，双击打开【条件过滤】对话框。

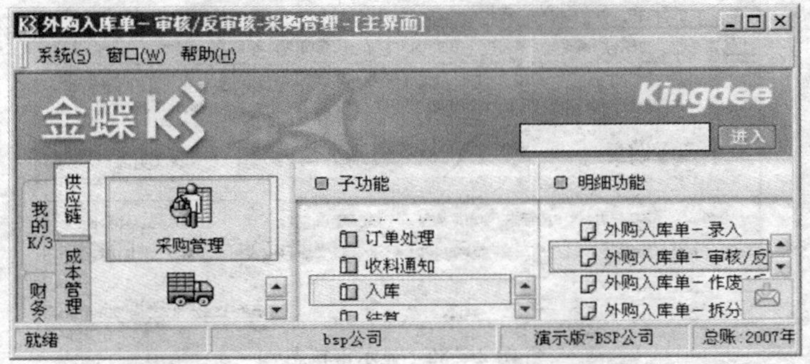

图 2-5-28 选择【外购入库单-审核/反审核】明细功能

⑯在【条件过滤】对话框中，如图 2-5-29 所示，选择【默认方案】，单击 确定(O) 按钮，打开【采购管理(供应链)系统-[外购入库序时簿]】窗口。

⑰在【采购管理(供应链)系统-[外购入库序时簿]】窗口中，如图 2-5-30 所示，选择单据号为“WIN000001”

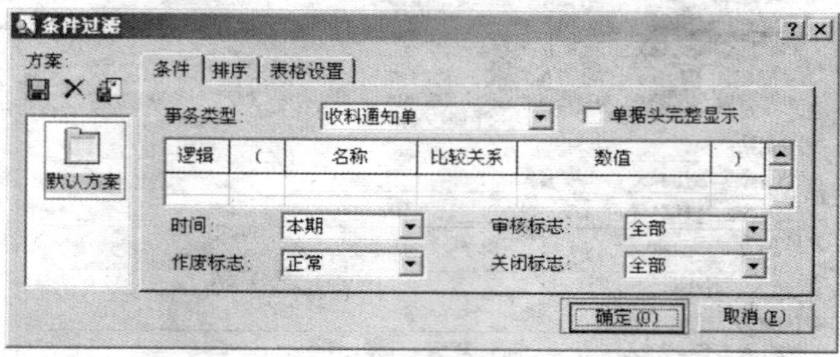

图 2-5-29 进行条件过滤

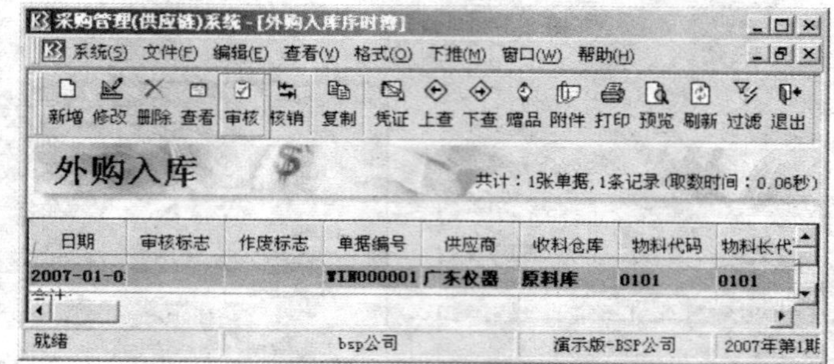

图 2-5-30 审核收料单

的外购入库单，单击工具栏的 审核 按钮。系统弹出如下图 2-5-31 所示的【金蝶提示】对话框，提示“编号为 WIN000001 的单据审核成功”。再 确定 按钮，返回到【采购管理(供应链)系统-[外购入库序时簿]】窗口中，如图 2-5-32 所示，在外购入库单的【审核标志】对应表单元中会显示出已审标志“Y”，最后单击工具栏的 退出 按钮，返回到【采购管理(供应链)系统-[主界面]】窗口。

图 2-5-31 审核成功提示

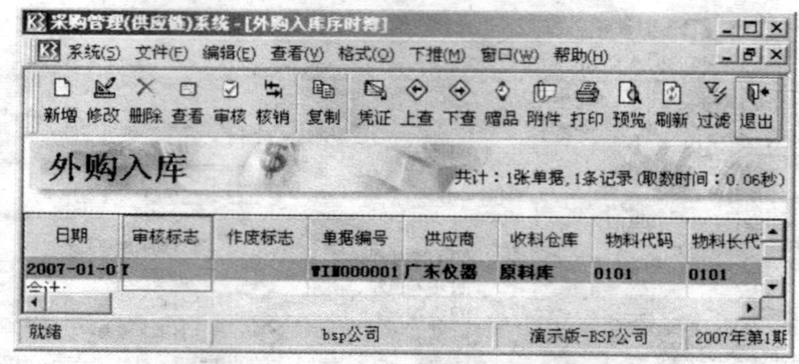

图 2-5-32 显示审核志

技巧：在本例中录入收料通知单及外购入库单时，均是通过引入数据的形式生成的相应单据，也可以按照资料所示内容直接由键盘键入生成。

5.1.3 采购发票处理

【例 2-5-3】 BSP 公司供销部的王业务于 2007 年 1 月 1 日向广东仪器公司发出采购订单，在 2007 年 1 月

3 日已经收到供货提供的增值税专用发票。要求王业务根据外购入库单生成采购发票，李主管进行相关审核工作。

操作步骤：

①在【金蝶 K/3 系统登录窗口】中，如图 2-5-33 所示，在【用户名】文本编辑框中输入“王业务”，再单击 确定 按钮，以王业务的身份登录到金蝶 K/3 系统主控台中。

②在【采购发票-录入-采购管理-[主界面]】窗口中，如图 2-5-34 所示，选择【供应链】/【采购管理】/【结算】/【采购发票-录入】明细功能，双击打开【录入单据】窗口。

图 2-5-33 登录主控台

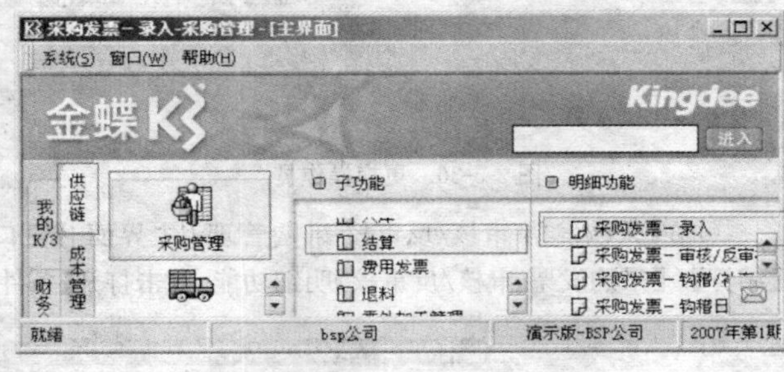

图 2-5-34 选择【采购发票-录入】明细功能

③在【录入单据】窗口，如图 2-5-35 所示，单击【往来科目】文本编辑框，按 F7 功能键，弹出【会计科目】对话框，选择录入“2121-应付账款”；单击【源单类型】文本编辑框右侧的下拉按钮，选择输入“外购入库”；单击【选单号】文本编辑框，按 F7 功能键，弹出【外购入库序时簿】窗口，选择录入“WIN000001”；单击【日期】文本编辑框，修改日期为“2007-01-03”。单击 保存 按钮，保存生成的购货发票，再单击退出按钮，返回到【采购发票-录入-采购管理-[主界面]】窗口。

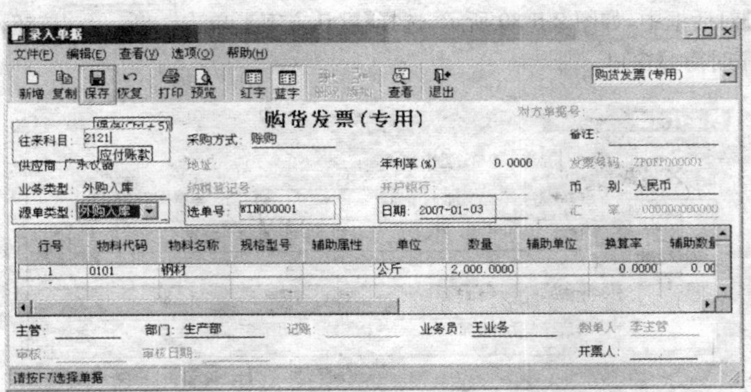

图 2-5-35 生成专用采购发票

④在【采购发票-录入-采购管理-[主界面]】窗口，如图 2-5-36 所示，单击 系统(S) 菜单，执行【更换操作员】菜单命令，打开【金蝶 K/3 系统登录】窗口。

⑤在【金蝶 K/3 系统登录】窗口，如图 2-5-37 所示，在【用户名】文本编辑框中输入“李主管”，单击 确定 按钮，登录到【采购发票-审核/反审核-采购管理-[主界面]】窗口。

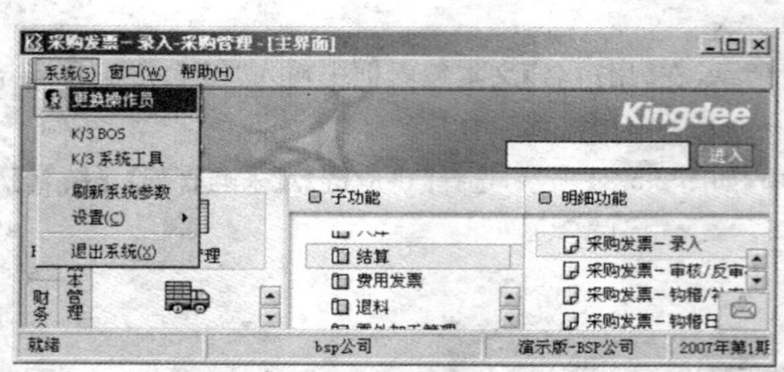

图 2-5-36　更换操作员

图 2-5-37　以“李主管”身份进行登录

⑥在【采购发票-审核/反审核-采购管理-[主界面]】窗口，如图 2-5-38 所示，选择【供应链】/【采购管理】/【结算】/【采购发票-审核/反审核】明细功能，双击打开【条件过滤】对话框。

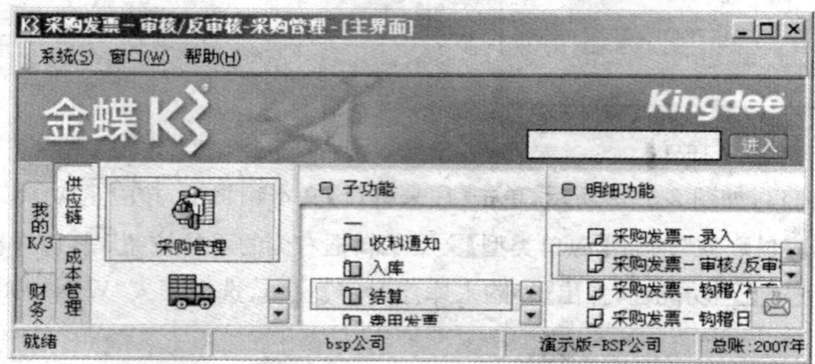

图 2-5-38　执行【采购发票-审核/反审核】明细功能

⑦在【条件过滤】对话框中，如图 2-5-39 所示，选择【默认方案】，单击 确定(O) 按钮，打开【采购管理(供应链)系统-[采购发票序时簿]】窗口。

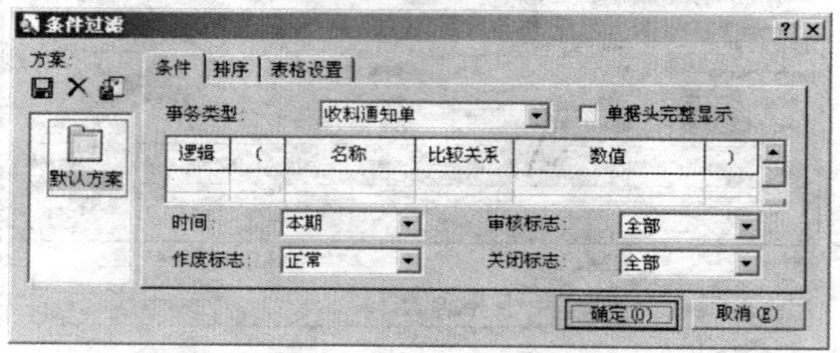

图 2-5-39　进行条件过滤

⑧在【采购管理(供应链)系统-[采购发票序时簿]】窗口中，如图 2-5-40 所示，选择单据号为“WIN000001”的外购入库单，单击工具栏的 审核 按钮。系统弹出如图 2-5-41 所示的【金蝶提示】对话框，提示“编号为

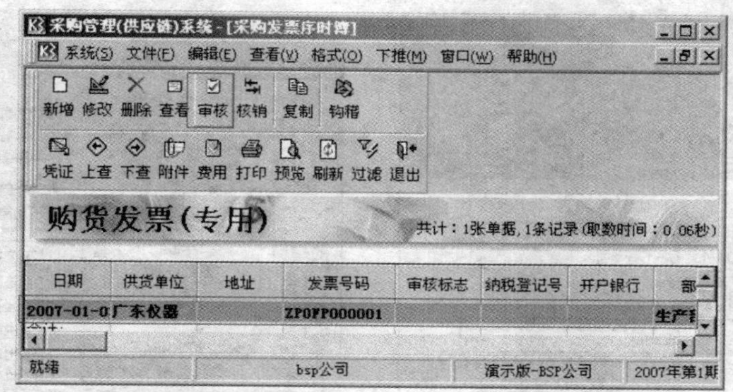

图 2-5-40 审核收料单

ZP0FP000001 的单据审核成功”。再 确定 按钮，返回到【采购管理(供应链)系统-[采购发票序时簿]】窗口中，如图 2-5-42 所示，在采购发票的【审核标志】对应表单元中会显示出已审标志“Y”，最后单击工具栏的 退出 按钮，返回到【采购管理(供应链)系统-[主界面]】窗口。

金蝶提示

编号为ZPOFP000001的单据审核成功!

确定

图 2-5-41 审核成功提示

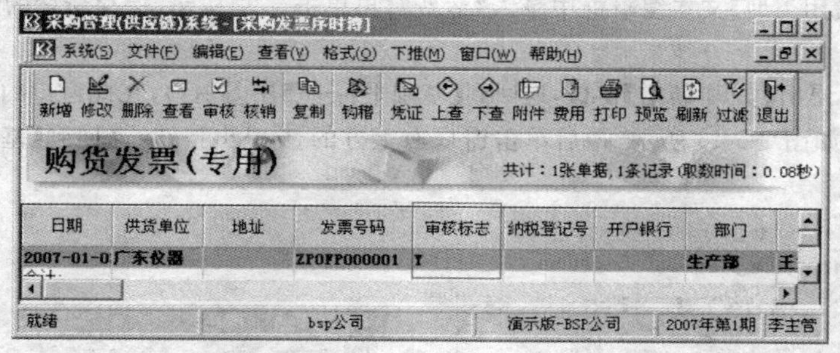

图 2-5-42 显示审核志

技巧：在录入采购发票时，如果已经启用了对账与调汇功能，则必须要输入【往来科目】，否则在对采购发票进行审核时，会提示错误信息“单据审核不成功，启用对账与调汇后，必须录入往来科目才能审核！”。

5.1.4 费用发票处理

【例 2-5-4】 BSP 公司供销部的王业务于 2007 年 1 月 1 日向广东仪器公司采购的 2000 公斤钢材，在 2007 年 1 月 3 日已经收到供货提供的增值税专用发票，并同时收到运费发票一张(不考虑增值税)，金额 2000 元，要求由王业务新增费用类别“运费”，代码为“01”；再根据采购发票关联生成费用发票，李主管进行相关审核工作。

操作步骤：

①在【金蝶 K/3 系统登录窗口】中，如图 2-5-43 所示，在【用户名】文本编辑框中输入“王业务”，再单击 确定 按钮，以王业务的身份登录到金蝶 K/3 系统主控台中。

②在【基础平台-[主界面]】窗口，如图 2-5-44 所示，选择【系统设置】/【基础资料】/【公共资料】/【费用】明细功能，双击打开【基础平台-[费用]】窗口。

图 2-5-43 登录主控台

图 2-5-44 选择【费用】明细功能

③在【基础平台-[费用]】窗口中，如图 2-5-45 所示，单击窗口右侧的空白显示区域，再单击工具栏的新增按钮，打开【费用-新增】窗口，单击【基本资料】选项卡，在【代码】文本编辑框中录入“01”；在【名称】文本编辑框中录入“运费”；在【费用类型】文本编辑框中录入“运费”，再单击保存按钮，保存新增的费用类型。操作完后，再单击退出按钮，退出【费用-新增】窗口，返回到【基础平台-[费用]】窗口，在此窗口的显示区域会显示出所新增的费用类型，如图 2-5-46 所示，最后单击窗口右上方的×退出按钮，返回到【基础平台-[主界面]】窗口。

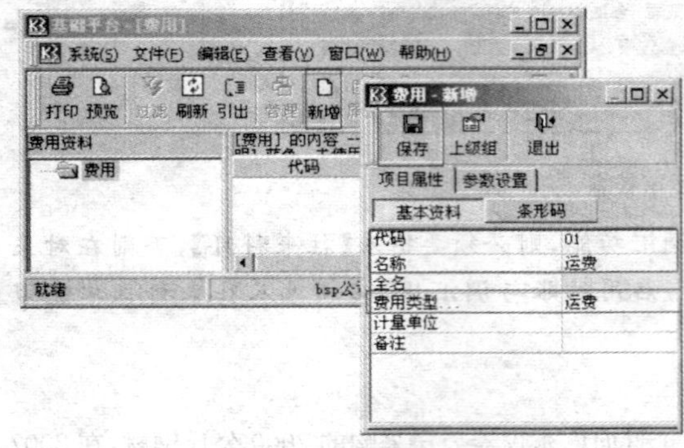

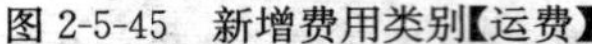

图 2-5-45 新增费用类别【运费】

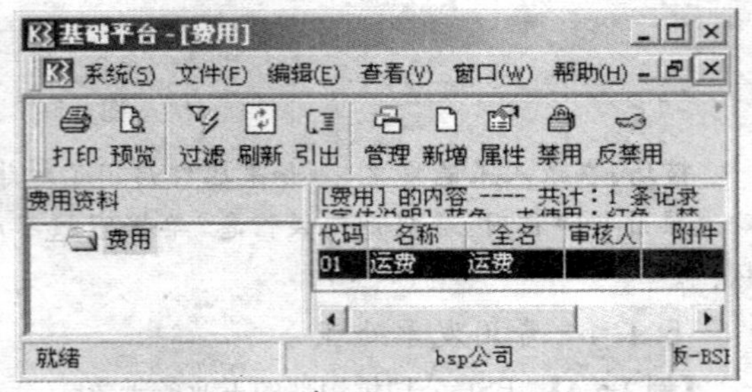

图 2-5-46 显示新增的【费用】类型“运费”

④如图 2-5-47 在【采购发票-查询-采购管理-[主界面]】窗口中，选择【供应链】/【采购管理】/【结算】/【采购发票-[查询]】明细功能，双击打开【条件过滤】对话框。

⑤在【条件过滤】对话框中，如图 2-5-48 所示，保持默认方案，单击确定(O)按钮，打开【采购管理(供应链)系统-[采购发票序时簿]】窗口。

⑥在【采购管理(供应链)系统-[采购发票序时簿]】窗口中，如图 2-5-49 所示，单击查看(V)菜单项，弹出下拉式菜单条，执行【费用发票】菜单命令，打开【金蝶提示】对话框“没有相关的费用发票，是否需要新增?”，单击是(Y)按钮。

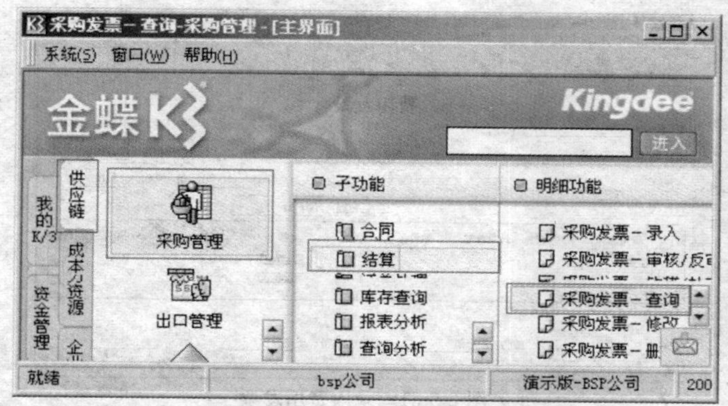

图 2-5-47　选择【采购发票-查询】明细功能

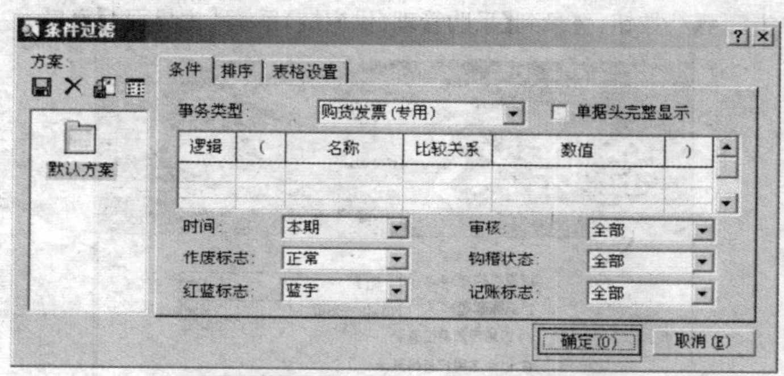

图 2-5-48　条件过滤

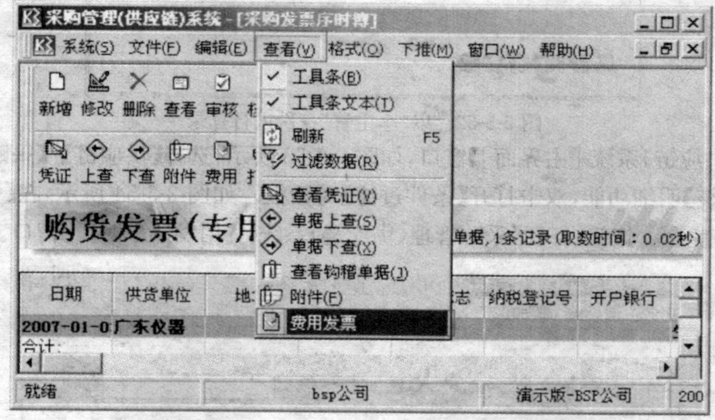

图 2-5-49　执行【费用发票】菜单命令

⑦打开【录入单据】窗口,新增一张空白的费用发票,如图 2-5-51 所示,在【往来科目】文本编辑框处双击(或单击并按F7功能键),打开【会计科目】对话框,选择输入“2121 应付账款”;单击【日期】文本编辑框输入“2007-01-03”;单击【费用名称】对应的表体单元并按F7功能键,打开【核算项目-费用】窗口,选择输入“01 运费”;单击【金额】对应的表体单元输入“2000”。全部信息录入完毕单击工具栏的保存按钮,保存录入的费用发票信息,并单击工具栏的退出按钮,返回到【查看单据】窗口。

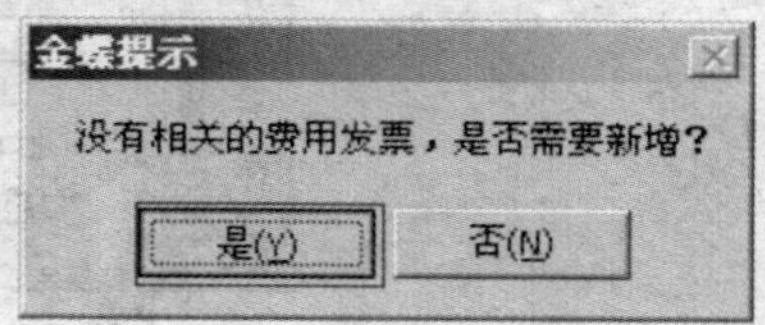

图 2-5-50　【金蝶提示】对话框

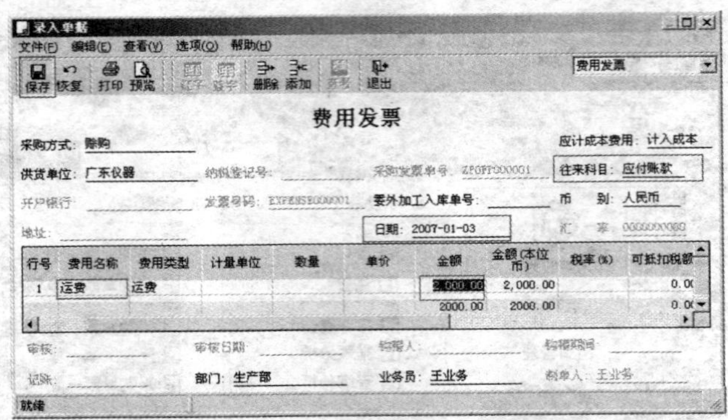

图 2-5-51　录入费用发票

⑧由李主管对费用发票进行审核。在【金蝶 K/3 系统登录】窗口，如图 2-5-52 所示，在【用户名】文本编辑框中输入“李主管”，单击确定按钮，登录到【采购管理(供应链)系统-[主界面]】窗口。

图 2-5-52　以“李主管”身份进行登录

⑨在【采购管理(供应链)系统-[主界面]】窗口，如图 2-5-53 所示，选择【供应链】/【采购管理】/【费用发票】/【费用发票-审核/反审核】明细功能，双击打开【条件过滤】对话框。如图 2-5-54 所示，在【条件过滤】对话框中，选择【默认方案】，单击确定按钮，打开【采购管理(供应链)系统-费用发票序时簿】窗口。

图 2-5-53　选择【费用发票-审核/反审核】明细功能

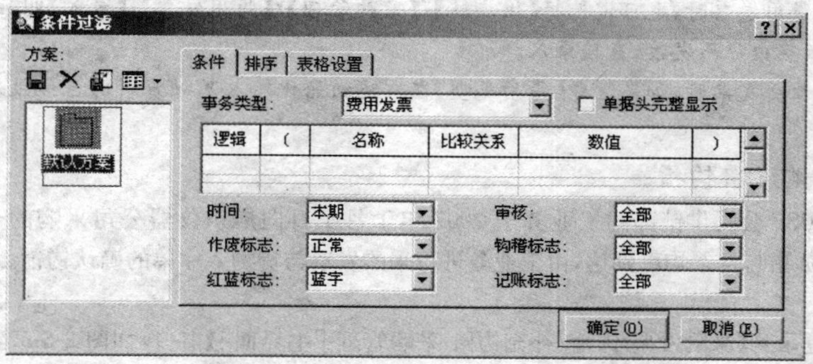

图 2-5-54 条件过滤

⑩在【采购管理(供应链)系统-费用发票序时簿】窗口,如图 2-5-55 所示,选择待审核的费用发票,单击工具栏的审核按钮,系统弹出【金蝶提示】对话框,提示"编号为 EXPEN000001 的单据审核成功!"单击确定按钮,返回到【采购管理(供应链)系统-费用发票序时簿】窗口。如图 2-5-56 所示,在窗口的显示区域,费用发票的【审核标志】表体单元中将显示出"Y",表示该费用发票已审核。

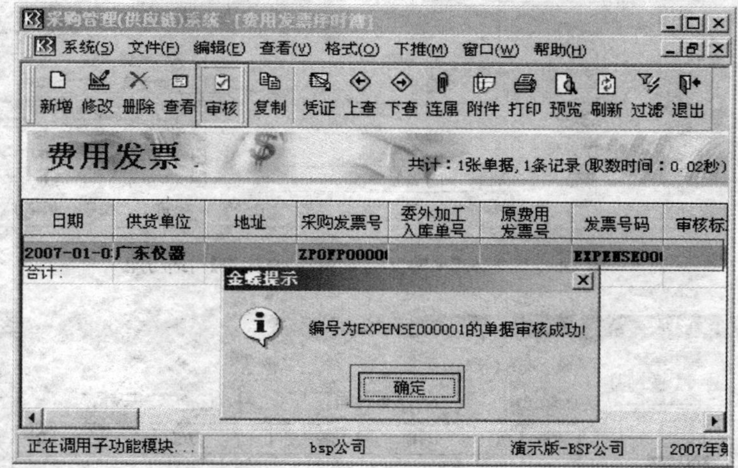

图 2-5-55 审核费用发票

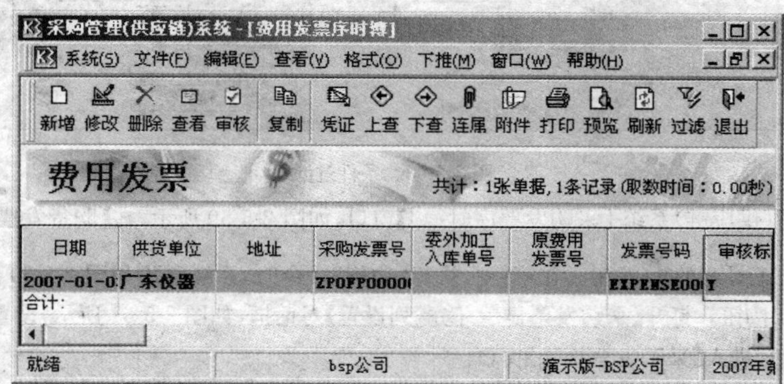

图 2-5-56 显示已审核标志

技巧:在录入费用发票时,也可以选择【供应链】/【采购管理】/【费用发票】/【录入】明细功能,打开【录入单据】窗口,新增一张空白费用发票,直接录入。

技巧:在录入费用发票时,如果运费【费用类型】在系统初始化输入基础资料时已经录入,在此则不需要再输入。

5.1.5 采购发票钩稽

【例 2-5-5】 BSP公司供销部的王业务于2007年1月1日向广东仪器公司采购的2 000公斤钢材,在2007年1月3日货物与发票均已到达,由王业务进行采购发票与货物入库单的确认钩稽。

操作步骤:

①由王业务登录到【采购发票-钩稽/补充钩稽-采购管理-[主界面]】窗口,如图2-5-57,选择【供应链】/【采购管理】/【结算】/【采购发票-钩稽/补充钩稽】明细功能,双击打开【条件过滤】对话框,如图2-5-58所示选择【默认方案】单击确定(O)按钮,打开【采购管理(供应链)系统-[采购发票序时簿]】窗口。

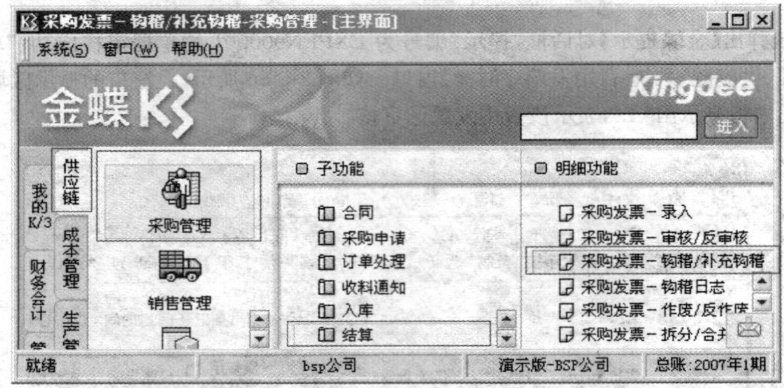

图 2-5-57 选择【采购发票-钩稽/补充钩稽】明细功能

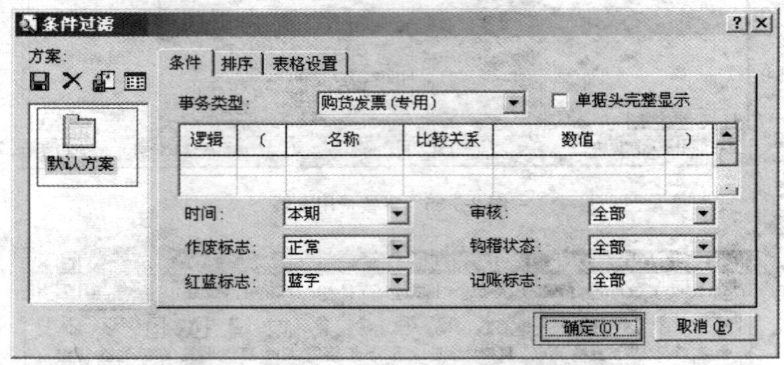

图 2-5-58 条件过滤

②在【采购管理(供应链)系统-[采购发票序时簿]】窗口,如图2-5-59所示,在【购货发票】显示区域,选择待钩稽的发票,再单击工具栏的钩稽按钮。在第一次执行“钩稽”命令时,系统弹出如图2-5-60所示的【金蝶提示】对话框,单击确定按钮。打开【采购发票显示/隐藏列设置】对话框,如图2-5-61所示,设置相应要显示的列,再单击确定(O)按钮,进入【采购发票钩稽】窗口。

③在【采购发票钩稽】窗口中,如图2-5-62所示,选择相关联的“采购发票”、“费用发票”、“外购入库单”单击工具栏的钩稽按钮,系统弹出【金蝶提示】对话框,提示“钩稽成功。”,单击确定按钮,返回到【采购发票钩稽】窗口。

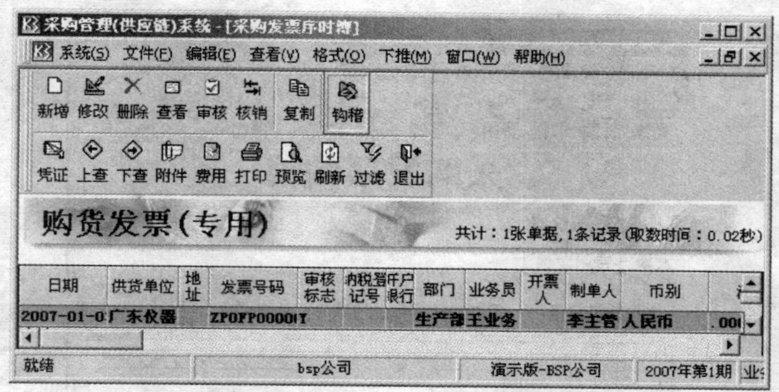

图 2-5-59 选择待钩稽的发票

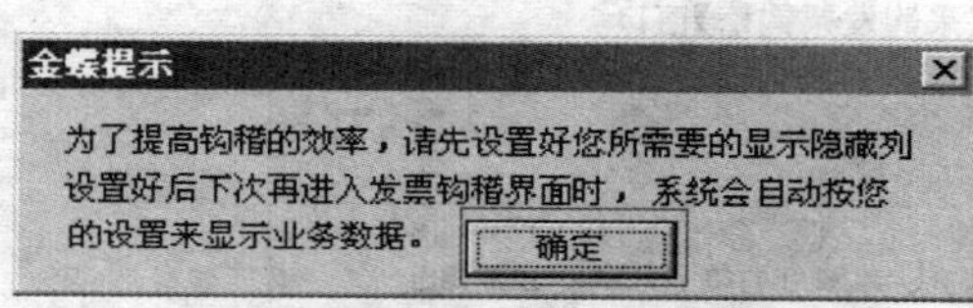

图 2-5-60 金蝶提示对话框

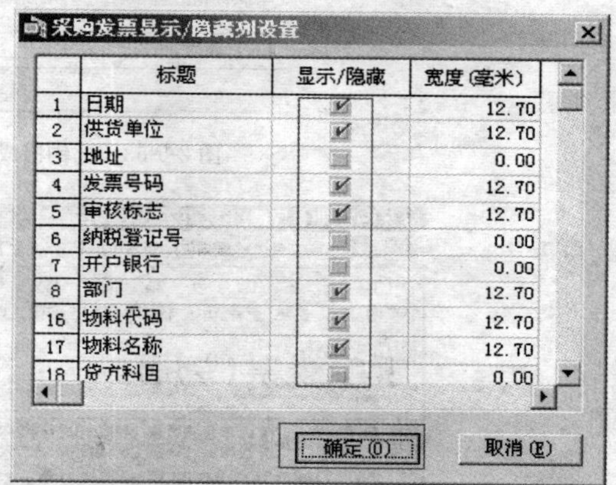

图 2-5-61 设置显示列

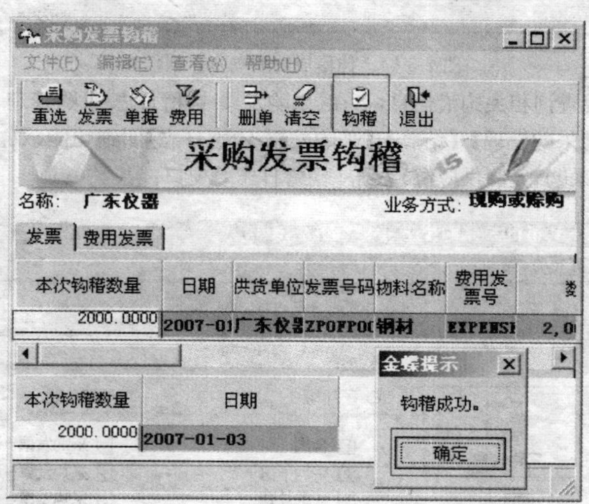

图 2-5-62 进行发票钩稽

④钩稽成功后，在【采购发票钩稽】窗口的显示区域，如图 2-5-63 所示，将不会显示已钩稽成功的发票信息。单击工具栏的退出按钮，返回到【采购管理(供应链)系统-[采购发票序时簿]】窗口。

⑤钩稽成功后在【采购管理(供应链)系统-[采购发票序时簿]】窗口中，如图 2-5-64 所示，在【钩稽状态】表体单元中将会显示“Y”；在【已钩稽数量】表体单元中将会显示出已钩稽的数量“2000”。

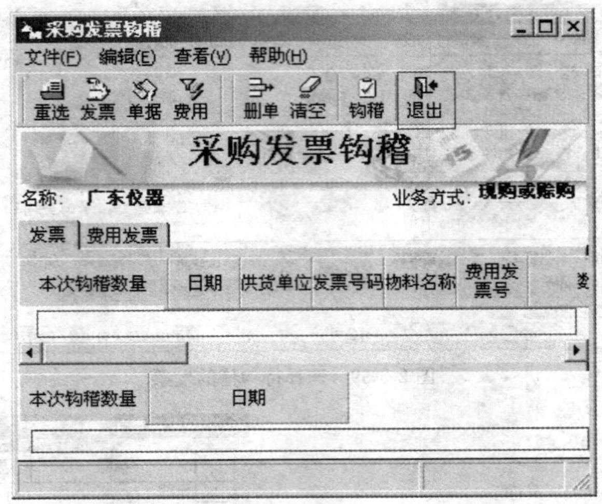

图 2-5-63　已钩稽成功后的【采购发票钩稽】窗口

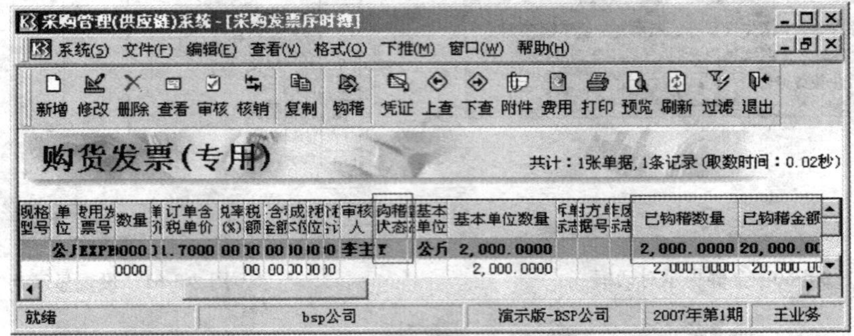

图 2-5-64　钩稽成功后购货发票信息

⑥钩稽成功后，如需要查询相关钩稽信息，可在【采购发票-钩稽日志-采购管理-[主界面]】窗口中，如图 2-5-65 所示，选择【供应链】/【采购管理】/【结算】/【采购发票-钩稽日志】明细功能，双击打开【条件过滤】窗口，选择【默认方案】确定，进入【采购管理(供应链)系统-[钩稽日志]】窗口。

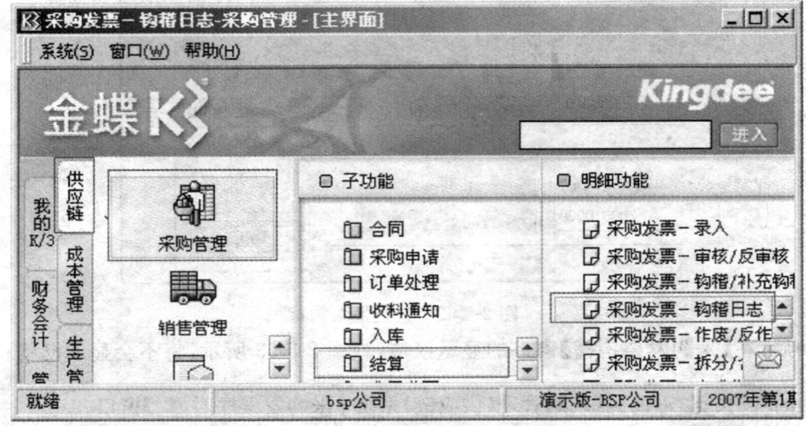

图 2-5-65　选择【采购发票-钩稽日志】明细功能

⑦在【采购管理(供应链)系统-[钩稽日志]】窗口的显示区域,如图 2-5-66 所示,会显示已钩稽的采购发票、费用发票、外购入库单的钩稽信息。

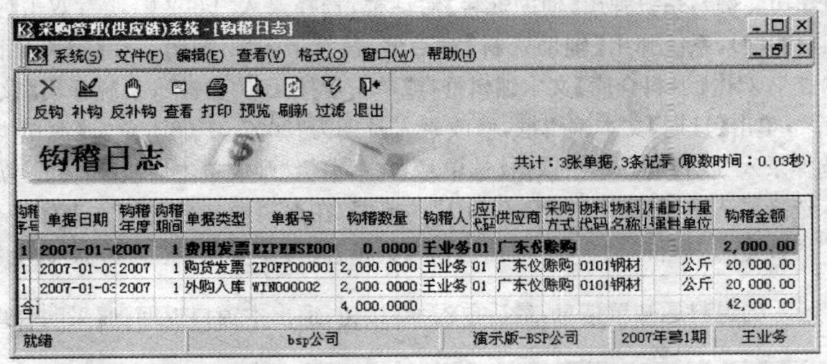

图 2-5-66 显示钩稽日志信息

技巧:如果只收到部分外购物资,而发票金额开具时,此时发票数量大于外购入库单的数量,在钩稽前应对采购发票进行拆分处理。同样,如果外购物资全部入库,而只收到部分物资的采购发票时,此时发票数量小于外购入库单的数量,在钩稽前应对外购入库单进行拆分处理。

技巧:如果已钩稽的发票有误,想进行修改,可以通过【反钩稽】功能,取消钩稽操作。

5.1.6 采购退料处理

在正常的采购环节有时也会由于所采购的物资质量不合格、价格不正确等因素,或与采购订单或合同的相关条款不相符等原因而导致需要将已采购的物资退回给供货单位。采购退料处理流程图如图 2-5-67 所示:

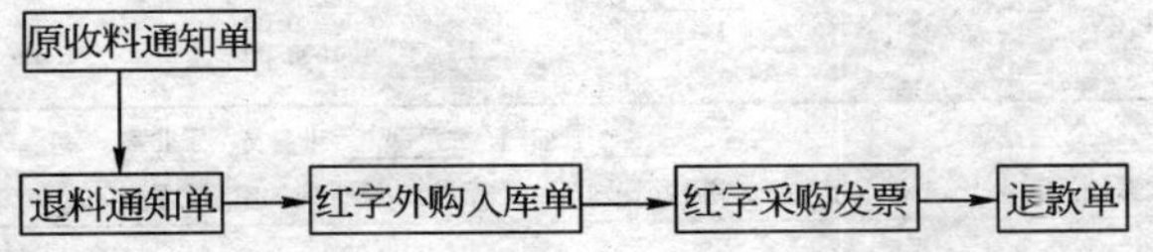

图 2-5-67 采购退料处理流程图

【例 2-5-6】 BSP 公司供销部的王业务于 2007 年 1 月 1 日向广东仪器公司采购的 2 000 公斤钢材,有 100 公斤质量不合格,王业务决定在 2007 年 1 月 8 日从原料库退货,由赵生产进行保管和验货。1 月 9 日收到对方开出的红字增值税专用发票。要求由王业务生成退料通知单、红字外购入库单、红字采购发票,李主管对所用的单据进行审核,同时对本笔业务的入库单与红字采购发票进行确认钩稽。

操作步骤:

①由王业务录入退料通知单。在【退料通知单-录入-采购管理-[主界面]】窗口,如图 2-5-68 所示,选择【供应链】/【采购管理】/【退料】/【退料通知单-录入】明细功能,双击,打开【录入单据】窗口。

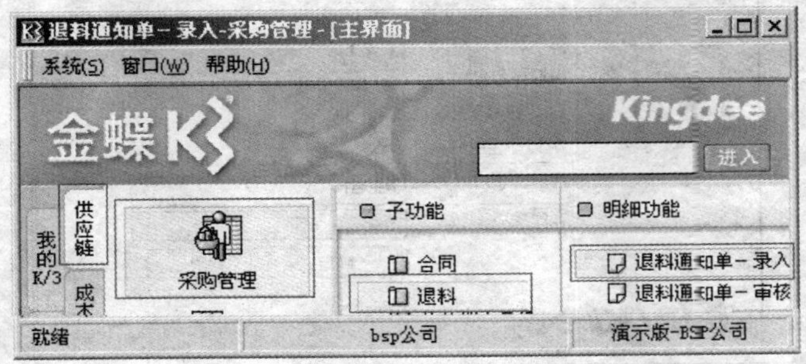

图 2-5-68 选择【退料通知单-录入】明细功能

②在【录入单据】窗口，系统会自动新增一张空白退料通知单，如图 2-5-69 所示，双击【供应商】文本编辑框（或单击后按F7功能键），系统弹出【核算项目-供应商】窗口，选择录入“01 广东仪器”；双击【采购方式】文本编辑框（或单击后按F7功能键），系统弹出【辅助资料】对话框，选择录入“P002 赊购”；双击【采购范围】文本编辑框（或单击后按F7功能键），系统弹出【辅助资料】对话框，选择录入“1 购销”；在【退料原因】文本编辑框处单击，录入“质量不合格”；双击【退料仓库】文本编辑框（或单击后按F7功能键），系统弹出【核算项目-仓库】窗口，选择录入“1 原料库”；单击【日期】文本编辑框，修改录入日期为“2007-01-08”；单击【源单类型】文本编辑框，在下拉式选项框中选择录入“收料通知单”；双击【选单号】文本编辑框（或单击后按F7功能键），系统弹出【收料通知单序时簿】窗口，选择录入单据编号为“DD000001”的单据，在退料通知单的下方表体中会自动显示出“物料代码”、“物料名称”、“数量”、“单价”、“金额”等信息，将【数量】表体单元中的“2000”更改为“100”。再单击工具栏的保存按钮，保存录入的退料通知单信息，最后单击退出按钮，退出本窗口返回到【采购管理-[主界面]】窗口。

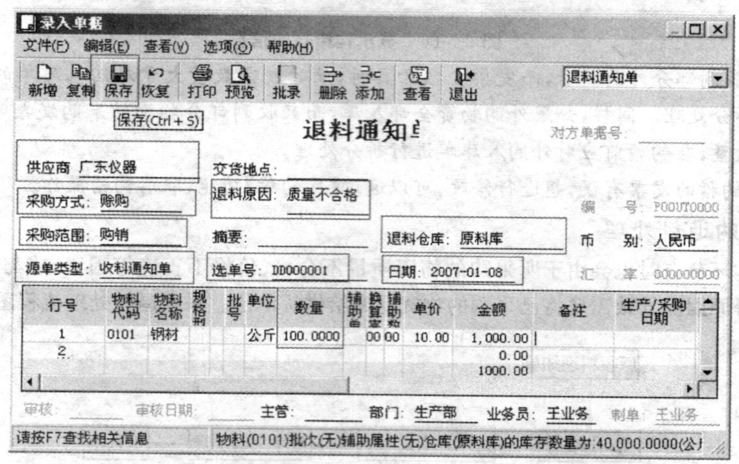

图 2-5-69　录入退料通知单

③由李主管对退料通知单进行审核。在【金蝶 K/3 系统登录】窗口，如图 2-5-70 所示，在【用户名】文本编辑框中输入“李主管”，单击确定按钮，登录到【采购管理-[主界面]】窗口。

图 2-5-70　以“李主管”身份进行登录

④在【退料通知单-审核/反审核—采购管理-[主界面]】窗口中，如图 2-5-71 所示，选择【供应链】/【采购管理】/【退料】/【退料通知单-审核/反审核】明细功能，双击，打开【条件过滤】窗口，选择【默认方案】确定，进入【采购管理(供应链)系统-[采购退货序时簿]】窗口。

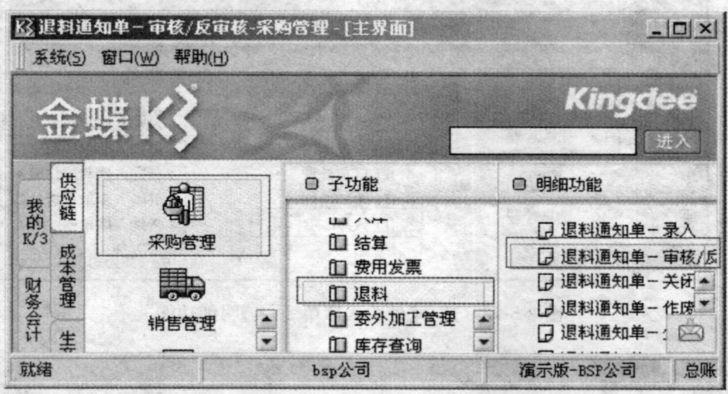

图 2-5-71 选择【退料通知单-审核/反审核】明细功能

⑤在【采购管理(供应链)系统-[采购退货序时簿]】窗口，如图 2-5-72 所示，选择待审核单据，单击工具栏的按钮，系统弹出【金蝶提示】对话框，提示："编号为 POOUT000001 的单据审核成功!"，单击按钮，返回到【采购管理(供应链)系统-[采购退货序时簿]】窗口中，再单击按钮，退出本窗口。

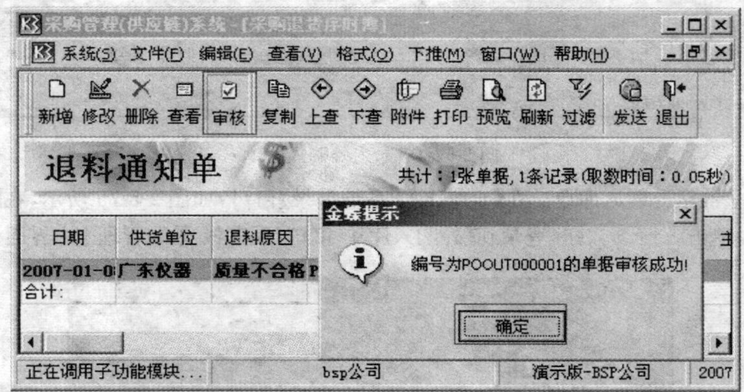

图 2-5-72 审核退料通知单

⑥由王业务录入红字外购入库单。在【外购入库单-录入-采购管理-[主界面]】窗口，如图 2-5-73 所示，选择【供应链】/【采购管理】/【入库】/【外购入库单-录入】明细功能，双击打开【录入单据】窗口。

⑦在【录入单据】窗口中，如图 2-5-74 所示，单击工具栏的按钮，新增一张红字外购入库单。如图 2-5-74 所示，在【摘要】文本编辑框中输入"质量不合格退料"；双击【往来科目】文本编辑框(或单击后按F7功能键)，系统弹出【会计科目】窗口，选择录入"应付账款"；单击修改【日期】为"2007-01-08"；单击【源单类型】文本编辑框，系统弹出下拉选项框，选择输入"退料通知单"；双击【选单号】文本编辑框(或单击后按F7功能键)，系统弹出【退料通知单序时簿】窗口，选择录入单据编号为"POUT000001"的单据，系统会自动调出与其相关的各项信息。再在单据尾，单击的【验收】文本编辑框，录入"赵生产"；单击的【负责人】文本编辑框，录入"李主管"；单击的【保管】文本编辑框，录入"赵生产"。最后单击工具栏的按钮，保存红字外购入库单信息，再单击按钮，退出【录入单据】窗口。

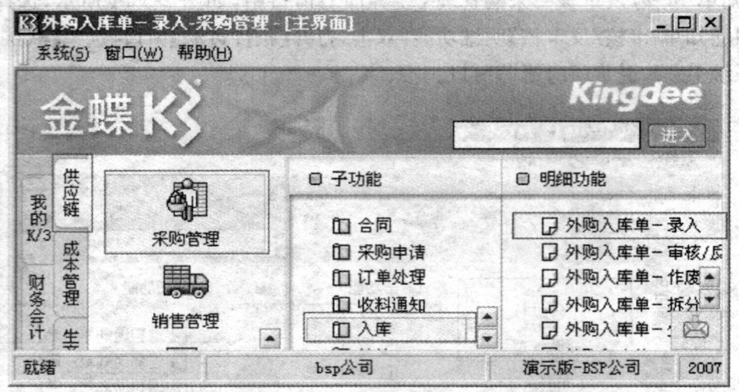

图 2-5-73　选择【外购入库单-录入】明细功能

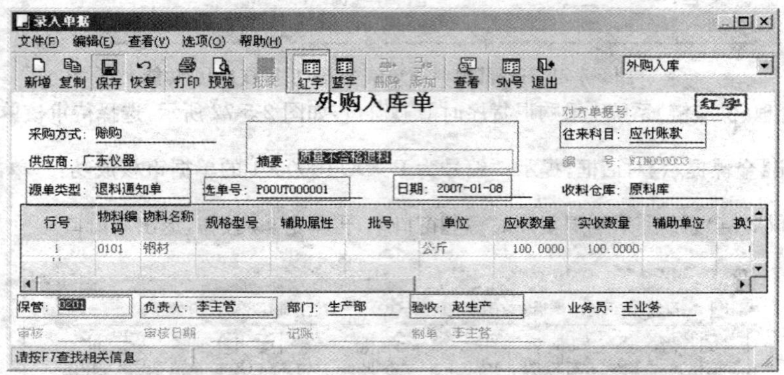

图 2-5-74　录入外购入库单

⑧由李主管审核红字外购入库单。在【金蝶 K/3 系统登录】窗口，如图 2-5-75 所示，在【用户名】文本编辑框中输入“李主管”，单击 确定 按钮，登录到【外购入库单-审核/反审核-采购管理-[主界面]】窗口。

图 2-5-75　以“李主管”身份进行登录

⑨在【外购入库单-审核/反审核-采购管理-[主界面]】窗口中，如图 2-5-76 所示，选择【供应链】/【采购管理】/【入库】/【外购入库单-审核/反审核】明细功能，双击。打开【条件过滤】窗口，如图 2-5-77 所示，单击【红蓝字】文本编辑框右侧的下拉按钮，选择录入“红字”，再单击确定(O)按钮，进入【采购管理(供应链)系统-[外购入库单序时簿]】窗口。

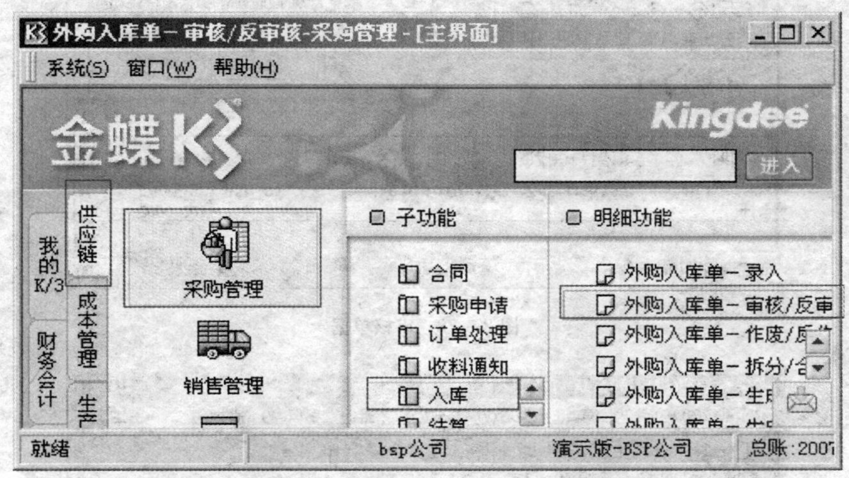

图 2-5-76　选择【外购入库单-审核反审核】明细功能

图 2-5-77　设置过滤条件

⑩在【采购管理(供应链)系统-[外购入库单序时簿]】窗口，如图 2-5-78 所示，选择待审核的外购入库单，单击工具栏的审核按钮，系统弹出【金蝶提示】对话框，提示：“编号为 WIN000003 的单据审核成功!”，此时单击确定按钮，完成单据的审核，并返回到【采购管理(供应链)系统-[外购入库单序时簿]】窗口。在窗口的显示区域，如图 2-5-79 所示，【审核标志】所对应的表体单元将会显示出“Y”，表明此单据已审核。最后单击工具栏的退出按钮，退出本窗口。

⑪由王业务录入红字采购发票。王业务登录到【系统主控台】后，在【采购发票-录入-采购管理-[主界面]】窗口，如图 2-5-80 所示，选择【供应链】/【采购管理】/【结算】/【采购发票-录入】明细功能，双击，打开【录入单据】窗口。

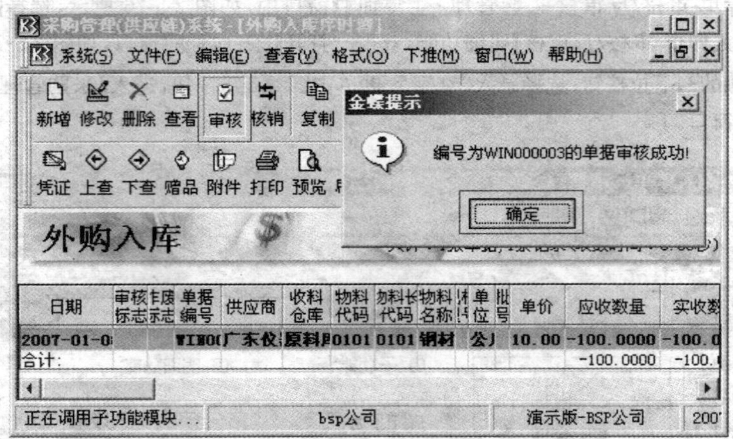

图 2-5-78 审核单据

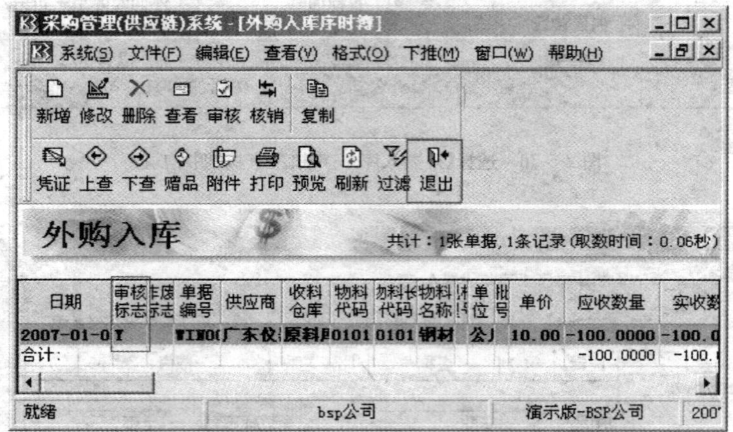

图 2-5-79 显示审核标志

图 2-5-80 选择【采购发票-录入】明细功能

⑫在【录入单据】窗口中，如图 2-5-81 所示，单击工具栏的红字按钮，新增一张红字购货发票，双击【选单号】文本编辑框（或单击后按F7功能键），系统弹出【外购入库单序时簿】窗口，选择录入单据编号为“WIN000003”的单据，系统会通过关联单据的方法填制红字购货发票中的各项信息。单击工具栏的保存按钮，保存红字购货发票。再单击退出按钮，退出本窗口。

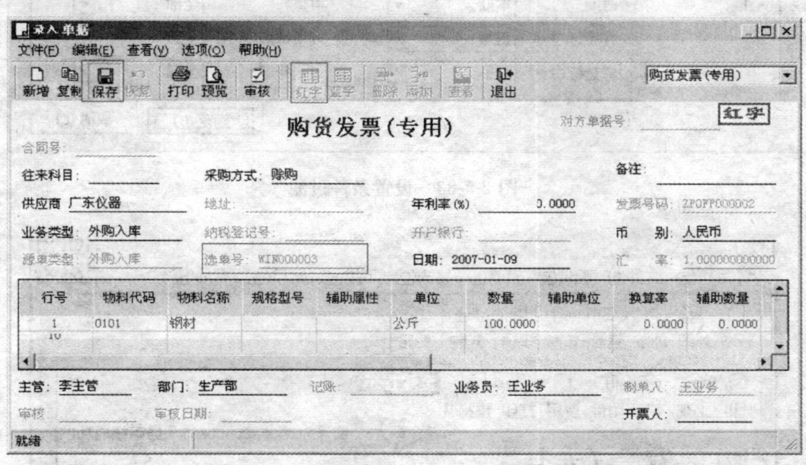

图 2-5-81　录入红字采购发票

⑬由李主管审核红字购货发票。李主管登录到【系统主控台】后，在【采购发票-审核/反审核-采购管理-[主界面]】窗口，如图 2-5-82 所示，选择【供应链】/【采购管理】/【结算】/【采购发票-审核/反审核】明细功能，双击，打开【条件过滤】窗口。

图 2-5-82　选择【采购发票-审核/反审核】明细功能

⑭在【条件过滤】窗口中，如图 2-5-83 所示，单击【红蓝字】文本编辑框右侧的下拉按钮，选择录入“红字”，再单击确定按钮，进入【采购管理(供应链)系统-[采购发票序时簿]】窗口。

⑮在【采购管理(供应链)系统-[采购发票序时簿]】窗口，如图 2-5-84 所示，选择待审核的购货发票，单击工具栏的审核按钮，系统弹出【金蝶提示】对话框，提示：“编号为 ZPOFP000002 的单据审核成功！”，再单击确定按钮，完成单据审核并返回到【采购管理(供应链)系统-[采购发票序时簿]】窗口。

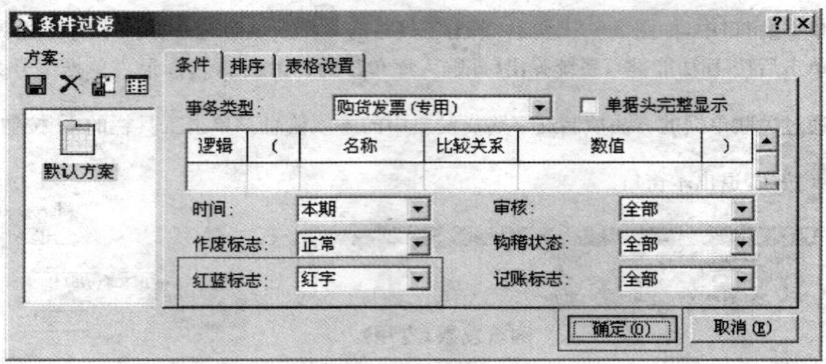

图 2-5-83 设置条件过滤

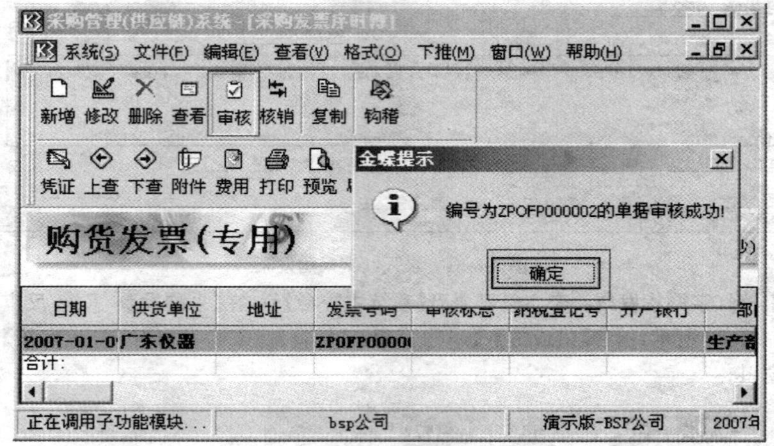

图 2-5-84 审核红字购货发票

⑯由李主管进行发票与入库单的钩稽。在【采购管理(供应链)系统-[采购发票序时簿]】窗口，如图 2-5-85 所示，选中待钩稽的购货发票，再单击工具栏的钩稽按钮，打开【采购发票钩稽】窗口。

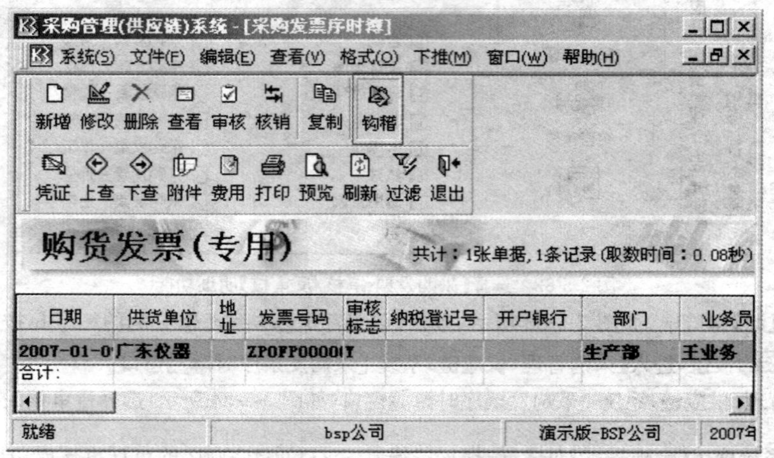

图 2-5-85 购货发票与入库单钩稽

⑰在【采购发票钩稽】窗口中，如图 2-5-86 所示，单击工具栏的"钩稽"按钮，系统弹出【金蝶提示】对话框，提示"钩稽成功"。单击话框中的"确定"按钮，返回到【采购发票钩稽】窗口，并不再显示钩稽成功的发票，如图 2-5-87 所示。

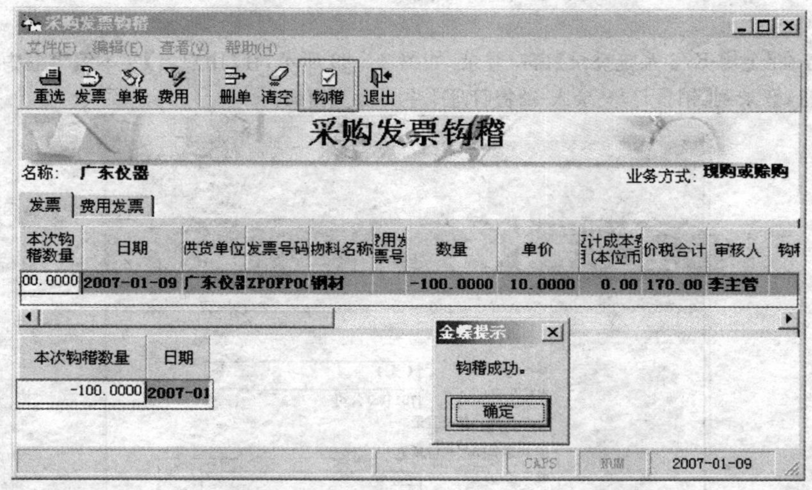

图 2-5-86 进行钩稽

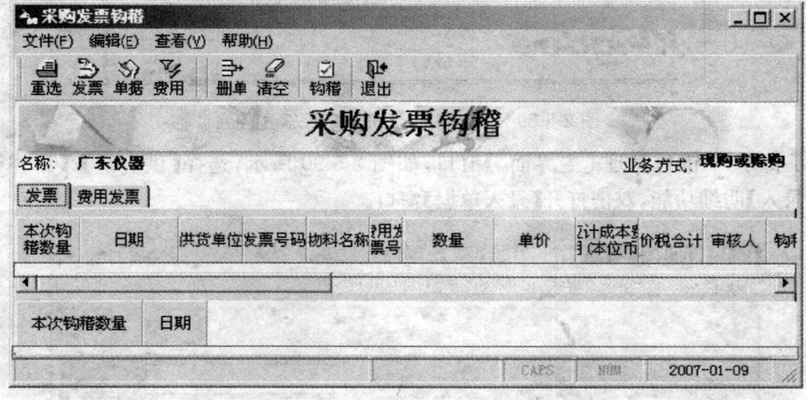

图 2-5-87 已钩稽成功

5.2 销售业务日常处理

销售业务是企业实现收入的主要途径，如果对企业的销售业务行之有效的管理与控制能实现企业的销售收入最大化。不同的企业销售业务的处理过程也不尽相同，本节主要对销售业务的主流流程进行介绍，其销售业务的处理流程图如图 2-5-88 所示。

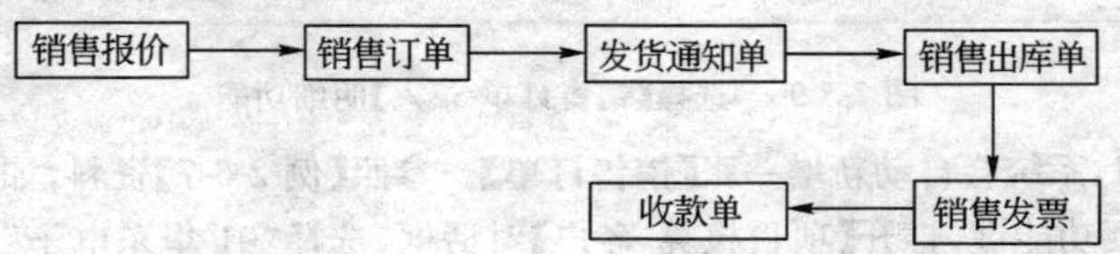

图 2-5-88 销售业务流程

5.2.1 销售订单处理

【例 2-5-7】 BSP 公司供销部的王业务在 2007 年 1 月 10 日接到华东电子的订单一份：要求订购机箱 100 件，单价 200 元(不含税)，于 2007 年 01 月 12 日发货。根据本业务，要求：由供销部王业务录入销售订单，李主管进行单据审核。

操作步骤：

①由王业务在【金蝶 K/3 系统登录】窗口登录，如图 2-5-89 所示，在【用户名】文本编辑框中输入“王业务”，单击[确定]按钮，登录到【销售订单-录入-销售管理-[主界面]】窗口。

图 2-5-89 王业务登录到金蝶 K/3 主控台

②在【销售订单-录入-销售管理-[主界面]】窗口，如图 2-5-90 所示，选择【供应链】/【销售管理】/【订单处理】/【销售订单-录入】明细功能，双击打开【录入单据】窗口。

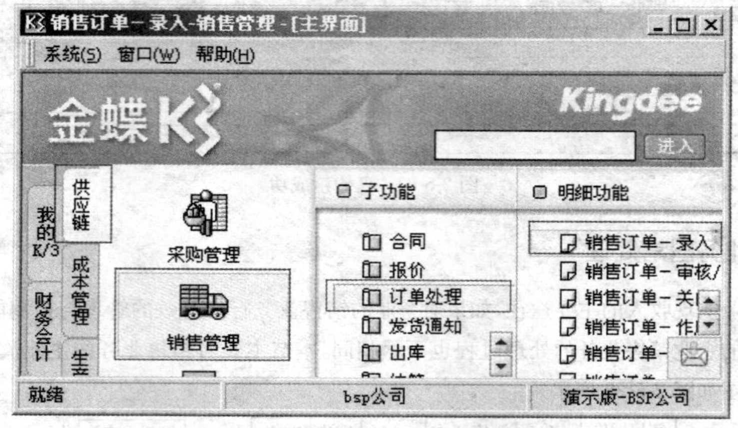

图 2-5-90 选择【销售订单-录入】明细功能

③在【录入单据】窗口，系统会自动新增一张【销售订单】。参照【例 2-5-7】资料，如图 2-5-91 所示，单击【购货单位】文本编辑框，按[F7]功能键，打开【项目核算-客户】对话框，选择“01-华东电子”双击录入；单击【产品代码】对应的表单单元，按[F7]功能键，打开【项目核算-物料】对话框，选择“0201-机箱”双击录入；单击【数量】对应

的表单单元，录入“100”；单击【单价】对应的表单单元，录入“400”；单击【部门】文本编辑框，按F7功能键，打开【项目核算-部门】对话框，选择“供销部”双击录入；单击【业务员】文本编辑框，按F7功能键，打开【项目核算-职员】对话框，选择“王业务”双击录入。所有信息录入完毕后，单击保存按钮，保存销售订单信息，并单击此窗口的☒按钮，退出销售订单的录入窗口。

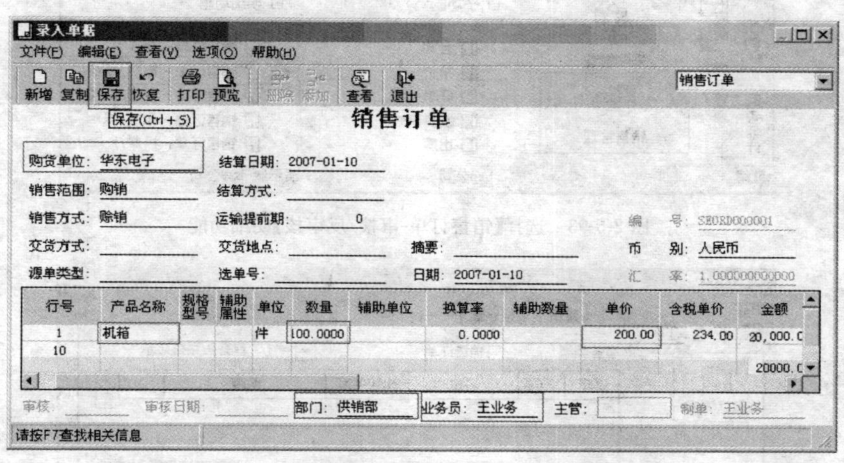

图 2-5-91 录入销售订单

④由李主管对销售订单进行审核。在【金蝶 K/3 系统登录】窗口登录，如图 2-5-92 所示，在【用户名】文本编辑框中输入“李主管”，单击确定按钮，登录到【销售订单-审核/反审核-销售管理-[主界面]】窗口。

图 2-5-92 李主管登录

⑤在【销售订单-审核/反审核-销售管理-[主界面]】窗口，如图 2-5-93 所示，选择【供应链】/【销售管理】/【订单处理】/【销售订单-审核/反审核】明细功能，双击，打开【条件过滤】对话框。如图 2-5-94 所示，选择默认方案，单击确定(O)按钮，打开【销售管理(供应链)系统-[销售订单序时簿]】窗口。

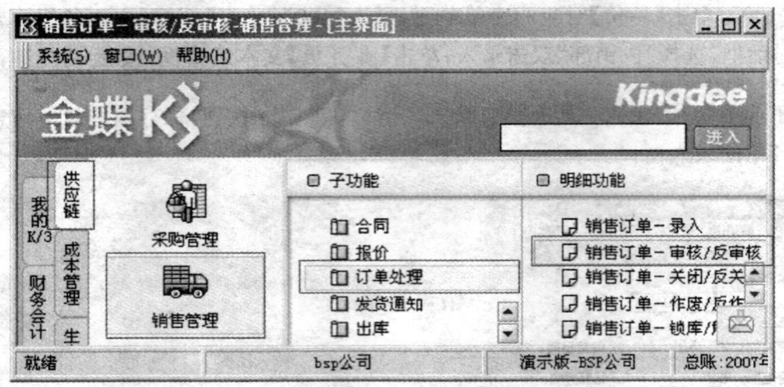

图 2-5-93　选择【销售订单-审核/反审核】明细功能

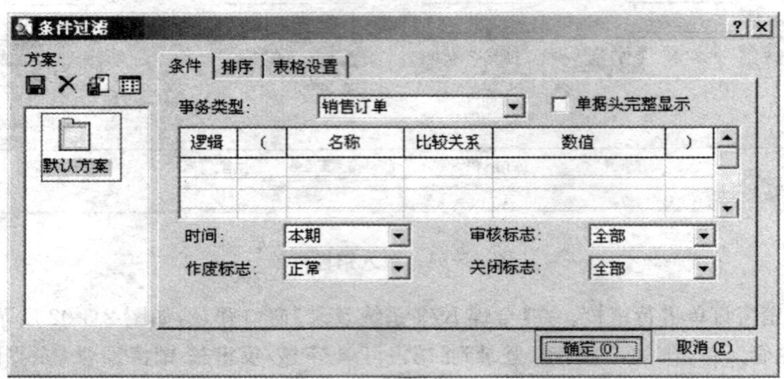

图 2-5-94　条件过滤

⑥在【销售管理(供应链)系统-[销售订单序时簿]】窗口中,如图 2-5-95 所示,选择待审核的销售订单,单击工具栏的 按钮,系统弹击【金蝶提示】对话框,提示:“编号为 SEORD000001 的单据审核成功!”。再单击 按钮,返回到【销售管理(供应链)系统-[销售订单序时簿]】窗口。在窗口下方的表单显示区域,如图 2-5-96 所示,【审核标志】对应的表单单元中会显示“Y”,表示本单据已审核成功。最后单击窗口右上方的 退出按钮,退出此窗口。

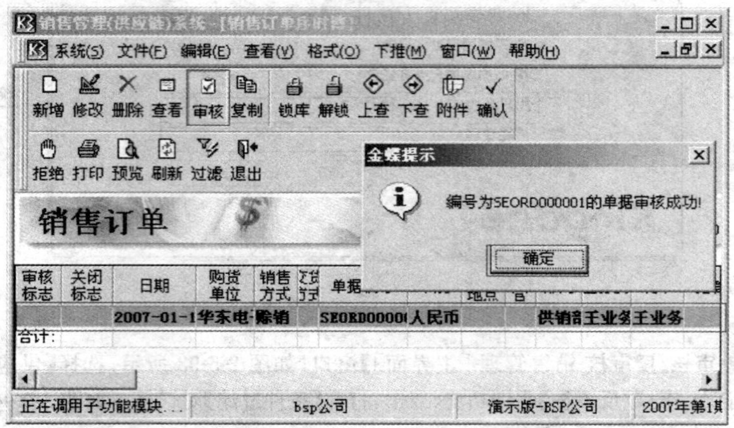

图 2-5-95　审核销售订单

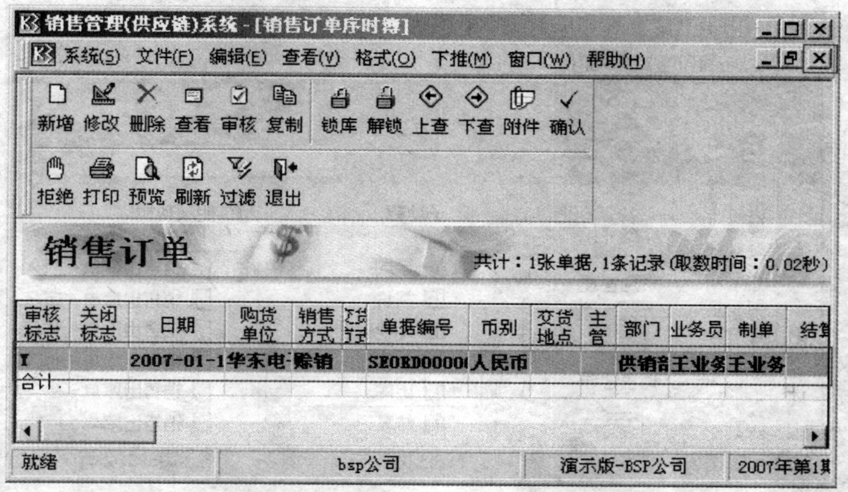

图 2-5-96 已审核成功

5.2.2 销售出库业务

【例 2-5-8】 华东电子于 2007 年 1 月 10 日的订单，由 BSP 公司供销部的王业务 2007 年 01 月 12 日发货。但是由于成本较高，加之市场紧俏，通知对方，销售价格上扬到 400 元。对方同意接受。根据本业务，要求：由供销部王业务生成销售出库单，李主管进行单据审核。

操作步骤：

①由王业务在【金蝶 K/3 系统登录】窗口登录，如图 2-5-97 所示，在【用户名】文本编辑框中输入“王业务”，单击[确定]按钮，登录到【销售出库单-录入-销售管理-[主界面]】窗口。

图 2-5-97 王业务登录到金蝶 K/3 主控台

②在【销售出库单-录入-销售管理-[主界面]】窗口，如图 2-5-98 所示，选择【供应链】/【销售管理】/【出库】/【销售出库单-录入】明细功能双击，打开【录入单据】窗口。

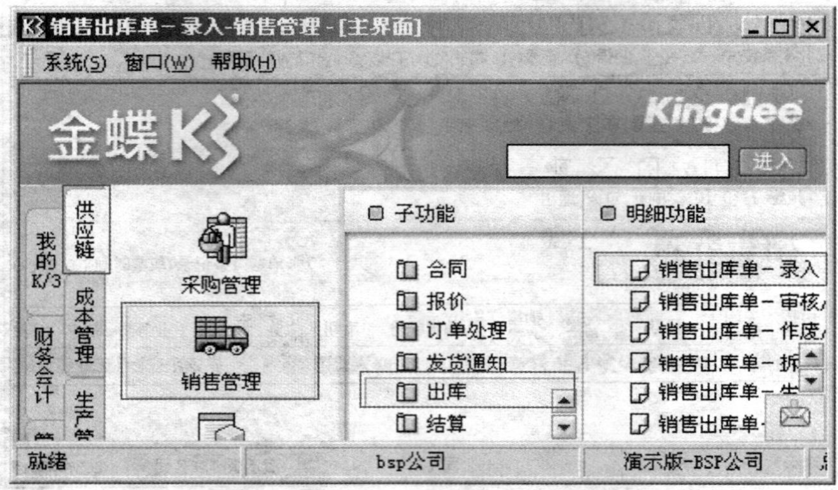

图 2-5-98　选择【销售出库单-录入】明细功能

③打开【录入单据】窗口后，系统会自动增加一张空白的【销售出库单】。如图 2-5-99 所示，双击【购货单位】文本编辑框（或单击按F7功能键），弹出【核算项目-客户】对话框，选择“01-华东电子”录入；单击【源单类型】文本编辑框右侧的下拉按钮，选择“销售订单”录入，双击【选单号】文本编辑框（或单击按F7功能键），弹出【销售订单序时簿】窗口，选择“单据号为 SEORD000001 的单据”录入；双击【发货仓库】文本编辑框（或单击按F7功能键），弹出【核算项目-仓库】对话框，选择“2-成品库”录入。在销售出库单的下方表体中会显示出相应的销售出库产品信息，检查是否正确，如不正确可重新选择源单，生成销售出库单信息。确定出库单信息正确之后，再双击【发货】文本编辑框（或单击按F7功能键），弹出【核算项目-职员】对话框，选择“0301-王业务”录入；双击【保管】文本编辑框（或单击按F7功能键），弹出【核算项目-职员】对话框，选择“0301-王业务”录入。信息全部录入完毕后，单击工具栏的保存按钮，保存销售出库单信息，再单击工具栏的退出按钮，退出此窗口。

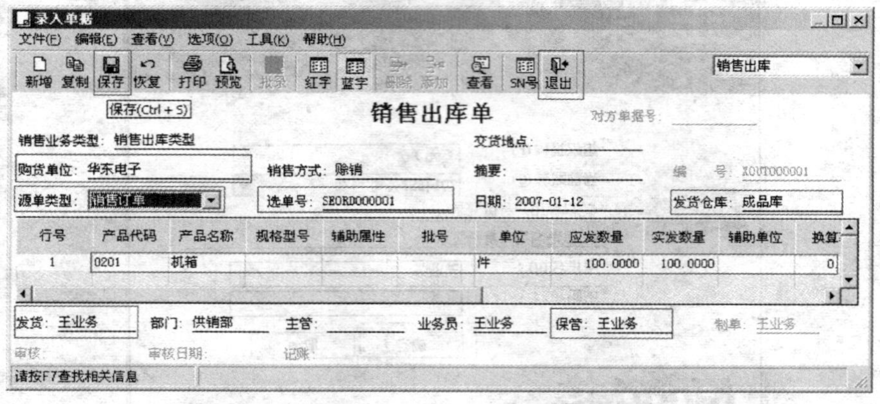

图 2-5-99　录入销售出库单

④由李主管对销售出库单进行审核。在【金蝶 K/3 系统登录】窗口登录，如图 2-5-100 所示，在【用户名】文本编辑框中输入“李主管”，单击确定按钮，登录到【销售出库单-审核/反审核-销售管理-[主界面]】窗口。

图 2-5-100　李主管登录

⑤在【销售出库单-审核/反审核-销售管理-[主界面]】窗口，如图 2-5-101 所示，选择【供应链】/【销售管理】/【出库】/【销售出库单-审核/反审核】明细功能，双击，打开【条件过滤】对话框。如图 2-5-102 所示，选择默认方案，单击［确定(O)］按钮，打开【销售管理(供应链)系统-[销售出库序时簿]】窗口。

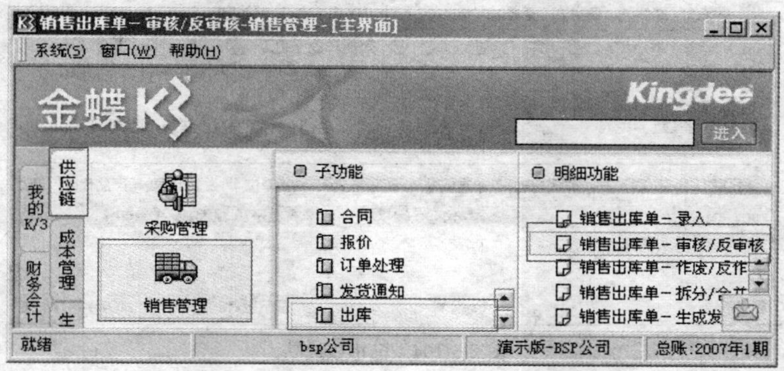

图 2-5-101　选择【销售出库单-审核/反审核】明细功能

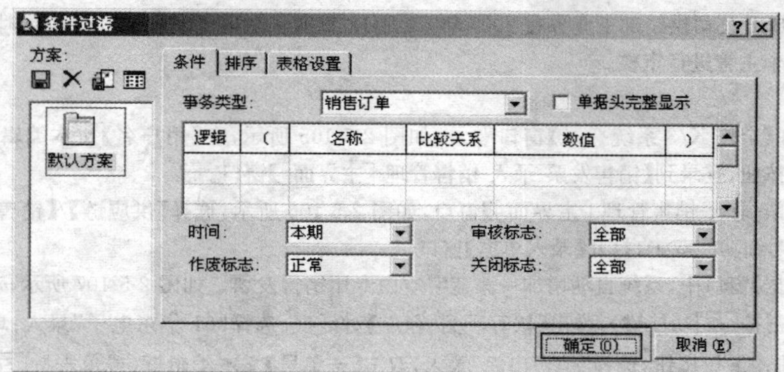

图 2-5-102　条件过滤

⑥在【销售管理(供应链)系统-[销售出库序时簿]】窗口,如图 2-5-103 所示,选择待审核的销售出库单,单击工具栏的 审核 按钮,系统弹出【金蝶提示】对话框,提示:“编号为 XOUT000001 的单据审核成功!”。单击 确定(O) 按钮,返回到【销售管理(供应链)系统-[销售出库序时簿]】窗口,在窗口的下方表体中,如图 2-5-104 所示,【审核标志】对应的单元中会显示出“Y”,表示此单据已审核。单击工具栏的 退出 按钮,返回到【销售管理(供应链)系统-[主界面]】窗口。

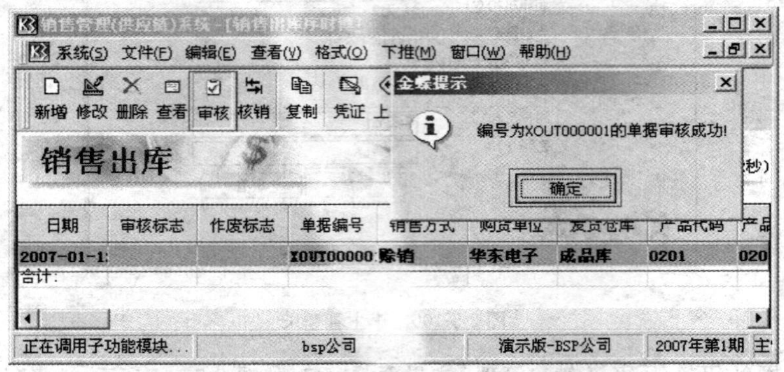

图 2-5-103 审核销售出库单

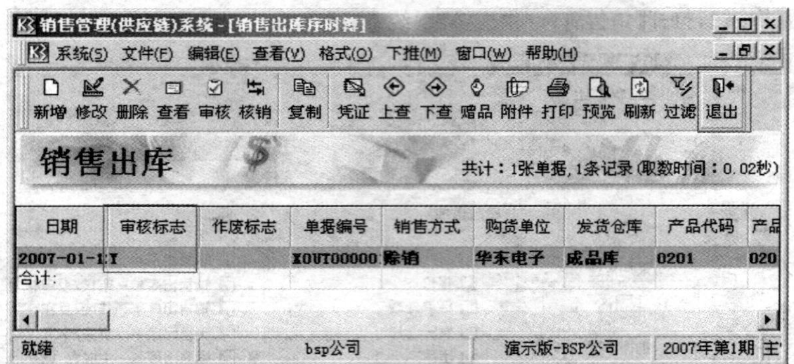

图 2-5-104 已审核成功

5.2.3 销售发票处理

【例 2-5-9】 BSP 公司供销部王业务在 2007 年 01 月 12 日向华东电子发出 100 件机箱时,开具了增值税专用发票,要求由李主管进行审核。

操作步骤:

①由王业务在【金蝶 K/3 系统登录】窗口登录,如图 2-5-105 所示,在【用户名】文本编辑框中输入“王业务”,单击 确定 按钮,登录到【销售发票-录入-销售管理-[主界面]】窗口。

②在【销售发票-录入-销售管理-[主界面]】窗口,如图 2-5-106 所示,选择【供应链】/【销售管理】/【结算】/【销售发票-录入】明细功能双击,打开【录入单据】窗口。

③在【录入单据】窗口中,系统自动增加一张蓝字空白专用销售发票。如图 2-5-107 所示,双击【购货单位】文本编辑框(或单击按 F7 功能键),弹出【核算项目-客户】对话框,选择“01-华东电子”录入;单击【源单类型】文本编辑框右侧的 下拉按钮,选择“销售出库”录入,双击【选单号】文本编辑框(或单击按 F7 功能键),弹出【销售出库序时簿】窗口,选择“单据号为XOUT000001的单据”录入;双击【往来科目】文本编辑框(或单击按

图 2-5-105 王业务登录到金蝶 K/3 主控台

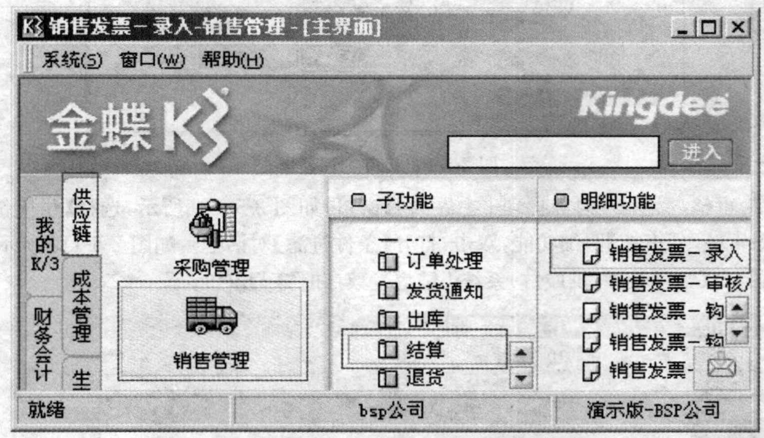

图 2-5-106 选择【销售发票-录入】明细功能

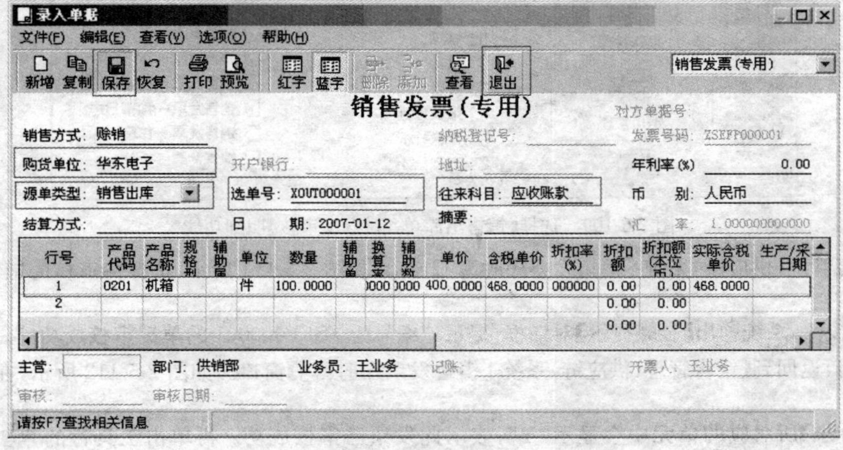

图 2-5-107 生成销售发票

F7 功能键)，弹出【会计科目】对话框，选择“1131-应收账款”科目录入。录入完毕，在销售发票下方的表体中会显示出所开具的销售发票的信息。注意将单价改为“400”，并检查信息是否正确，如信息正确则或单击工具栏的 保存 铵钮，保存所开具的发票信息，再单击工具栏的 退出 铵钮，退出【录入单据】窗口。

④由李主管对销售发票进行审核。在【金蝶 K/3 系统登录】窗口登录，如图 2-5-108 所示，在【用户名】文本编辑框中输入“李主管”，单击 确定 按钮，登录到【销售发票-审核/反审核-销售管理-[主界面]】窗口。

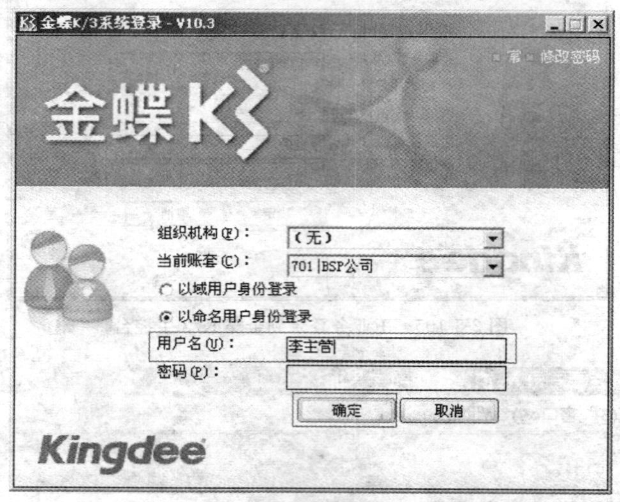

图 2-5-108　李主管登录

⑤在【销售发票-审核/反审核-销售管理-[主界面]】窗口，如图 2-5-109 所示，选择【供应链】/【销售管理】/【结算】/【销售发票-审核/反审核】明细功能，双击，打开【条件过滤】对话框。如图 2-5-110 所示，选择默认方案，单击 确定(O) 按钮，打开【销售管理(供应链)系统-[销售发票序时簿]】窗口。

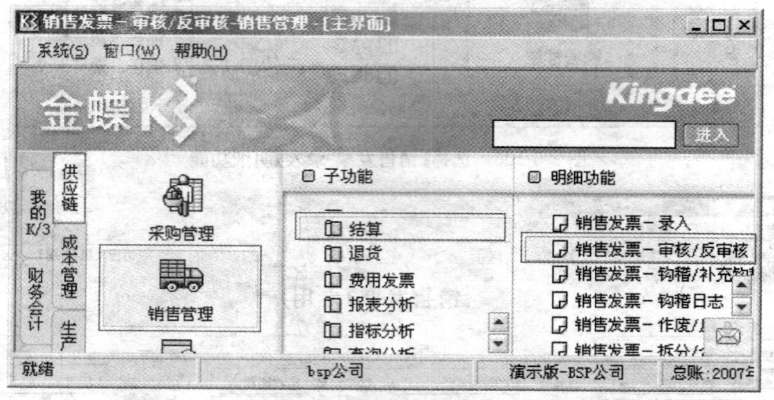

图 2-5-109　选择【销售出库单-审核/反审核】明细功能

⑥在【销售管理(供应链)系统-[销售发票序时簿]】窗口，如图 2-5-111 所示，选择待审核的销售发票，单击工具栏的 审核 按钮，系统弹出【金蝶提示】对话框，提示：“编号为 ZSEP000001 的单据审核成功!”。单击对话框的 确定(O) 按钮，返回到【销售管理(供应链)系统-[销售发票序时簿]】窗口。如图 2-5-112 所示，在此窗口的下方表体【审核标志】所对应的单元中会显示“Y”，表示此发票已审核成功。再单击工具栏的 退出 按钮退出本窗口。

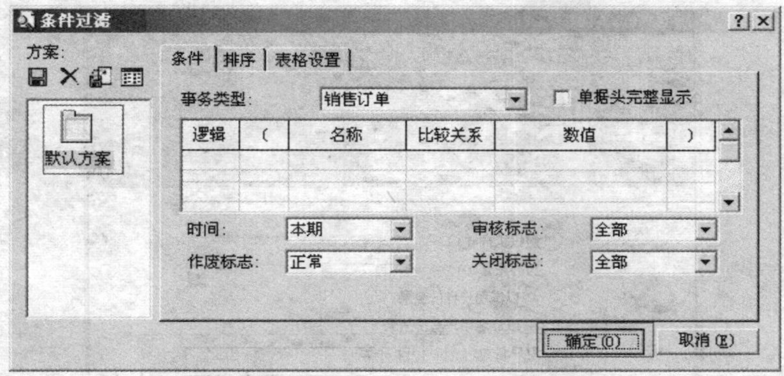

图 2-5-110 条件过滤

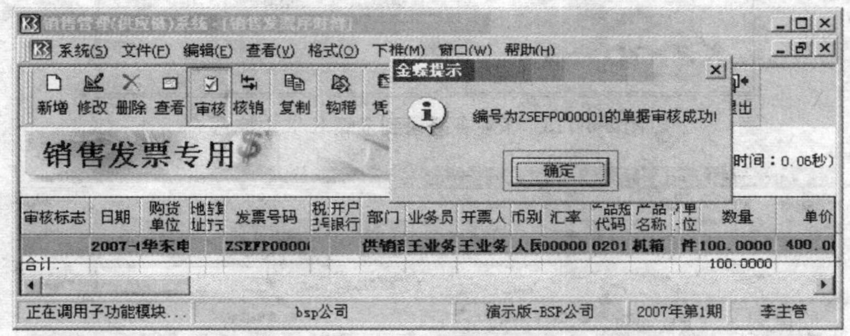

图 2-5-111 审核销售发票

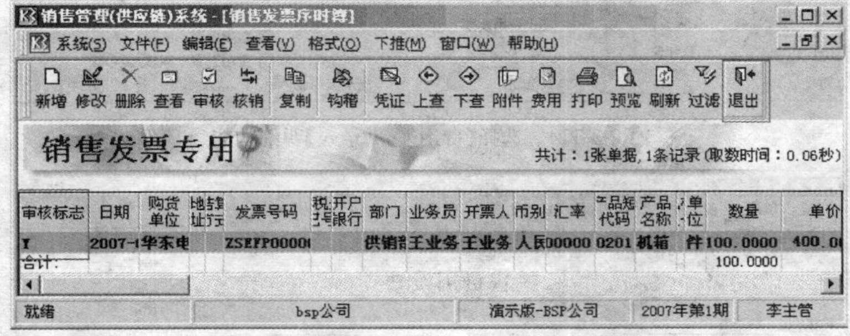

图 2-5-112 已审核

5.2.4 销售费用发票处理

【例 2-5-10】 BSP 公司供销部王业务在 2007 年 01 月 12 日向华东电子发出 100 件机箱的同时替对方垫付了运费 500 元，以现金支票支付，支票号为：03。要求：由王业务开具销售费用发票，李主管进行审核。

操作步骤：

①由王业务在【金蝶 K/3 系统登录】窗口登录，如图 2-5-113 所示，在【用户名】文本编辑框中输入“王业务”，单击[确定]按钮，登录到【费用发票-录入-销售管理-[主界面]】窗口。

②在【费用发票-录入-销售管理-[主界面]】窗口，如图 2-5-114 所示，选择【供应链】/【销售管理】/【结算】/【销售发票-录入】明细功能双击，打开【录入单据】窗口。

③在【录入单据】窗口，系统自动增加一张蓝字空白销售费用发票。如图 2-5-115 所示，双击【购货单位】文本编辑框(或单击按[F7]功能键)，弹出【核算项目-客户】对话框，选择“01-华东电子”录入；双击【发票类型】文本编辑框，弹出【辅助资料】对话框，选择“XF02 应收费用发票”录入；双击【销售发票号】文本编辑框(或单击按

图 2-5-113　王业务登录到金蝶 K/3 主控台

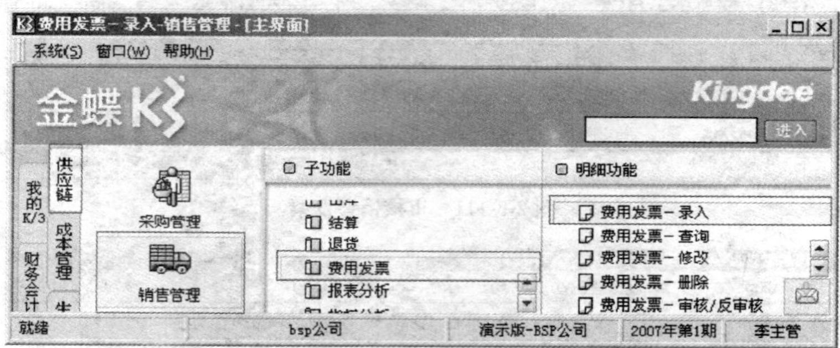

图 2-5-114　选择【费用发票-录入】明细功能

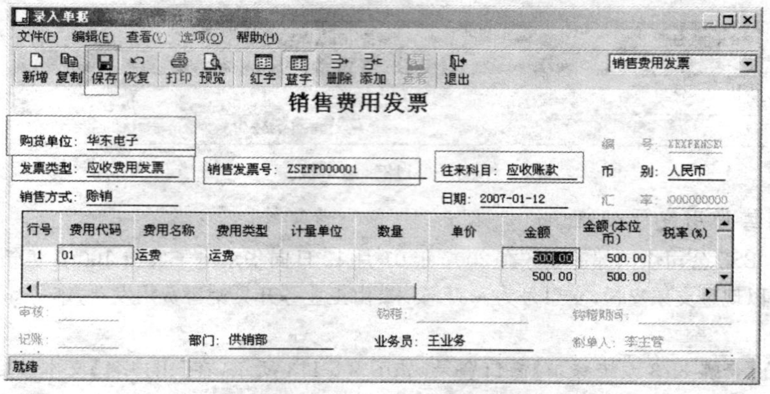

图 2-5-115　录入销售费用发票

F7 功能键)，弹出【销售发票序时簿】窗口，选择"单据号为 ZSEFP000001 的单据"录入；双击【往来科目】文本编辑框(或单击按 F7 功能键)，弹出【会计科目】对话框，选择"1131-应收账款"科目录入。单击【费用代码】所对应的表单元，按 F7 功能键，打开【核算项目-费用】窗口，选择"01-运费"录入；单击【金额】所对应的表单元，直接输入"500"。再单击工具栏的 保存 按钮，保存所开具的发票信息，最后单击工具栏的 退出 按钮，退出【录入

单据】窗口。

④由李主管对销售发票进行审核。在【金蝶 K/3 系统登录】窗口登录，如图 2-5-116 所示，在【用户名】文本编辑框中输入“李主管”，单击［确定］按钮，登录到【费用发票-审核/反审核-销售管理-［主界面］】窗口。

图 2-5-116　李主管登录

⑤在【费用发票-审核/反审核-销售管理-［主界面］】窗口，如图 2-5-117 所示，选择【供应链】/【销售管理】/【费用发票】/【费用发票-审核/反审核】明细功能，双击，打开【条件过滤】对话框。如下图 2-5-118 所示，选择默认方案，单击［确定(O)］按钮，打开【销售管理(供应链)系统-［销售费用发票序时簿］】窗口。

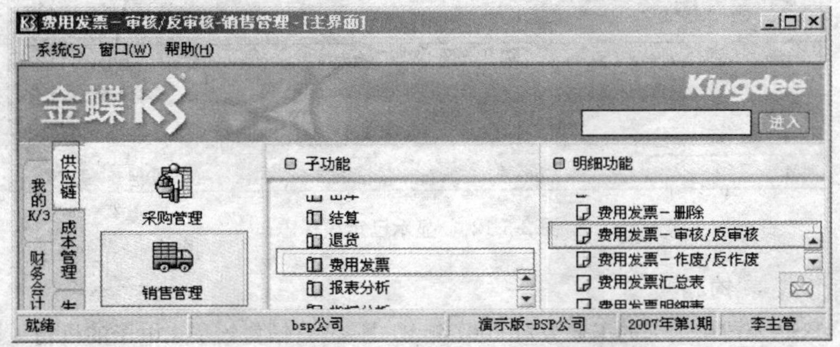

图 2-5-117　选择【销售出库单-审核/反审核】明细功能

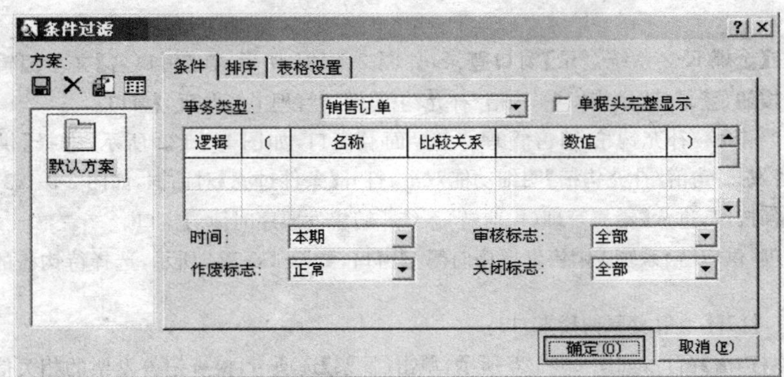

图 2-5-118　条件过滤

⑥在【销售管理(供应链)系统-[销售费用发票序时簿]】窗口，如图 2-5-119 所示，选择待审核的费用发票，单击工具栏的按钮，系统弹出【金蝶提示】对话框，提示："编号为 XEXPENSE000001 的单据审核成功!"。单击对话框的按钮，返回到【销售管理(供应链)系统-[销售费用发票序时簿]】窗口。如下图 2-5-120 所示，在此窗口的下方表体【审核标志】所对应的单元中会显示"Y"，表示此发票已审核成功。再单击工具栏的按钮退出本窗口。

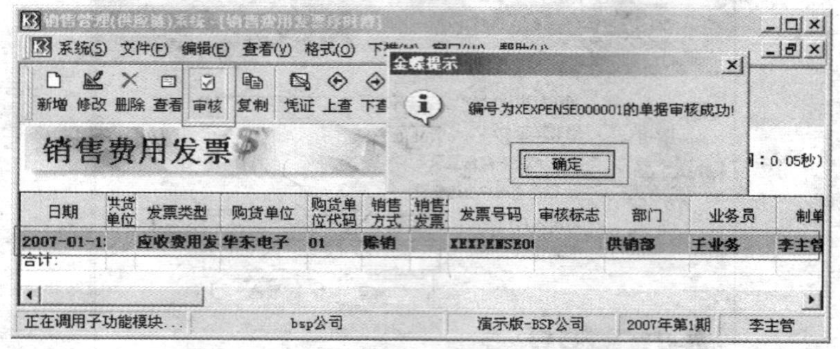

图 2-5-119 审核销售费用发票

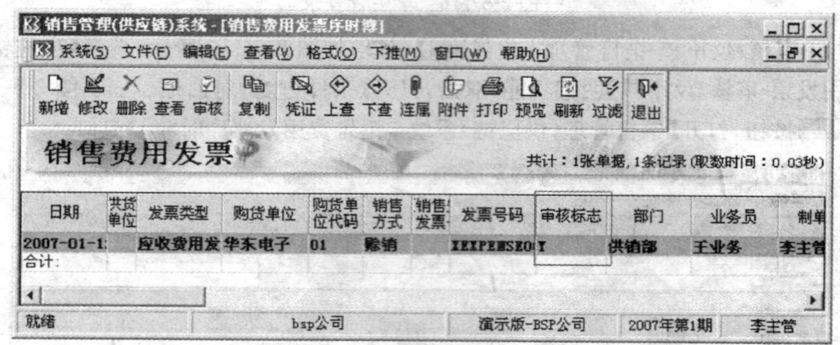

图 2-5-120 显示已审核标志

5.2.5 销售发票钩稽

【例 2-5-11】 BSP 公司供销部的王业务对 2007 年 01 月 12 日销售给华东电子的机箱一批，所产生的销售发票、费用发票与销售出库单进行钩稽。

操作步骤：

①由王业务在【金蝶 K/3 系统登录】窗口登录，如图 2-5-121 所示，在【用户名】文本编辑框中输入"王业务"，单击按钮，登录到【销售发票-钩稽/补充钩稽-销售管理-[主界面]】窗口。

②在【销售发票-钩稽/补充钩稽-销售管理-[主界面]】窗口，如图 2-5-122 所示，选择【供应链】/【销售管理】/【结算】/【销售发票-钩稽/补充钩稽】明细功能双击，打开【条件过滤】对话框，如图 2-5-123 所示，选择【默认方案】，单击按钮，进入【销售管理(供应链)系统-[销售发票序时簿]】窗口。

③在【销售管理(供应链)系统-[销售发票序时簿]】窗口，如图 2-5-124 所示，选择待钩稽的销售发票，单击工具栏的按钮，打开【销售发票钩稽】窗口。

④在【销售发票钩稽】窗口，如图 2-5-125 所示，单击【发票】选项卡，检查销售发票的相关信息是否正确，再如图 2-5-126 所示，单击【费用发票】选项卡，检查费用发票的相关信息是否正确。如完全正确，再单击工具栏

图 2-5-121 王业务登录到金蝶 K/3 主控台

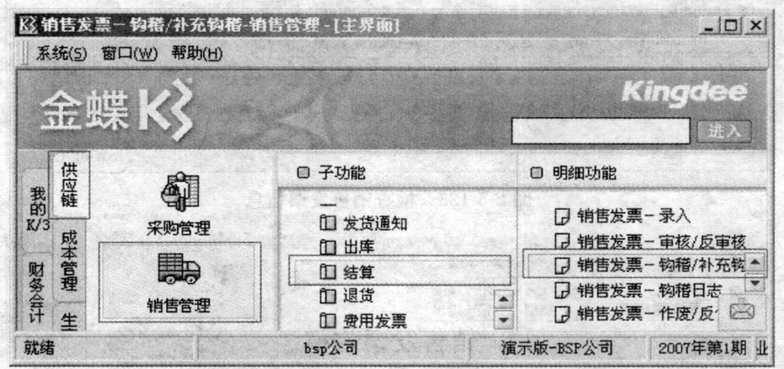

图 2-5-122 选择【销售发票-钩稽/补充钩稽】明细功能

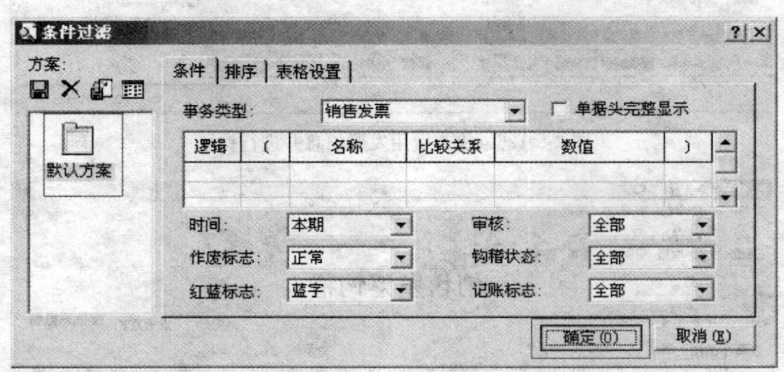

图 2-5-123 条件过滤

的钩稽按钮，系统弹出【金蝶提示】对话框，提示“钩稽成功。”，单击此对话框的确定(O)按钮，完成钩稽，并返回到【销售发票钩稽】窗口。

⑤在【销售发票钩稽】窗口，如图 2-5-127 所示，在窗口的显示区域，已钩稽成功的发票信息将不再显示。

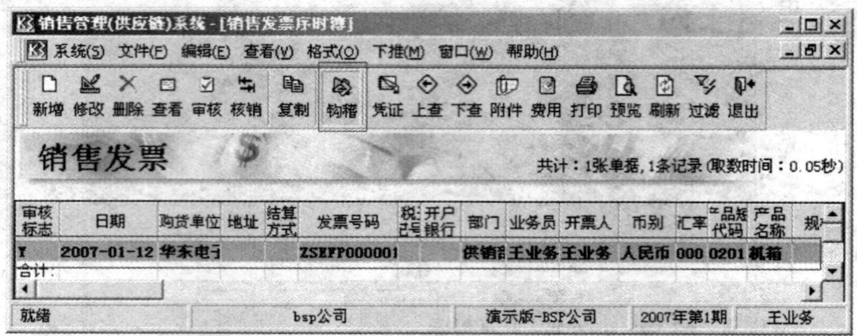

图 2-5-124　选择待钩稽的销售发票

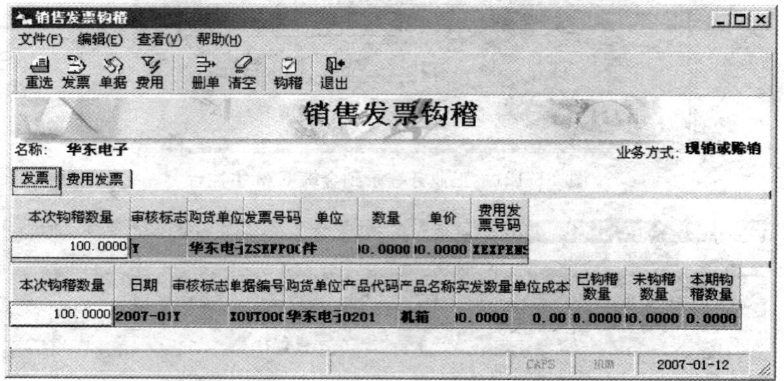

图 2-5-125　检查销售发票信息

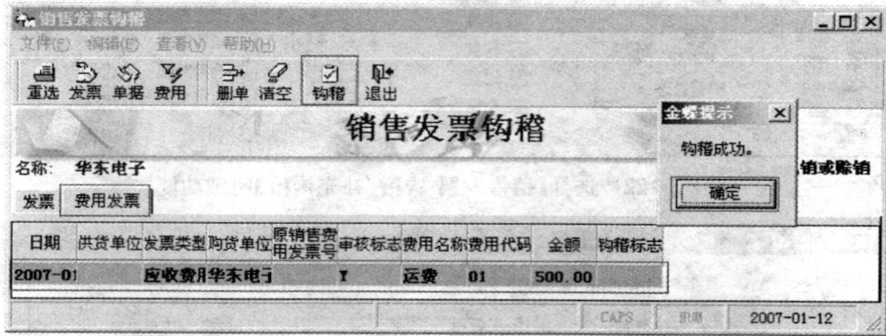

图 2-5-126　检查费用发票信息并进行钩稽

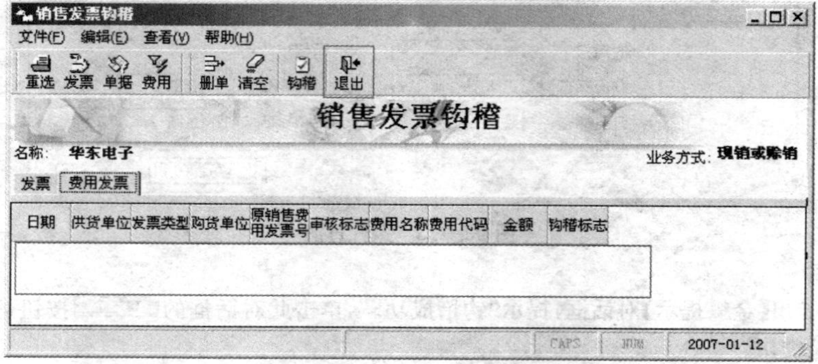

图 2-5-127　已钩稽成功

此时单击工具栏的 按钮，返回到【销售管理(供应链)系统-[销售发票序时簿]】窗口，在此窗口【钩稽状态】所对应的表单元中，会显示"Y"，表明此销售发票已钩稽成功。操作完成后，单击工具栏的 按钮，退出本窗口。

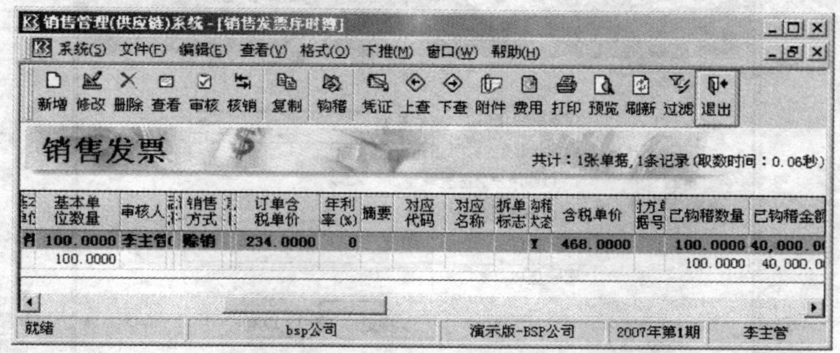

图 2-5-128　显示钩稽标志

5.2.6　销售退货处理

销售退货是处理由于质量不合格、价格不正确等因素，或与销售订单或合同的相关条款不相符等原因，供货单位将销售货物退回的业务。销售退货业务处理一般有两种情况，一是未开出销售发票的销售退货业务处理，此种退货业务不需要开出红字销售发票，业务较简单；二是已开出销售发票的销售退货业务处理，此时的退货业务处理流程较完整，其处理流程如图 2-5-129 所示。此处主要以第二种情况为例进行详述。

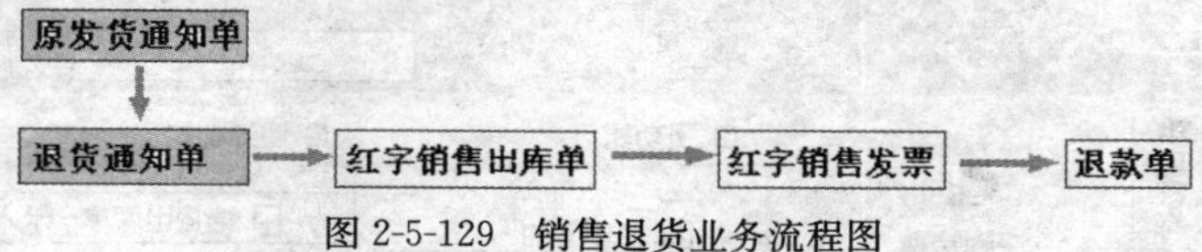

图 2-5-129　销售退货业务流程图

【例 2-5-12】 BSP 公司供销部 2007 年 01 月 12 日销售给华东电子的机箱中有 10 件机箱因有质量问题，华东电子要求退货。BSP 公司答应其退货要求，于 2007 年 1 月 15 日收到华东电子退回的 10 件机箱，同时开具红字销售发票给对方。要求：王业务生成红字销售出库单及红字销售发票；李主管对所有单据进行审核；同时王业务对红字销售发票进行钩稽。

操作步骤：

①由王业务生面红字销售出库单。在【金蝶 K/3 系统登录】窗口登录，如图 2-5-130 所示，在【用户名】文本编辑框中输入"王业务"，单击 按钮，登录到【销售出库单-录入-销售管理-[主界面]】窗口。

②在【销售出库单-录入-销售管理-[主界面]】窗口，如图 2-5-131 所示，选择【供应链】/【销售管理】/【出库】/【销售出库单-录入】明细功能双击，打开【录入单据】窗口。

③打开【录入单据】窗口，系统会自动增加一张蓝字销售出库单。如图 2-5-132 所示，单击工具栏的 按钮，切换成一张红字销售出库单。再双击【购货单位】文本编辑框(或单击按 F7 功能键)，弹出【核算项目-客户】对话框，选择"01-华东电子"录入；单击【源单类型】文本编辑框右侧的 下拉按钮，选择"销售出库"录入；双击【选单号】文本编辑框(或单击按 F7 功能键)，弹出【销售出库序时簿】窗口，选择"单据号为 XOUT000001 的单据"录入；单击【日期】文本编辑框，修改日期为"2007-01-15"；双击【发货仓库】文本编辑框(或单击按 F7 功能键)，弹出【核算项目-仓库】对话框，选择"2-成品库"录入。此时，在红字销售了库单的下方表体中会自动调出相关产品的信息，只需要单击【实发数量】所对应的表单元，将实发数量修改为实收到客户退回的货物数量"10"即可。信息修改正确后，再单击工具栏的 按钮，保存所开具的发票信息，最后单击工具栏的 按钮，退出本窗口。

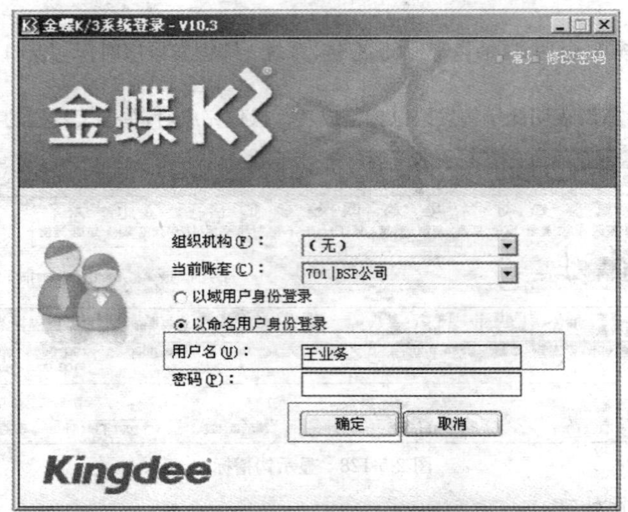

图 2-5-130　王业务登录到金蝶 K/3 主控台

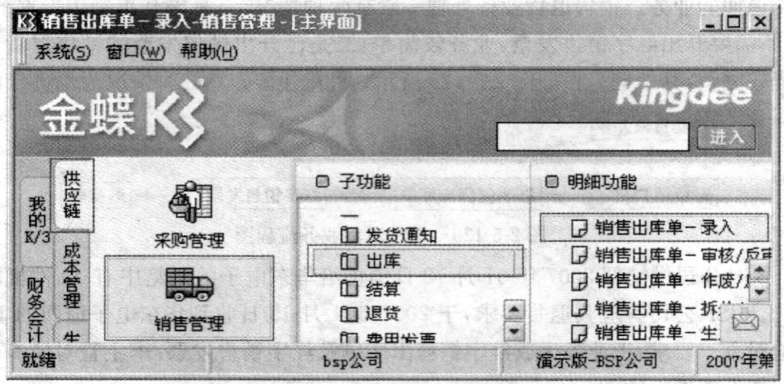

图 2-5-131　选择【销售出库单-录入】

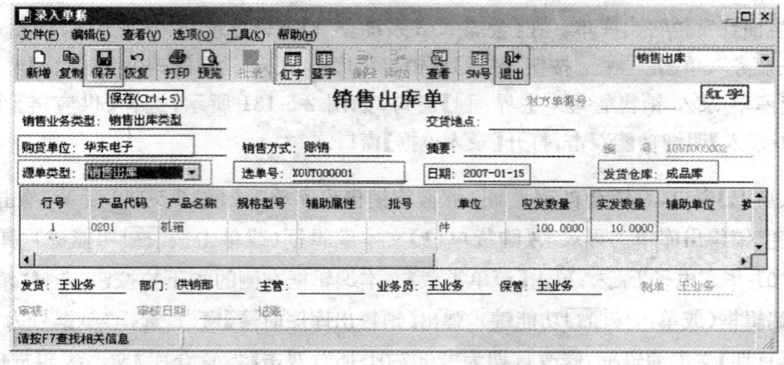

图 2-5-132　生成红字销售出库单

④由李主管审核红字销售出库单。在【金蝶 K/3 系统登录】窗口登录，如图 2-5-133 所示，在【用户名】文本编辑框中输入“李主管”，单击 确定 按钮，登录到【销售出库单-审核/反审核-销售管理-[主界面]】窗口。

⑤在【销售出库单-审核/反审核-销售管理-[主界面]】窗口，如图 2-5-134 所示，选择【供应链】/【销售管理】/【出库】/【销售出库单-审核/反审核】明细功能，双击，打开【条件过滤】对话框。如图 2-5-135 所示，单击【红

图 2-5-133　李主管登录

蓝字】文本编辑 框右侧的下拉按钮，选择“红字”输入，再单击按钮，打开【销售管理(供应链)系统-[销售出库序时簿]】窗口。

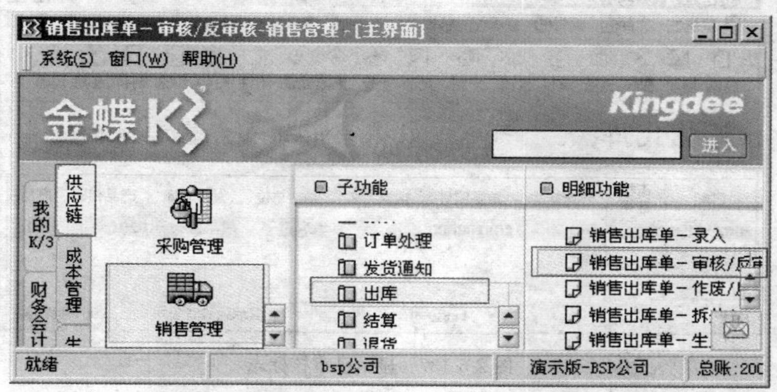

图 2-5-134　选择【销售出库单-审核/反审核】明细功能

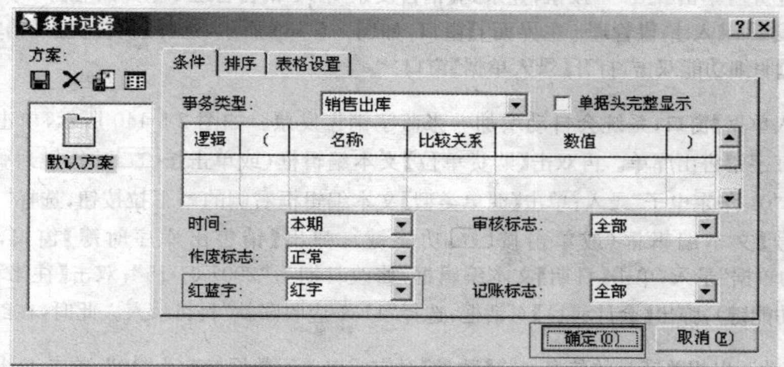

图 2-5-135　条件过滤

⑥在【销售管理(供应链)系统-[销售出库序时簿]】窗口，如图 2-5-136 所示，选择待审核红字销售出库，单击工具栏的审核按钮，系统弹出【金蝶提示】对话框，提示："编号为 XOUT000002 的单据审核成功!"。单击确定(O)按钮，返回到【销售管理(供应链)系统-[销售出库序时簿]】窗口，并在窗口的【审核标志】所对应的表单元中会显示出"Y"，如下图 2-5-137 所示，表明单据已审核。已完成操作之后，单击工具栏的退出按钮，退出本窗口。

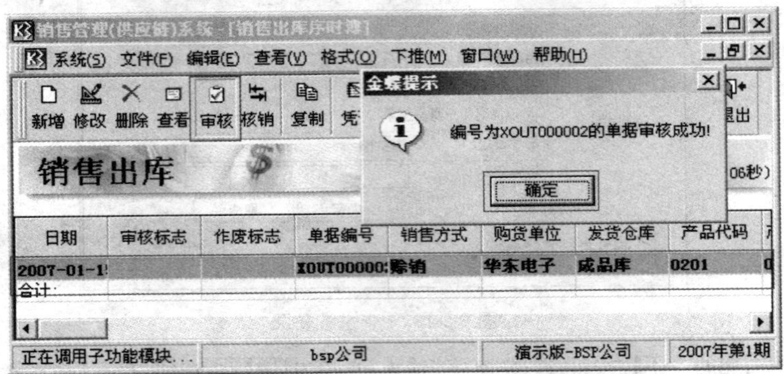

图 2-5-136　审核红字销售出库单

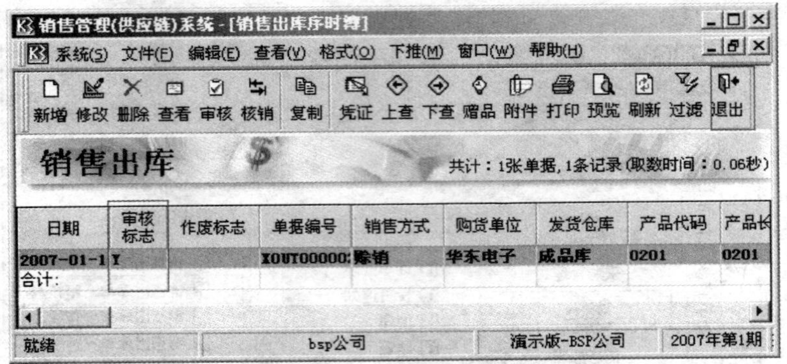

图 2-5-137　显示已审核标志

⑦由王业务生成红字销售发票。在【金蝶 K/3 系统登录】窗口登录，如图 2-5-138 所示，在【用户名】文本编辑框中输入"王业务"，单击确定按钮，登录到【销售发票-录入-销售管理-[主界面]】窗口。

⑧在【销售发票-录入-销售管理-[主界面]】窗口，如图 2-5-139 所示，选择【供应链】/【销售管理】/【结算】/【销售发票-录入】明细功能双击，打开【录入单据】窗口。

⑨打开【录入单据】窗口，系统会自动增加一张蓝字销售发票。如图 2-5-140 所示，单击工具栏的红字按钮，切换成一张红字销售出库单。再双击【购货单位】文本编辑框(或单击按F7功能键)，弹出【核算项目-客户】对话框，选择"01-华东电子"录入；单击【源单类型】文本编辑框右侧的下拉按钮，选择"销售发票专用"录入；双击【选单号】文本编辑框(或单击按F7功能键)，弹出【销售出库序时簿】窗口，选择"单据号为 ZSEFP000001 的单据"录入；单击【日期】文本编辑框，修改日期为"2007-01-15"；双击【往来科目】文本编辑框(或单击按F7功能键)，弹出【会计科目】对话框，选择"1131-应收账款"科目录入。此时，在红字销售了库单的下方表体中会自动调出相关产品的信息。将【数量】对应的表单元数据修改为"10"，单击工具栏的保存按钮，保存所开具的发票信息，最后单击工具栏的退出按钮，退出本窗口。

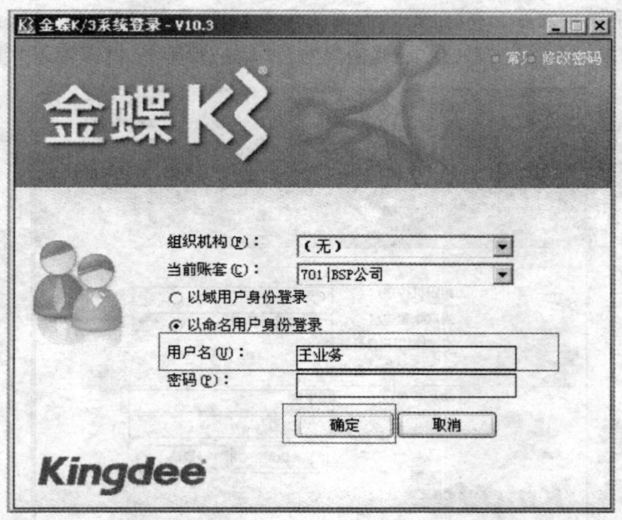

图 2-5-138　王业务登录到金蝶 K/3 主控台

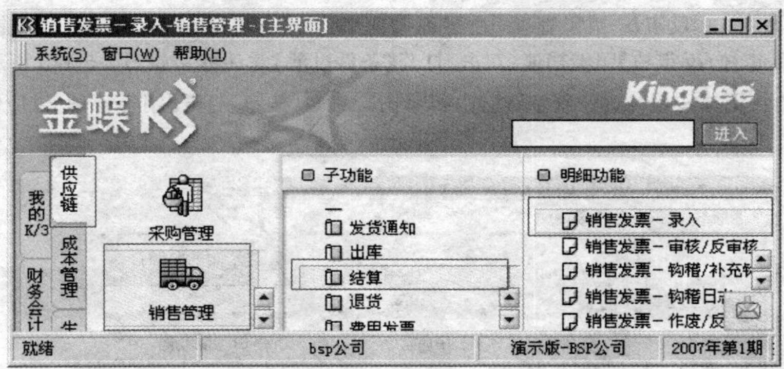

图 2-5-139　选择【销售发票-录入】明细功能

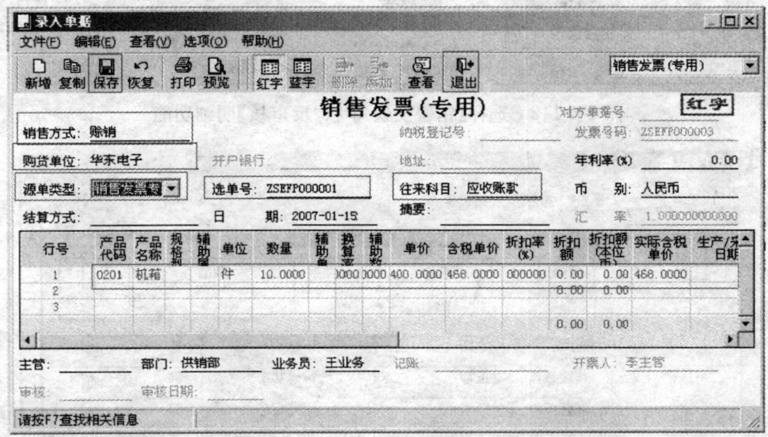

图 2-5-140　生成红字销售发票

⑩由李主管审核红字销售发票。在【金蝶 K/3 系统登录】窗口登录，如图 2-5-141 所示，在【用户名】文本编辑框中输入“李主管”，单击 确定 按钮，登录到【销售发票-审核/反审核-销售管理-[主界面]】窗口。

图 2-5-141　李主管登录

⑪在【销售发票-审核/反审核-销售管理-[主界面]】窗口，如图 2-5-142 所示，选择【供应链】/【销售管理】/【结算】/【销售发票-审核/反审核】明细功能，双击，打开【条件过滤】对话框。如图 2-5-143 所示，单击【红蓝字】文本编辑框右侧的下拉按钮，选择“红字”输入，再单击 确定(O) 按钮，打开【销售管理(供应链)系统-[销售发票序时簿]】窗口。

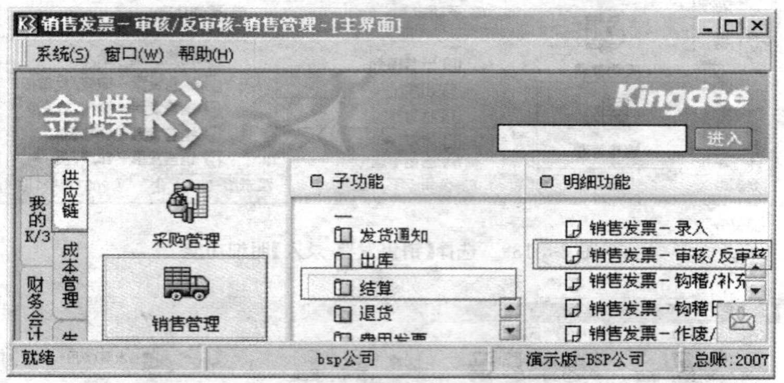

图 2-5-142　选择【销售发票-审核/反审核】明细功能

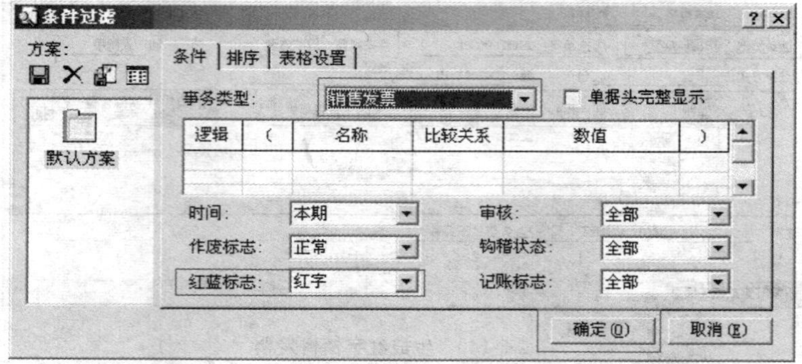

图 2-5-143　条件过滤

⑫在【销售管理(供应链)系统-[销售发票序时簿]】窗口，如图 2-5-144 所示，选择待审核红字销售发票，单击工具栏的 审核 按钮，系统弹出【金蝶提示】对话框，提示："编号为 ZSEFP000002 的单据审核成功!"。单击 确定(O) 按钮，返回到【销售管理(供应链)系统-[销售发票序时簿]】窗口，并在窗口的【审核标志】所对应的表单元中会显示出"Y"，如图 2-5-145 所示，表明单据已审核。已完成操作之后，单击工具栏的 退出 按钮，退出本窗口。

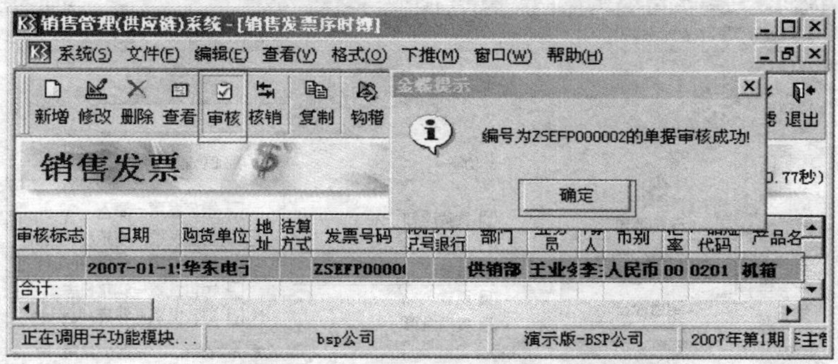

图 2-5-144 审核红字销售发票

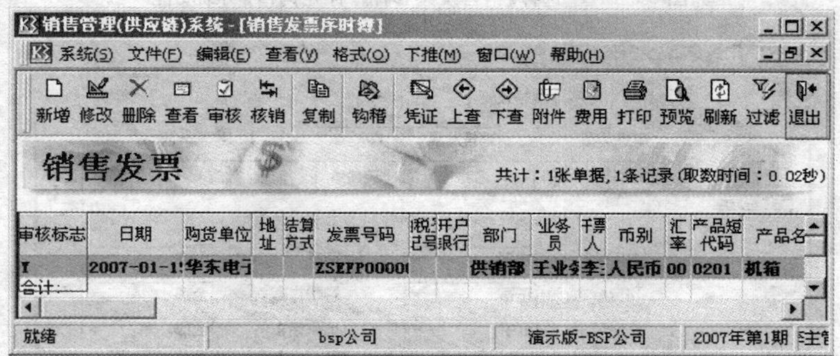

图 2-5-145 显示审核标志

⑬由王业务进行红字销售发票钩稽。在【金蝶 K/3 系统登录】窗口登录，如图 2-5-146 所示，在【用户名】文

图 2-5-146 王业务登录到金蝶 K/3 主控台

本编辑框中输入“王业务”，单击[确定]按钮，登录到【销售发票-钩稽/补充钩稽-销售管理-[主界面]】窗口。

⑭在【销售发票-钩稽/补充钩稽-销售管理-[主界面]】窗口，如图 2-5-147 所示，选择【供应链】/【销售管理】/【结算】/【销售发票-钩稽/补充钩稽】明细功能双击，打开【条件过滤】对话框，如图 2-5-148 所示，单击【红蓝字】文本编辑框右侧的▼下拉按钮，选择“红字”录入，单击[确定(O)]按钮，进入【销售管理(供应链)系统-[销售发票序时簿]】窗口。

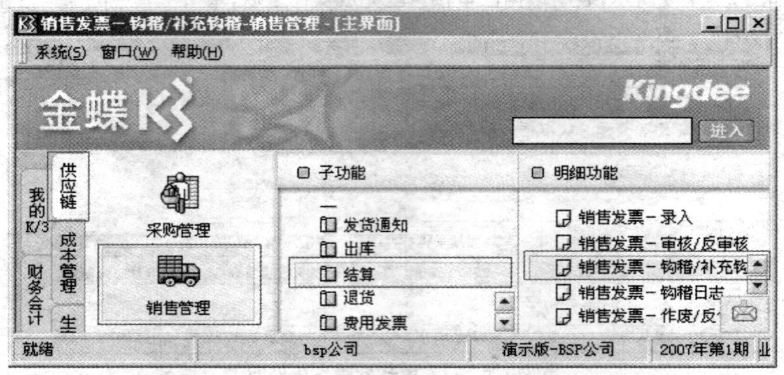

图 2-5-147　选择【销售发票-钩稽/补充钩稽】明细功能

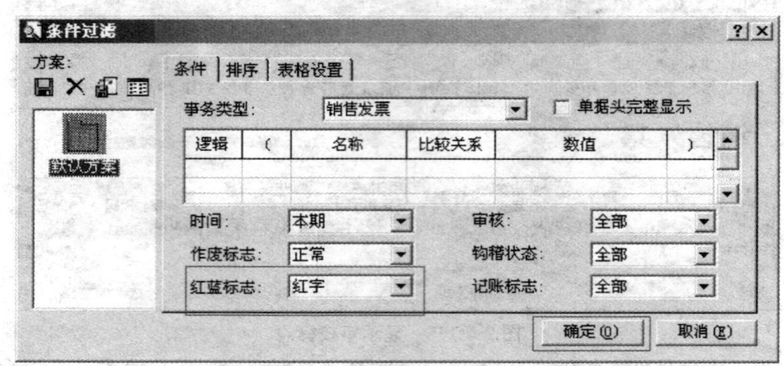

图 2-5-148　条件过滤

⑮在【销售管理(供应链)系统-[销售发票序时簿]】窗口，如图 2-5-149 所示，选择待钩稽的红字销售发票，单击工具栏的[钩稽]按钮，打开【销售发票钩稽】窗口。

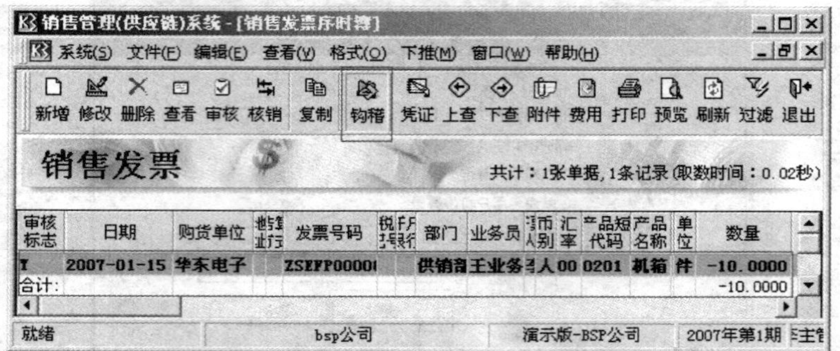

图 2-5-149　选择待钩稽的销售发票

⑯在【销售发票钩稽】窗口，如图 2-5-150 所示，单击【发票】选项卡，检查红字销售发票的相关信息是否正确，如完全正确，再单击工具栏的 钩稽 按钮，系统弹出【金蝶提示】对话框，提示“钩稽成功。”，单击此对话框的 确定(O) 按钮，完成钩稽，并返回到【销售发票钩稽】窗口。

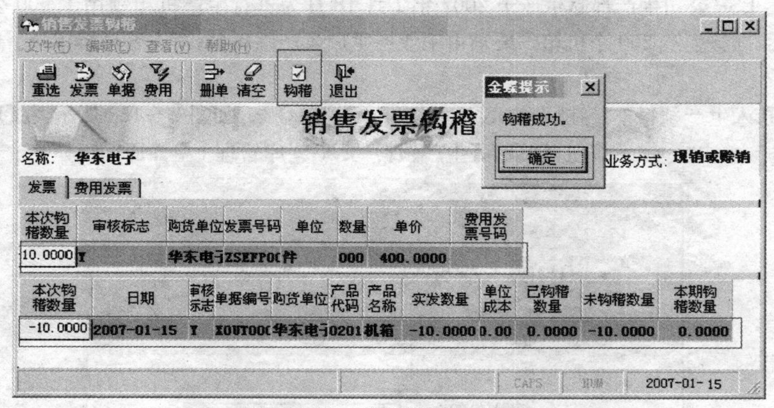

图 2-5-150　检查销售发票信息

⑰在【销售发票钩稽】窗口，如图 2-5-151 所示，在窗口的显示区域，已钩稽成功的发票信息将不再显示。此时单击工具栏的 退出 按钮，返回到【销售管理(供应链)系统-[销售发票序时簿]】窗口，如图 2-5-152 所示，在此窗口【钩稽状态】所对应的表单元中，会显示“Y”，表明此销售发票已钩稽成功。操作完成后，单击工具栏的 退出 按钮，退出本窗口。

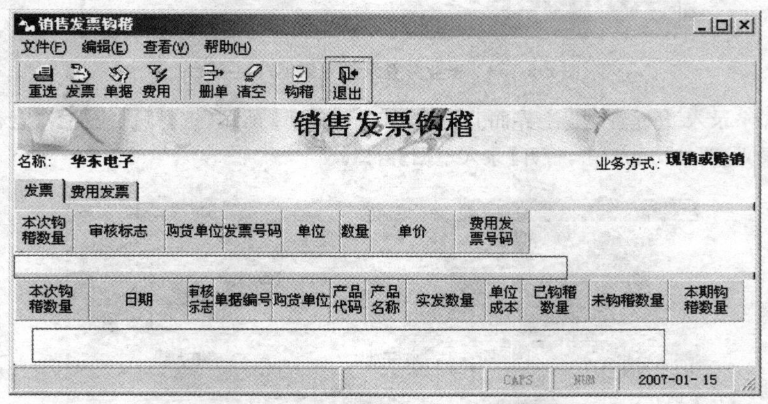

图 2-5-151　已钩稽成功

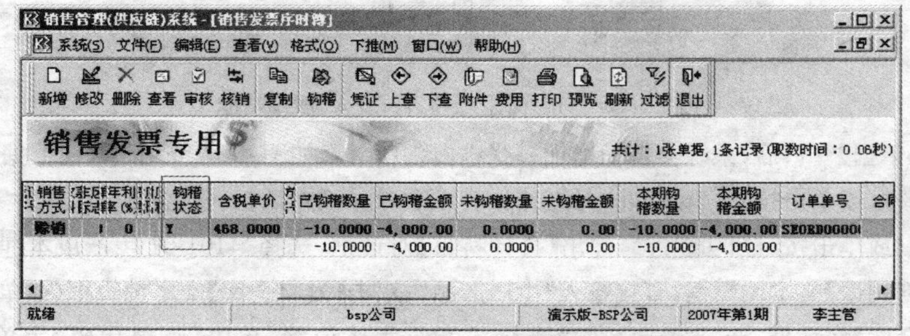

图 2-5-152　显示钩稽标志

5.3 仓存管理业务日常处理

5.3.1 领料发货业务处理

【例 2-5-13】 BSP公司生产部赵生产于2007年1月18日为进行生产机箱领用了600公斤钢材，每公斤钢材成本为10元，准备生产200个机箱。要求由王业务生成生产领料单；李主管进行审核。

操作步骤：

①由王业务录入生产领料单。在【金蝶K/3系统登录】窗口登录，如图2-5-153所示，在【用户名】文本编辑框中输入“王业务”，单击确定按钮，登录到【生产领料-录入-仓库管理-[主界面]】窗口。

图2-5-153 王业务登录到金蝶K/3主控台

②在【生产领料-录入-仓库管理-[主界面]】窗口，如图2-5-154所示，选择【供应链】/【仓存管理】/【领料发货】/【生产领料-录入】明细功能双击，打开【录入单据】窗口。

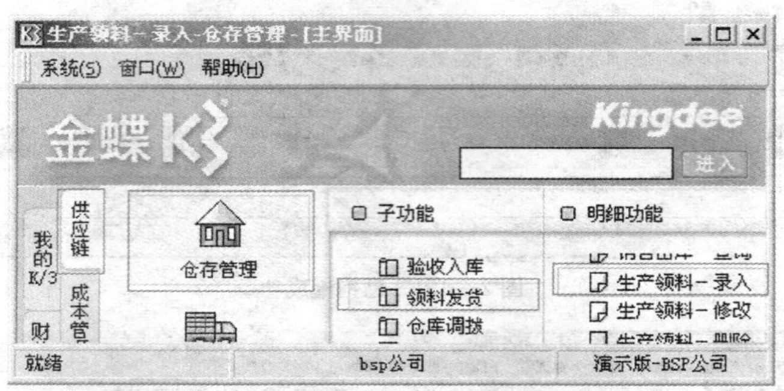

图2-5-154 选择【生产领料—录入】明细功能

③打开【录入单据】窗口后，系统会自动增加一张空白领料单。如图2-5-155所示，在单据头位置，双击【领料部门】文本编辑框(或单击按F7功能键)，弹出【核算项目-部门】对话框，选择“02-生产部“录入；双击【对方科目】文本编辑框(或单击按F7功能键)，弹出【会计科目】对话框，选择“4101-01 生产成本-直接材料“会计科目录入；单击【领料用途】文本编辑框，直接输入“生产产品”；双击【发料仓库】文本编辑框(或单击F7功能键)，弹出【核算项目-仓库】对话框，选择“1-原料库“录入。在单据表体位置，单击【物料代码】表单元F7功能键，

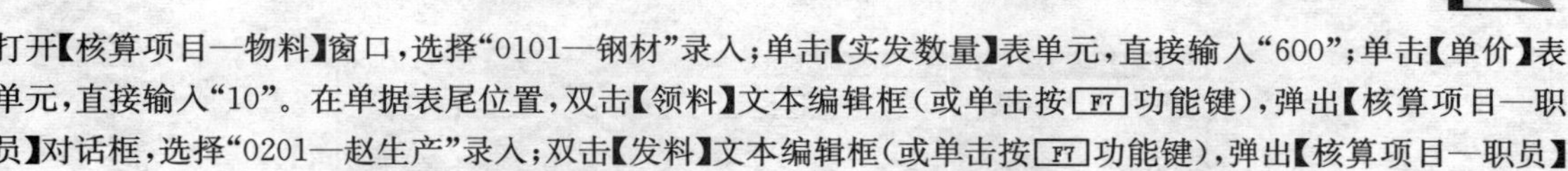

打开【核算项目—物料】窗口，选择“0101—钢材”录入；单击【实发数量】表单元，直接输入“600”；单击【单价】表单元，直接输入“10”。在单据表尾位置，双击【领料】文本编辑框（或单击按 F7 功能键），弹出【核算项目—职员】对话框，选择“0201—赵生产”录入；双击【发料】文本编辑框（或单击按 F7 功能键），弹出【核算项目—职员】对话框，选择“0301—王业务”录入。所有信息录入完毕，单击工具栏的 保存 按钮，保存所开具的发票信息，最后单击工具栏的 退出 按钮，退出本窗口。

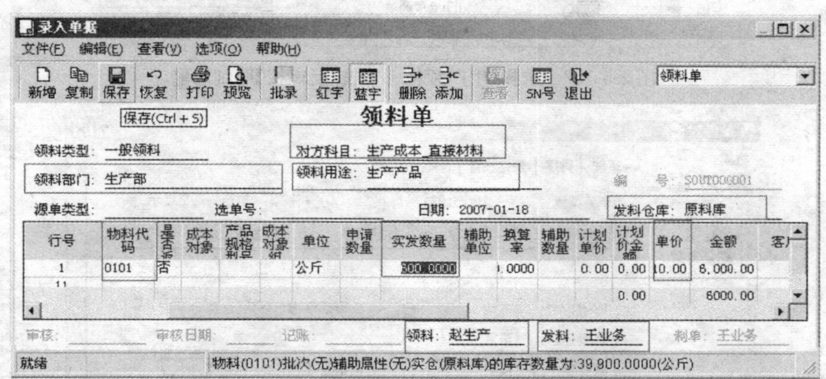

图 2-5-155 录入领料单

④由李主管对领料单进行审核。在【金蝶 K/3 系统登录】登录窗口，如图 2-5-156 所示，在【用户名】文本编辑框中输入“李主管”，单击 确定 按钮，登录到【生产领料—审核/反审核—仓存管理—[主界面]】窗口。

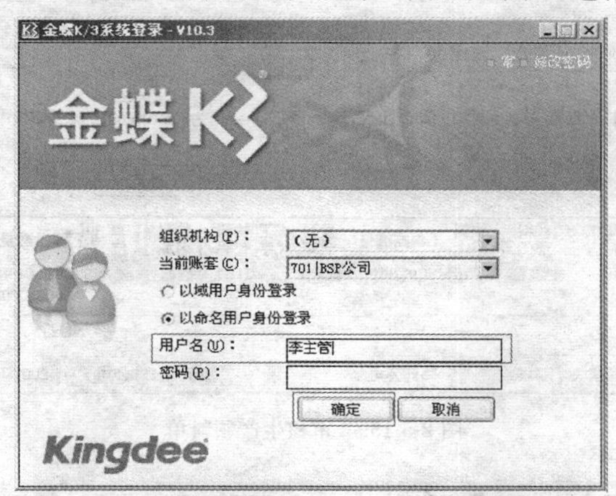

图 2-5-156 李主管登录

⑤在【生产领料—审核/反审核—仓存管理—[主界面]】窗口，如图 2-5-157 所示，选择【供应链】/【仓存管理】/【领料发货】/【生产领料—审核/反审核】明细功能，双击，打开【条件过滤】对话框。如图 2-5-158 所示，选择【默认方案】，再单击 确定(O) 按钮，打开【仓存管理(供应链)系统—[生产领料序时簿]】窗口。

⑥在【仓存管理(供应链)系统—[生产领料序时簿]】窗口，如图 2-5-159 所示，选择待审核的生产领料单，单击工具栏的 审核 按钮，系统弹出【金蝶提示】对话框，提示：“编号为 SOUT000001 的单据审核成功!”。单击 确定 按钮，返回到【仓存管理(供应链)系统—[生产领料序时簿]】窗口，并在窗口的【审核标志】所对应的表单元中会显示出“Y”，如图 2-5-160 所示，表明单据已审核。已完成操作之后，单击工具栏的 退出 按钮，退出本窗口。

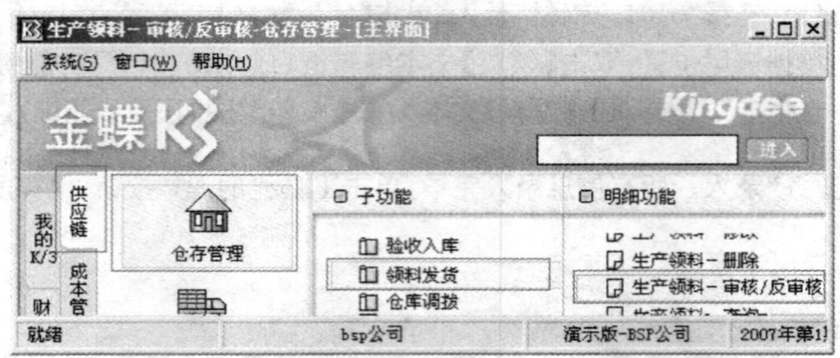

图 2-5-157　选择【生产领料—审核/反审核】明细功能

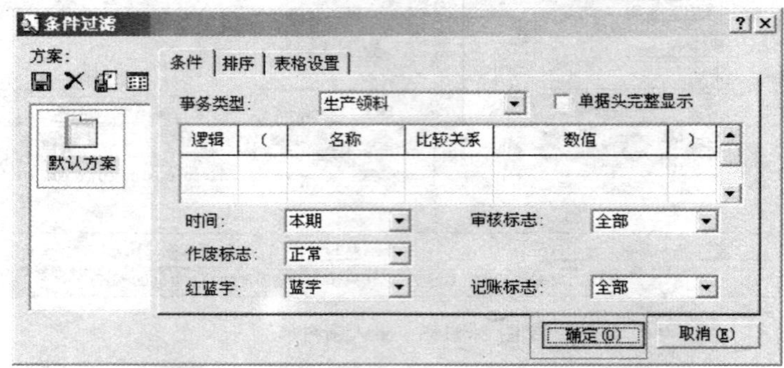

图 2-5-158　条件过滤

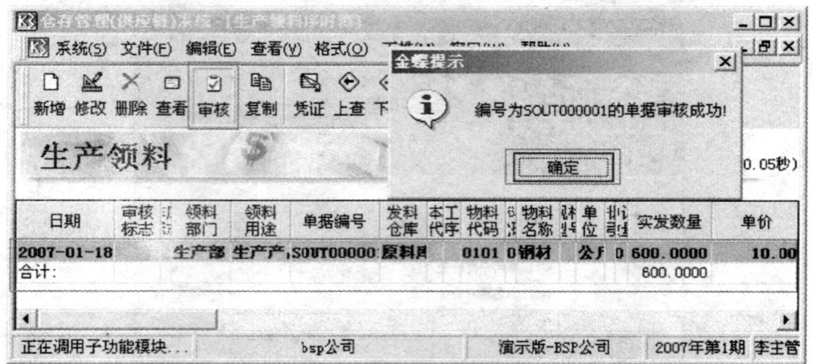

图 2-5-159　审核生产领料单

图 2-5-160　显示审核标志

5.3.2　验收入库业务处理

【例 2-5-14】 BSP公司生产部赵生产于2007年1月28日送来仓库200个完工产品机箱，每件机箱成本为50元，由王业务接收。要求由王业务生成产品入库单；李主管进行审核。

操作步聚：

①由王业务录入产品入库单。在【金蝶K/3系统登录】登录窗口中，如图2-5-161所示，在【用户名】文本编辑框中输入"王业务"，单击 确定 按钮，登录到【产品入库—录入—仓库管理—[主界面]】窗口。

图 2-5-161　王业务登录到金蝶K/3主控台

②在【产品入库—录入—仓库管理—[主界面]】窗口，如图2-5-162所示，选择【供应链】/【仓存管理】/【验收入库】/【产品入库—录入】明细功能双击，打开【录入单据】窗口。

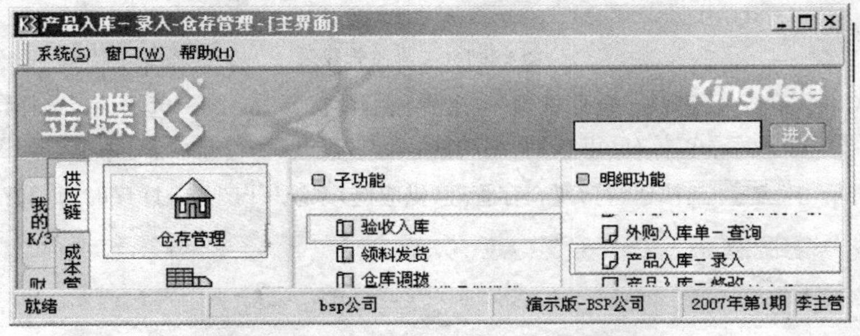

图 2-5-162　选择【生产领料—录入】明细功能

③打开【录入单据】窗口后，系统会自动增加一张空白产品入库单。如图2-5-163所示，在单据头位置，双击【交货单位】文本编辑框(或单击 F7 功能键)，弹出【核算项目—部门】对话框，选择"02—生产部"录入；双击【收货仓库】文本编辑框(或单击 F7 功能键)，弹出【核算项目—仓库】对话框，选择"2—成品库"录入。在单据表体位置，单击【物料代码】表单元按 F7 功能键，打开【核算项目—物料】窗口，选择"0201—机箱"录入；单击【实收数量】表单元，直接输入"200"；单击【单价】表单元，直接输入"50"。在单据表尾位置，双击【领料】文本编辑框(或单击按 F7 功能键)，弹出【核算项目—职员】对话框，选择"0201—赵生产"录入；双击【发料】文本编辑框(或单击按 F7 功能键)，弹出【核算项目—职员】对话框，选择"0301—王业务"录入。所有信息录入完毕，单击工具栏的 保存 按钮，保存所开具的发票信息，最后单击工具栏的 退出 按钮，退出本窗口。

④由李主管对领料单进行审核。在【金蝶K/3系统登录】登录窗口，如图2-5-164所示，在【用户名】文本编辑框中输入"李主管"，单击 确定 按钮，登录到【产品入库—审核/反审核—仓存管理—[主界面]】窗口。

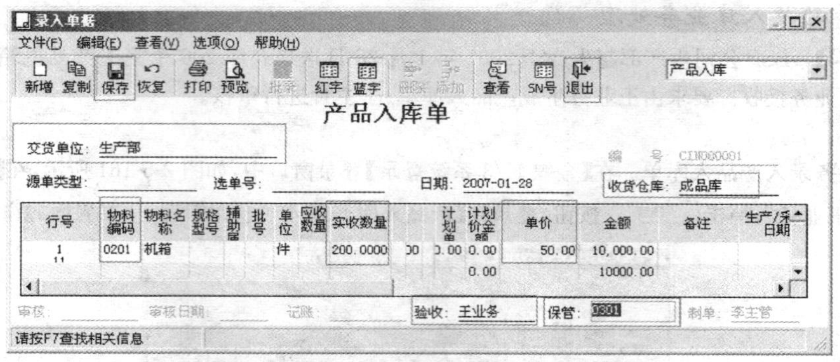

图 2-5-163　录入领料单

图 2-5-164　李主管登录

⑤在【产品入库—审核/反审核—仓存管理—[主界面]】窗口，如图 2-5-165 所示，选择【供应链】/【仓存管理】/【验收入库】/【产品入库—审核/反审核】明细功能，双击，打开【条件过滤】对话框。如图 2-5-166 所示，选择【默认方案】，再单击 确定(O) 按钮，打开【仓存管理(供应链)系统—[产品入库序时簿]】窗口。

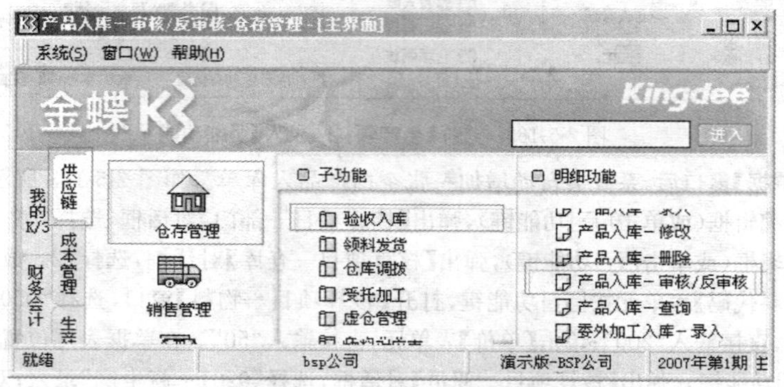

图 2-5-165　选择【生产领料—审核/反审核】明细功能

⑥在【仓存管理(供应链)系统—[产品入库序时簿]】窗口，如图 2-5-167 所示，选择待审核的生产领料单，单击工具栏的 审核 按钮，系统弹出【金蝶提示】对话框，提示："编号为 CIN000001 的单据审核成功!"。单击 确定 按钮，返回到【仓存管理(供应链)系统—[生产领料序时簿]】窗口，并在窗口的【审核标志】所对应的表

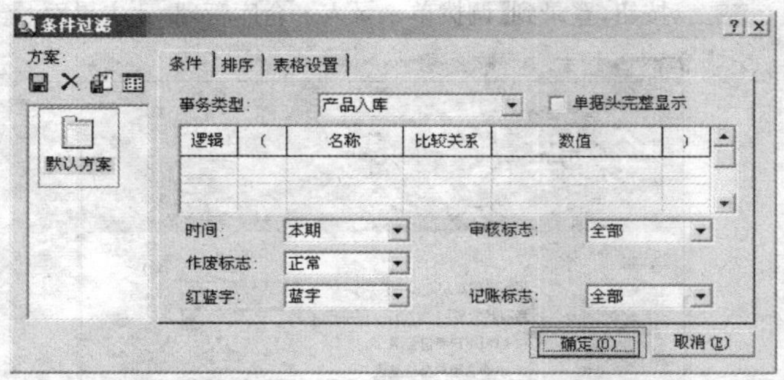

图 2-5-166　条件过滤

单元中会显示出“Y”,如图 2-5-168 所示,表明单据已审核。已完成操作之后,单击工具栏的 退出 按钮,退出本窗口。

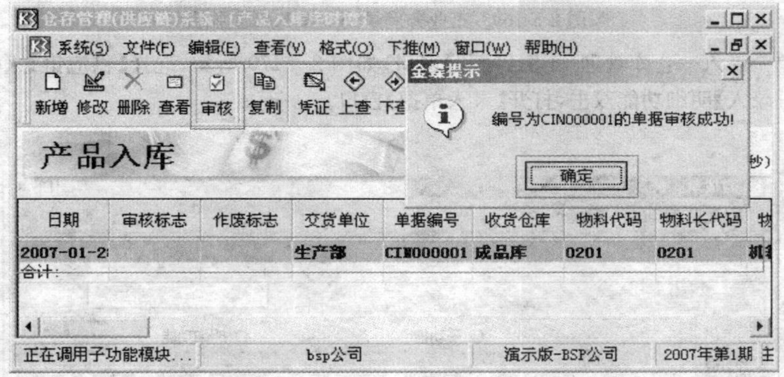

图 2-5-167　审核产品入库单

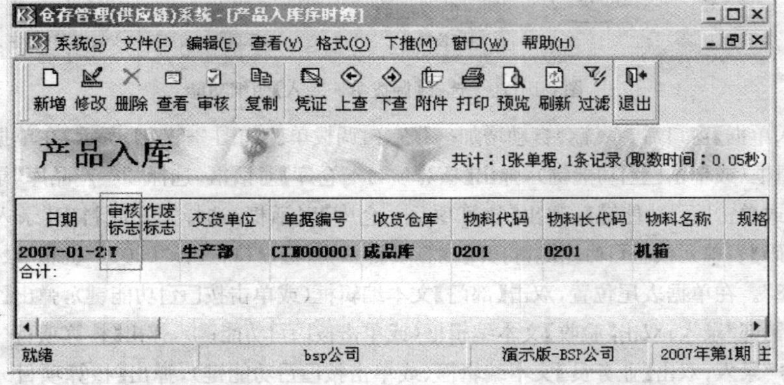

图 2-5-168　显示审核标志

5.3.3　仓库调拨业务处理

【例 2-5-15】　2007 年 1 月 28,BSP 公司由于生产的需要,有 8 个机箱需要再进行加工,要供销部的王业务将其从产品库调拨到材料库,并要求李主管进行审核。

操作步骤:

①由王业务录入调拨单。在【金蝶 K/3 系统登录】登录窗口中,如图 2-5-169 所示,在【用户名】文本编辑框

中输入"王业务",单击 确定 按钮,登录到【调拨单—录入—仓库管理—[主界面]】窗口。

图 2-5-169　王业务登录到金蝶 K/3 主控台

②在【调拨单—录入—仓库管理—[主界面]】窗口,如图 2-5-170 所示,选择【供应链】/【仓存管理】/【仓库调拨】/【调拨单—录入】明细功能双击,打开【录入单据】窗口。

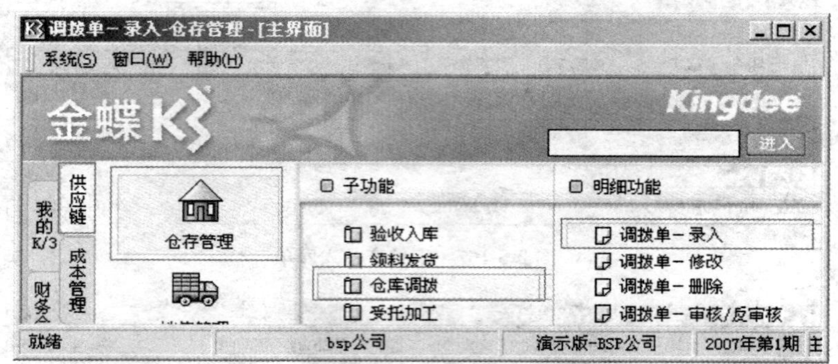

图 2-5-170　选择【调拨单—录入】明细功能

③打开【录入单据】窗口后,系统会自动增加一张空白调拨单。如图 2-5-171 所示,在单据头位置,双击【调出仓库】文本编辑框(或单击 F7 功能键),弹出【核算项目—仓库】对话框,选择"2—产品库"录入;双击【调入仓库】文本编辑框(或单击 F7 功能键),弹出【核算项目—仓库】对话框,选择"1—原料库"录入。在单据表体位置,单击【物料代码】表单元按 F7 功能键,打开【核算项目—物料】窗口,选择"0201—机箱"录入;单击【数量】表单元,直接输入"8"。在单据表尾位置,双击【部门】文本编辑框(或单击按 F7 功能键),弹出【核算项目—部门】对话框,选择"供销部"录入;双击【验收】文本编辑框(或单击按 F7 功能键),弹出【核算项目—职员】对话框,选择"0301—王业务"录入;双击【业务员】文本编辑框(或单击按 F7 功能键),弹出【核算项目—职员】对话框,选择"0301—王业务"录入;双击【保管】文本编辑框(或单击按 F7 功能键),弹出【核算项目—职员】对话框,选择"0301—王业务"录入。所有信息录入完毕,单击工具栏的 保存 按钮,保存所开具的发票信息,最后单击工具栏的 退出 按钮,退出本窗口。

④由李主管对调拨单进行审核。在【金蝶 K/3 系统登录】登录窗口,如图 2-5-172 所示,在【用户名】文本编辑框中输入"李主管",单击 确定 按钮,登录到【调拨单—审核/反审核—仓存管理—[主界面]】窗口。

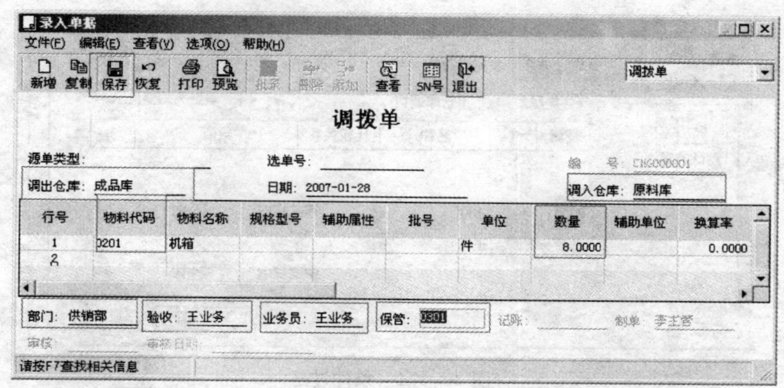

图 2-5-171 录入调拨单

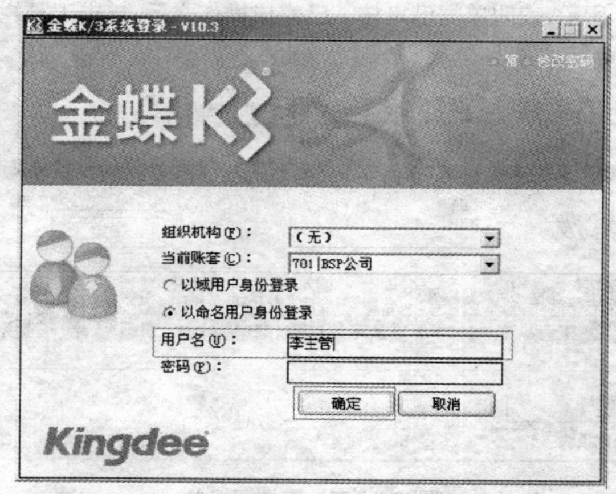

图 2-5-172 李主管登录

⑤在【调拨单—审核/反审核—仓存管理—[主界面]】窗口，如图 2-5-173 所示，选择【供应链】/【仓存管理】/【仓库调拨】/【调拨单—审核/反审核】明细功能，双击，打开【条件过滤】对话框。如图 2-5-174 所示，选择【默认方案】，再单击 确定(O) 按钮，打开【仓存管理(供应链)系统—[仓库调拨序时簿]】窗口。

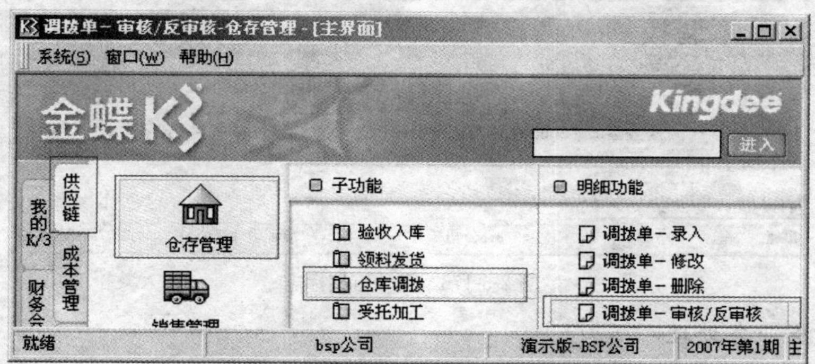

图 2-5-173 选择【生产领料—审核/反审核】明细功能

⑥在【仓存管理(供应链)系统—[仓库调拨序时簿]】窗口，如图 2-5-175 所示，选择待审核的调拨单，单击工具栏的 审核 按钮，系统弹出【金蝶提示】对话框，提示："编号为 CHG000001 的单据审核成功!"。单击 确定 按钮，返回到【仓存管理(供应链)系统—[仓库调拨序时簿]】窗口，并在窗口表体的【审核标志】所对应的表单元中

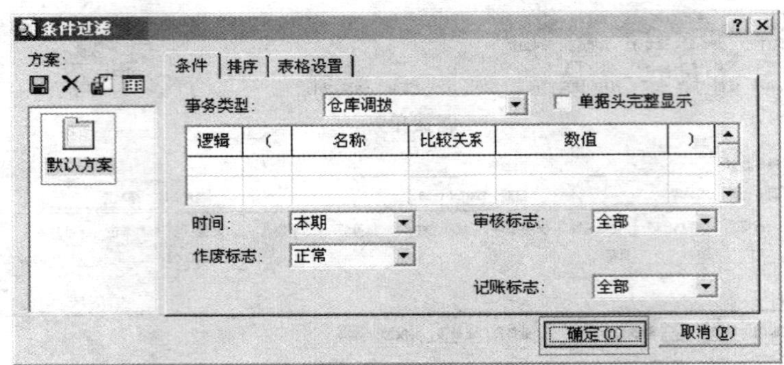

图 2-5-174　条件过滤

会显示出“Y”，如下图 2-5-176 所示，表明单据已审核。已完成操作之后，单击工具栏的 退出 按钮，退出本窗口。

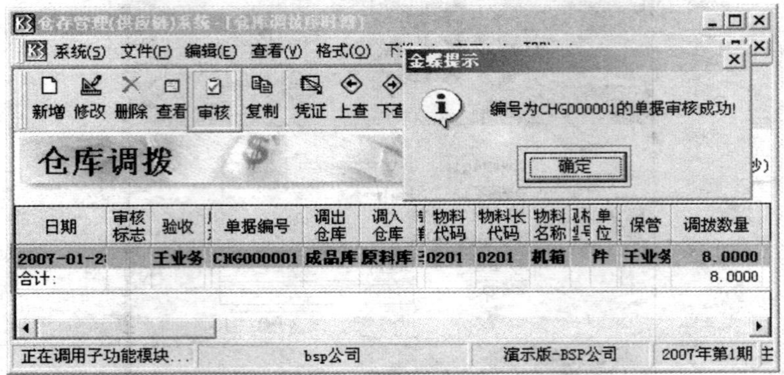

图 2-5-175　审核调拨单

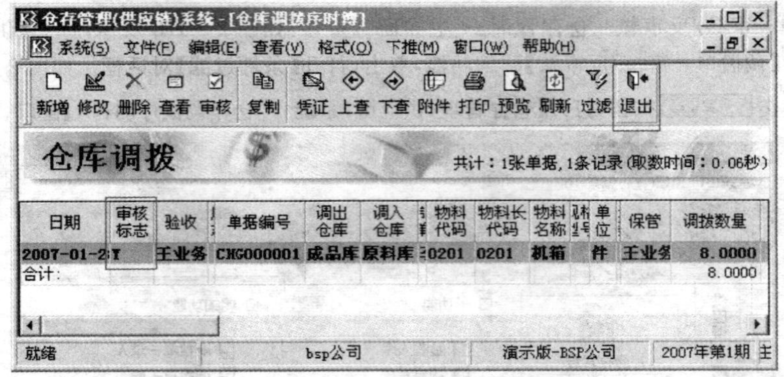

图 2-5-176　显示审核标志

5.3.4　盘点业务处理

盘点业务是指利用仓存系统与实际库存进行库存盘点并生成盘盈与盘亏报告单的相关业务处理，盘点业务处理的流程图如图 2-5-177 所示：

【例 2-5-16】 BSP 公司供销部的王业务于 2007 年 1 月 28 日对“产品库”进行盘点，发现机箱比账存数少了一个（账存数量为 5352 件，实际库存数量为 5351 件），作盘亏处理，同时生成盘亏单，并由李主管进行审核。

操作步骤：

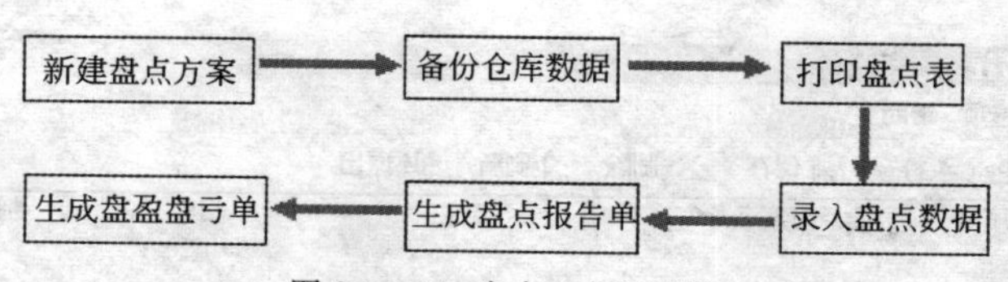

图 2-5-177 盘点业务流程图

①由王业务进行相关的盘点操作。在【金蝶 K/3 系统登录】登录窗口中，如图 2-5-178 所示，在【用户名】文本编辑框中输入“王业务”，单击 确定 按钮，登录到【调拨单—录入—仓库管理—[主界面]】窗口。

图 2-5-178 王业务登录到金蝶 K/3 主控台

②在【盘点方案—新建—仓库管理—[主界面]】窗口，如图 2-5-179 所示，选择【供应链】/【仓存管理】/【盘点作业】/【盘点方案—新建】明细功能双击，打开【盘点进程】对话框。

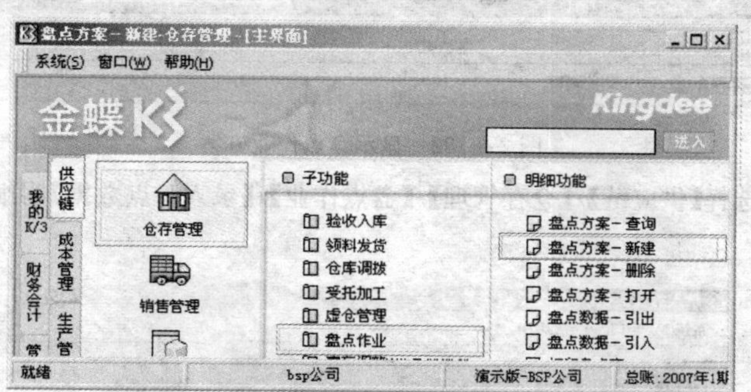

图 2-5-179 选择【盘点方案—新建】明细功能

③在【盘点进程】对话框中，如图 2-5-180 所示，单击工具栏的 新建 按钮，打开【备份仓库数据】对话框。

④在【备份仓库数据】对话框中，如图 2-5-181 所示，单击【截止日期】前的 单选按钮，选中此项；单击【仓库】选项卡，单击【成品库】前的☑多选按钮，勾选此项；再单击此对话框下方的 确定(O) 按钮，系统弹出【金蝶提示】对话框，提示：“仓库备份已经完成！请按“确定”返回！”。此时再单击金蝶提示对话框的 确定(O) 按钮，关闭金蝶提示对话框，返回到【盘点进程】对话框中。

⑤在【盘点进程】对话框中，如图 2-5-182 所示，在对话框下方的显示区域，显示出已建立的盘点作业方案，单击工具栏的 退出 按钮，退出此对话框。

⑥录入盘点数据。在金蝶主控台的主界面窗口中，如图 2-5-183 所示，进入到【录入盘点数据—仓存管理

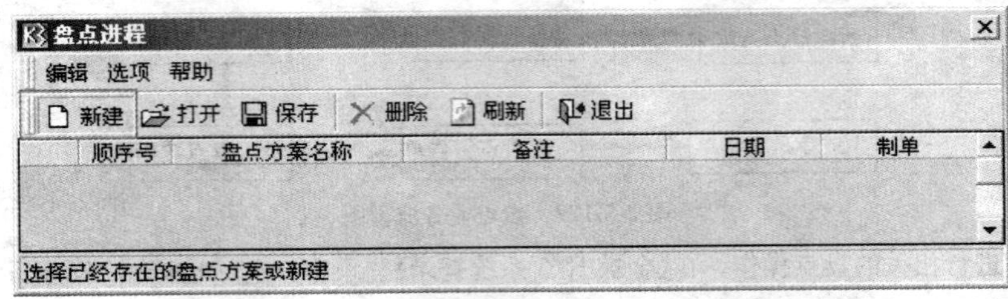

图 2-5-180 新建盘点作业

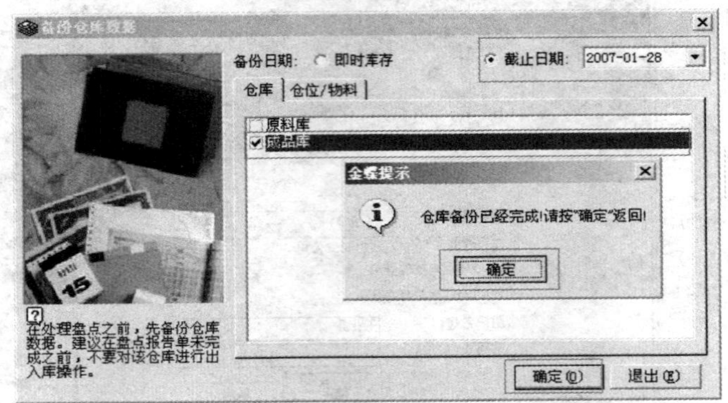

图 2-5-181 备份仓库数据

图 2-5-182 显示盘点作业方案

—[主界面]】界面窗口，选择【供应链】/【仓存管理】/【盘点作业】/【录入盘点数据】明细功能，打开【录入盘点数据】窗口。

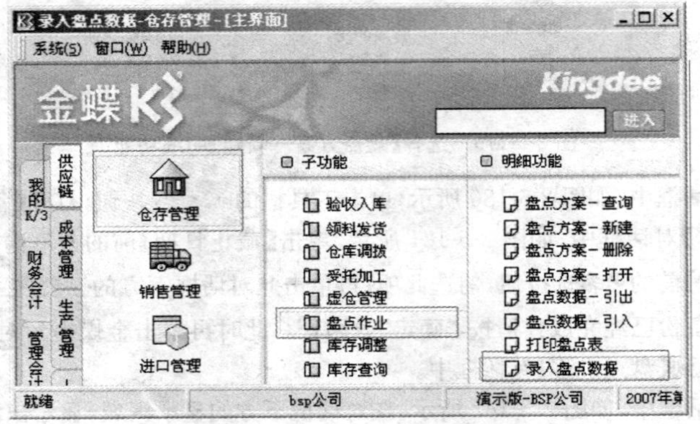

图 2-5-183 选择【录入盘点数据】明细功能

⑦在【录入盘点数据】窗口中，如图 2-5-184 所示，单击【盘点数量】对应的表单元，修改数据为“5351”，将核查库存的实际盘点数量 5351 件机箱录入到物料盘点表中的【盘点数量】表单元，录入完毕单击工具栏的 保存 按钮，保存修改信息，再单击 退出 按钮，退出本窗口。

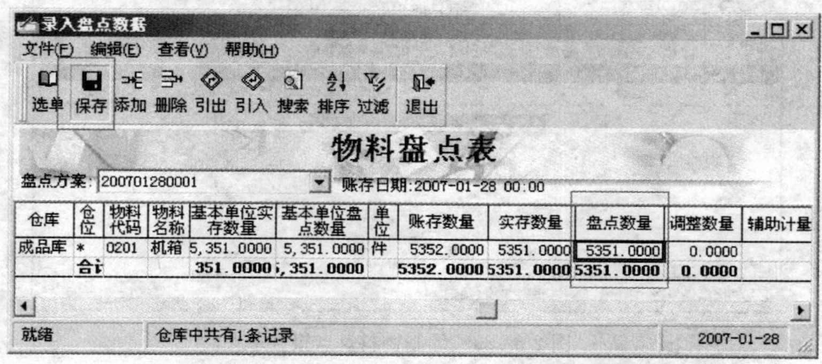

图 2-5-184　录入盘点数据

⑧编制盘点报告单。在【编制盘点报告表—仓存管理—[主界面]】窗口，如图 2-5-185 所示，选择【供应链】/【仓存管理】/【盘点作业】/【编制盘点报告表】明细功能，双击，打开【物料盘点报告单】窗口。

图 2-5-185　选择【编制盘点报告表】明细功能

⑨在【物料盘点报告单】窗口，如图 2-5-186 所示，单击工具栏的 盘亏单 按钮，系统弹击【金蝶提示】对话框，提示：“成功生成盘亏单，单号：KADJ000001”。单击提示对话框的 确定 按钮，打开物料盘亏报告单的【编制单据】窗口。

⑩在【编制单据】窗口，如图 2-5-187 所示，双击【仓库名称】文本编辑框（或单击按 F7 功能键），弹出【核算项目—仓库】对话框，选择“2—产品库”录入；双击【保管】文本编辑框（或单击按 F7 功能键），弹出【核算项目—职员】对话框，选择“0301—王业务”录入；双击【负责人】文本编辑框（或单击按 F7 功能键），弹出【核算项目—职员】对话框，选择“0101—李主管”录入；双击【经办人】文本编辑框（或单击按 F7 功能键），弹出【核算项目—职员】对话框，选择“0301—王业务”录入。所有信息录入完毕，单击工具栏的 保存 按钮，保存盘点报告单信息，再单击工具栏的 退出 按钮，退出本窗口。

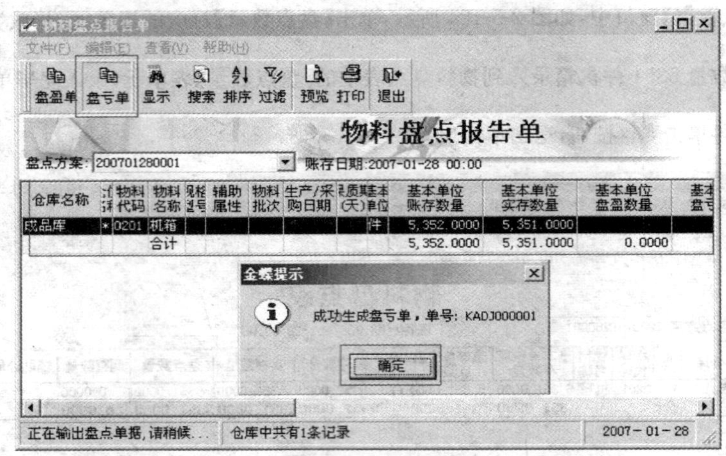

图 2-5-186　编制物料盘点报告单

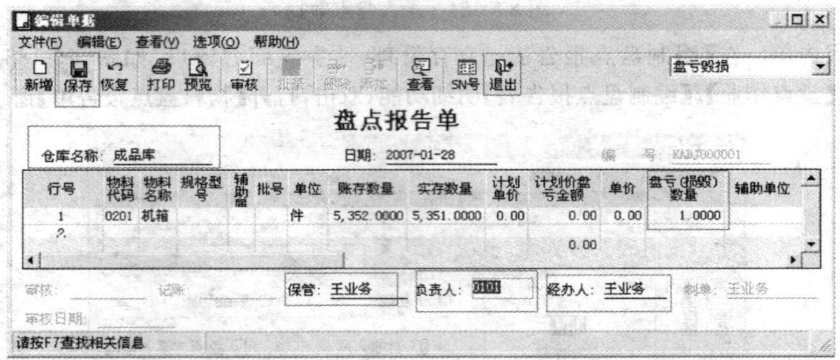

图 2-5-187　编辑盘点报告单

⑪由李主管对盘点报告单进行审核。在【盘亏毁损—审核/反审核—仓存管理—[主界面]】窗口，如图 2-5-188 所示，选择【供应链】/【仓存管理】/【库存调整】/【盘亏毁损—审核反审核】明细功能，双击，打开【条件过滤】窗口。

图 2-5-188　选择【盘亏毁损—审核/反审核】明细功能

⑫在【条件过滤】窗口，如图 2-5-189 所示，选择【默认方案】，单击 确定(O) 按钮，打开【仓存管理(供应链)系统—[库存调整序时簿]】窗口。

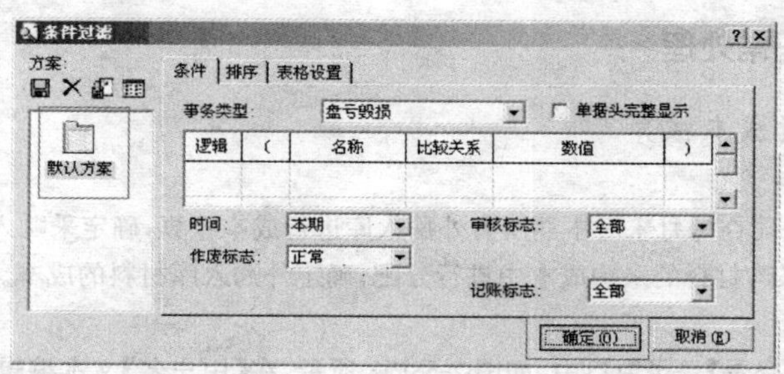

图 2-5-189 条件过滤

⑬在【仓存管理(供应链)系统—[库存调整序时簿]】窗口,如图 2-5-190 所示,选择待审核的盘亏报告单,单击工具栏的审核按钮,系统弹出【金蝶提示】对话框,提示:"编号为 KADJ000001 的单据审核成功!"。单击确定按钮,返回到【仓存管理(供应链)系统—[库存调整序时簿]】窗口,并在窗口表体的【审核标志】所对应的表单元中会显示出"Y",如图 2-5-191 所示,表明单据已审核。已完成操作之后,单击工具栏的退出按钮,退出本窗口。

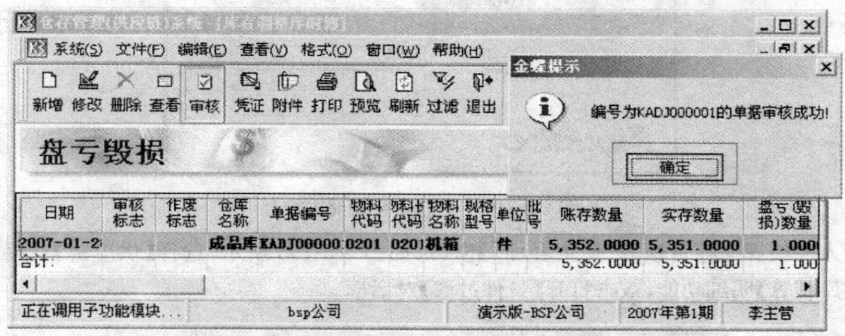

图 2-5-190 审核盘亏报告单

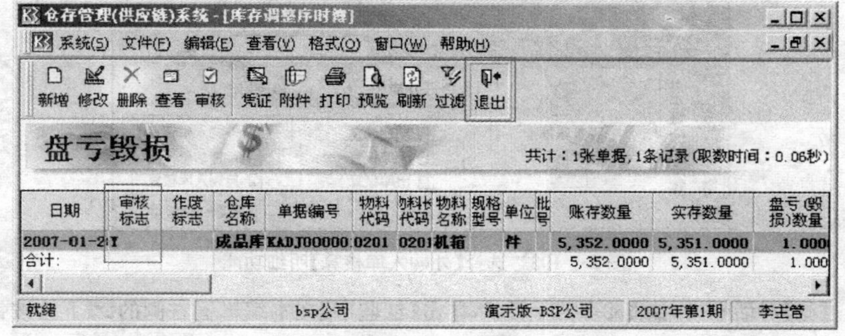

图 2-5-191 显示审核标志

技巧:在生成盘盈/盘亏报告单时,有些信息是不完整的,必须要操作员手工将不全的信息补录完整。

技巧:生成盘盈/盘亏报告单后,并不能自动更新库存信息,必须要对盘盈/盘亏报告单进行保存或审核后才能更新库存信息。

技巧:生成的盘盈/盘亏报告单有误,想要重新生成时,必须选将原已生成的盘盈/盘亏报告单删除,才能重新生成。

5.4 存货业务日常处理

5.4.1 入库存货成本核算

(1)外购入库核算

【例 2-5-17】 BSP公司在每月末对本期所有外购入库进行成本核算，确定采购入库成本。要求：由供销部的王业务将采购费用在采购材料的采购成本中进行分配，确定外购入库材料的成本。

操作步骤：

①在【金蝶 K/3 系统登录】登录窗口中，如图 2-5-192 所示，在【用户名】文本编辑框中输入“张会计”，单击 确定 按钮，登录到【外购入库核算—存货核算—[主界面]】窗口。

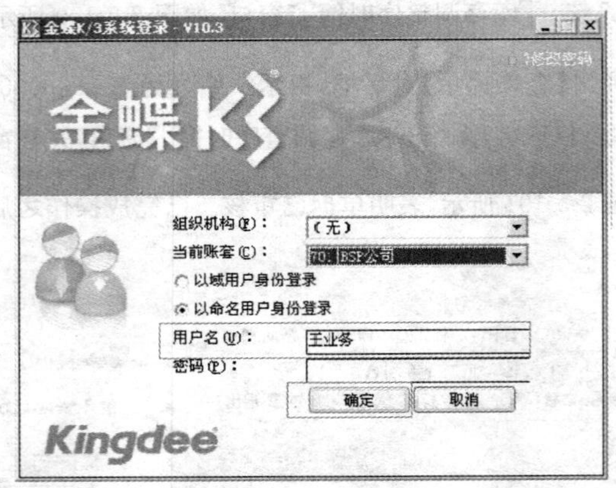

图 2-5-192 王业务登录到主控台

②在【外购入库核算—存货核算—[主界面]】窗口，如图 2-5-193 所示，选择【供应链】/【存货核算】/【入库核算】/【外购入库核算】明细功能，双击打开【条件过滤】对话框。

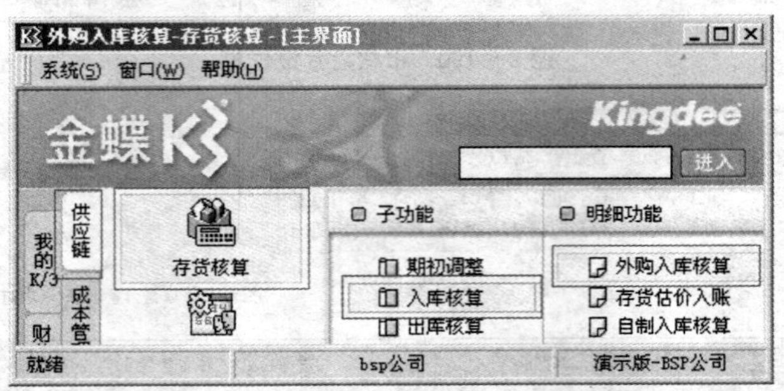

图 2-5-193 选择【外购入库核算】明细功能

③在【条件过滤】对话框中，如图 2-5-194 所示，单击【红蓝字】文本编辑框右侧的下接按钮，选择“全部”录入；单击【记账标志】文本编辑框右侧的下接按钮，选择“全部”录入。再单击 确定(O) 按钮，打开【存货核算(供应链)系统—[外购入库核算]】窗口。

④选择费用分配方式。在【存货核算(供应链)系统—[外购入库核算]】窗口，如图 2-5-195 所示，选择待进行费用分配的发票(如有多条发票记录需要选择，可按 CTRL 键进行多选)，单击 核算(C) 菜单，选择级联菜单中的【费用分配方式】/【按数量分配】(在此只有一条发票记录数量分配与按金额分配均可，其结果是一样的)。

⑤进行费用分配。如图 2-5-196 所示，单击工具栏的 分配 按钮，系统弹出【金蝶提示】对话框，提示：“费用

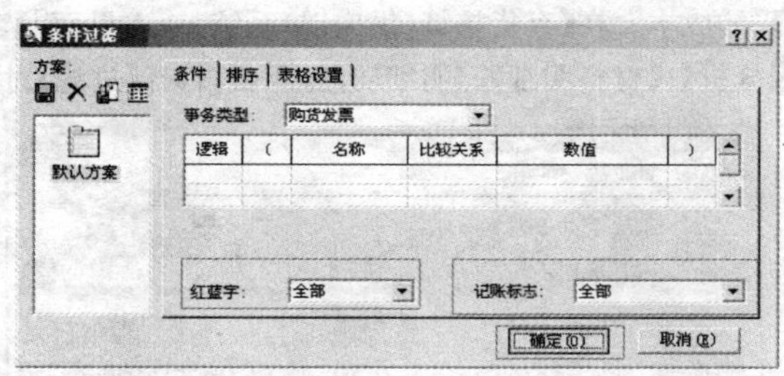

图 2-5-194 条件过滤

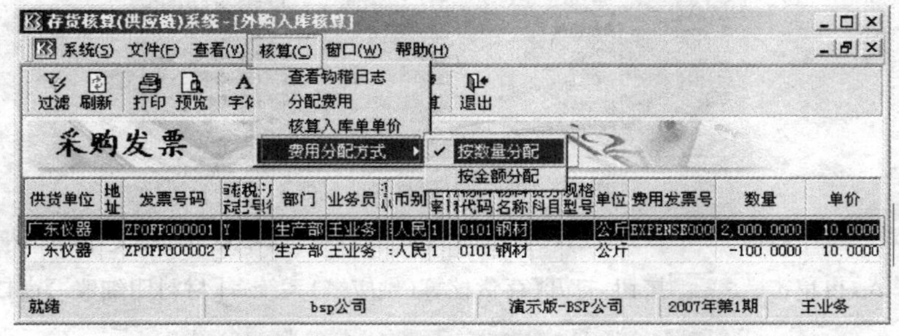

图 2-5-195 选择费用分配方式

分配结束”。单击确定按钮，返回到【存货核算(供应链)系统—[外购入库核算]】窗口。

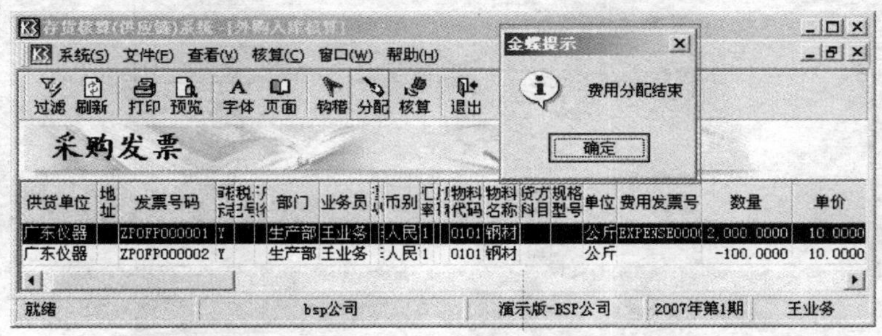

图 2-5-196 费用分配

⑥进行采购成本核算。在【存货核算(供应链)系统—[外购入库核算]】窗口，如图 2-5-197 所示，单击工具栏的核算按钮，系统弹出【金蝶提示】对话框，提示：“核算成功，总耗时：XX 秒”。单击确定按钮，返回到【存货核算(供应链)系统—[外购入库核算]】窗口，再单击退出按钮，退出此窗口。

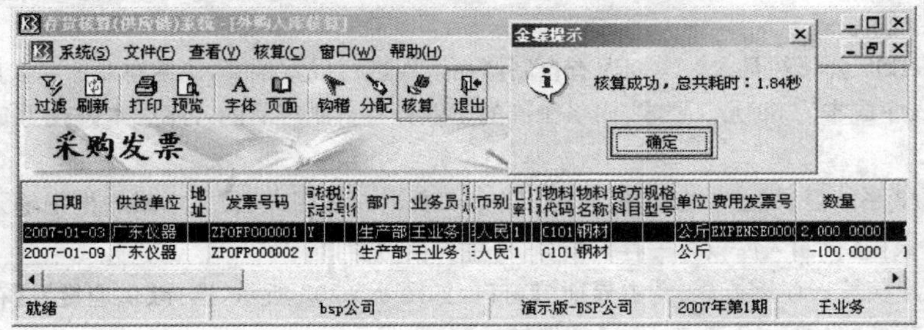

图 2-5-197 采购成本核算

⑦检查已核算后的材料采购成本。在【存货核算(供应链)系统—[主界面]】窗口,如图 2-5-198 所示,选择【供应链】/【存货核算】/【报表分析】/【材料明细账】明细功能,双击,打开【过滤】对话框。

图 2-5-198 选择【材料明细账】

⑧在【过滤】对话框中,如图 2-5-199 所示,选择【默认方案】,单击【单据状态】文本编辑框右侧的▼下拉按钮,选择"全部"录入,再单击【确定】按钮,打开【存货核算(供应链)系统—[材料明细账]】窗口。

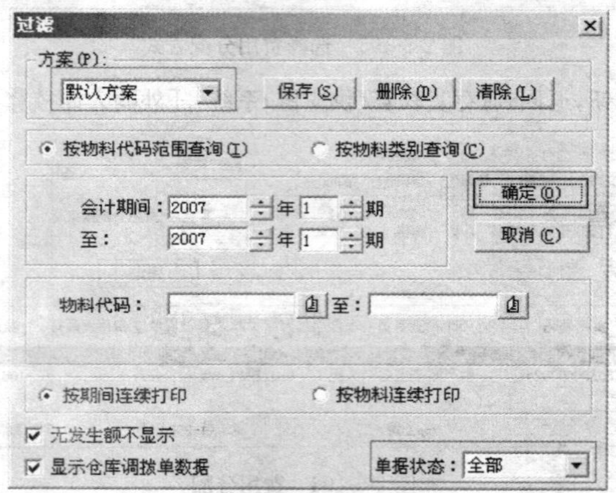

图 2-5-199 过滤对话框

⑨在【存货核算(供应链)系统—[材料明细账]】窗口,如图 2-5-200 所示,在材料明细账所记录的核算后的材料采购发票所对应的入库材料的【单价】为"11",说明,将相关采购费用分配之后,材料采购成本已由原来的"10"修正为现在的"11"。材料采购成本核实正确之后,再单击工具栏的【退出】按钮,退出此窗口。

(2)自制产品入库核算:

【例 2-5-18】 BSP 公司在月末对本期所有自制产品入库进行成本核算,确定自制产品入库成本,经过核算确定自制机箱的入库成本为 50 元。要求:由供销部的王业务将自制产品的入库成本修改为 50 元。

操作步骤:

①在【金蝶 K/3 系统登录】登录窗口中,如图 2-5-201 所示,在【用户名】文本编辑框中输入"王业务",单击【确定】按钮,登录到【自制入库核算—存货核算—[主界面]】窗口。

②在【自制入库核算—存货核算—[主界面]】窗口,如图 2-5-202 所示,选择【供应链】/【存货核算】/【入库核算】/【自制入库核算】明细功能,双击打开【条件过滤】对话框。

③在【条件过滤】对话框中,如图 2-5-203 所示,单击【事务类型】文本编辑框右侧的▼下接按钮,选择"产品

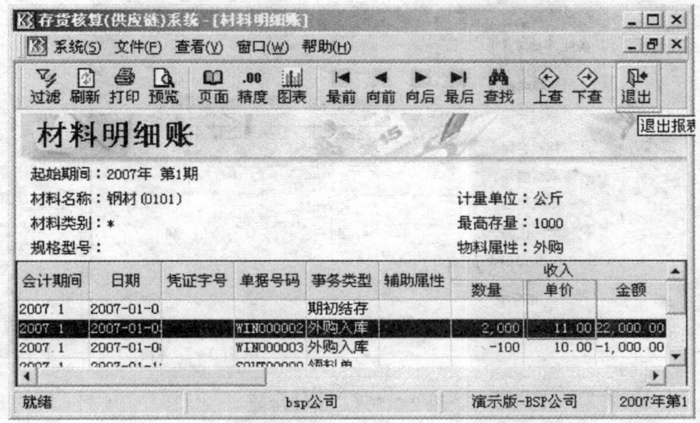

图 2-5-200 查看核算后的材料采购成本

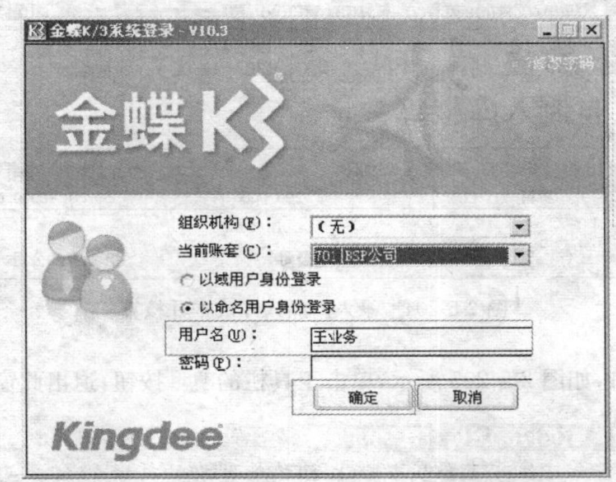

图 2-5-201 王业务登录到主控台

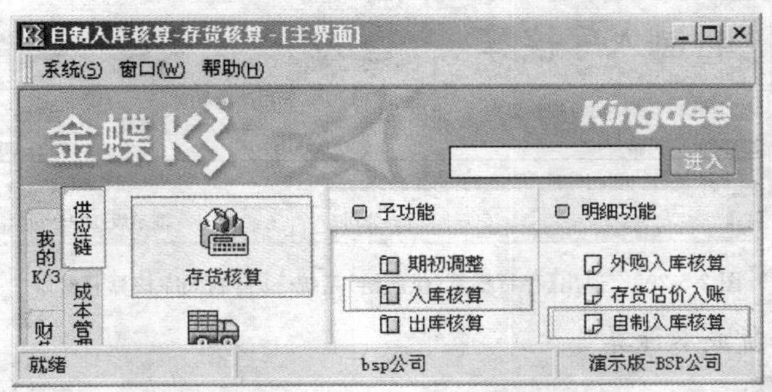

图 2-5-202 选择【自制入库核算】明细功能

入库”录入，再单击[确定(O)]按钮，打开【存货核算(供应链)系统—[外购入库核算]】窗口。

④入产品入库成本并核算。在【存货核算(供应链)系统—[自制入库核算]】窗口，如图 2-5-204 所示，单击【单价】对应的表单元，将金额修改为“50”(如原来已经录入成本且正确，在些可不需要修改)；单击工具栏的[核算]按钮，系统弹出【金蝶提示】对话框，提示：“核算成功!”，再单击[确定]按钮。返回到【存货核算(供应链)

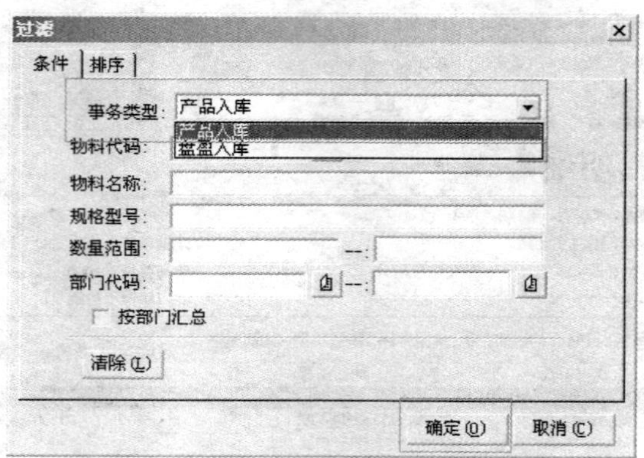

图 2-5-203　条件过滤

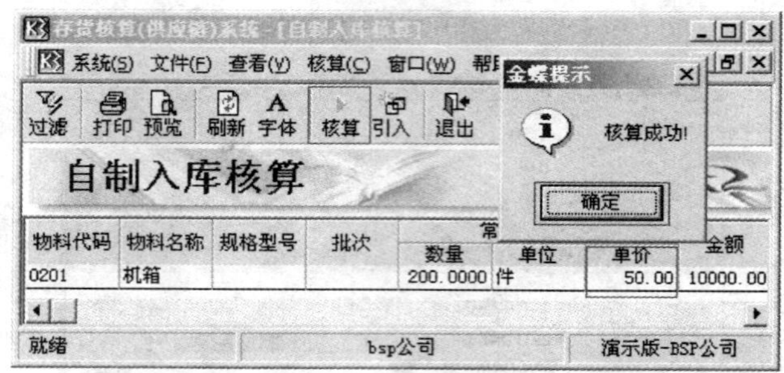

图 2-5-204　录入产品入库成本并核算

系统—[自制入库核算]】窗口，如图 2-5-205 所示，单击工具栏的 退出 按钮，退出此窗口。

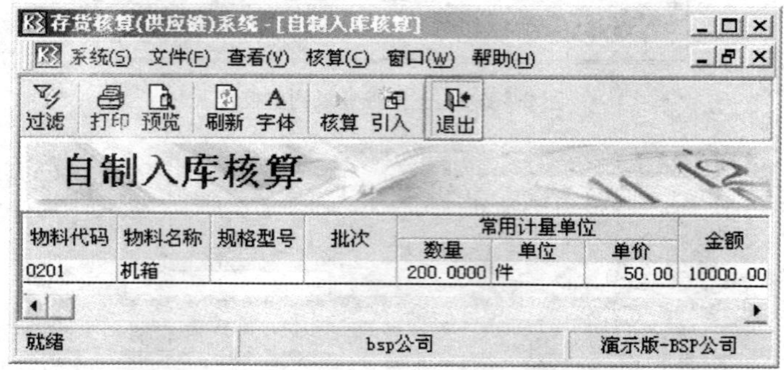

图 2-5-205　退出【存货核算(供应链)系统—[自制入库核算]】窗口

5.4.2　出库存货成本计算

(1)产成品出库核算：

【例 2-5-19】 BSP 公司在月末对本期所有发出产品的成本进行核算，确定发出产品的销售成本。要求：由供销部的王业务结转本期发出产品的出库成本。

操作步骤：

①在【金蝶 K/3 系统登录】登录窗口中，如图 2-5-206 所示，在【用户名】文本编辑框中输入“王业务”，单击 确定 按钮，登录到【产成品出库核算—存货核算—[主界面]】窗口。

②在【产成品出库核算—存货核算—[主界面]】窗口，如图 2-5-207 所示，选择【供应链】/【存货核算】/【出

图 2-5-206 王业务登录到主控台

库核算】/【产成品出库核算】明细功能，双击打开【结转存货成本—介绍】向导。

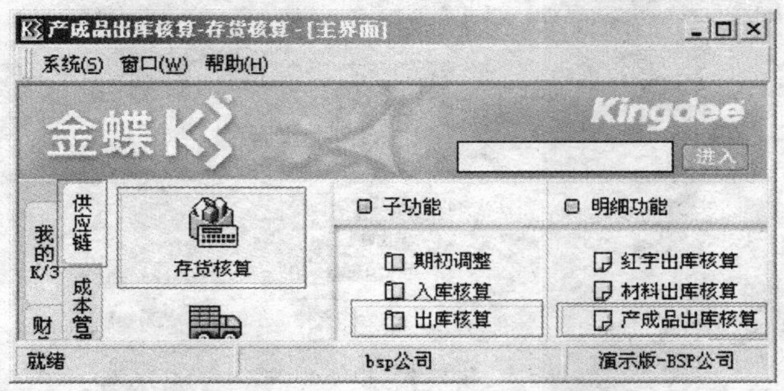

图 2-5-207 选择【产成品出库核算】明细功能

③在【结转存货成本—介绍】向导对话框中，如图 2-5-208 所示，单击，打开向导第一步【结转存货成本—第一步(产成品出库核算)】对话框。

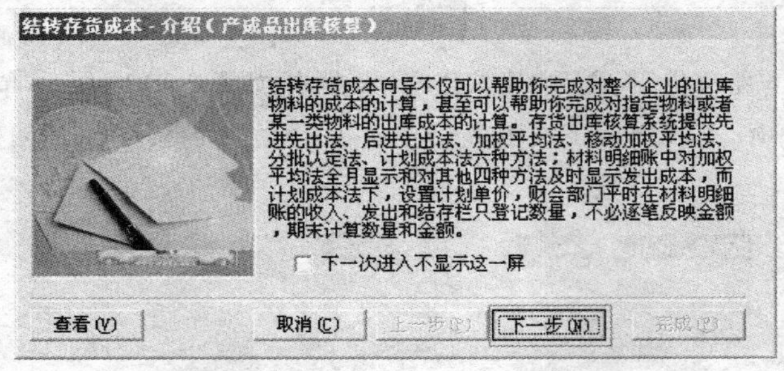

图 2-5-208 【结转存货成本—介绍】向导

④在【结转存货成本—第一步(产成品出库核算)】对话框中，如图 2-5-209 所示，单击【结转本期所有物料】前的单选按钮，选取此项，再单击按钮，进入到【结转存货成本—第二步(产成品出库核算)】对话框。

⑤在【结转存货成本—第二步(产成品出库核算)】对话框中，如图 2-5-210 所示，在【写结转报告选项】项目下面：单击【写成本计算表】及【写错误日志】前的多选按钮，选取此二项；单击【输出路径】文本编辑框右侧的浏览按钮，选择要存放结转报告的目录，再单击，进入到【结转存货成本—第三步(产成品出库核算)】对话框。

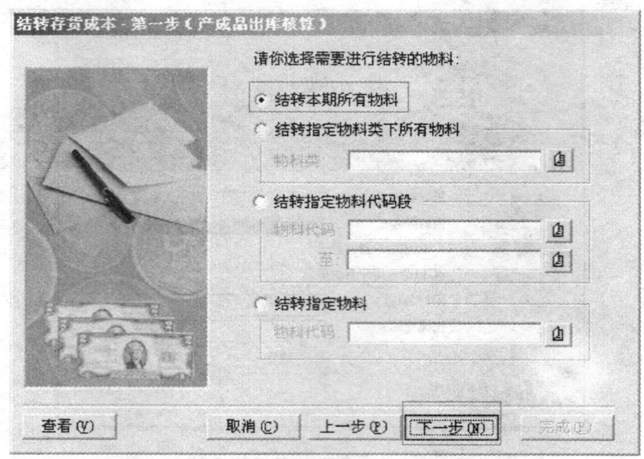

图 2-5-209 【结转存货成本—第一步】

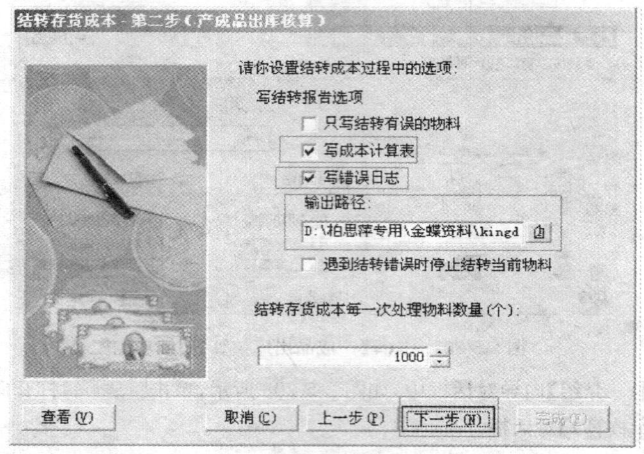

图 2-5-210 【结转存货成本—第二步】

⑥在【结转存货成本—第三步(产成品出库核算)】对话框中，如图 2-5-211 所示，单击【保存当前的设置】项前的☑多选按钮，选取此项，单击[完成(F)]按钮，完成产成品出库成本的核算，并返回到【产成品出库核算—存货核算—[主界面]】窗口。

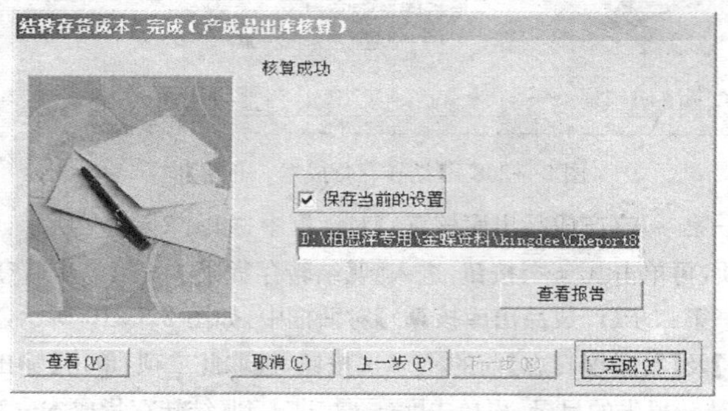

图 2-5-211 【结转存货成本—完成】

⑦查看结转存货成本报告及成本计表表。按图 2-5-211 示的保存目录，打开【结转存货成本报告】，报告结果如图 2-5-212 所示。单击此报告中的【附件】表单元中的“成本计算表”会链接打开如图 2-5-213 所示的【成本计算表】。

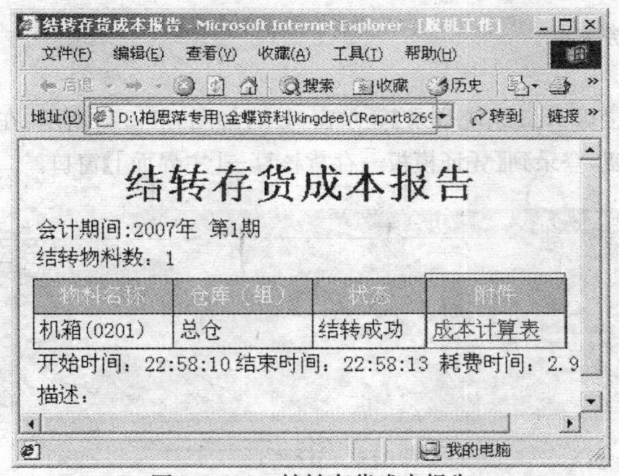

结转存货成本报告

会计期间:2007年 第1期

结转物料数：1

物料名称	仓库（组）	状态	附件
机箱(0201)	总仓	结转成功	成本计算表

开始时间：22:58:10 结束时间：22:58:13 耗费时间：2.9

描述：

图 2-5-212 结转存货成本报告

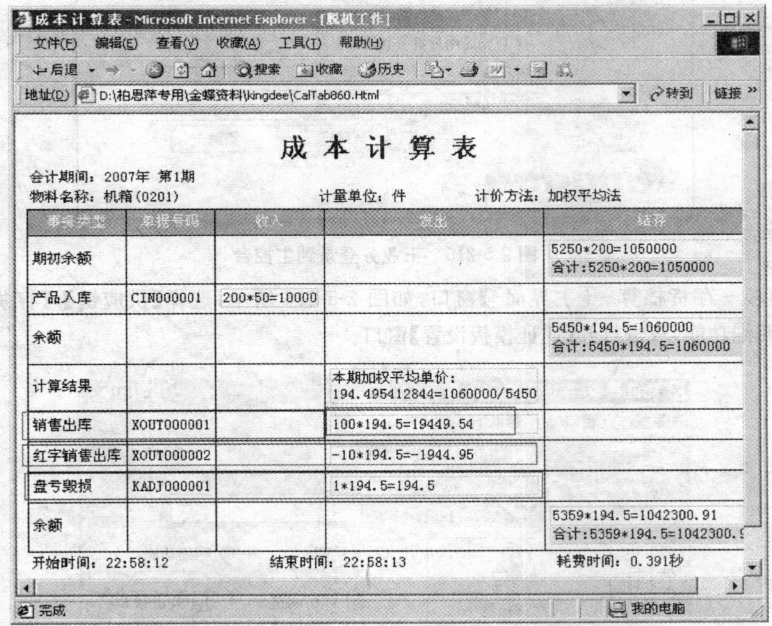

成 本 计 算 表

会计期间：2007年 第1期

物料名称：机箱(0201)　　计量单位：件　　计价方法：加权平均法

事务类型	单据号码	收入	发出	结存
期初余额				5250*200=1050000 合计:5250*200=1050000
产品入库	CIN000001	200*50=10000		
余额				5450*194.5=1060000 合计:5450*194.5=1060000
计算结果			本期加权平均单价： 194.495412844=1060000/5450	
销售出库	XOUT000001		100*194.5=19449.54	
红字销售出库	XOUT000002		-10*194.5=-1944.95	
盘亏毁损	KADJ000001		1*194.5=194.5	
余额				5359*194.5=1042300.91 合计:5359*194.5=1042300.9

开始时间：22:58:12　　结束时间：22:58:13　　耗费时间：0.391秒

图 2-5-213 成本计算表

(2)红字出库核算：

在此所指的红字出核算是指车间退料或销售退货时，成本较难确定，即不确定单价的单据的出库核算。在处理上直接打开属于此类的单据录入成本数据即可。如果有原单的红字出库单，系统在核算时自动取原单的单价，不需要在此核算，如本书上述销售退货就不需在此再进行红字出库核算，因而此处不再用案例阐述。

5.4.3 凭证处理

凭证处理的环节包括制作凭证模板、生成凭证、修改凭证、审核凭证，其中修改凭证与审核凭证在凭证查询功能中完成。其处理流程图如图 2-5-214 所示。

【例 2-5-20】 BSP 公司在月末生成本期所有采购发票、采购费用发票、出库、入库、销售发票、销售费用发票等供应链业务的凭证。

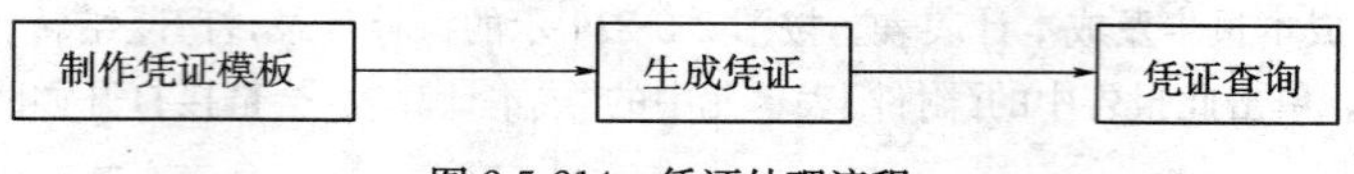

图 2-5-214　凭证处理流程

要求：由供销部的王业务完成。

操作步骤：

①由王业务登录。在【金蝶 K/3 系统登录】登录窗口中，如图 2-5-215 所示，在【用户名】文本编辑框中输入"王业务"，单击 确定 按钮，登录到【凭证模板－存货核算－[主界面]】窗口。

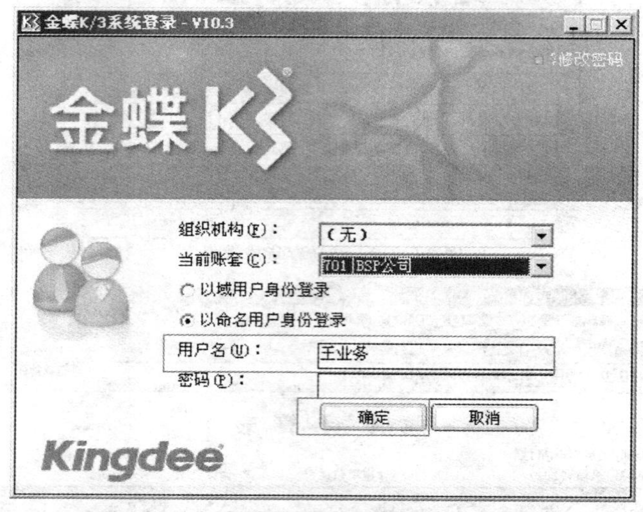

图 2-5-215　王业务登录到主控台

②在【凭证模板－存货核算－[主界面]】窗口，如图 2-5-216 所示，选择【供应链】/【存货核算】/【凭证管理】/【凭证模板】明细功能，双击打开【凭证模板设置】窗口。

图 2-5-216　选择【凭证模板】明细功能

③设置外购入库凭证模板。在【凭证模板设置】窗口，如图 2-5-217 所示，双击【事务类型】项目下的【外购入库单】，在【凭证模板】显示区域，双击"外购入库单"凭证模板，打开【凭证模板】设置对话框。在【凭证模板】

设置对话框中，单击【凭证字】文本编辑框右侧的▼按钮，选择"记"字录入；单击表体【科目】对应的凭证模板单元，按F7功能键，打开【会计科目】对话框，选择"1201.01 生产用物资采购"科目录入。设置完后，单击工具栏的保存按钮，系统弹出【金蝶提示】对话框，提示："模板保存成功！"，单击确定按钮，返回到【凭证模板】对话框，再单击对话框工具栏的退出按钮，返回到【凭证模板设置】窗口。

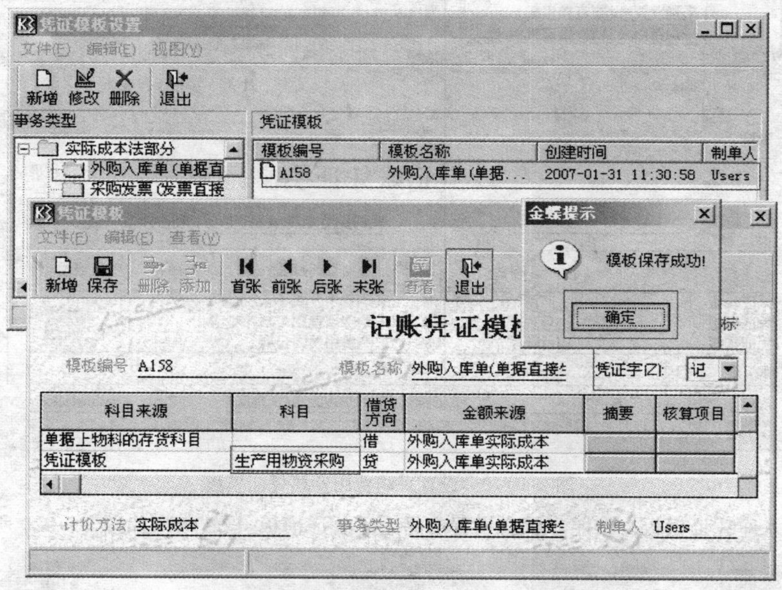

图 2-5-217　设置外购入库凭证模板

④设置采购发票凭证模板。按照步骤③设置采购发票凭证模板，设置结果如下图 2-5-218 所示。

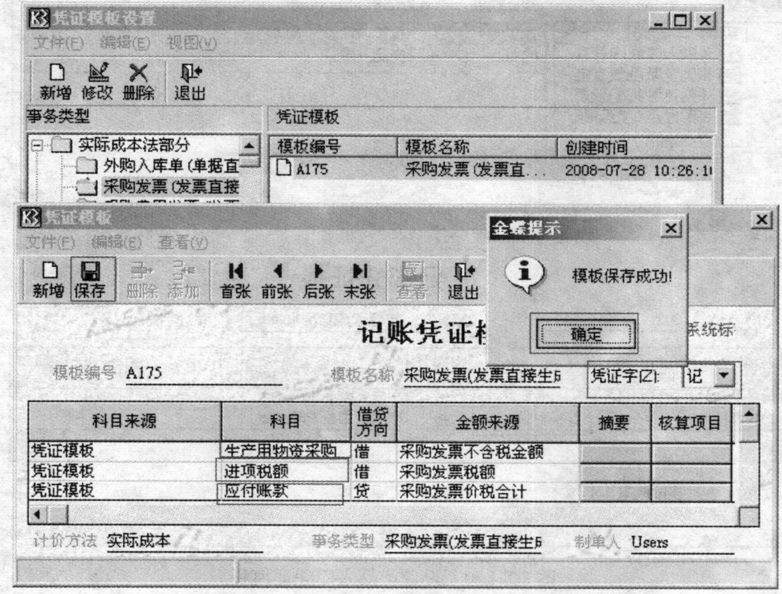

图 2-5-218　设置采购发票凭证模板

⑤设置采购费用发票凭证模板。按照步骤③设置采购费用发票凭证模板，设置结果如图 2-5-219 所示。

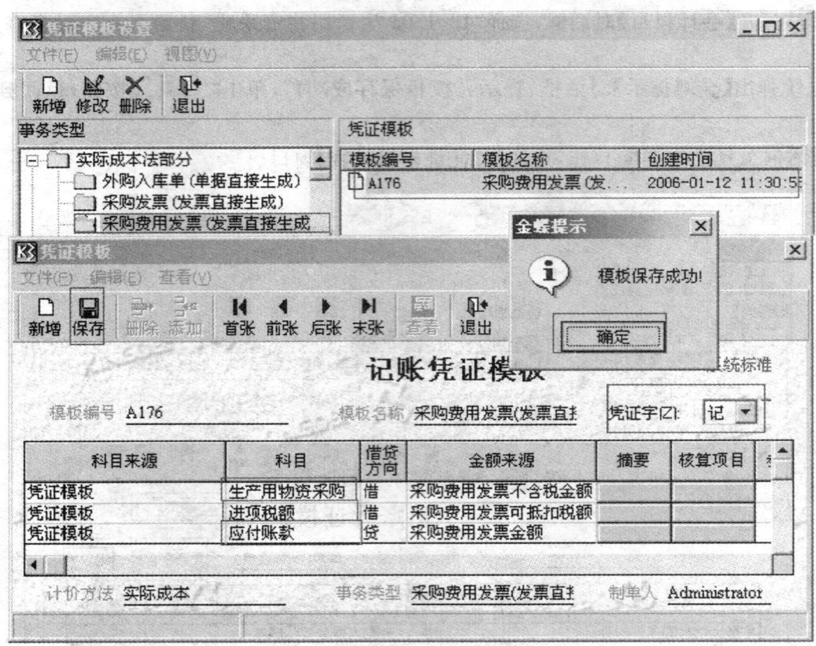

图 2-5-219　设置采购费用发票凭证模板

⑥设置产品入库凭证模板。按照步骤③设置产品入库凭证模板，设置结果如图 2-5-220 所示。

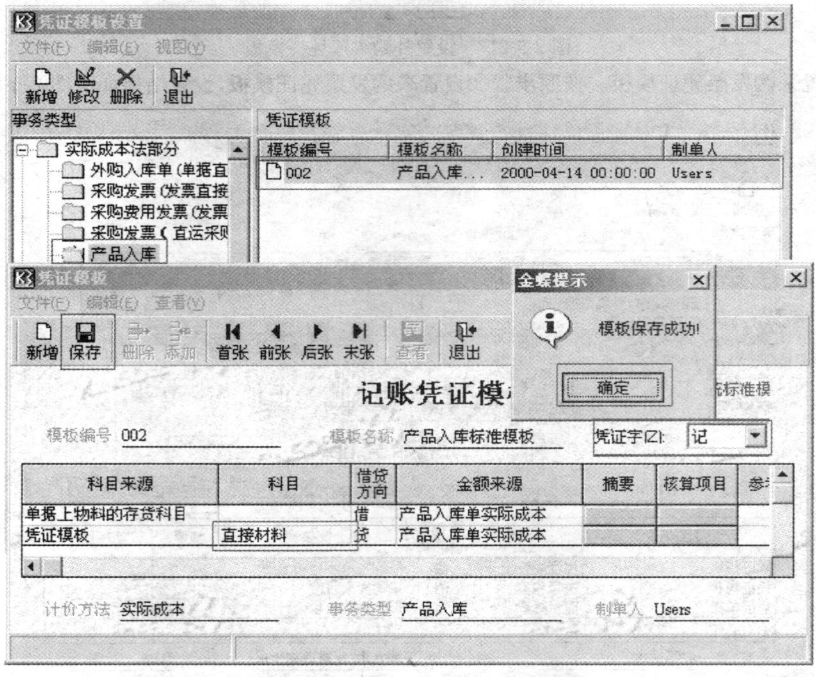

图 2-5-220　设置产品入库凭证模板

⑦设置销售出库凭证模板。按照步骤③设置销售出库凭证模板，设置结果如图 2-5-221 所示。在此要注意，记账凭证模板表体单元是黄色的表明系统已经进行了预设置，不能修改，如不符合企业的要求可生成凭证后，在【凭证查询】功能中可以进行修改。

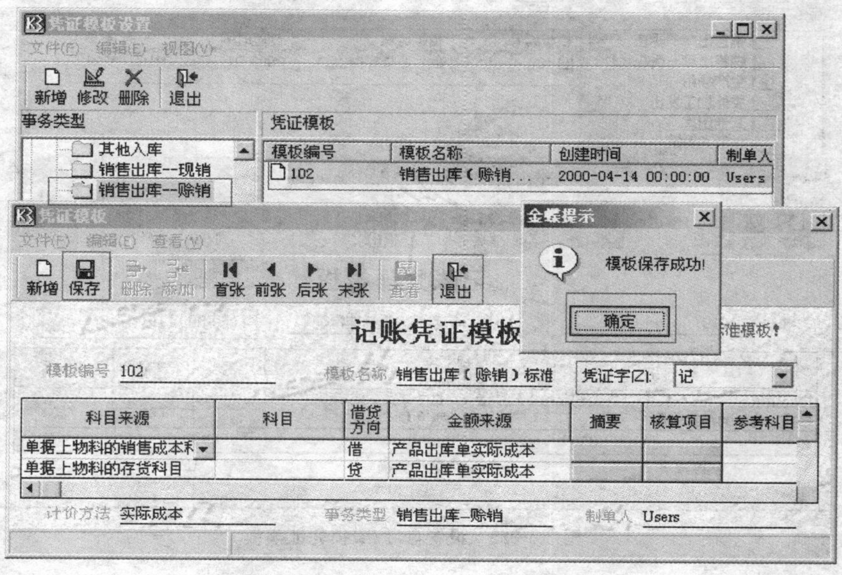

图 2-5-221　设置销售出库凭证模板

⑧设置领料出库凭证模板。按照步骤③设置生产领料出库凭证模板，设置结果如图 2-5-222 所示。

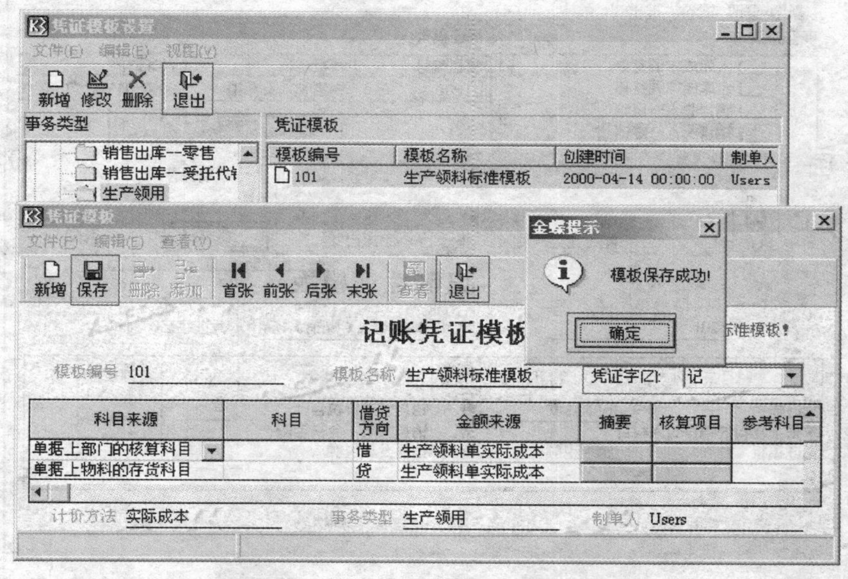

图 2-5-222　设置领料出库凭证模板

⑨设置盘亏/毁损凭证模板。按照步骤③设置盘亏/毁损凭证模板，设置结果如图 2-5-223 所示。

⑩设置销售收入—赊销凭证模板。按照步骤③设置销售收入-赊销凭证模板，设置结果如图 2-5-224 所示。

⑪设置销售费用(应收费用)凭证模板。按照步骤③设置销售费用(应收费用)凭证模板，设置结果如图 2-5-225 所示。

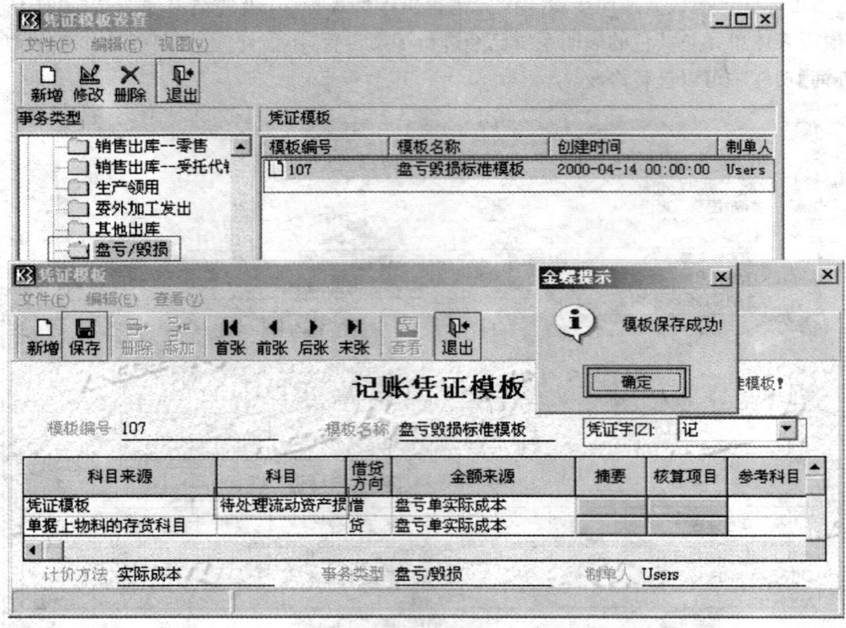

图 2-5-223　设置盘亏/毁损凭证模板

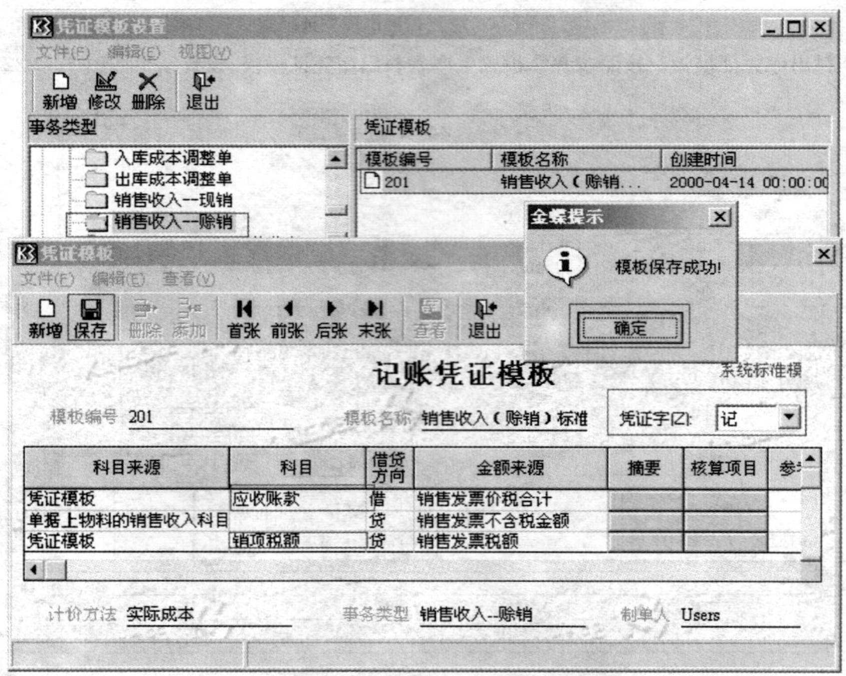

图 2-5-224　设置销售收入—赊销凭证模板

⑫生成外购入库凭证。在【生成凭证－存货核算－[主界面]】窗口，如图 2-5-226 所示，选择【供应链】/【存货核算】/【凭证管理】/【生成凭证】明细功能。打开【生成凭证】窗口。

⑬生成外购入库凭证。在【生成凭证】窗口，如图 2-5-227 所示，单击【外购入库单】前的☑多选按钮，选取

此项事务类，再单击工具栏的过滤按钮，打开【条件过滤】对话框。

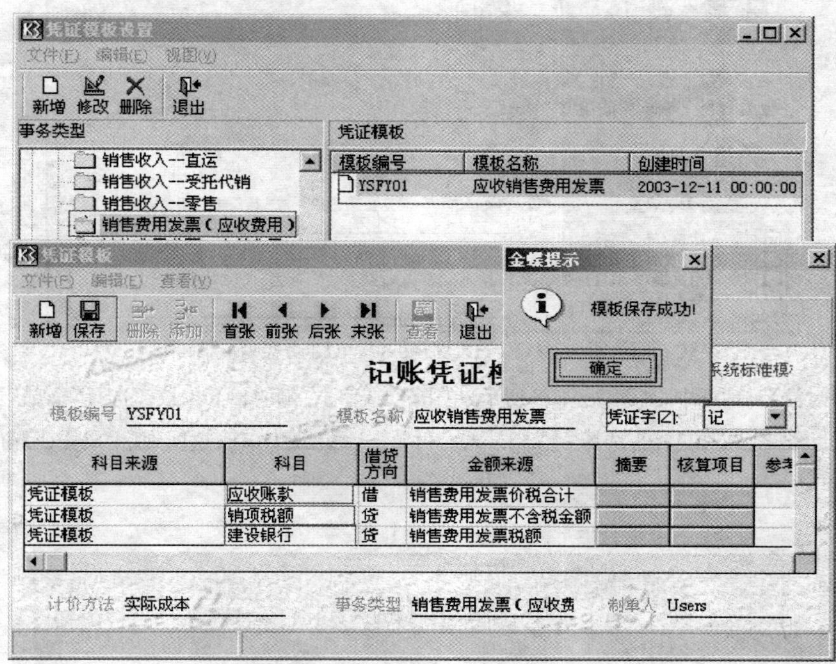

图 2-5-225　设置销售费用(应收费用)凭证模板

图 2-5-226　选择【生成凭证】明细功能

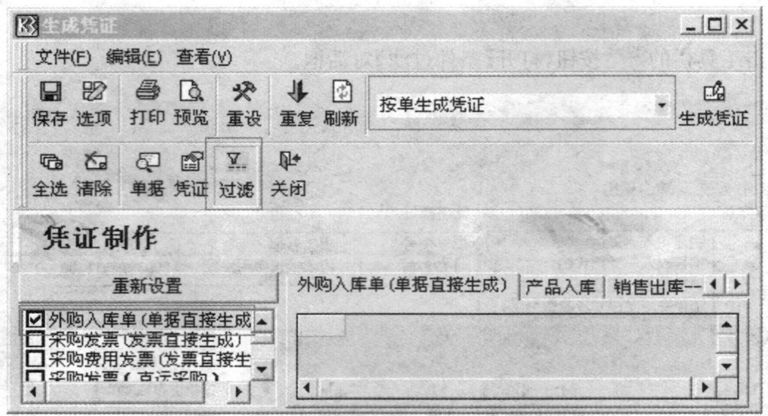

图 2-5-227 选择【外购入库单】事务类型

⑭在【条件过滤】对话框中，如图 2-5-228 所示，单击【红蓝字】右侧的▼下拉按钮选择“全部”录入；单击【记账标志】右侧的确定(O)下拉按钮，选择“全部”录入。再单击确定(O)按钮，返回到【生成凭证】窗口。

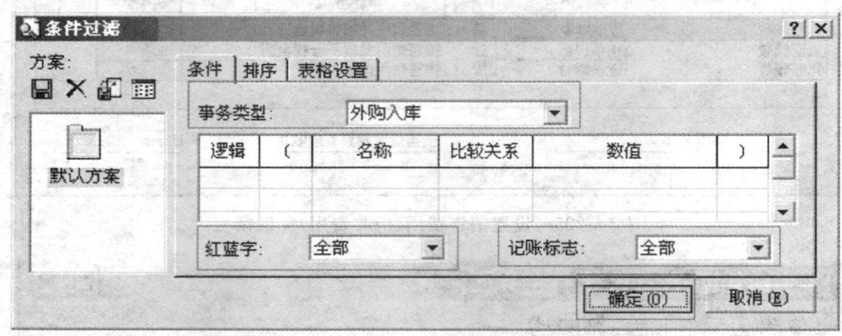

图 2-5-228 条件过滤

⑮在【生成凭证】窗口，如图 2-5-229 所示，在窗口的右侧的显示区域，在【外购入库单】选项卡下会显示出未和成凭证的两条外购入库单的单据记录，单击单据前的☑选择标志，将两条单据均选上；再单击【计划价凭证模板】对应的表单元中的▼下拉按钮，选择“空白模板”，留下实际价凭证模板。再单击工具栏的生成凭证按钮，系统弹出如下图 2-5-230 所示的【提示】对话框，提示：“生成凭证成功！”，单击此对话框的确定(C)按钮，返回到【生成凭证】窗口。

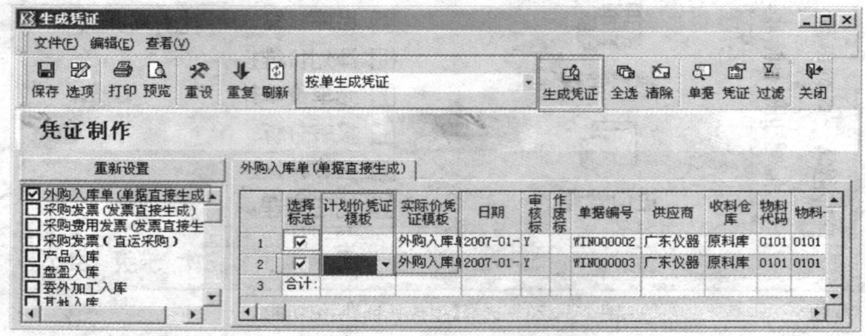

图 2-5-229 生成外购入库凭证

图 2-5-230 生成外购入库凭证成功

⑯生成采购发票凭证。重复上述操作步骤⑬～⑮生成采购发票凭证,其操作过程如图 2-5-231 所示。

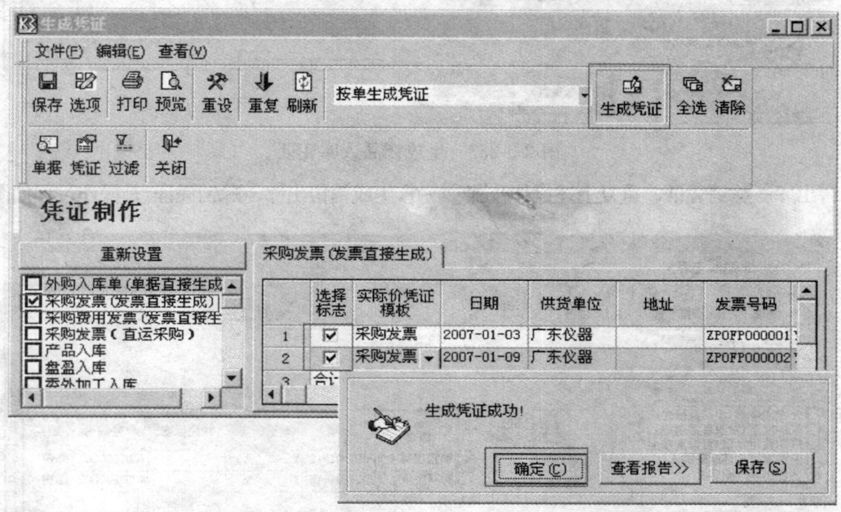

图 2-5-231 生成采购发票凭证

⑰生成采购费用发票凭证。重复上述操作步骤⑬～⑮生成采购费用发票凭证,其操作过程如图 2-5-232 所示。

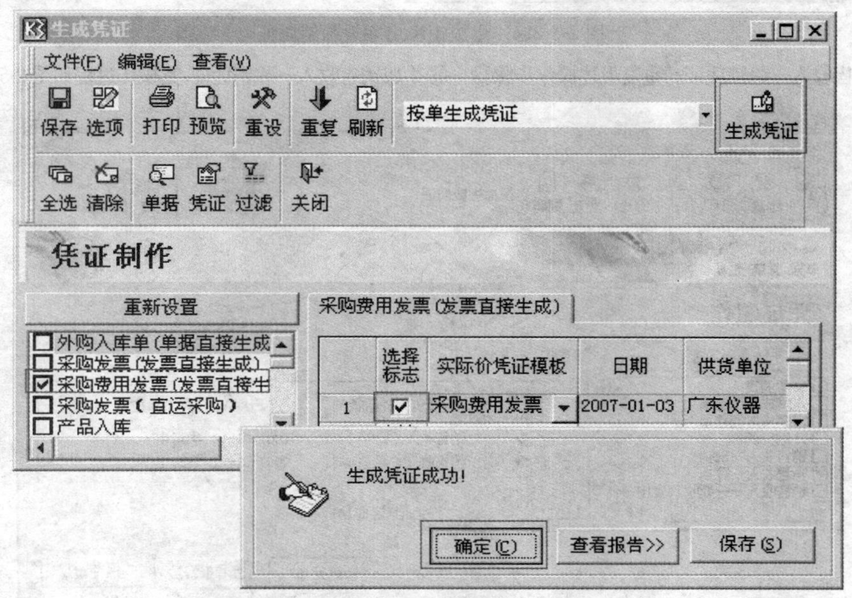

图 2-5-232 生成采购费用发票凭证

⑱生成产品入库凭证。重复上述操作步骤⑬～⑮生成产品入库凭证，其操作过程如图 2-5-233 所示。

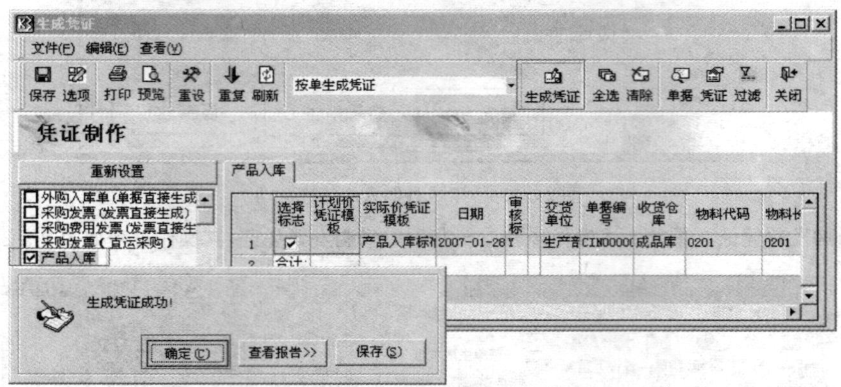

图 2-5-233　生成产品入库凭证

⑲生成销售出库—赊销凭证。重复上述操作步骤⑬～⑮生成销售出库—赊销凭证，其操作过程如图 2-5-234 所示。

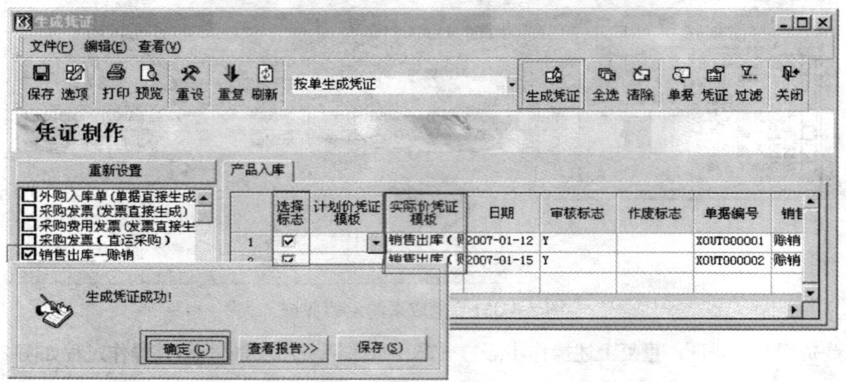

图 2-5-234　生成销售出库—赊销凭证

⑳生成销售收入—赊销凭证。重复上述操作步骤⑬～⑮生成销售收入—赊销凭证，其操作过程如图 2-5-235 所示。

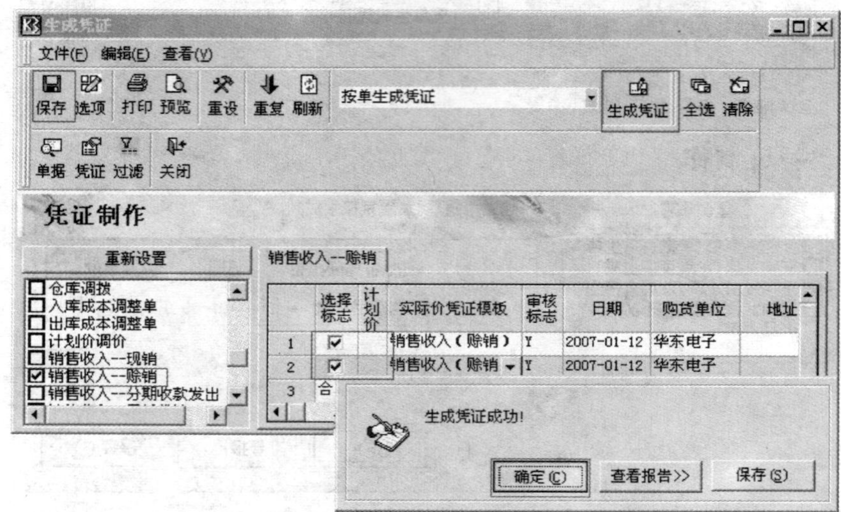

图 2-5-235　生成销售收入—赊销凭证

㉑生成销售费用(应收费用)凭证。重复上述操作步骤⑬～⑮生成销售费用(应收费用)凭证,其操作过程如图 2-5-236 所示。

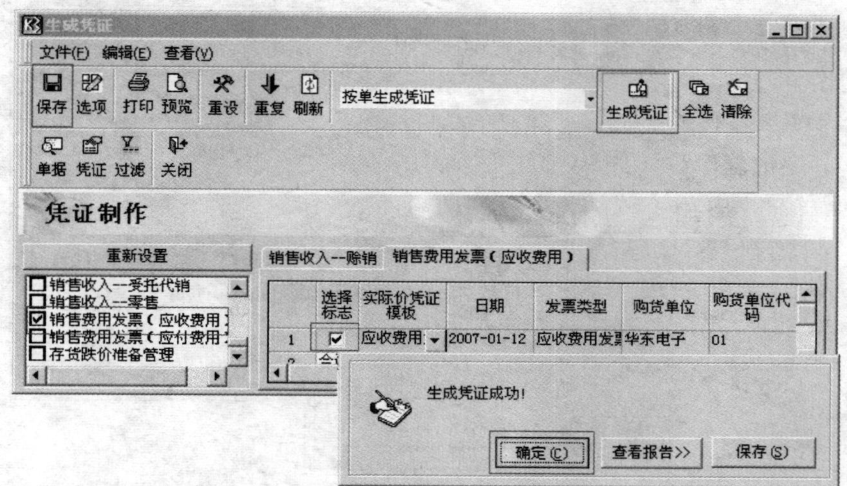

图 2-5-236 生成销售费用(应收费用)凭证

㉒生成生产领用原材料凭证。重复上述操作步骤⑬～⑮生成生产领用原材料凭证,其操作过程如图 2-5-237 所示。

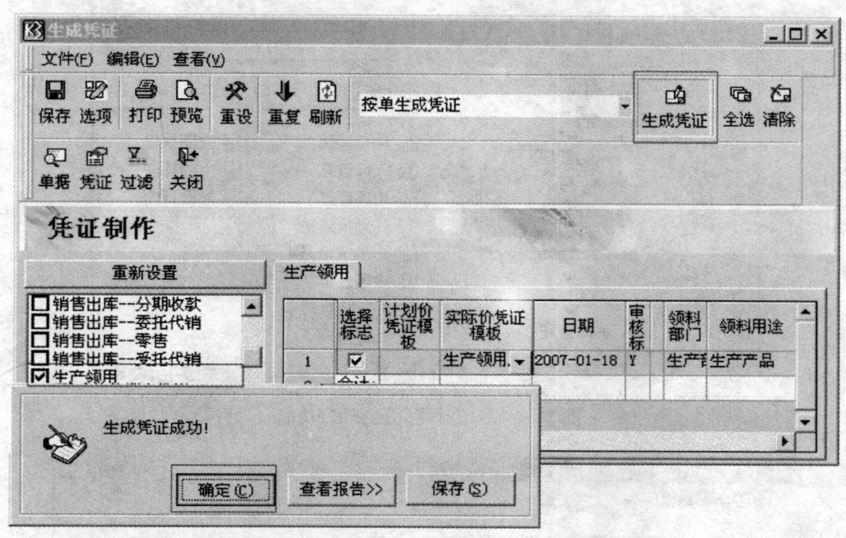

图 2-5-237 生成生产领用原材料凭证

㉓生成库存商品盘亏凭证。重复上述操作步骤⑬～⑮生成库存商品盘亏凭证,其操作过程如图 2-5-238 所示。

㉔所有供应链业务凭证生成完之后,查询所生成的凭证。在【凭证查询—存货核算—[主界面]】窗口,如图 2-5-239 所示,选择【供应链】/【存货核算】/【凭证管理】/【凭证查询】明细功能。双击打开【会计分录序时簿过滤】对话框,如图 2-5-240 所示,单击【全部】前的⊙单选按钮及【未过账】前的⊙单选按钮,选择“全部”和“未过账”凭证,再单击[确定]按钮,打开【凭证查询】窗口。

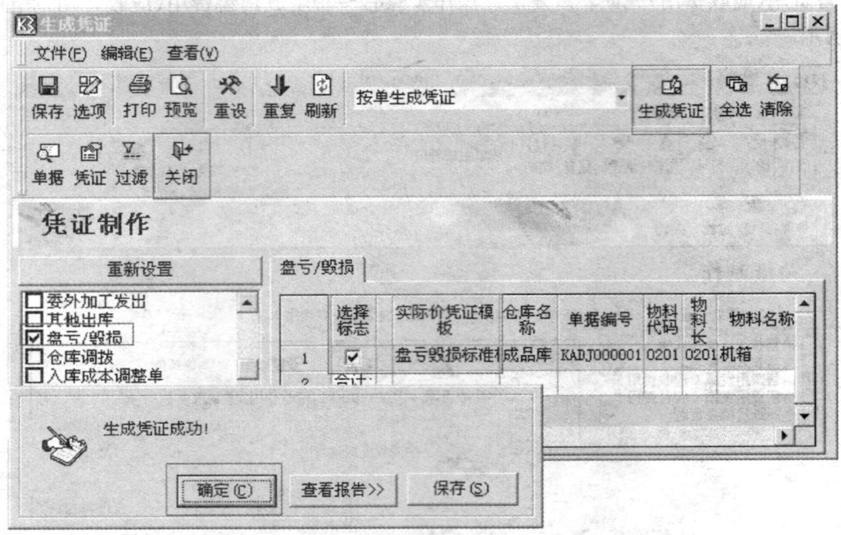

图 2-5-238　生成库存商品盘亏凭证

图 2-5-239　选择【凭证查询】功能

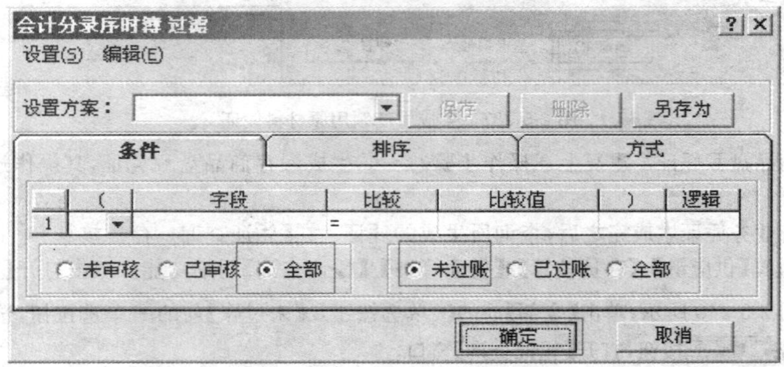

图 2-5-240　过滤对话框

㉕【凭证查询】窗口，如图 2-5-241 所示，在【会计分录序时簿】下的显示区域，会显示出所有在存货核算系统中生成的凭证（按本书案例所述应共有 14 张凭证，即采购入库凭证、采购发票凭证、采购运费凭证、采购退货凭证、采购红字发票凭证、生产领料出库凭证、仓库调拨凭证、产品入库凭证、销售出库凭证、销售发票凭证、销售运费凭证、销售退货凭证、红字销售发票凭证、盘亏凭证）。在此检查所有的凭证的摘要、科目代码、科目名称及金额是否正确。如不正确，可单击工具栏的【修改】按钮，进行修改；如要进行删除，可单击工具栏的【删除】按钮，将其删除，再返回到【供应链】/【存货核算】/【凭证管理】/【生成凭证】明细功能中重新生成凭证；如要对已生成的凭证进行审核，可单击此窗口工具栏的【审核】按钮，也可在【财务会计】/【总账】/【凭证处理】/【凭证查询】明细功能中进行审核。但要注意，制单人与审核人不能是同一人。

凭证查询

文件(F) 编辑(E) 视图(V)

过滤 删除 修改 审核 查看 刷新 打印 预览 原单 退出

删除

会计分录序时簿

日期	期间	凭证字号	摘要	科目代码	科目名称	币别	原币金额	借方	贷方	
			物资采购钢材	2171.01.01	应交税费 - 应交增	人民币	3,400.00	3,400.00		
			物资采购	2121	应付账款	人民币	23,400.00		23,400.00	
2007-01-3	2007.1	记 - 10	物资采购0101	1201.01	物资采购 - 生产用	人民币	-1,000.00	-1,000.00		王
			物资采购钢材	2171.01.01	应交税费 - 应交增	人民币	-170.00	-170.00		
			物资采购	2121	应付账款	人民币	-1,170.00		-1,170.00	
2007-01-3	2007.1	记 - 11	采购费用运费	1201.01	物资采购 - 生产用	人民币	2,000.00	2,000.00		王
			采购费用运费	2121	应付账款	人民币	2,000.00		2,000.00	
2007-01-3	2007.1	记 - 12	赊销	1131	应收账款	人民币	46,800.00	46,800.00		王
			销售产品	5101	主营业务收入	人民币	40,000.00		40,000.00	
			销售产品	2171.01.05	应交税费 - 应交增	人民币	6,800.00		6,800.00	
2007-01-3	2007.1	记 - 13	赊销	1131	应收账款	人民币	-4,680.00	-4,680.00		王
			销售产品	5101	主营业务收入	人民币	-4,000.00		-4,000.00	
			销售产品	2171.01.05	应交税费 - 应交增	人民币	-680.00		-680.00	
2007-01-3	2007.1	记 - 14	代垫运费	1131	应收账款	人民币	500.00	500.00		王

操作员：王业务

图 2-5-241 查询在存货核算系统中生成的凭证

5.5 应收款业务日常处理

5.5.1 应收业务发生的单据处理

【例 2-5-21】 BSP 公司于 2007 年 1 月 31 日收到华东电子的建设银行转账支票一张：2007013101ZZ01，用于偿付本月 12 日购买机箱的货款共 42120 元，及代垫的运费 500 元。BSP 公司的王业务制作一张收款单，同时进行审核。

操作步骤：

①由王业务进入【收款单(新增)】窗口。如图 2-5-242 所示，选择【财务会计】/【应收款管理】/【收款】/【收款单－新增】明细功能，打开【收款单(新增)】窗口。

②在【收款单(新增)】窗口制作收款单。如图 2-5-243 所示，在单据头，单击【结算方式】文本编辑框右侧的浏览按钮，选择“转账支票”输入；在【结算号】文本编辑框中直接输入“2007013101ZZ01”；在【摘要】文本编辑框中直接输入“收到销售款”；单击【现金类科目】文本编辑框右侧的浏览按钮，选择“1002－01 建设银行”输入；单击【源单类型】文本编辑框右侧的下拉按钮，选择“销售发票”录入；双击【源单编号】文本编辑框，打开【销售发票】窗口，选择单据号为“ZSEFP000001”的销售发票录入。在单据体中会相应的显示出相关信息，将【结算数量】表单元中的数据修改为“90”；将【结算金额】修改为“42620”。信息录入完毕，单击工具栏的【保存】按

钮，将收款单信息保存，再单击工具栏 审核 的按钮，审核本收款单。

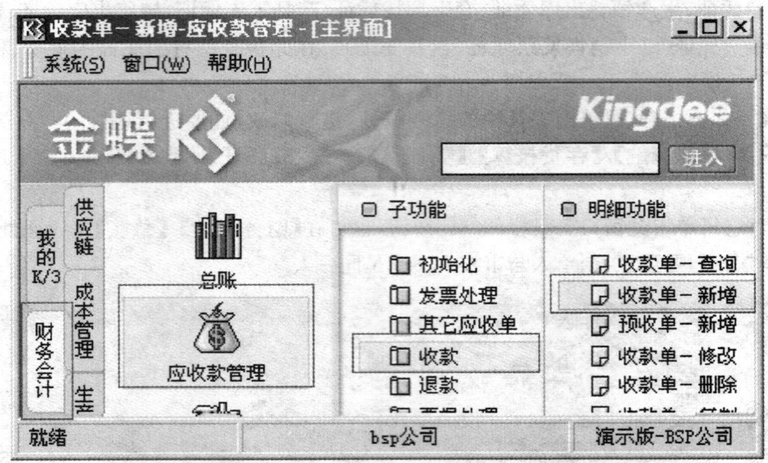

图 2-5-242 选择【收款单－新增】明细功能

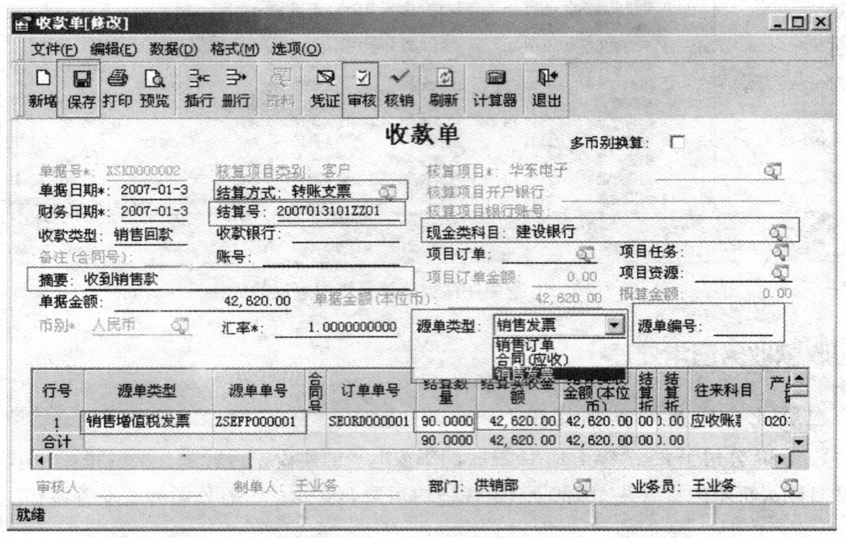

图 2-5-243 填制收款单

③审核成功后，如图 2-5-244 所示，单击工具栏的 退出 按钮，退出【收款单】窗口。

注意：本例中，结算金额为 42620 元，是销售机箱 100 件，价税合计 46800 元，后退货 10 件，价税合计 4680 元，共应收货款为 42120 元，再加上收回的代垫运费 500 元，因此共收到的货款为 42620 元。

5.5.2 凭证处理

【例 2-5-22】 BSP 公司于 2007 年 1 月 31 日，由王业务生成本月相关的应收单据凭证。

操作步骤：

①由王业务进入到【凭证处理】窗口。如图 2-5-245 所示，选择【财务会计】/【应收款管理】/【凭证处理】/【凭证－生成】明细功能，双击打开【凭证处理】窗口。

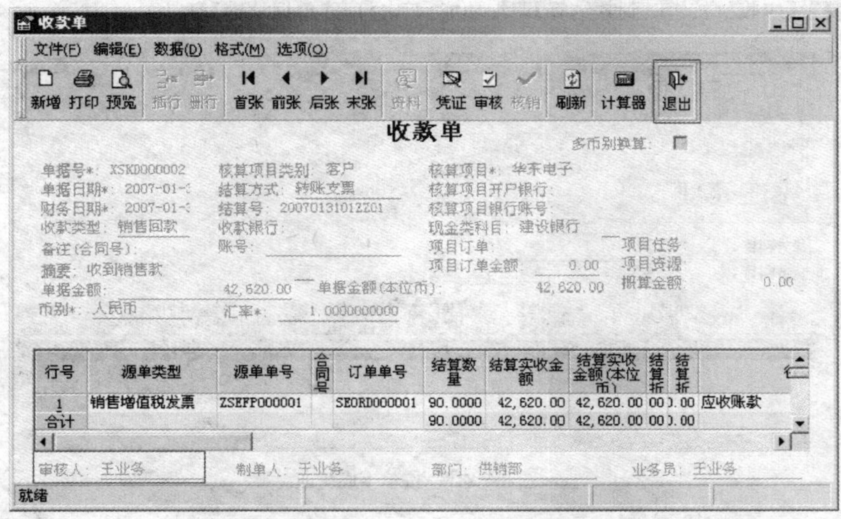

图 2-5-244 退出收款单窗口

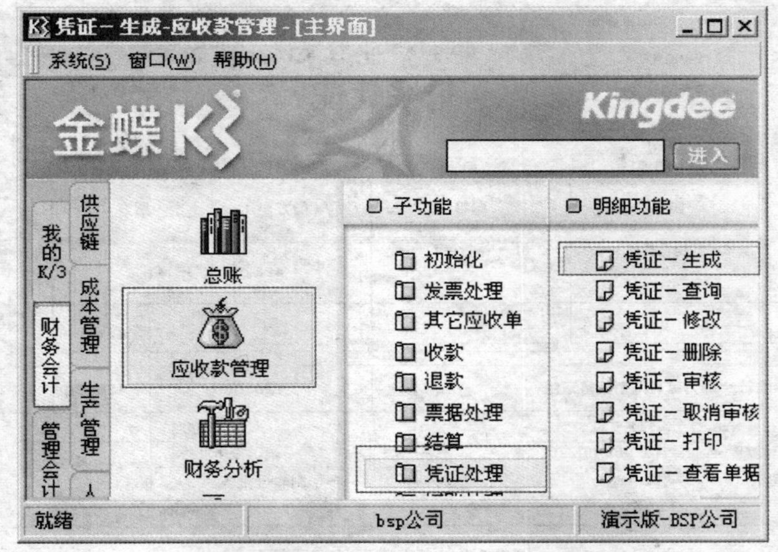

图 2-5-245 选择【凭证－生成】明细功能

②生成凭证。在【凭证处理】窗口，如图 2-5-246 所示，单击【借方科目】右侧的浏览按钮，打开【会计科目】窗口，选择“1002－01 建设银行”录入，再单击工具栏的“按单”按钮，系统会自动生成本单据业务的凭证。

③保存生成的记账凭证。如图 2-5-247 所示，检查凭证是否有误，如凭证信息完全正确，则单击工具栏的保存按钮，保存生成的收款凭证，同时将此凭证传递到了【总账】系统中。

5.5.3 核销处理

【例 2-5-23】 BSP 公司由王业务对本月的应收款进行到款结算核销。

操作步骤：

①在【应收款核销－到款结算－应收款管理－[主界面]】窗口，如图 2-5-248 所示，选择【财务会计】/【应收

款管理】/【结算】/【应收款核销－到款结算】明细功能，双击打开【单据核销】窗口。

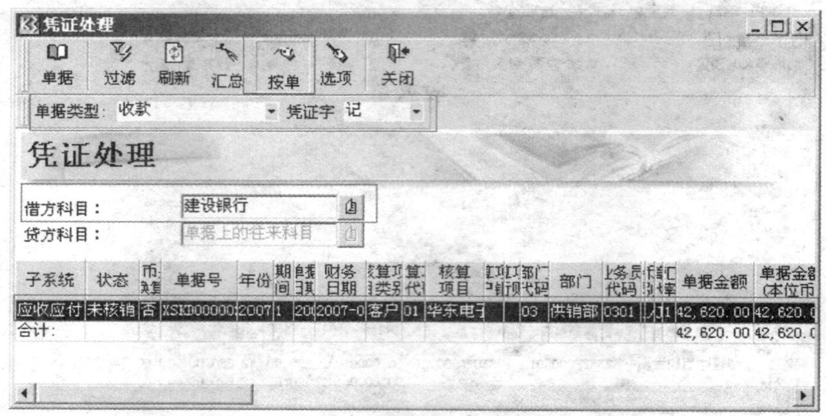

图 2-5-246　按单生成凭证

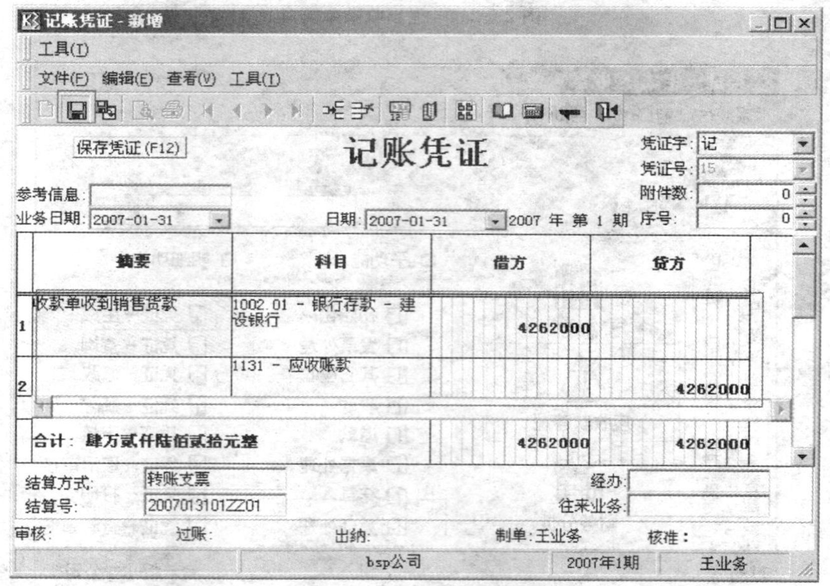

图 2-5-247　生成后的记账凭证

②在【单据核销】窗口，如图 2-5-249 所示，单击【核算项目代码】右侧的浏览按钮，打开【核算项目－客户】窗口，选择“01－华东电子”录入；在【日期】文本编辑框中将日期直接修改为“2007－01－01”至“2007－01－31”；单击【包括有关联关系的单据】前的复选按钮，选择此项。条件信息设置完全之后，单击按钮，打开【应收款管理系统－[核销(应收)]】窗口。

③在【应收款管理系统－[核销(应收)]】窗口，如图 2-5-250 所示，单击待核销单据前【选择】表单元中的复选按钮，选择待核销单据，再单击工具栏的按钮，系统将已选择的单据进行核销。

④核销后，在【应收款管理系统－[核销(应收)]】窗口，将不再显示已核销的所有单据，如图 2-5-251 所示，单击工具栏的按钮返回到【应收款管理系统－[主界面]】窗口。

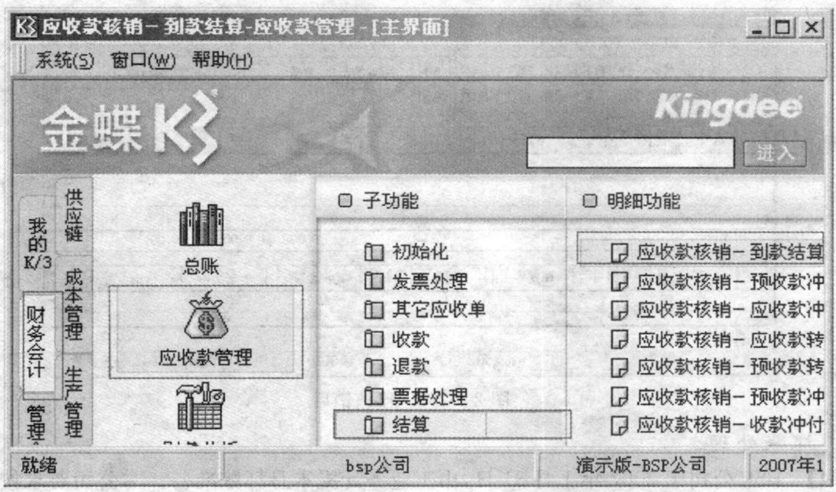

图 2-5-248 选择【应收款核销－到款结算】

单据核销

核销类型：	到款结算	确定	取消
过滤条件－应收系统			
核算项目类别：	客户	币别：	人民币
核算项目代码：	01	至：	
部门代码：		业务员代码：	
金额：	0.00	至：	0.00
日期：	2007-01-01	至：	2007-01-31
合同号：		订单号：	

排序规则

⊙ 往来单位代码　○ 往来单位名称

☑ 包括含有关联关系的单据

图 2-5-249 设置核销条件

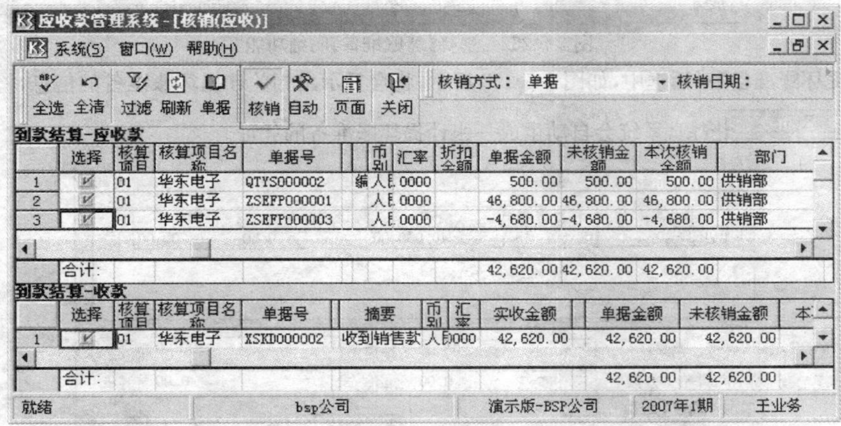

图 2-5-250 核销收款单

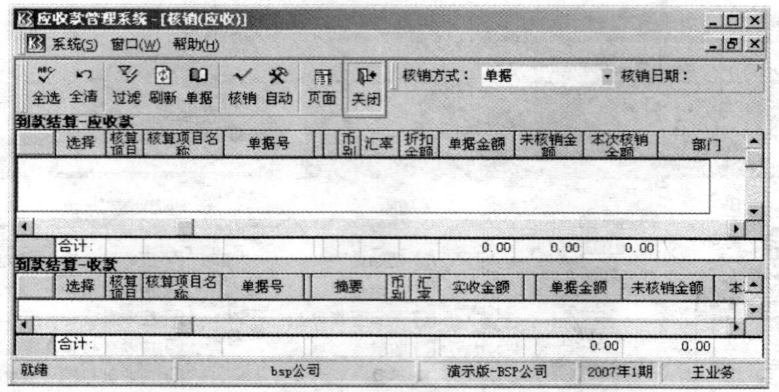

图 2-5-251　已核销后

5.5.4　坏账处理

【例 2-5-24】　BSP 公司于 2007 年 1 月 31 日，由王业务计提本月坏账准备。本公司要求按应收账款余额的0.5%的比例计提。

操作步骤：

①在【坏账准备－应收款管理－[主界面]】窗口，如图 2-5-252 所示，选择【财务会计】/【应收款管理】/【坏账处理】/【坏账准备】明细功能，双击打开【计提坏账准备】对话框。

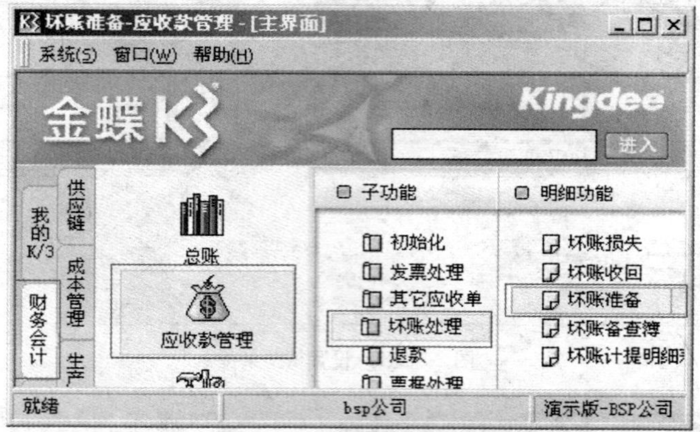

图 2-5-252　选择【坏账准备】明细功能

②在【计提坏账准备】对话框中，如图 2-5-253 所示，将会显示出相关计提坏账准备的信息，检查是否正确，如正确单击 凭证 按钮，系统会自动生成一张计提坏账准备的凭证。

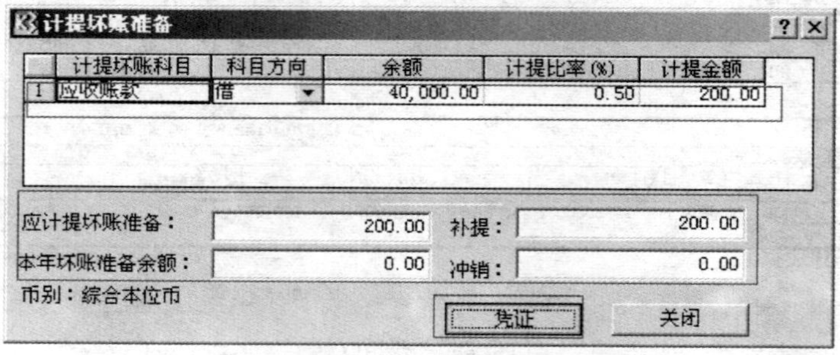

计提坏账准备

	计提坏账科目	科目方向	余额	计提比率(%)	计提金额
1	应收账款	借	40,000.00	0.50	200.00

应计提坏账准备：200.00　补提：200.00

本年坏账准备余额：0.00　冲销：0.00

币别：综合本位币

凭证　关闭

图 2-5-253　计提坏账准备

③在【记账凭证—新增】窗口，检查凭证是否正确，如信息完全正确，则如图 2-5-254 所示，单击工具栏的按钮，保存生成的计提坏账准备凭证，并单击按钮返回到【应收款管理—[主界面]】窗口。

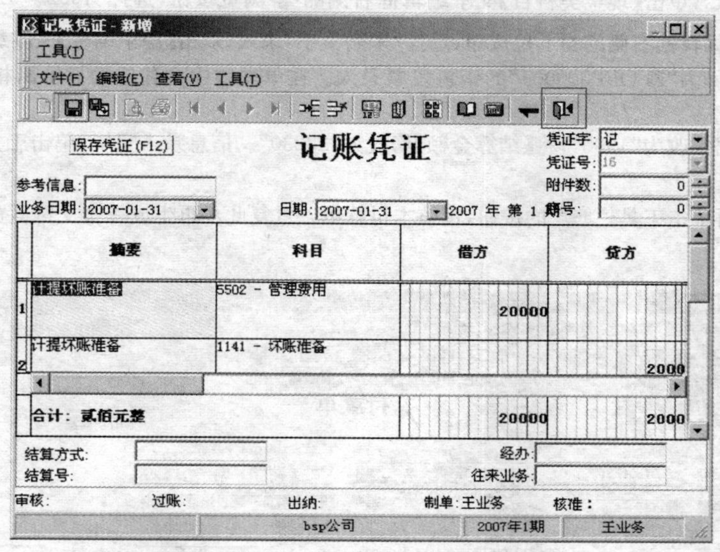

图 2-5-254 保存坏账准备凭证

5.6 应付款业务日常处理

5.6.1 应付业务发生的单据处理

【例 2-5-25】 BSP 公司于 2007—01—31 日支付向广东仪器公司采购的钢材款总计 22230 元，同时支付运费 2000 元。开出建设银行的转账支票一张：2007013102ZZ01，要求由王业务生成两张付款单，同时进行审核。

操作步骤：

①在【付款单—新增—应付款管理—[主界面]】窗口，如图 2-5-255 所示，选择【财务会计】/【应付款管理】/【付款】/【付款单—新增】明细功能，双击打开【付款单[新增]】窗口。

图 2-5-255 选择【付款单—新增】明细功能

②在【付款单[新增]】窗口，如图 2-5-256 所示，在单据头，单击【结算方式】文本编辑框右侧的浏览按钮，选择“转账支票”输入；在【结算号】文本编辑框中直接输入“2007013102ZZ01”；在【摘要】文本编辑框中直接输入“支付采购货款”；单击【现金类科目】文本编辑框右侧的浏览按钮，选择“1002－01 建设银行”输入；单击【源单类型】文本编辑框右侧的下拉按钮，选择“采购发票”录入；双击【源单编号】文本编辑框，打开【采购发票】窗口，选择单据号为“ZPOFP000001”的销售发票录入。在单据体中会相应的显示出相关信息，将【结算数量】表单元中的数据修改为“1900”；将【结算金额】修改为“22230”。信息录入完毕，单击工具栏的保存按钮，将收款单信息保存，再单击工具栏审核的按钮，审核本付款单。重复此步再生成一张支付运费 2000 元的付款单，如图 2-5-257 所示。

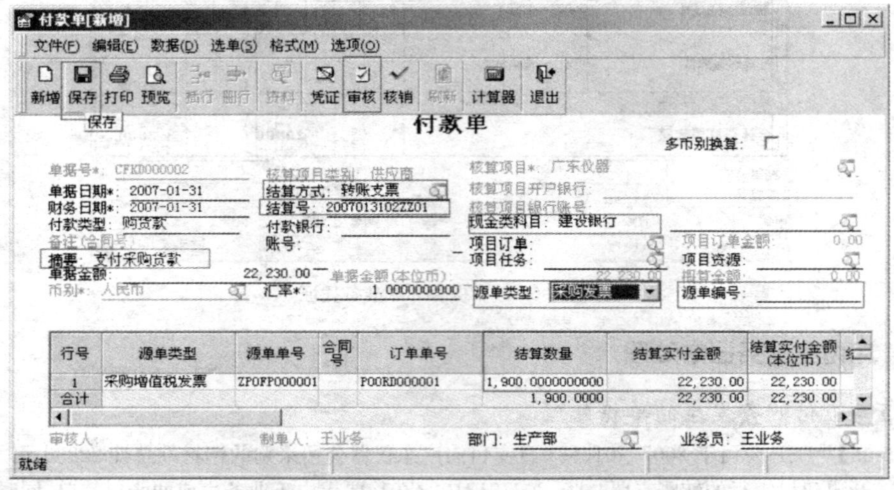

图 2-5-256　填制付款单—支付钢材款

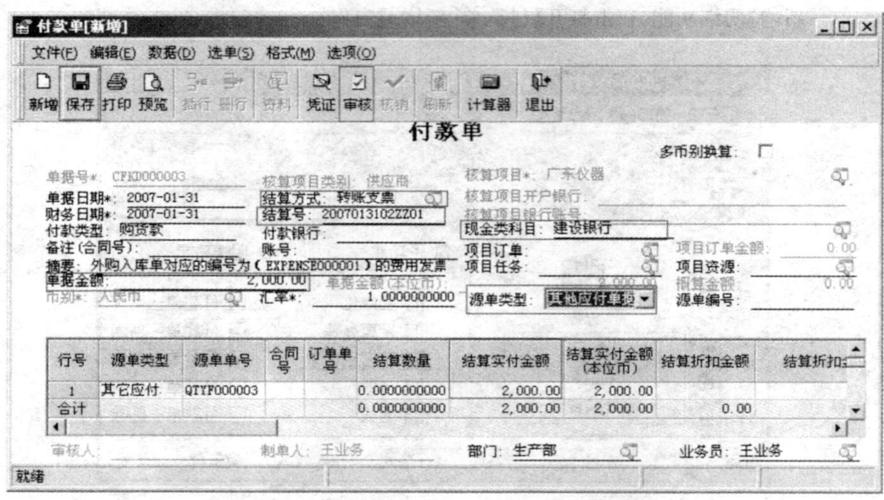

图 2-5-257　填制付款单—支付采购运费

③审核成功后，如图 2-5-258 所示，单击工具栏的退出按钮，退出【付款单】窗口。

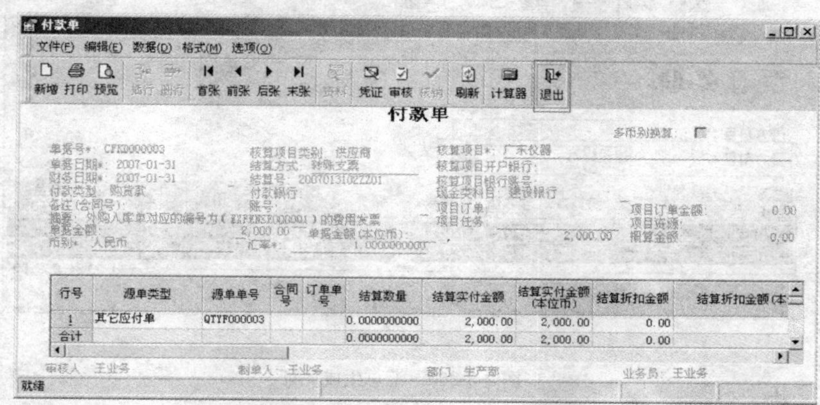

图 2-5-258　退出【付款单】窗口

5.6.2　凭证处理

【例 2-5-26】　BSP 公司于 2007 年 1 月 31 日，由王业务生成本月相关的应付单据凭证。

操作步骤：

①由王业务进入到【凭证处理】窗口。在【凭证—生成—应付款管理—[主界面]】窗口，如图 2-5-259 所示，选择【财务会计】/【应付款管理】/【凭证处理】/【凭证—生成】明细功能，双击打开【凭证处理】窗口。

图 2-5-259　选择【凭证—生成】明细功能

②在【凭证处理】窗口，如图 2-5-260 所示，单击【贷方科目】右侧的浏览按钮，打开【会计科目】窗口，选择"1002—01 建设银行"录入；按 ctrl 键同时单击付款单，选择两条付款单记录。再单击工具栏的汇总按钮，系统会自动将两条付款单记录汇总生成一张记账凭证。

③保存生成的记账凭证。如图 2-5-261 所示，检查凭证是否有误，如凭证信息完全正确，则单击工具栏的

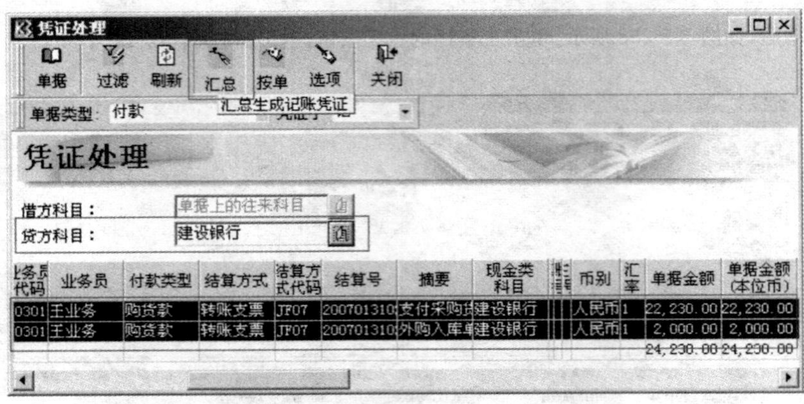

图 2-5-260 汇总生成凭证

按钮,保存生成的付款凭证,同时将此凭证传递到了【总账】系统中,再单击工具栏的按钮退出【记账凭证—新增】窗口。

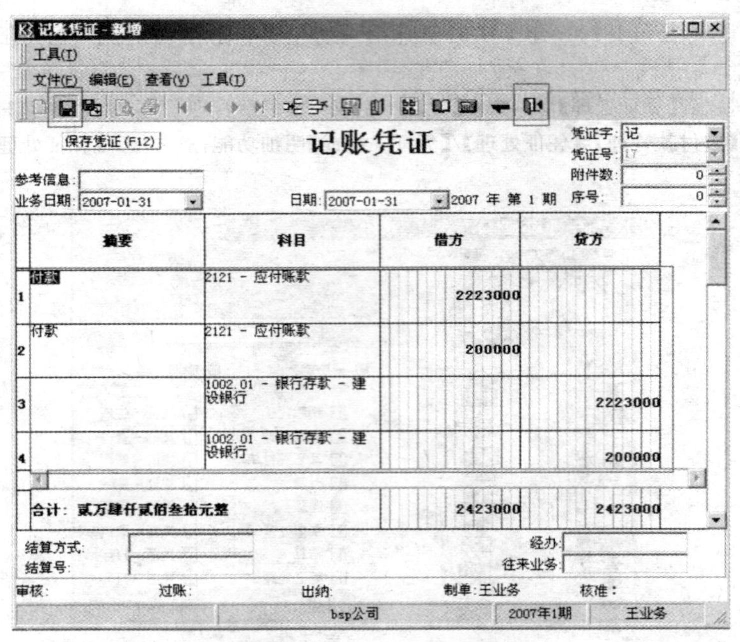

图 2-5-261 保存生成的付款凭证

5.6.3 核销处理

【例 2-5-27】 BSP公司由王业务对本月的付款单进行付款结算核销。

操作步骤:

①在【应付款核销—付款结算—应付款管理—[主界面]】窗口,如图 2-5-262 所示,选择【财务会计】/【应付款管理】/【结算】/【应付款核销—付款结算】明细功能,双击打开【单据核销】窗口。

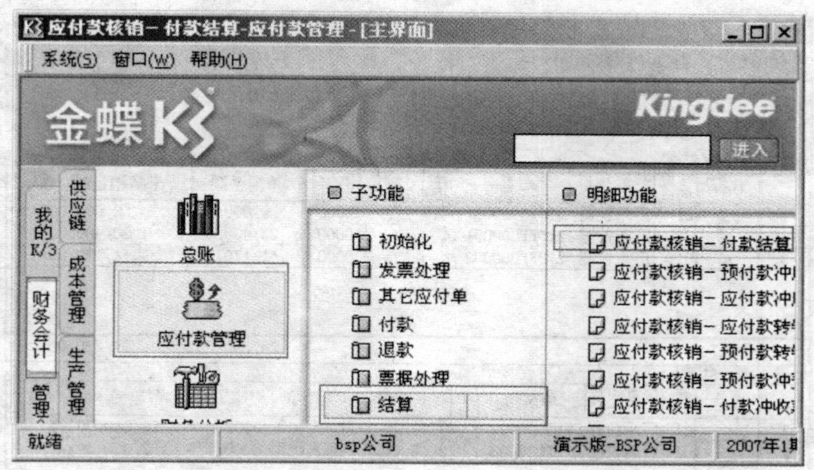

图 2-5-262 选择【应付款核销—付款结算】明细功能

②在【单据核销】窗口，如图 2-5-263 所示，单击【核算项目代码】右侧的浏览按钮，打开【核算项目—供应商】窗口，选择“01—广东仪器”录入；在【日期】文本编辑框中将日期直接修改为“2007—01—01”至“2007—01—31”；单击【包括有关联关系的单据】前的复选按钮，选择此项。条件信息设置完全之后，单击确定按钮，打开【应付款管理系统—[核销(应付)]】窗口。

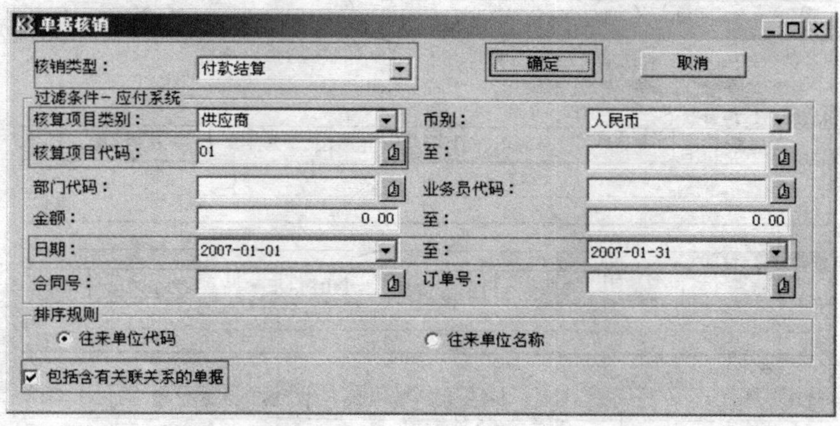

图 2-5-263 设置单据核销条件

③在【应付款管理系统—[核销(应付)]】窗口，如图 2-5-264 所示，单击待核销单据前【选择】表单元中的复选按钮，选择待核销单据，再单击工具栏的核销按钮，系统将已选择的单据进行核销。

④核销后，在【应付款管理系统—[核销(应付)]】窗口，将不再显示已核销的所有单据，如图 2-5-265 所示，单击工具栏的关闭按钮返回到【应付款管理系统—[主界面]】窗口。

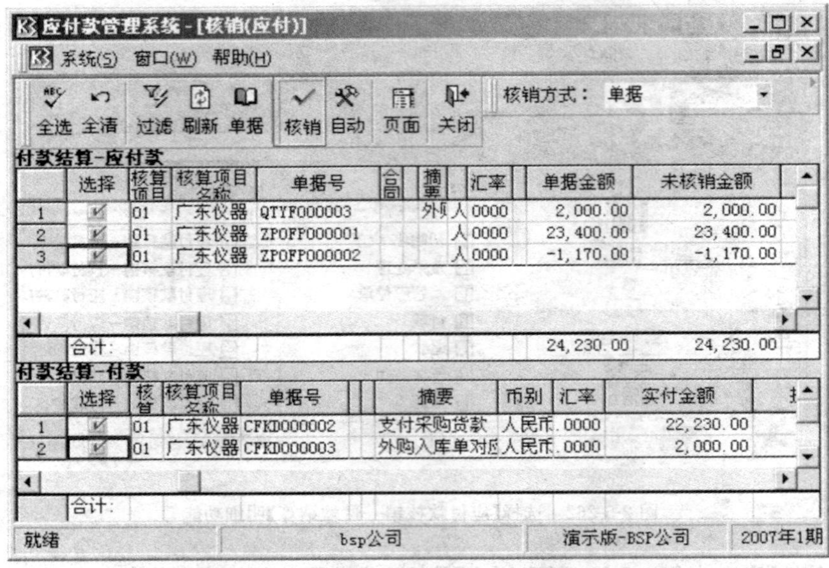

图 2-5-264　核销付款单

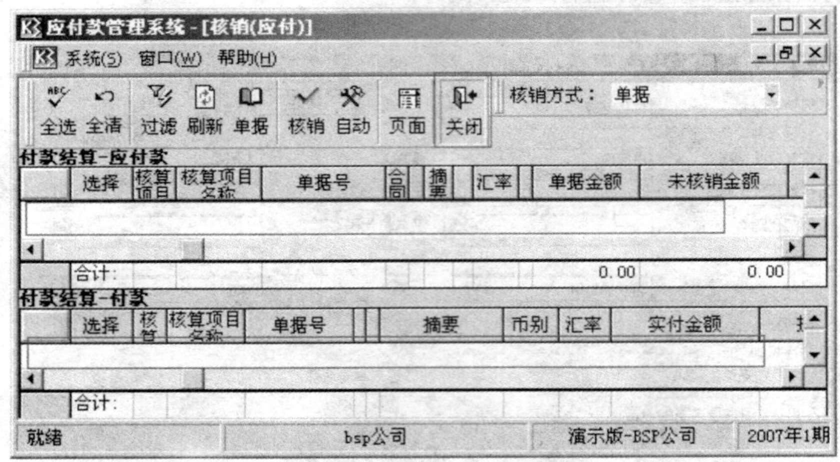

图 2-5-265　已核销后

5.7　固定资产日常业务处理

5.7.1　固定资产增加核算

【例 2-5-28】 BSP 公司于 2007－01－31 购入一台生产用仪器，总金额为 5 000 元，已开出建设银行的现金支票支付，支票号为：2007013101XJ01。具体资料如表 2-5-1 所示。按公司制度规定由陈主任录入新增固定资产信息。

新增固定资产卡片信息 表 2-5-1

资产编码	YQ-1	变动方式	购入
名称	仪器	使用部门	生产部
类别	办公设备	折旧费用科目	制造费用
计量单位	台	币别	人民币
数量	1	原币金额	5 000
经济用途	经营用	开始使用日期	2007—01—31
使用状态	正在使用	折旧方法	平均年限法(基于入账原账)

操作步骤:

①在【金蝶 K/3 系统登录】窗口,如图 2-5-266 所示,在【用户名】文本编辑框中输入“陈主任”,再单击 确定 按钮,登录到金蝶 K/3 主控台主界面。

②在【新增卡片—固定资产管理—[主界面]】窗口,如图 2-5-267 所示,选择【财务会计】/【固定资管理】/【业务处理】/【新增卡片】明细功能,双击,打开【卡片及变动—新增】对话框。

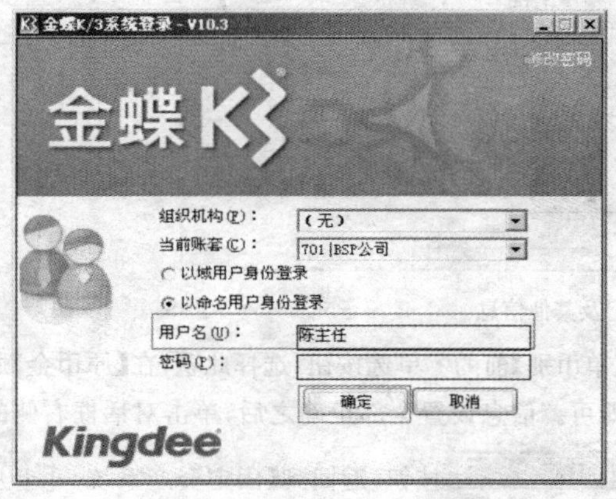

图 2-5-266 陈主任登录主控台

图 2-5-267 选择【新增卡片】明细功能

③在【卡片及变动—新增】对话框中,如图 2-5-268 所示,在【基本信息】选项卡中,单击【资产类别】文本编辑框右侧的浏览按钮,打开【资产类别】对话框,选择“办公设备”录入;在【资产编码】文本编辑框中直接录入“YQ—1”;在【资产名称】文本编辑框中直接录入“仪器”;在【计量单位】文本编辑框中直接录入“台”;在【数量】文本编辑框中直接录入“1”;在【入账日期】文本编辑框中直接录入“2007—01—31”;单击【经济用途】文本编辑框右侧的下拉按钮,选择“经营用”录入;单击【使作状况】文本编辑框右侧的浏览按钮,打开【使用状态类别】对话框,选择“正常使用”录入;单击【变动方式】文本编辑框右侧的浏览按钮,打开【变动方式类别】对话框,选择“购入”录入。

④单击【部门及其他】选项卡,如图 2-5-269 所示,在【相关科目】信息项中,单击【固定资产科目】文本编辑框右侧的浏览按钮,打开【会计科目】窗口,选择“1501—固定资产”录入(或直接录入“固定资产”;单击【累计折旧科目】文本编辑框右侧的浏览按钮,打开【会计科目】窗口,选择“1502—累计折旧” 录入(或直接录入“累计折旧”。在【使用部门】信息项中,单击【单一】前的单选按钮,选择此项,并在其后的文本编辑框中输入“生产部”(或单击此文本编辑框右侧的浏览按钮,打开【核算项目—部门】窗口,选择“02—生产部”录入)。在【折旧费用分配】信息项中,单击【单一】前的单选按钮,选择此项,并在其下方的【科目】文本编辑框中输入“4105(或

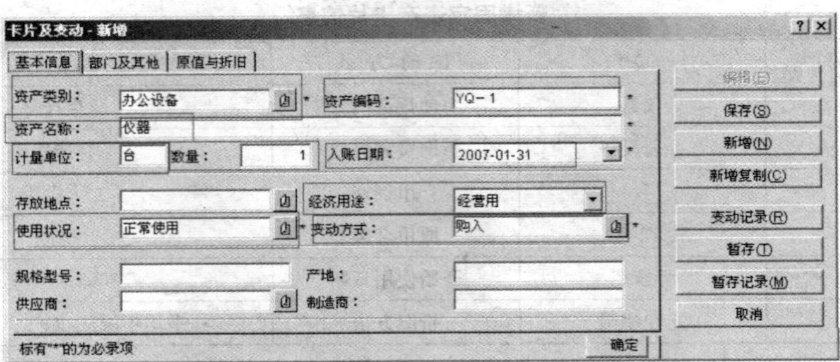

图 2-5-268　录入基本信息

制造费用)"（或单击【科目】文本编辑框右侧的浏览按钮，打开【会计科目】窗口，选择"4105-制造费用"录入）。

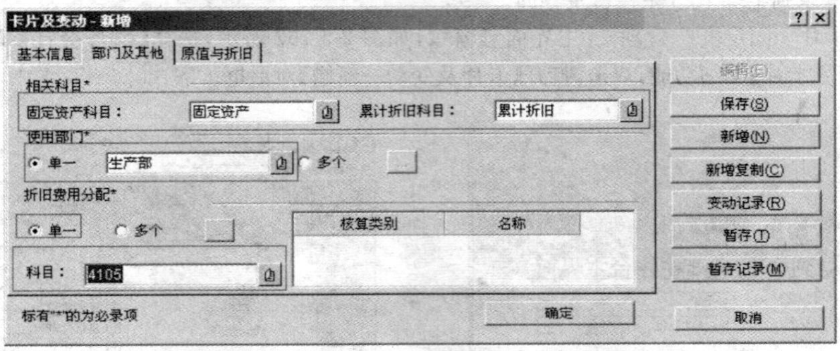

图 2-5-269　录入部门及其他信息

⑤单击【原值与折旧】选项卡，如图 2-5-270 所示，单击【单币别】前的单选按钮，选择此项；在【原币金额】文本编辑框中输入"5 000"，其余各项，保持系统默认设置即可。信息设置全部正确之后，单击对话框右侧的保存(S)按钮，保存新增卡片信息，再单击确定按钮，返回到【固定资产系统—[卡片管理]】窗口。

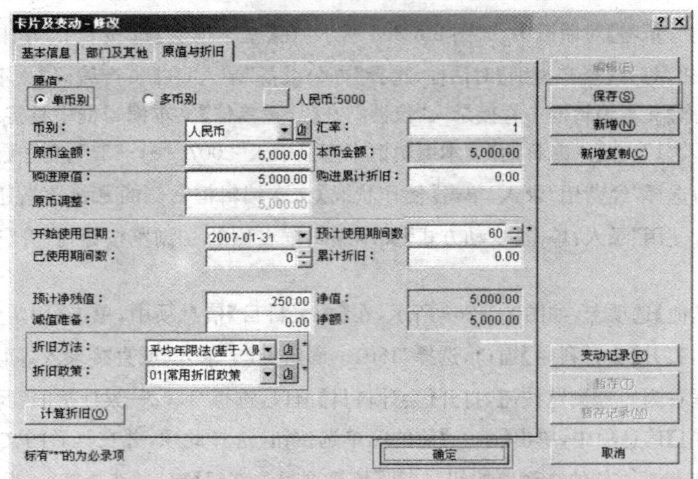

图 2-5-270　设置原值与折旧信息

⑥在【固定资产系统—[卡片管理]】窗口的显示区域,会显示出新增的固定资产卡片信息,如图 2-5-271 所示。再单击工具栏的退出按钮,退出此窗口。

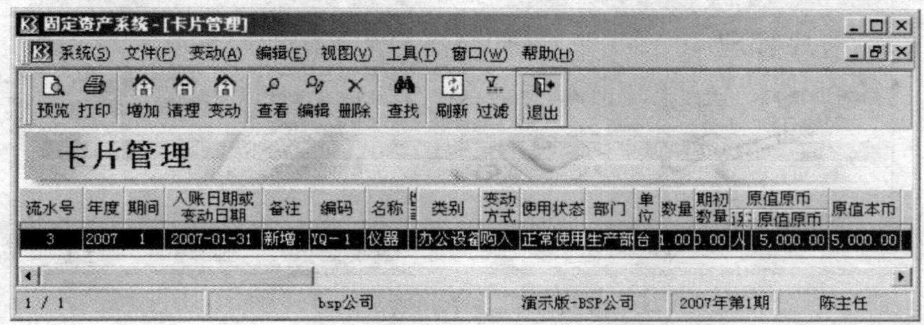

图 2-5-271 显示新增卡片信息

5.7.2 固定资产减少核算

【例 2-5-29】 BSP 公司于 2007 年 1 月 31 日报废一台办公设备——电脑,清理残值收入 100 元,收到现金,未发生清理费用。要求由陈主任进行相关固定资产减少业务处理。

操作步骤:

①在【金蝶 K/3 系统登录】窗口,如图 2-5-272 所示,在【用户名】文本编辑框中输入“陈主任”,再单击确定按钮,登录到金蝶 K/3 主控台主界面。

②在【变动处理—固定资产管理—[主界面]】窗口,如图 2-5-273 所示,选择【财务会计】/【固定资管理】/【业务处理】/【变动处理】明细功能,双击,打开【固定资产系统—[卡片管理]】窗口。

图 2-5-272 陈主任登录主控台

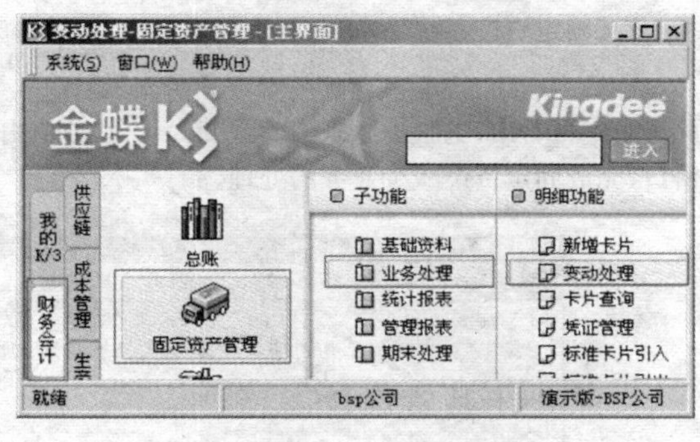

图 2-5-273 选择【变动处理】明细功能

③在【固定资产系统—[卡片管理]】窗口,如图 2-5-274 所示,选中等清理的固定资产卡片记录,单击工具栏的清理按钮,系统打开【固定资产清理—新增】对话框。

④在【固定资产清理—新增】对话框中,如图 2-5-275 所示,在【清理日期】文本编辑框中输入“2007—01—31”;在【清理数量】文本编辑框中输入“1”;在【清理费用】文本编辑框中输入“0”;在【残值收入】文本编辑框中输入“100”;单击【变动方式】文本编辑框右侧的浏览按钮,打开【增减变动方式】对话框,选择“其它减少”录入;在【摘要】文本编辑框中输入“报废电脑一台”。固定资产清理信息输入完毕之后,单击对话框右侧的保存(S)按钮,系统弹出【金蝶提示】对话框,提示:“保存清理数据前必须生成一条变动记录,确认要生成

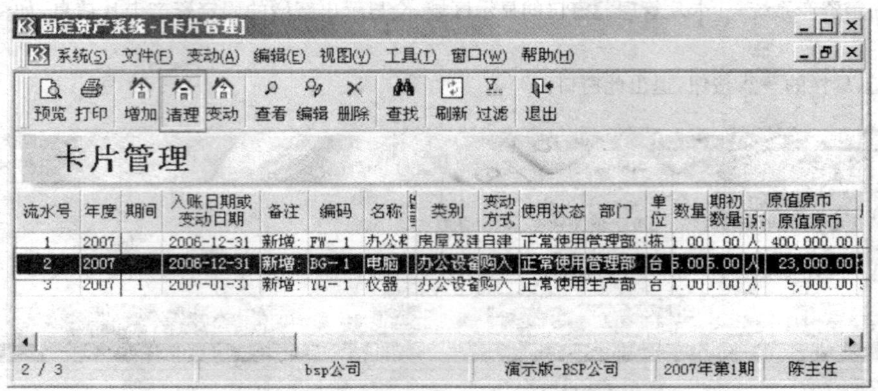

图 2-5-274　进行固定资产清理

吗?”,单击 确定(O) 按钮,系统自动生成一条变动记录,并返回到图 2-5-275 所示的【固定资产清理—新增】对话框中,并单击其右侧的 关闭(C) 按钮,返回到【固定资产系统—[卡片管理]】窗口。

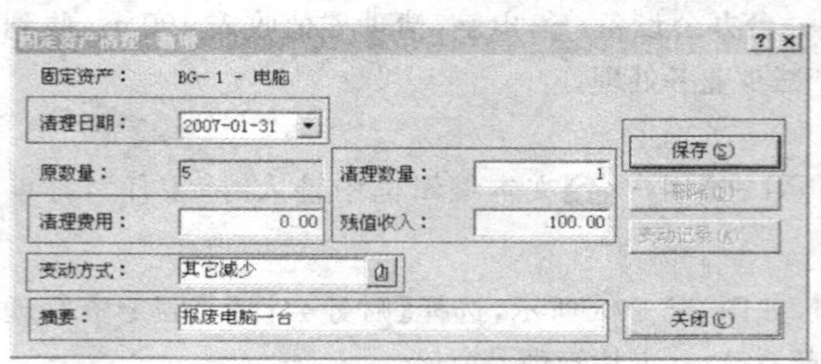

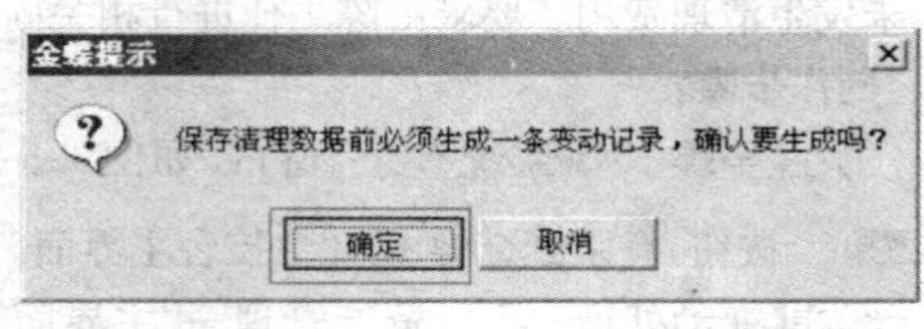

图 2-5-275　录入固定资产清理信息

图 2-5-276　【金蝶提示】

⑤在【固定资产系统—[卡片管理]】窗口中,如图 2-5-277 所示,在窗口的显示区域,会增加一条变动记录,从此记录中可看出,电脑由原来的 5 台变为 4 台,原值由 2 300 变为 18 400。最后单击工具栏的 退出 按钮退出此窗口,完成固定资产减少业务的处理。

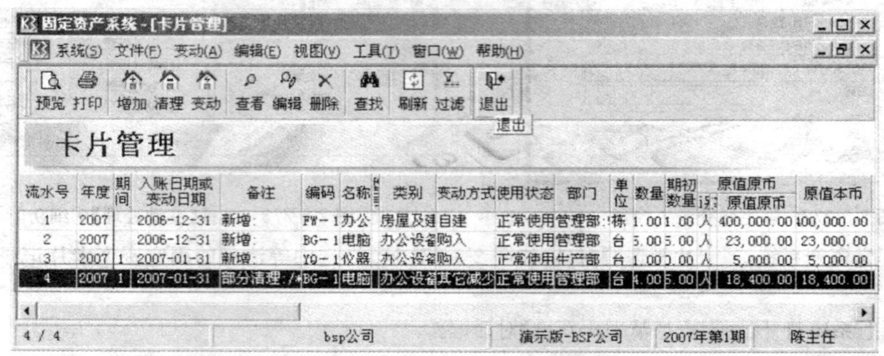

图 2-5-277　查看固定资产减少记录

5.7.3　凭证管理

【例 2-5-30】　BSP 公司在月末由陈主任生成本月相关固定资产业务的凭证。

①在【凭证管理—固定资产管理—[主界面]】窗口中,如图 2-5-278 所示,选择【财务会计】/【固定资产管

理】/【业务处理】/【凭证管理】明细功能，双击，打开【凭证管理—过滤方案设置】对话框。

②在【凭证管理—过滤方案设置】对话框中，如图 2-5-279 所示，进行设置，并单击 确定(O) 按钮，进入到【固定资产系统—[凭证管理]】窗口。

图 2-5-278　选择【凭证管理】明细功能

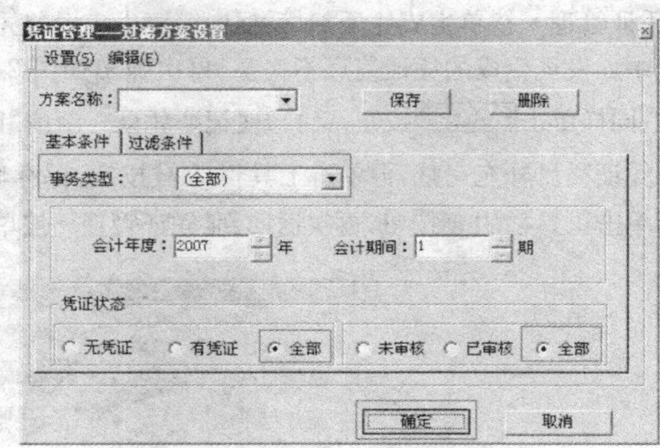

图 2-5-279　过滤方案设置

③在【固定资产系统—[凭证管理]】窗口，如图 2-5-280 所示，按 Ctrl 键同时，选择本月发生的固定资产业务记录，再单击工具栏的 按单 按钮，则按单据生成固定资产凭证，打开【按单生凭证】向导对话框。

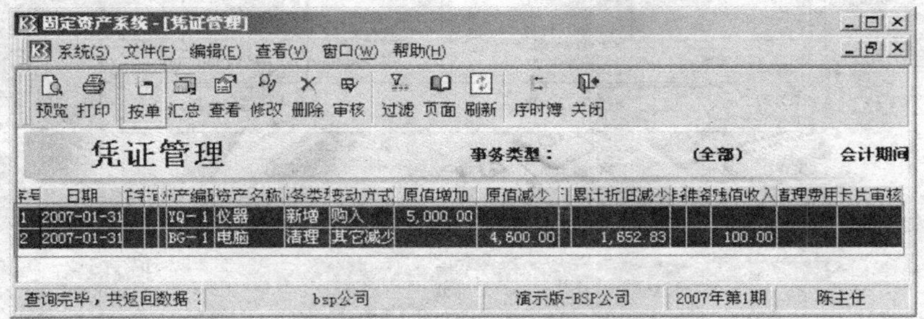

图 2-5-280　按单生成凭证

④在【凭证管理—按单生成凭证】对话框中，如图 2-5-281 所示，单击 开始 按钮，系统准备生成凭证，并提示操作过程。如本例，由于凭证模板设置不完整，系统弹出【金蝶提示】对话框，提示："凭证保存出错！是否手工调整?"，如图 2-5-282 所示，单击 是(Y) 按钮，打开【记账凭证—新增】窗口。

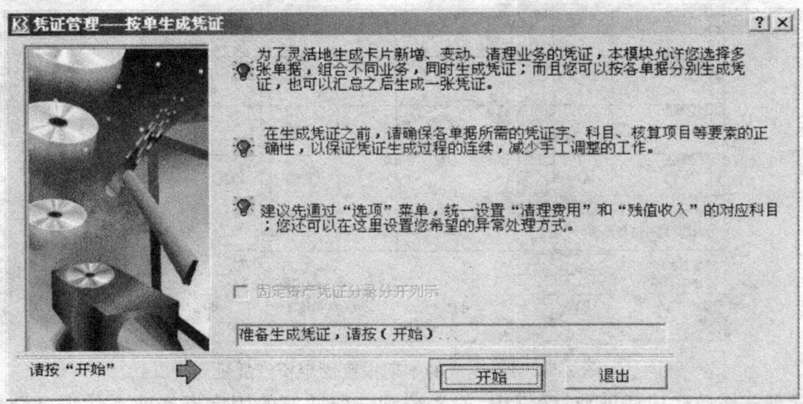

图 2-5-281　开始生成凭证

⑤【记账凭证—新增】窗口，将生成的记账凭证修改完善。如图 2-5-283 所示，在第二条记录的科目单元中输入“1002.01 银行存款—建设银行”科目，并单击工具栏的按钮，保存修改正确的凭证信息。再单击工具栏的退出铵钮，返回到图 2-5-282 所示的【凭证管理—按单生成凭证】对话框中继续生成新的凭证，系统在生成凭证过程中如发现生成的凭证信息不完整，再次弹出如图 2-5-283 所示的提示对话框，同样单击 是(Y) 按钮，又打开【记账凭证—新增】窗口。如图 2-5-284 示，将凭证科目补充完整，再单击工具栏的按钮，保存修改好的凭证信息。最后单击工具栏的按钮，再次返回到【凭证管理—按单生成凭证】对话框中。

图 2-5-282 金蝶提示

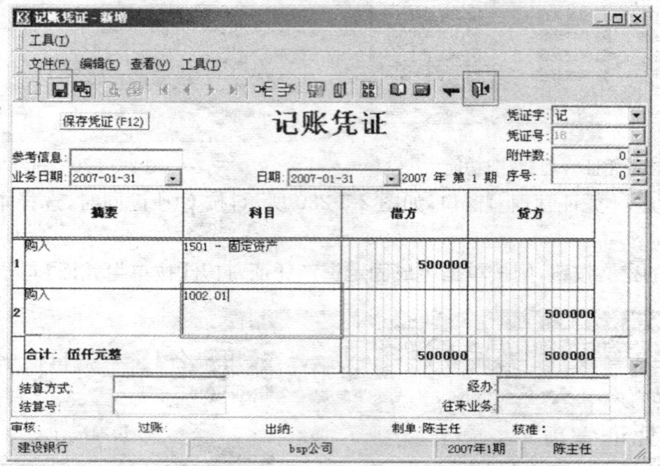

图 2-5-283 生成的本期购入固定资产凭证

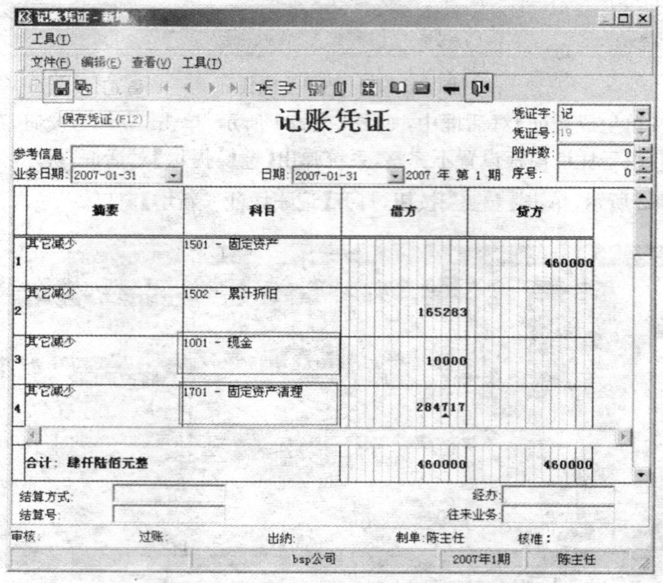

图 2-5-284 生成的本期报废固定资产凭证

⑥在【凭证管理—按单生成凭证】对话框中，如系统判断所选定的固定资产业务凭证已全部完成，会在此对话框中提示，如本例提示：“完毕，共生成 2 张凭证”，如图 2-5-285 所示，此时单击 退出 退出此对话框，返

回到【固定资产系统—[凭证管理]】窗口。

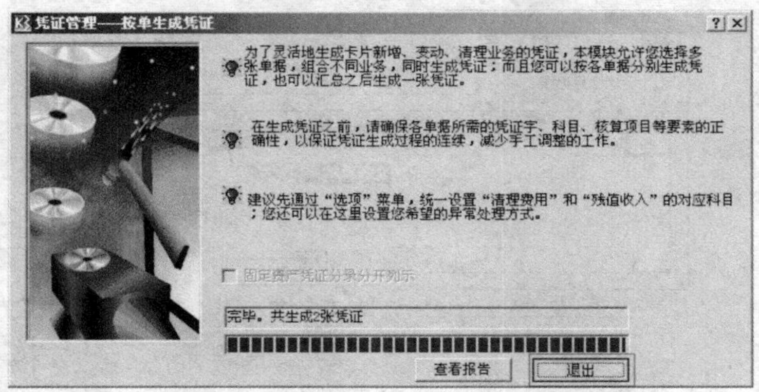

图 2-5-285 生成所有的凭证退出【按单生成凭证】对话框

5.8 现金日常业务处理

5.8.1 日记账录入

【例 2-5-31】 BSP 公司由张会计录入本月的日记账，张会计采取的方式是直接从总账引入数据。

操作步骤：

①在【金蝶 K/3 系统登录】窗口，如图 2-5-286 所示，在【用户名】文本编辑框中录入"张会计"，单击 确定(O) 按钮，进入到【引入日记账—现金管理—[主界面]】窗口。

②在【引入日记账—现金管理—[主界面]】窗口，如图 2-5-287 所示，选择【财务会计】/【现金管理】/【总账数据】/【引入日记账】明细功能，双击，打开【引入日记账】对话框。

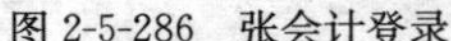
图 2-5-286 张会计登录

图 2-5-287 选择【引入日记账】明细功能

③在【引入日记账】对话框中，单击【现金日记账】选项卡，如图 2-5-288 所示，进行条件设置，【引入方式】选择"按现金科目"；【日期】选择"使用凭证日期"；【期间模式】选择"引入本期所有凭证"；【凭证字】选择"所有凭证"；【制单人】选择"全部"；【审核状态】选择"全部"；【过账状态】选择"全部"。条件设置好后，单击 引入(I) 按钮，系统弹出【金蝶提示】对话框，提示："引入现金日记账完毕！"，单击 确定(O) 按钮，返回到【引入日记账】对话框。

④重复上述操作，在【引入日记账】对话框中，单击【银行存款日记账】选项卡，如图 2-5-289 所示，进行条件设置，【引入方式】选择"按银行存款科目"；【日期】选择"使用凭证日期"；【期间模式】选择"引入本期所有凭证"；【凭证字】选择"所有凭证"；【制单人】选择"全部"；【审核状态】选择"全部"；【过账状态】选择"全部"。条件设置好后，

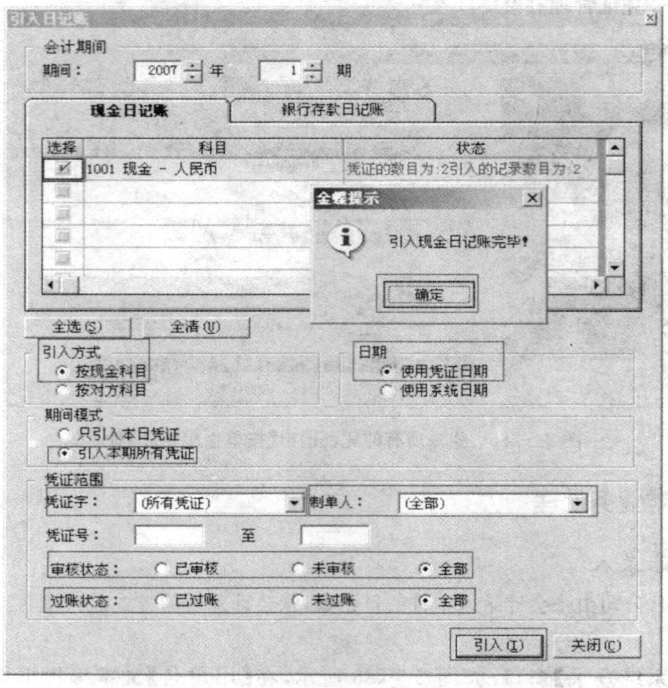

图 2-5-288　引入现金日记账

单击[引入(I)]按钮，系统弹出【金蝶提示】对话框，提示："引入银行存款日记账完毕！"。单击[确定]按钮，返回到【引入日记账】对话框，单击[关闭(C)]按钮退出此对话框，回到【引入日记账—现金管理—[主界面]】窗口。

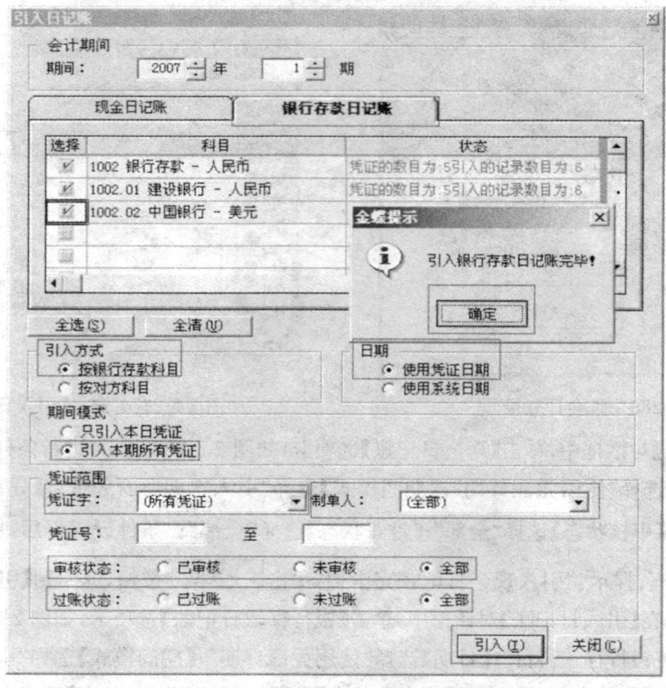

图 2-5-289　引入银行存款日记账

5.8.2 日记账查询

【例 2-5-32】 BSP 公司的张会计在月末需要查询本公司的现金日记账与银行存款日记账。

操作步骤：

(1)查询现金日记账

①由张会计在【现金日记账—现金管理—[主界面]】窗口，如图 2-5-290 所示，选择【财务会计】/【现金管理】/【现金】/【现金日记账】明细功能，双击，打开【现金日记账】查询条件设置对话框。

图 2-5-290 选择【现金日记账】明细功能

②在【现金日记账】查询条件设置对话框中，如图 2-5-291 所示，进行设置，再单击 确定(O) 按钮，打开【现金管理系统—[现金日记账]】窗口。

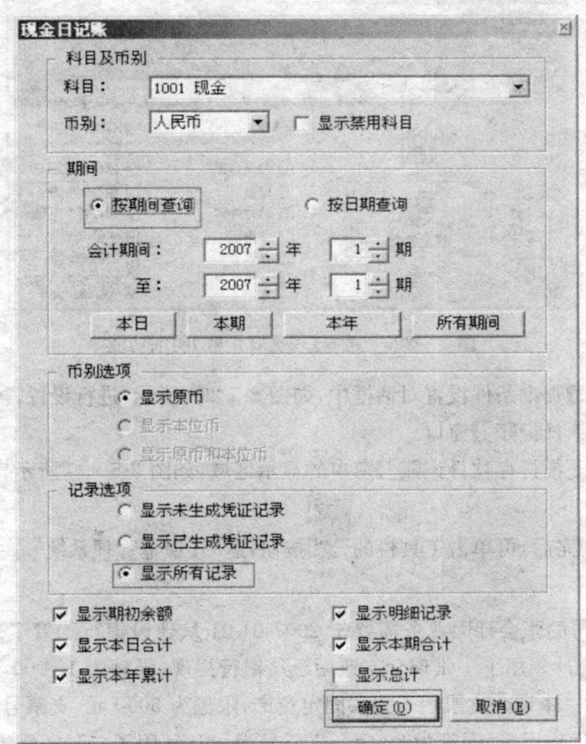

图 2-5-291 设置查询现金日记账条件

③在【现金管理系统—[现金日记账]】窗口的显示区域，如图 2-5-292 所示，会显示出本期有关现金日记账的详细记录，查询完后，可单击工具栏的 关闭 按钮，返回【现金管理系统—[主界面]】窗口。

现金管理系统 - [现金日记账]

系统(S) 文件(E) 编辑(E) 查看(V) 工具(T) 窗口(W) 帮助(H)

打开 预览 打印 引入 新增 修改 删除 第一 上一 下一 最末 过滤 查找 刷新 按单 汇总 凭证 删凭证 关闭

现金日记账　　科目：1001 现金　币别：人民币　期间：2007年1期

日期	凭证字号	凭证期间	凭证审核	记账标志	摘要	对方科目	借方金额	贷方金额	余额	方向	制单人
2007-01-01					上年结转				37,400.00		
2007-01-03	记 - 1	2007年1期	√	√	提现备用	1002.01 银行存款 - 建设银行	10,000.00		47,400.00		张会计
2007-01-03					本日合计		10,000.00		47,400.00		
2007-01-31	记 - 1	2007年1期			其它减少	1501 固定资产	100.00		47,500.00		张会计
2007-01-31					本日合计		100.00		47,500.00		
2007-01-31					本期合计		10,100.00		47,500.00		
2007-01-31					本年累计		10,100.00		47,500.00		

刷新现金日记账完毕　bsp公司　演示版-BSP公司　现金管理:2007年1期　张会计

图 2-5-292　查询现金日记账结果

(2)查询银行存款日记账

①由张会计在【银行存款日记账-现金管理-[主界面]】窗口，如图 2-5-293 所示，选择【财务会计】/【现金管理】/【银行存款】/【银行存款日记账】明细功能，双击，打开【银行存款日记账】查询条件设置对话框。

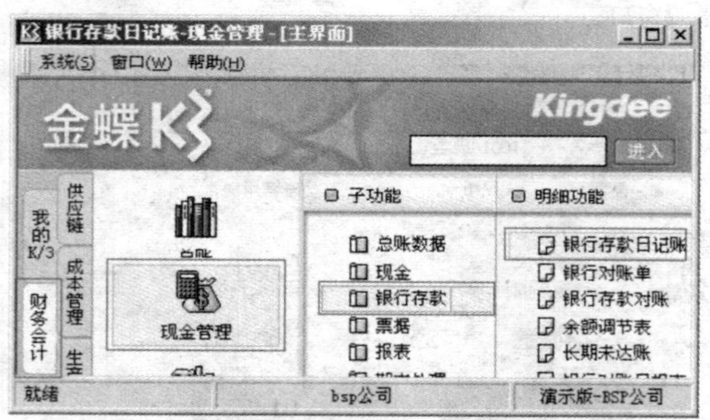

图 2-5-293　选择【现金日记账】明细功能

②在【银行存款日记账】查询条件设置对话框中，如图 2-5-294 所示，进行设置，再单击 确定(O) 按钮，打开【现金管理系统—[银行存款日记账]】窗口。

③在【现金管理系统—[银行存款日记账]】窗口的显示区域，如图 2-5-295 所示，会显示出本期有关银行存款日记账的详细记录，查询完后，可单击工具栏的 关闭 按钮，返回【现金管理系统—[主界面]】窗口。

5.8.3　支票管理

【例 2-5-33】 BSP 公司的张会计因业务需要于 2007-01-01 从建设银行购置了现金支票与转账支票各一本，并在 2007-01-03 日张会计领用了一张现金支票用于从银行提现，限额为 10 000 元，其支票号为 01；2007—01—31 日张会计又领用了一张现金支票用于购买固定资产，限额为 5000 元，支票号为 02；2007—01—31 日王业务领用了一张现金支票代垫运费，限额为 500 元，支票号为：03，领用了二张转账支票用于支付材料款(限额为 22230 元)及运费(限额为 2000 元)，支票号为 01、02，并且相关支付款业务已全部完成。要求由张会计完成

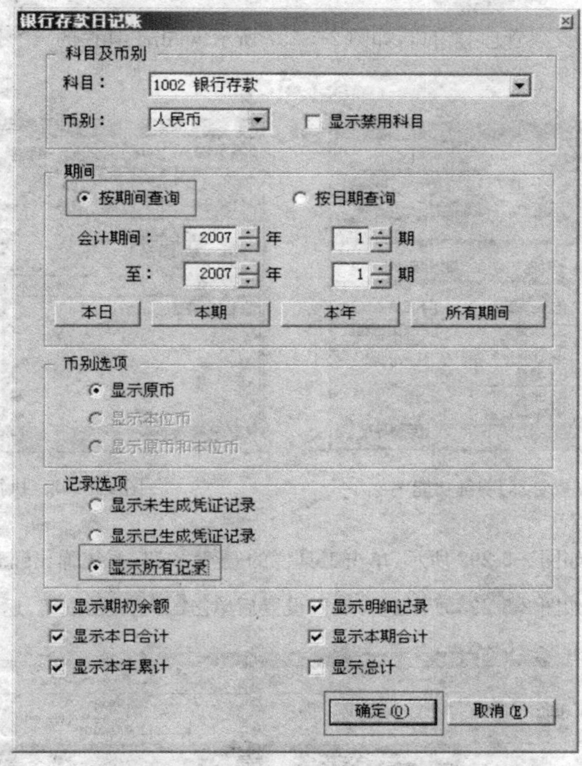

图 2-5-294 设置查询现金日记账条件

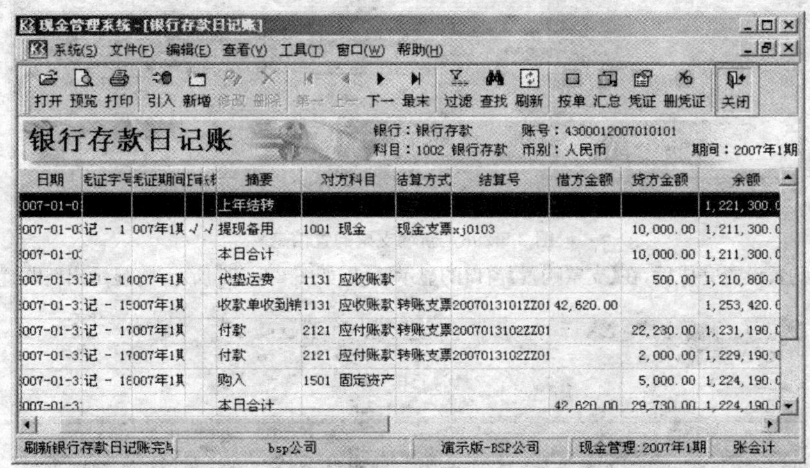

图 2-5-295 查询银行存款日记账结果

支票的购置、支票领用、支票报销操作，由李主管进行支票审核及核销。

操作步骤：

(1)支票购置

①由张会计在【支票管理—现金管理—[主界面]】窗口，如图 2-5-296 所示，选择【财务会计】/【现金管理】/【票据】/【支票管理】明细功能，双击，打开【现金管理系统—[支票管理]】窗口。

②在【现金管理系统—[支票管理]】窗口，如图 2-5-297 所示，单击工具栏的 购置 按钮，执行【购置】命令，打开【支票购置】窗口。

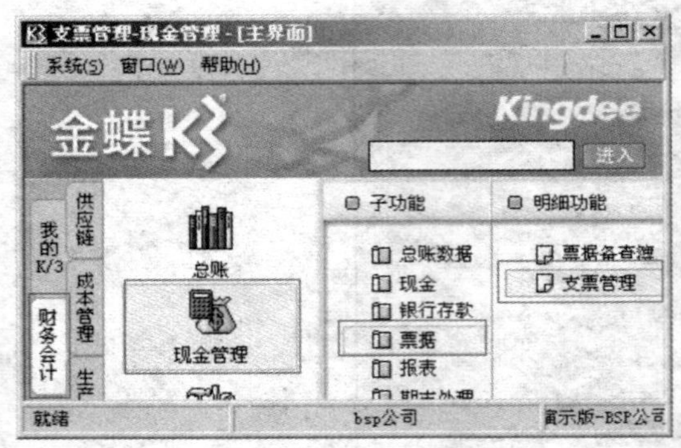

图 2-5-296　选择【支票管理】明细功能

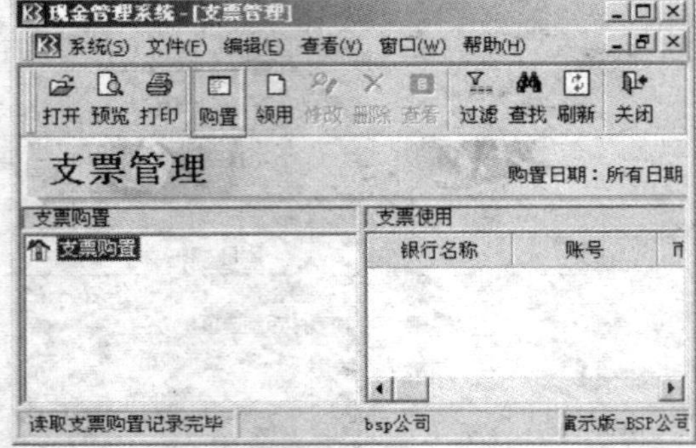

图 2-5-297　执行【购置】命令

③在【支票购置】窗口，如图 2-5-298 所示，单击工具栏的 新增 按钮，系统弹出【新增支票购置】对话框。在【新增支票购置】对话框中，如图 2-5-298 所示进行设置设置后单击 确定(O) 按钮，返回到【支票购置】窗口。

图 2-5-298　新增支票购置信息

④新增支票购置设置完成后，在【支票购置】窗口的显示区域，如图 2-5-299 所示，将显示出新购置的支票信息。

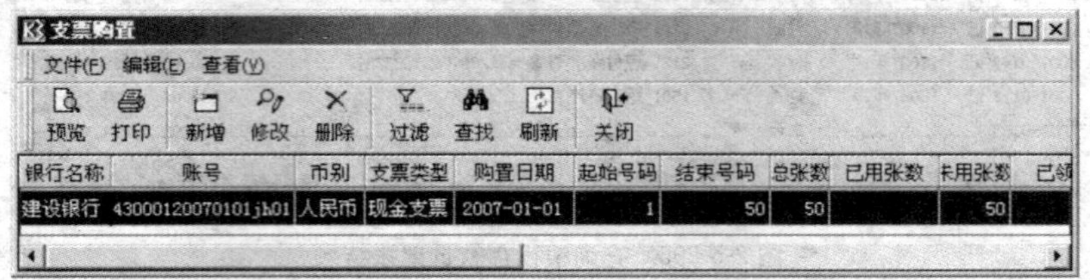

图 2-5-299　显示购置的现金支票信息

⑤重复上述②～③完成转账支票的购置。购置信息设置完成后，在【支票购置】窗口的显示区域，如图 2-5-300 所示，将显示出新购置的支票信息。不需再新增购置信息，即可单击工具栏的 关闭 按钮，返回到【现金管理系统—[支票管理]】窗口。

图 2-5-300 显示购置的转账支票信息

(2)支票领用

①在【现金管理系统—[支票管理]】窗口,如图 2-5-301 所示,单击工具栏的 领用 按钮,执行支票【领用】命令,打开【支票领用】窗口。

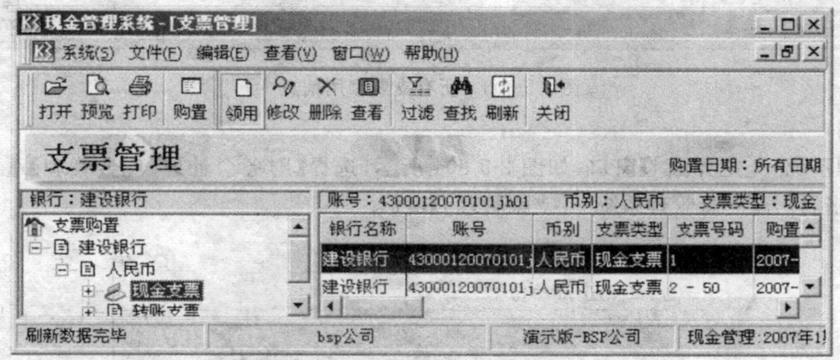

图 2-5-301 执行【领用】命令

②在【支票领用】窗口,参照【例 2-5-33】的资料,如图 2-5-302 所示设置领用支票信息,设置完后,单击 确定(O) 按钮,返回到【现金管理系统—[支票管理]】窗口。

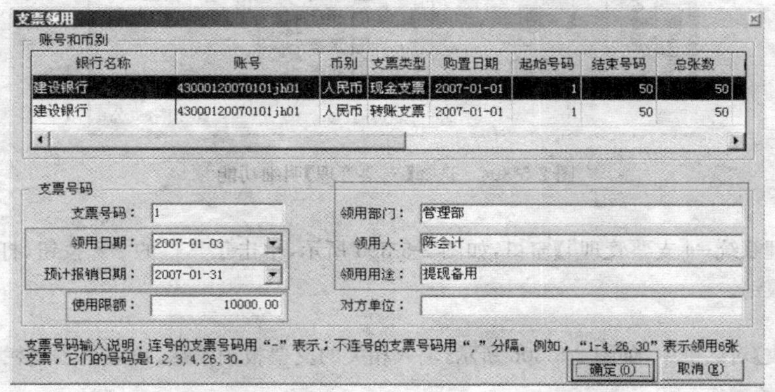

图 2-5-302 设置支票领用信息

③重复上述①~②步完成【例 2-5-33】中所有支票的领用。在【现金管理系统—[支票管理]】窗口的显示区域,会显示出所有已领用支票的信息,如图 2-5-303 所示。如支票领用信息已全部登记完毕,可单击工具栏的 关闭 按钮,返回【现金管理系统—主界面】窗口。

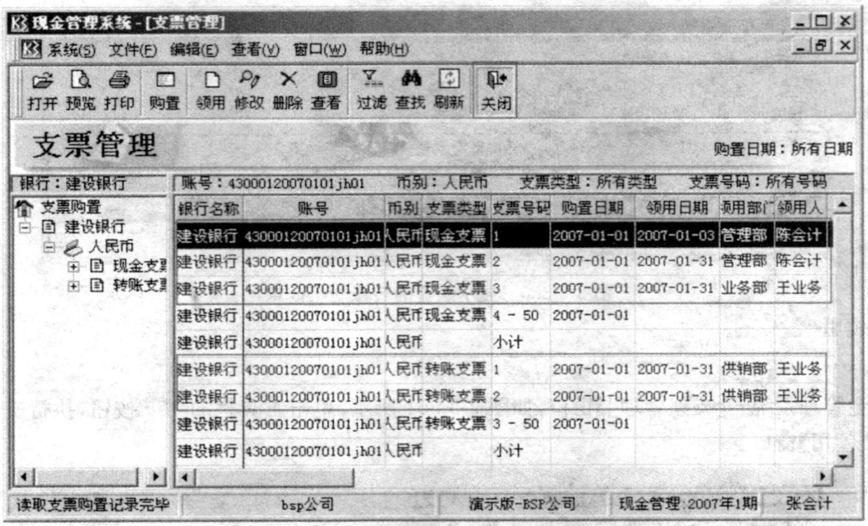

图 2-5-303　所有支票领用信息

(3)支票报销

①【现金管理系统－[主界面]】窗口，如图 2-5-304 所示，选择【财务会计】/【现金管理】/【票据】/【支票管理】明细功能，双击，打开【现金管理系统－[支票管理]】窗口。

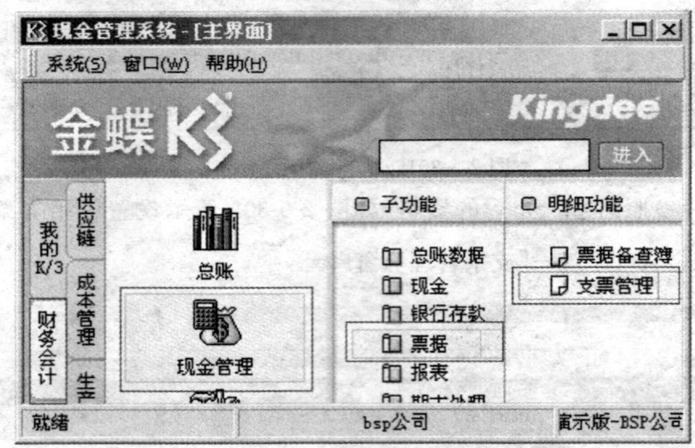

图 2-5-304　选择【支票管理】明细功能

②在【现金管理系统－[支票管理]】窗口，如图 2-5-305 所示，单击工具栏的"修改"按钮，打开【支票修改】对话框，以进行支票报销。

③在【支票修改】对话框中，如图 2-5-306 所示，输入相关的支票报销信息，再单击工具栏的"保存"按钮，完成此条支票记录的报销操作。

④将支票报销信息保存之后，对话框相应的更改为【支票查看】，如图 2-5-307 所示，直接单击此对话框的"下一"按钮，再单击"修改"按钮，录入下一条支票记录的相关报销信息，录入完毕再单击工具栏的"保存"按钮，保存所录入的信息。重复此步，直至将所要报销的支票全部完成报销操作之后，再单击工具栏的"关闭"按钮，返回到【现

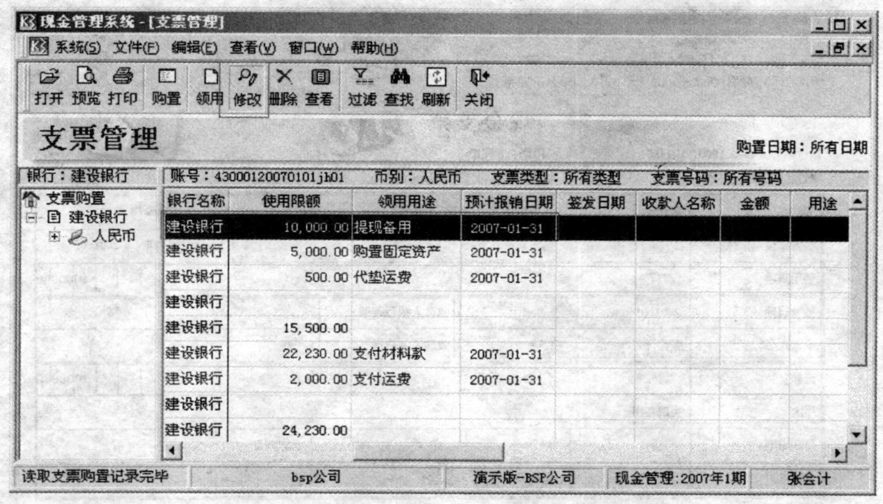

图 2-5-305 进行支票报销

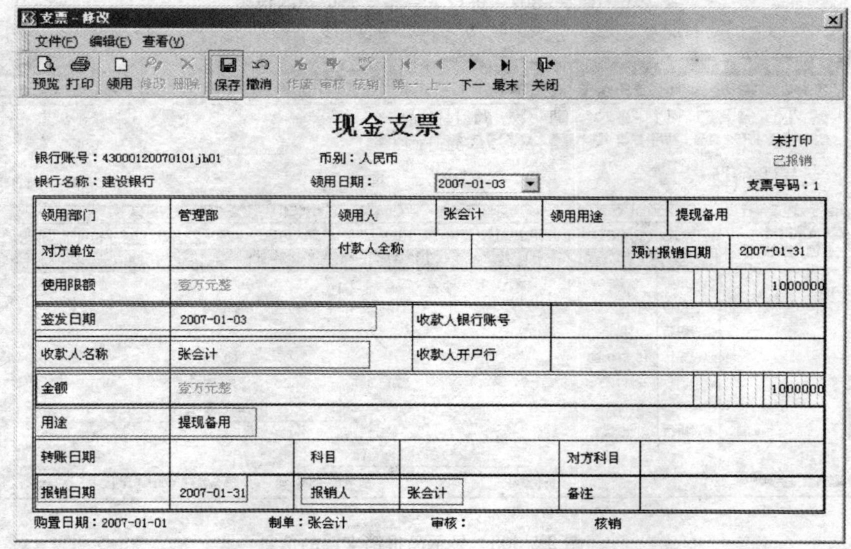

图 2-5-306 输入支票报销信息

金管理系统—[支票管理]】窗口。

⑤在【现金管理系统—[支票管理]】窗口的显示区域,如图 2-5-308 所示,会显示出已报销的支票的信息。

(4)支票审核及核销

①更换操作员,由李主管在【金蝶 k/3 系统登录】窗口,进行登录。如图 2-5-309 所示,在【用户名】文本编辑框中输入"李主管",单击 确定 按钮,进入到【现金管理系统—[主界面]】窗口。

②【现金管理系统—[主界面]】窗口,如图 2-5-310 所示,选择【财务会计】/【现金管理】/【票据】/【支票管理】明细功能,双击,打开【现金管理系统—[支票管理]】窗口。

③在【现金管理系统—[支票管理]】窗口,如图 2-5-311 所示,单击工具栏的 查看 按钮,打开【支票查看】对话框,以进行支票审核与核销。

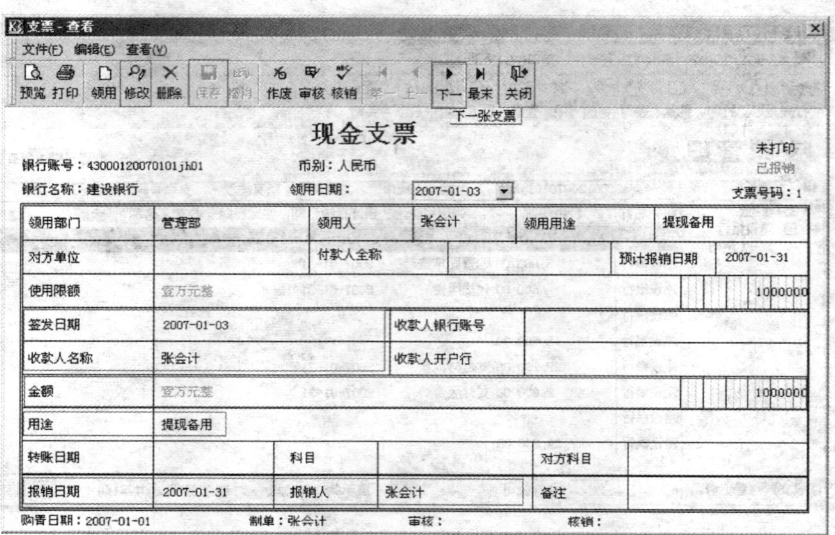

图 2-5-307 进行下一条支票记录的报销

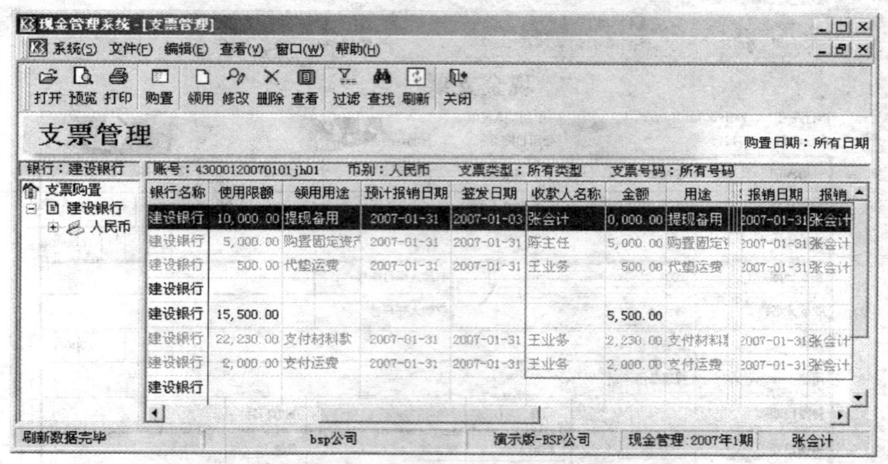

图 2-5-308 显示已报销支票的信息

④在【支票查看】对话框中，如图 2-5-312 所示，单击工具栏的审核按钮，对支票的信息的正确性进行审核，如完全正确，可确认其需要核销了，再单击工具栏的核销按钮，将此支票进行核销。如还需要对其他支票进行审核及核销操作，可单击工具栏的下一按钮，再重复上述操作，即可对其他支票进行审核及核销。所有需要审核及核销的支票已全部完成之后，单击工具栏的关闭按钮，返回到【现金管理系统－[支票管理]】窗口。

⑤在【现金管理系统－[支票管理]】窗口的显示区域将不再显示已核销的支票信息(因为核销是对支票终结)，如图 2-5-313 所示。单击工具栏的关闭按钮退出此窗口。

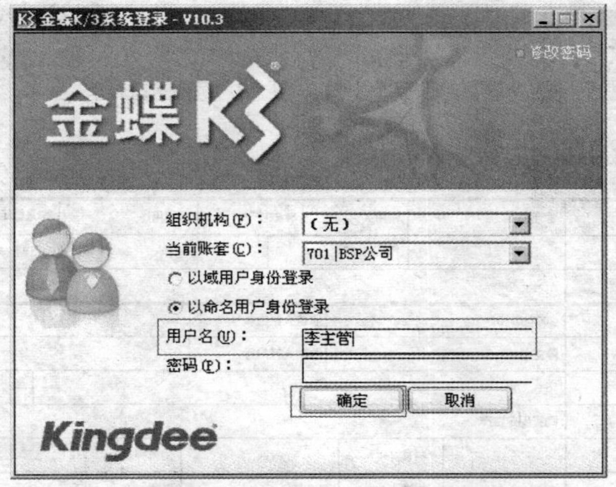

图 2-5-309

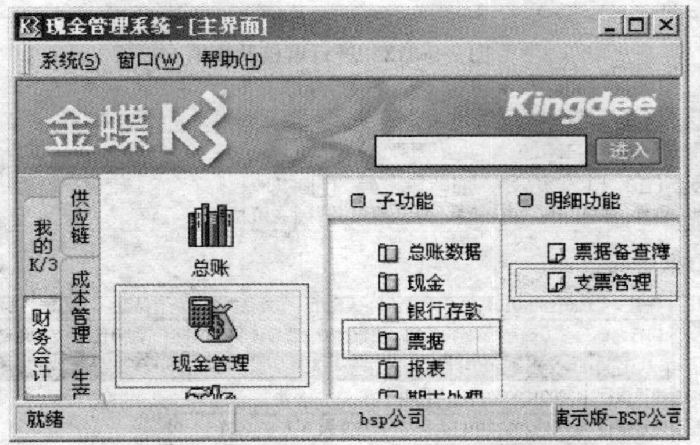

图 2-5-310 选择【支票管理】明细功能

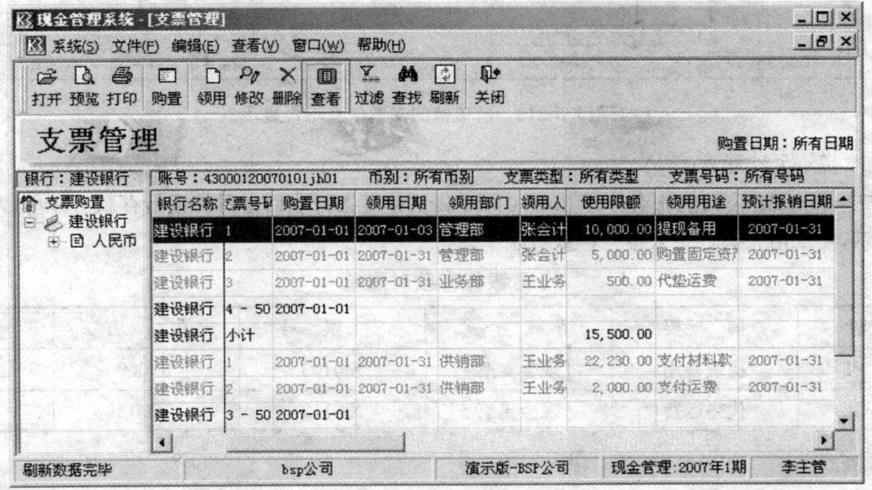

银行名称	支票号码	购置日期	领用日期	领用部门	领用人	使用限额	领用用途	预计报销日期
建设银行	1	2007-01-01	2007-01-03	管理部	张会计	10,000.00	提现备用	2007-01-31
建设银行	2	2007-01-01	2007-01-31	管理部	张会计	5,000.00	购置固定资产	2007-01-31
建设银行	3	2007-01-01	2007-01-31	业务部	王业务	500.00	代垫运费	2007-01-31
建设银行	4 - 50	2007-01-01						
建设银行	小计					15,500.00		
建设银行	1	2007-01-01	2007-01-31	供销部	王业务	22,230.00	支付材料款	2007-01-31
建设银行	2	2007-01-01	2007-01-31	供销部	王业务	2,000.00	支付运费	2007-01-31
建设银行	3 - 50	2007-01-01						

图 2-5-311 执行【查看】命令

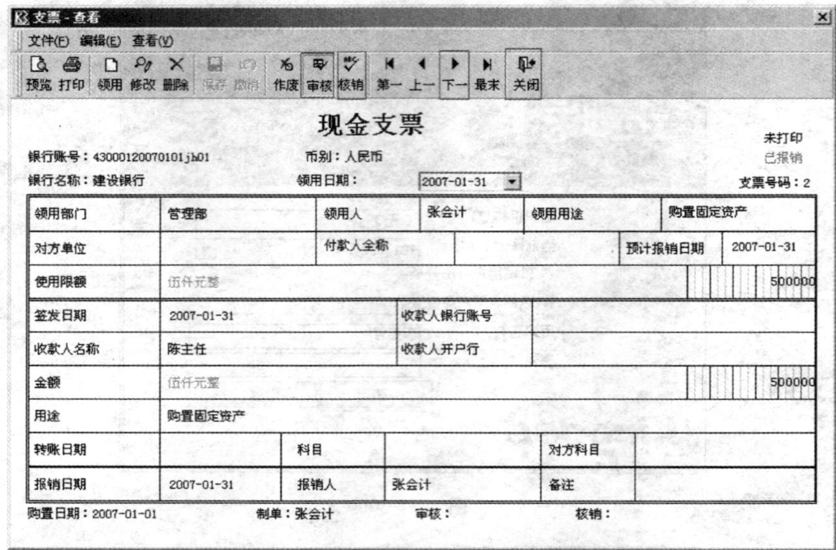

图 2-5-312 进行审核及核销

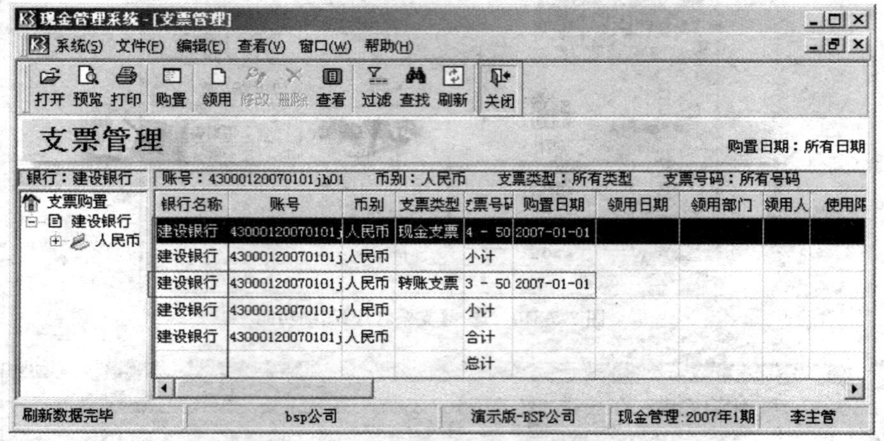

图 2-5-313 已核销的支票信息不再显示

5.8.4 银行对账单录入

【例 2-5-34】 BSP 公司的张会计于 2007-01-31 日从建设银行取回本月的银行存款对账单，对账单信息如表 2-5-2 所示，要求由张会计录入银行存款对账单。

银行存款对账单 表 2-5-2

日 期	摘 要	结 算 方 式	支 票 号	借 方	贷 方
2007-01-03	提现备用	现金支票	Xj0103	10 000	
2007-01-12	代垫运费	现金支票	Xj0112	500	

操作步骤：

①由张会计在【银行对账单－现金管理－[主界面]】窗口，如图 2-5-314 所示，选择【财务会计】/【现金管理】/【银行存款】/【银行对账单】明细功能，双击，打开【银行对账单】条件设置对话框。

图 2-5-314 选择【银行对账单】明细功能

②在【银行对账单】对话框中，如图 2-5-315 所示进行设置后，单击 确定(O) 按钮，打开【现金管理系统—[银行对账单]】窗口。

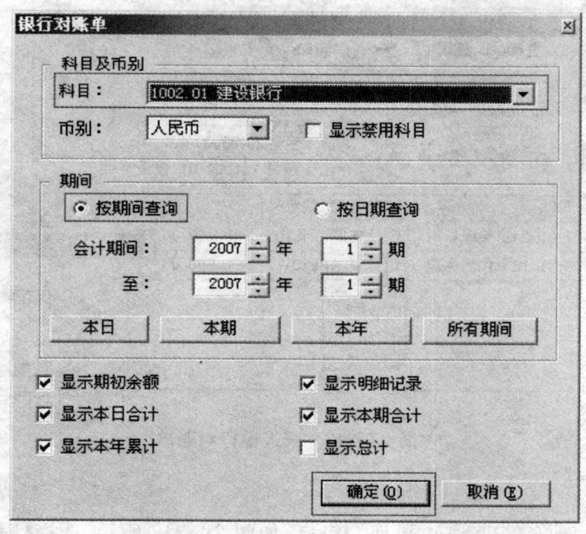

图 2-5-315 设置银行对账单条件

③在【现金管理系统—[银行对账单]】窗口，如图 2-5-316 所示，单击工具栏的 新增 按钮，打开【现金管理系统—[银行对账单录入]】窗口。

④在【现金管理系统—[银行对账单录入]】窗口，如图 2-5-317 所示，录入对账单信息，录入完毕后，单击工具栏的 保存 按钮。系统弹【金蝶提示】对话框，提示："保存数据完毕！"，单击 确定() 按钮，返回到【现金管理系统—[银行对账单录入]】窗口，单击此窗口工具栏的 关闭 按钮，完成银行对账单的录入操作。

5.8.5 银行对账

【例 2-5-35】 BSP 公司的张会计于 2007-01-31 日录入银行对账单后，与建设银行存款进行对账，并编制银行存款余额调节表，核实银行存款情况。

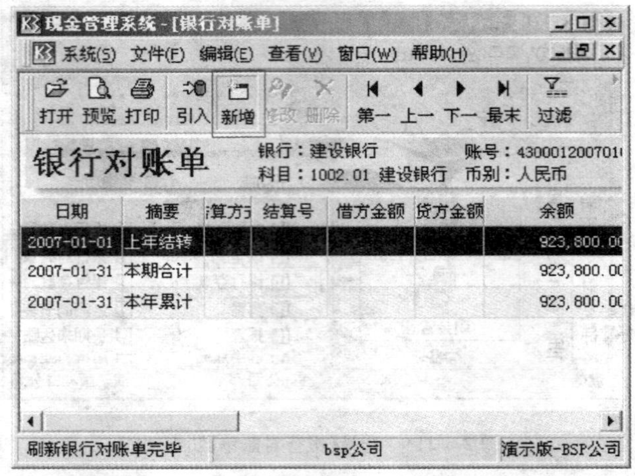

图 2-5-316 新增银行对账单

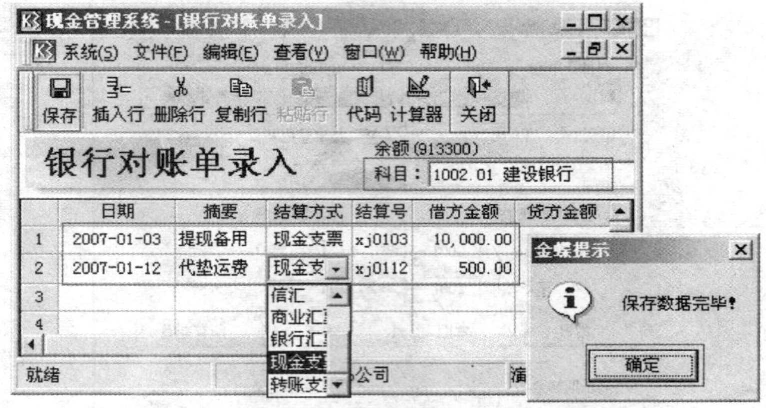

图 2-5-317 录入银行对账单

操作步骤：

①在【银行存款对账－现金管理－[主界面]】窗口，如图 2-5-318 所示，选择【财务会计】/【现金管理】/【银行存款】/【银行存款对账】明细功能，双击，打开【银行存款对账】查询条件设置对话框。

②在【银行存款对账】查询条件设置对话框中，如图 2-5-319 所示，单击【科目】文本编辑框右侧的下拉按钮，选择“1002.01 建设银行”；单击【包含已勾对记录】前的复选按钮，选中此项。再单击“确定(O)”按钮，打开【现金管理系统－[银行对账]】窗口。

③在【现金管理系统－[银行对账]】窗口，如图 2-5-320 所示，单击工具栏的“自动”按钮，进行自动对账，打开【银行存款对账设置】对话框。

④在【银行存款对账设置】对话框中，如图 2-5-321 所示，单击【结算方式相同】前的复选按钮，选中此项（一般来说企业进行银行存款对账时，基本条件是金额相同，结算方式相同，结算号相同。也可以自行设定，在此金额相同是系统已默认的）。单击“确定(O)”按钮，系统开始进行自动对账，对账不完整的可以用手工对账来进行补充对账。

图 2-5-318 选择【银行存款对账】明细功能

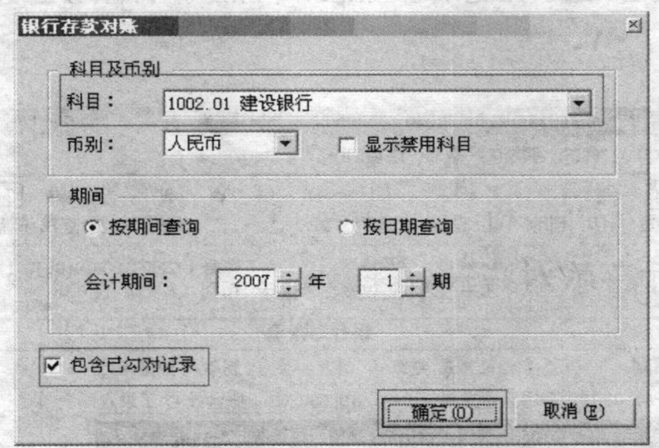

图 2-5-319 设置银行存款查询条件

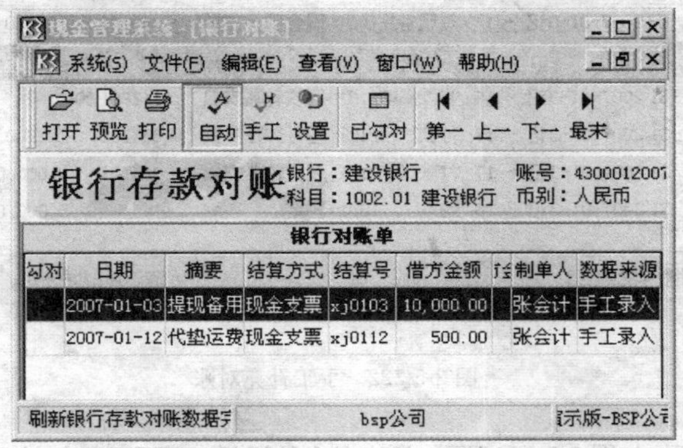

图 2-5-320 执行设置命令

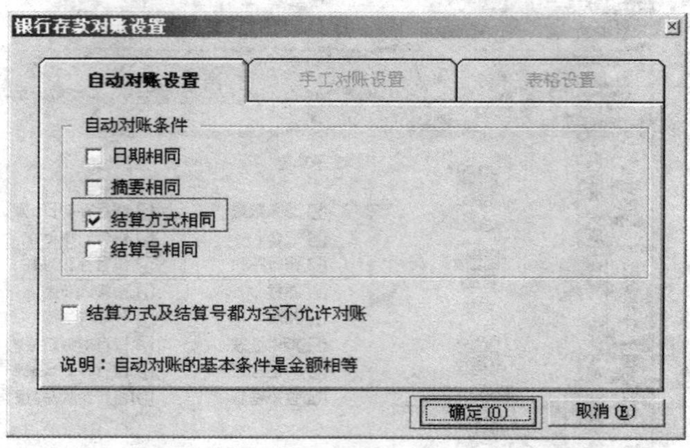

图 2-5-321　设置自动对账条件

⑤自动对账完后，在【现金管理系统－[银行对账]】窗口，如图 2-5-322 所示，高亮度显示的两条记录，因不符合自动对账条件未能对上。此时可以选中此两条记录，单击工具栏的按钮，进行手工对账来进行补充核对。

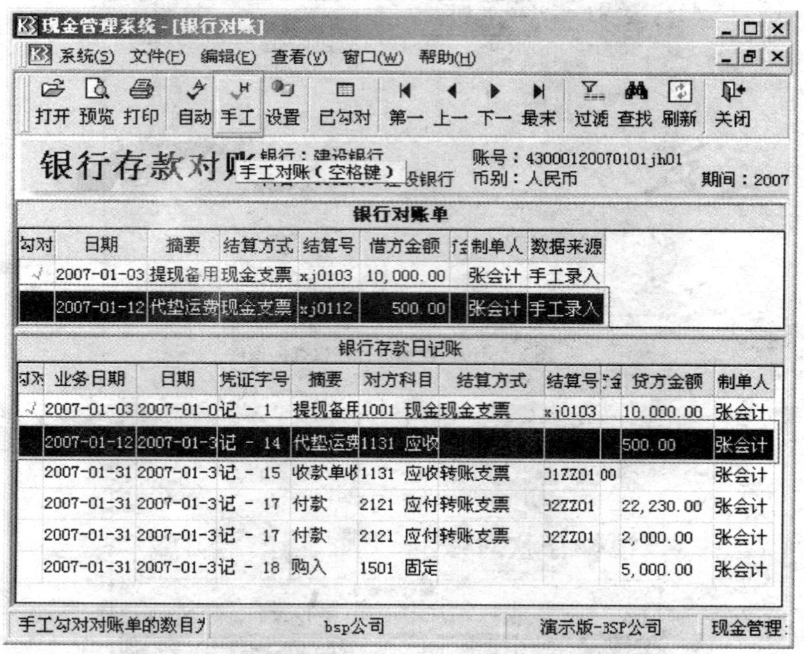

图 2-5-322　手工补充对账

⑥进行手工补充对账后，如图 2-5-323 所示，原未对上的两条记录现已经勾对成功，单击工具栏的按钮退出此窗口。

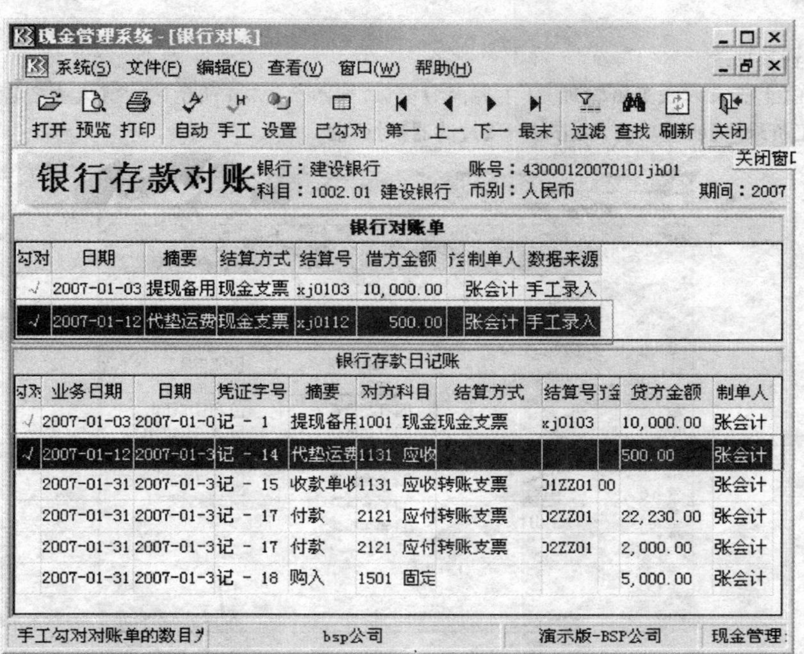

图 2-5-323　查看勾对情况

5.9　工资核算业务日常处理

工资核算业务日常处理主要有如工资数据录入、工资计算及审核，工资发放，工资费用分摊及相应的凭证管理工作，员工的个人所得税计算以及人员变动的调整，其基本处理流程图如图 2-5-324 所示。

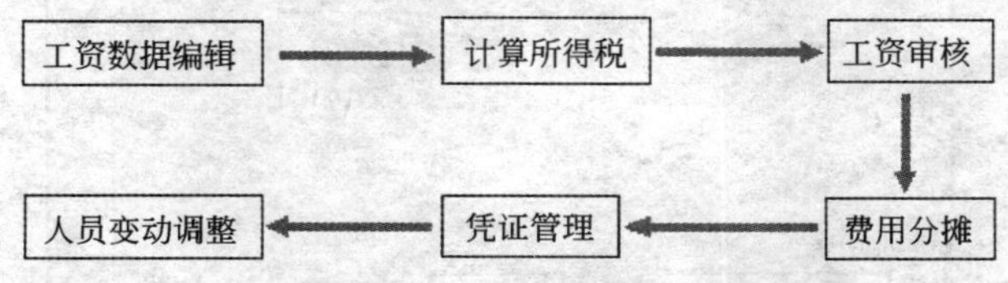

图 2-5-324　工资日常业务处理流程

5.9.1　工资数据编辑

【例 2-5-36】 BSP 公司的张会计在月末收齐了本月各部门员工的工资数据单之后，录入到工资管理系统中，并计算出各计算项、合计项。工资数据单如表 2-5-3 所示。

2007 年 1 月工资数据单　　表 2-5-3

职员代码	职员姓名	部门代码	部门名称	基本工资	奖　金
0101	李主管	01	管理部	1 800	800
0102	张会计	01	管理部	900	450
0103	陈主任	01	管理部	1 500	600
0201	赵生产	02	生产部	1 000	650
0301	王业务	03	供销部	1 600	550

操作步骤:

(1)录入工资数据

①张会计在【工资录入—工资管理—[主界面]】窗口,如图 2-5-325 所示,选择【人力资源】/【工资管理】/【工资业务】/【工资录入】明细功能,双击,打开【过滤器】对话框。

图 2-5-325 选择【工资录入】明细功能

②在【过滤器】对话框中,如图 2-5-326 所示,选择默认方案,单击 确定(O) 按钮,打开

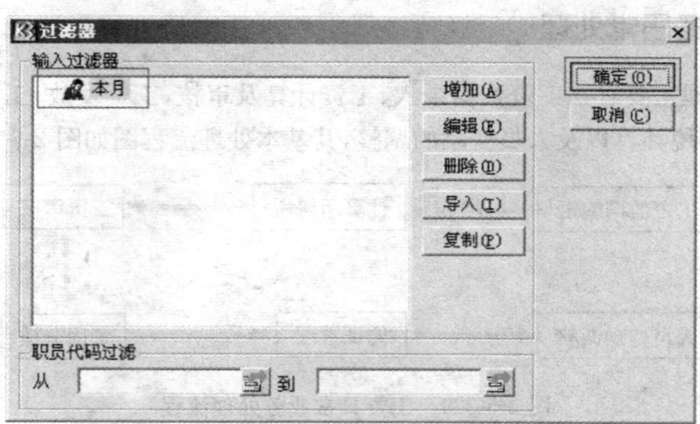

图 2-5-326 工资数据过滤

③在【工资数据录入—[本月]】窗口中,参照【例 36】中表 2-5-3 的资料,如图 2-5-327 所示,将基本工资与奖金进行修改录入正确后,单击工具栏的 保存 按钮,保存新录入的工资数据。

(2)工资计算

①对已定义好计算公式的工资项目进行工资计算,如本例中的补贴、应发合计、实发合计。在【工资计算—工资管理—[主界面]】窗口,如图 2-5-328 所示,选择【人力资源】/【工资管理】/【工资业务】/【工资计算】明细功能,双击,打开【工资计算向导】对话框。

②在【工资计算向导】对话框中,如图 2-5-329 所示,单击方案名称【本月】前的☑复选按钮,选择此方案,再单击向导右侧的 编辑(E) 按钮。打开如图 2-5-330 所示的【定义过滤条件】对话框,单击【计算公式】文本编辑框右侧的▾下拉按钮,选择“补贴”录入。单击 确定(O) 按钮,返回到如图 2-5-331 所示的【工资计算向导】对话框中,单击 下一步(N) 按钮,准备进行工资计算。

工资数据录入-[本月]----(年份:2007 期间:1 次数:1) 人数:5

文件(F) 编辑(E) 查看(V) 选项(O)

保存 修改 引出 引入 计算 基金 过滤 刷新 定位 计算器 所得税 扣零 发放

职员代码	职员姓名	部门代码	部门名称	职员类别	基本工资	奖金	补贴	应发合计	代扣税
0101	李主管	01	管理部		1,800.00	800.00	0.00	1,550.00	
0102	张会计	01	管理部		900.00	450.00	0.00	1,490.00	
0103	陈主任	01	管理部		1,500.00	600.00	0.00	2,000.00	10.0
0201	赵生产	02	生产部		1,000.00	650.00	0.00	2,150.00	17.5
0301	王业务	03	供销部		1,600.00	550.00	0.00	2,150.00	17.5
合计					6,800.00	3,050.00	5,690.00	9,340.00	45.0

图 2-5-327　录入工资数据

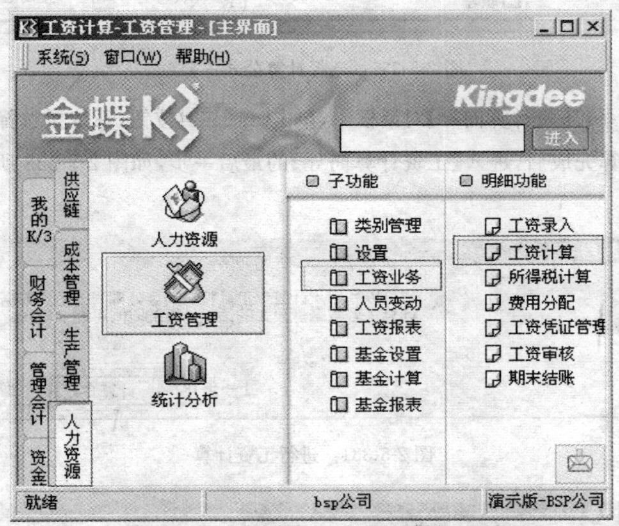

图 2-5-328　选择【工资计算】明细功能

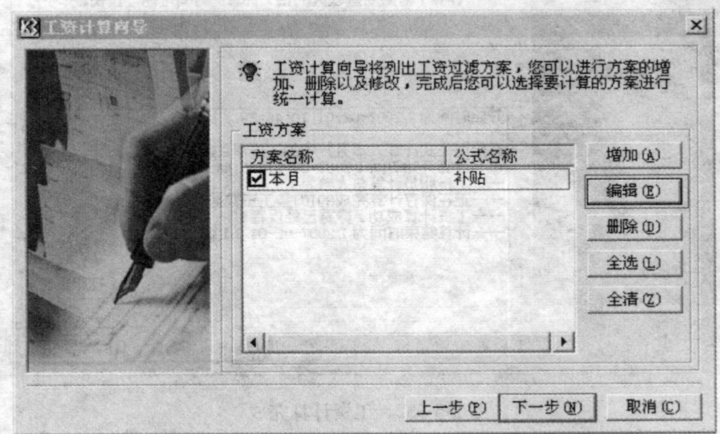

图 2-5-329　编辑方案

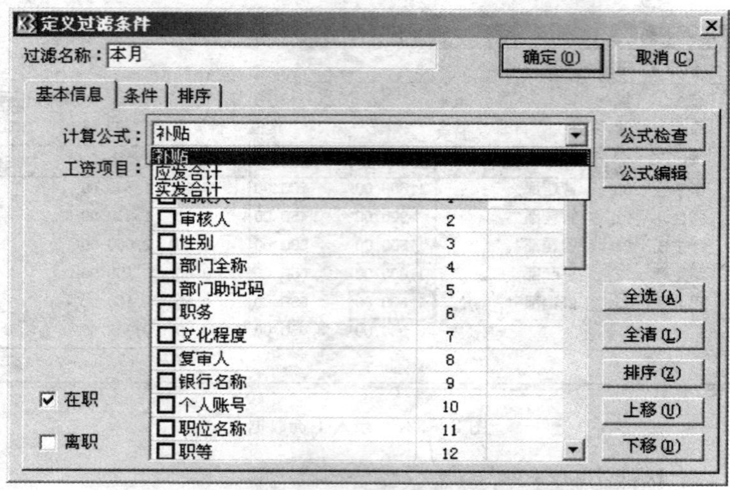

图 2-5-330　选择计算公式－补贴

③在如图 2-5-331 所示【工资计算向导】对话框中，单击[计算(S)]按钮，系统按选择的计算公式对相应的工资项目进行工资计算，计算完成后，进入【工资计算向导】的最后一步，如图 2-5-332 所示，单[完成(F)]按钮，完成整个工资计算过程。

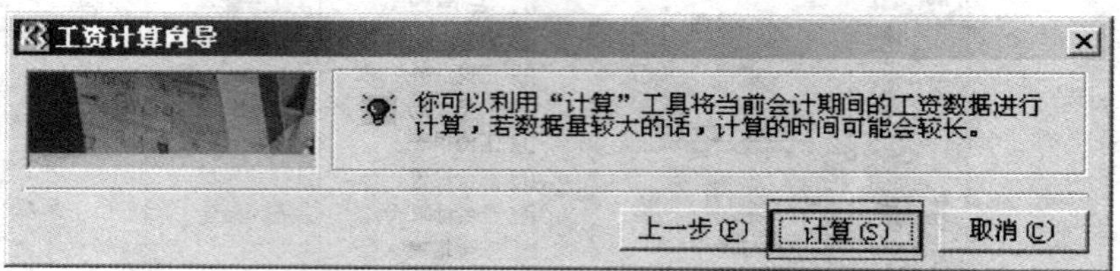

图 2-5-331　进行工资计算

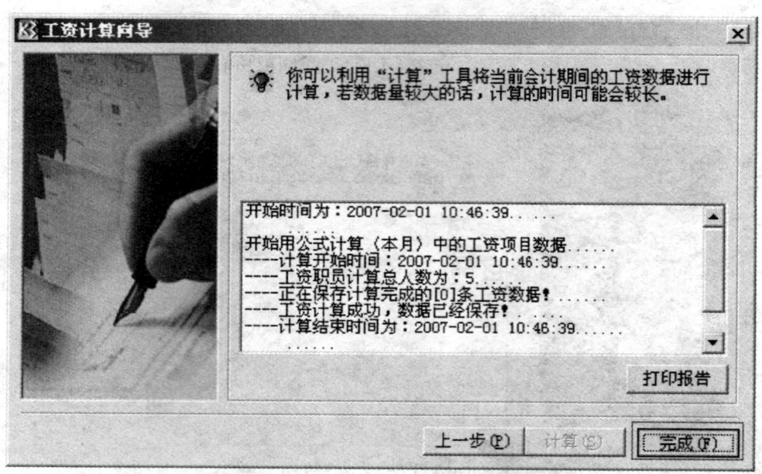

图 2-5-332　工资计算完成

④重复上述①～③步，依次完成"应发合计"、"实发合计"工资项目的计算。计算完后，再次进入到【工资数据录入－[本月]】窗口，如下图 2-5-333 所示，可以看到原已定义公式并经过计算的工资项目已经被刷新。

工资数据录入-[本月]----(年份:2007 期间:1 次数:1) 人数:5

文件(F) 编辑(E) 查看(V) 选项(O)

保存 修改 引出 引入 计算 基金 过滤 刷新 定位 计算器 所得税 扣零 发放

职员代码	职员姓名	部门代码	部门名称	职员类别	基本工资	奖金	补贴	应发合计	代扣	实发合计
0101	李主管	01	管理部		1,800.00	800.00	200.00	2,800.00		2,800.00
0102	张会计	01	管理部		900.00	450.00	150.00	1,500.00		1,500.00
0103	陈主任	01	管理部		1,500.00	600.00	200.00	2,300.00	00	2,290.00
0201	赵生产	02	生产部		1,000.00	650.00	200.00	1,850.00	50	1,832.50
0301	王业务	03	供销部		1,600.00	550.00	200.00	2,350.00	50	2,332.50
合计					6,800.00	3,050.00	950.00	10,800.00	00	10,755.00

图 2-5-333 查看计算结果

5.9.2 所得税计算

【例 2-5-37】 BSP 公司的张会计在月末录入并计算完本月所有的工资数据之后，对员工的工资进行个人所得税的扣除计算。

操作步骤：

①在【所得税计算－工资管理－[主界面]】窗口，如图 2-5-334 所示，选择【人力资源】/【工资管理】/【工资业务】/【所得税计算】明细功能，双击，打开工资计算【过滤器】对话框。在如图 2-5-335 所示的【过滤器】对话框中，选择默认方案，单击［确定］按钮，打开【个人所得税数据录入】窗口。

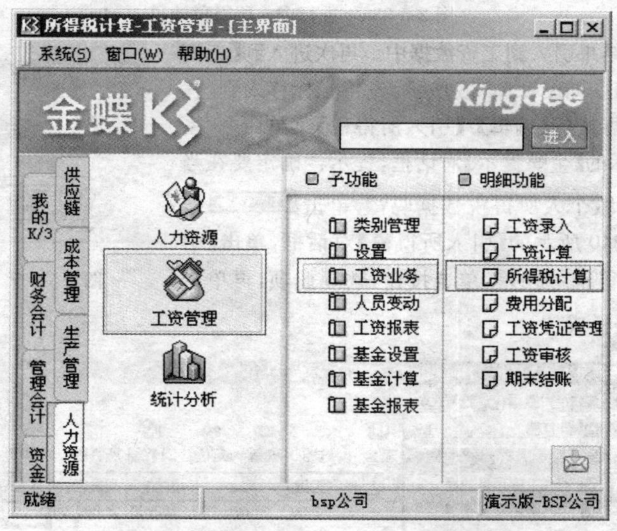

图 2-5-334 选择【所得税计算】明细功能

②在【个人所得税数据录入】窗口，如图 2-5-336 所示，单击工具栏的［计税］按钮，系统弹出【金蝶提示】对话框，提示："重新计算税率及纳税额吗？"，单击［确定］按钮，系统会自动按照企业已设置的所得税计算方案进行计算。计算完后，返回到如图 2-5-336 所示的【个人所得税数据录入】窗口，单击工具栏的［保存］按钮。系统弹出又一个【金蝶提示】对话框，提示："确定要保存当前数据变动吗？"，如图 2-5-337 所示，单击［确定］按钮，保存当前计算结果。

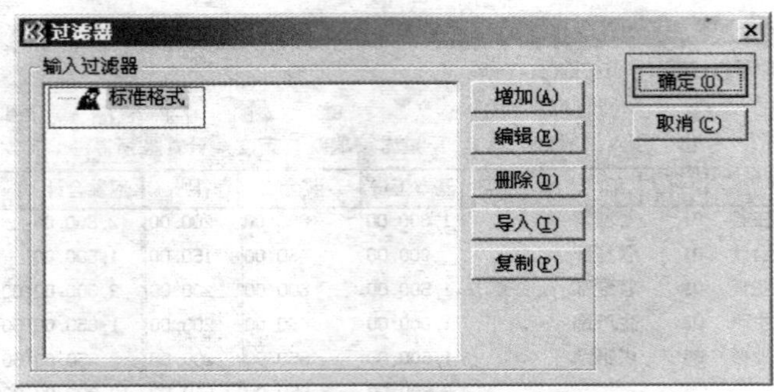

图 2-5-335　过滤方案选择

图 2-5-336　进行个人所得税计税

③将计算的所得税结果引入到工资数据中。再次进入到【工资数据录入—[本月]】窗口。如图 2-5-338 所示，先将光标移入到【代扣税】所在的列单元中，再执行【编辑】/【引入所得税】菜单命令，系统弹出如图 2-5-339 所示的【金蝶提示】对话框，提示："确定要在当前项目[代扣税]导入扣缴个人所得税数据吗?"，单击 确定( ) 按钮。系统打开如图 2-5-340 所示的【引入所得税】对话框，单击【引入方式】下"引入本期所得税"前的 ⊙ 单选按钮，选择此项，再单击 确定(O) 按钮，引入所得税成功。

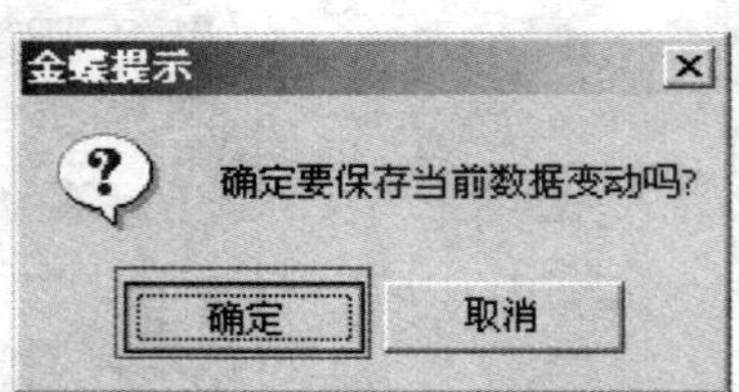

图 2-5-337　提示保存计算结果

图 2-5-338　执行引入所得税命令

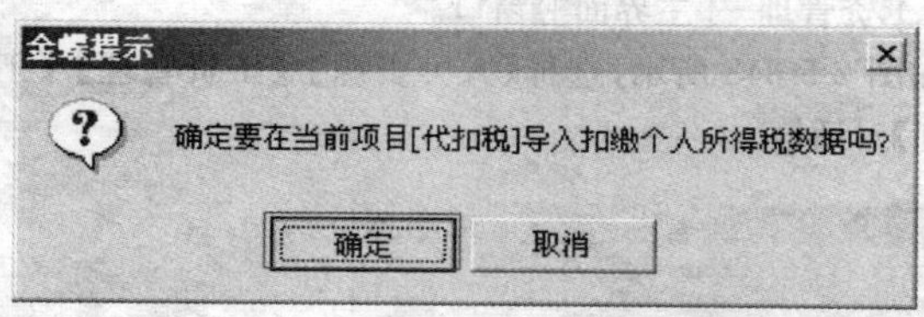

图 2-5-339　金蝶提示

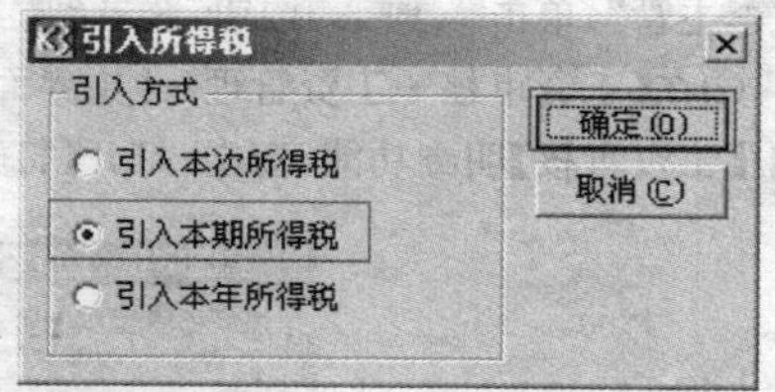

图 2-5-340　引入所得税

④引入所得税之后，在【工资数据录入－[本月]】窗口的【代扣税】项所对应的单元中会显示出已引入的所得税金额，如图 2-5-341 所示。检查数据是否正确，如果正确单击工具栏的保存按钮，将数据进行保存。

工资数据录入-[本月]----(年份:2007 期间:1 次数:1) 人数:5

文件(F)　编辑(E)　查看(V)　选项(O)

保存　修改　引出　引入　计算　基金　过滤　刷新　定位　计算器　所得税　扣零　发放

职员代码	职员姓名	部门代码	部门名称	职员类别	基本工资	奖金	补贴	应发合计	代扣税	实发合计
0101	李主管	01	管理部		1,800.00	800.00	200.00	2,800.00	35.00	2,800.
0102	张会计	01	管理部		900.00	450.00	150.00	1,500.00		1,500.
0103	陈主任	01	管理部		1,500.00	600.00	200.00	2,300.00	10.00	2,290.
0201	赵生产	02	生产部		1,000.00	650.00	200.00	1,850.00	17.50	1,832.
0301	王业务	03	供销部		1,600.00	550.00	200.00	2,350.00	17.50	2,332.
合计					6,800.00	3,050.00	950.00	10,800.00	45.00	10,755.

图 2-5-341　保存引入的所得税

技巧：在引入的所得税时，【引入方式】要与所得税计算时所选择的【计算方法】要一致，如本例中，所得税计算时选择的是"按期间进行计算"，在引入进也选择"引入本期所得税"，否则不能正确引入计算的所得税。

5.9.3　工资审核

【例 2-5-38】　BSP 公司的张会计在月末计算好所有的工资数据之后，为防止工资数据的意外修改，由李主管对本企业所有部门员工的工资数据进行了审核。

操作步骤：

①由李主管进行系统登录。在【金蝶 K/3 系统登录】窗口，如图 2-5-342 所示，在【用户名】文本编辑框中录

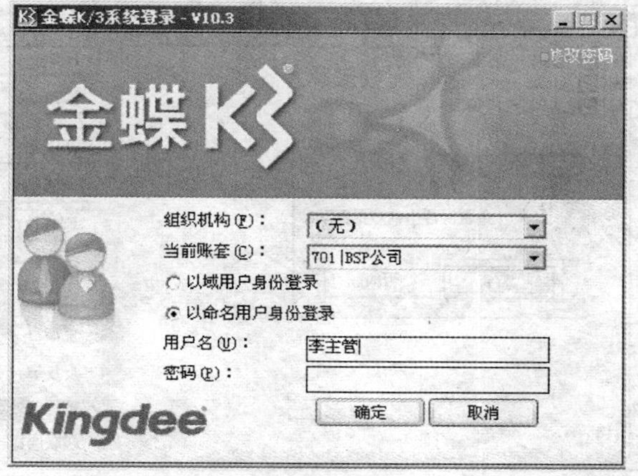

图 2-5-342　李主管登录

入“李主管”，单击[确定]按钮，登录到【工资审核－工资管理－[主界面]】窗口。

②在【工资审核－工资管理－[主界面]】窗口，如图 2-5-343 所示，选择【人力资源】/【工资管理】/【工资业务】/【工资审核】明细功能，双击，打开【打开工资类别】对话框。

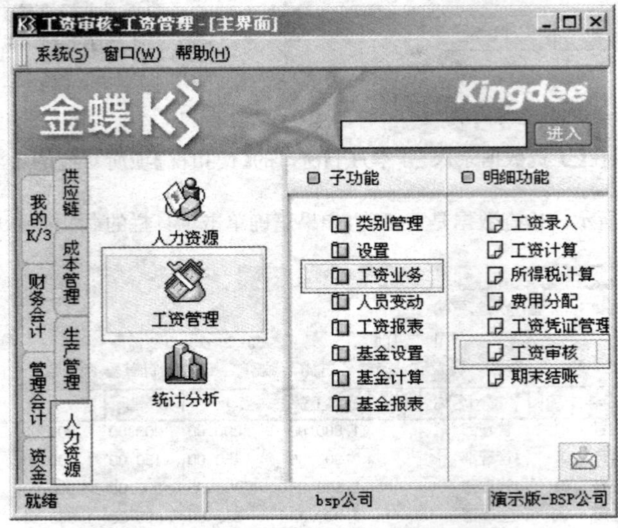

图 2-5-343　选择【工资审核】明细功能

③在【打开工资类别】对话框中，如图 2-5-344 所示，选择【正式工】工资类别，单击[选择(S)]按钮，再打开【工资审核】对话框。

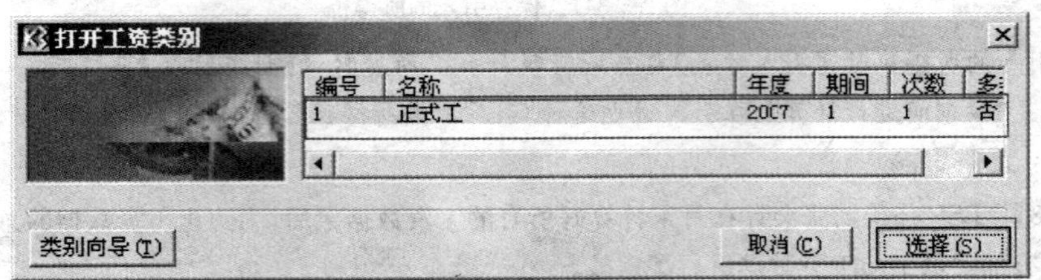

图 2-5-344　选择工资类别

④在【工资审核】对话框中，如图 2-5-345 所示，单击部门名称前的☑复选按钮，选择所有部门；单击【审核】

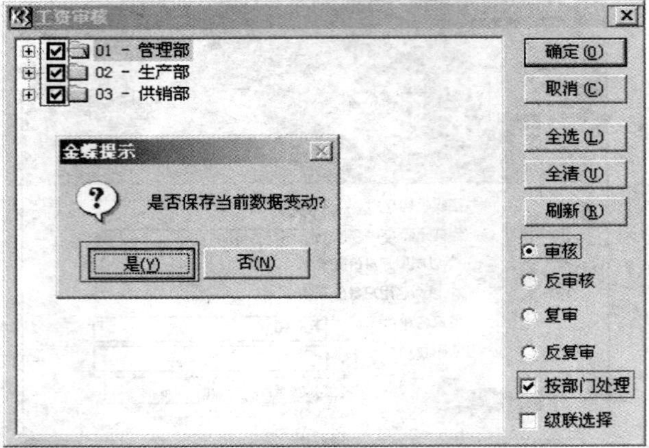

图 2-5-345　工资审核

功能前 单选按钮，选中此功能；单击【按部门处理】前的 复选按钮，系统自动进行了工资审核并弹出【金蝶提示】对话框，提示："是否保存当前数据变动？"，单击 是(Y) 按钮，便完成了工资审核操作，单击对话框右上侧的 按钮，退出此对话框。

⑤工资审核成功之后，再次进入到【工资数据录入－[本月]】窗口，如图 2-5-346 所示，所有工资数据记录的底色均发生了改变，表明工资数据不能进行修改。当然，如果有数据不正确，需要修改，可以通过【反审核】操作来取消审核。

工资数据录入-[本月]----(年份:2007 期间: 1 次数: 1) 人数: 5

文件(F) 编辑(E) 查看(V) 选项(O)

保存 修改 引出 引入 计算 基金 过滤 刷新 定位 计算器 所得税 扣零

职员代码	职员姓名	部门	部门名称	基本工资	奖金	补贴	应发合计	代扣税	实发合计
0101	李主管	01	管理部	1,800.00	800.00	200.00	2,800.00	35.00	2,800.00
0102	张会计	01	管理部	900.00	450.00	150.00	1,500.00		1,500.00
0103	陈主任	01	管理部	1,500.00	600.00	200.00	2,300.00	10.00	2,290.00
0201	赵生产	02	生产部	1,000.00	650.00	200.00	1,850.00	17.50	1,832.50
0301	王业务	03	供销部	1,600.00	550.00	200.00	2,350.00	17.50	2,332.50
合计				6,800.00	3,050.00	950.00	10,800.00	80.00	10,755.00

图 2-5-346 查看工资审核结果

5.9.4 工资费用分摊

【例 2-5-39】 BSP 公司每月月末要求张会计按部门汇总，对员工的应发工资费用进行分配。

操作步骤：

①由张会计在【费用分配－工资管理－[主界面]】，如图 2-5-347 所示，选择【人力资源】/【工资管理】/【工资业务】/【费用分配】明细功能，双击，打开【打开工资类别】对话框。

图 2-5-347 选择【费用分配】明细功能

②在【打开工资类别】对话框中，如图 2-5-348 所示，选择【正式工】工资类别，单击 选择(S) 按钮，再打开【费用分配】对话框。

图 2-5-348　选择工资类别

③在【费用分配】对话框中，如图 2-5-349 所示，单击【编辑】选项卡，再单击其下方的 新增 按钮，激活【费用分配】编辑对话框。

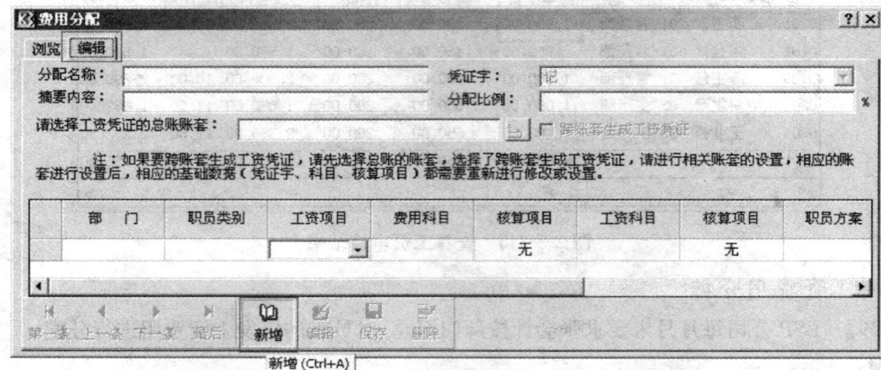

图 2-5-349　激活【费用分配】编辑对话框

④在【费用分配】编辑对话框中，如图 2-5-350 所示，进行设置，再单击 保存 按钮，将“分配应发工资”费用分配凭证模板进行保存。

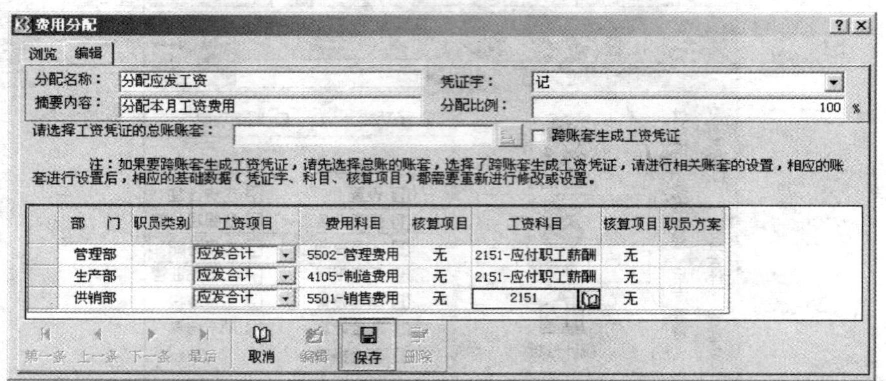

图 2-5-350　编辑费用分配凭证模板

⑤在【费用分配】对话框中，单击【浏览】选项卡，如图 2-5-351 所示，进行设置，设置完后，单击对话框右下方的 生成凭证 按钮，系统弹出【金蝶提示】对话框，提示：“立即建立凭证吗?”单击 确定 按钮，生成凭证，同时打开【费用分配】报告对话框，并单击 关闭 按钮，退出此对话框，返回到图 2-5-351 的对话框中，单击其下方的 退出(Q) 按钮，完成工资费用分配凭证的生成操作，如图 2-5-352。

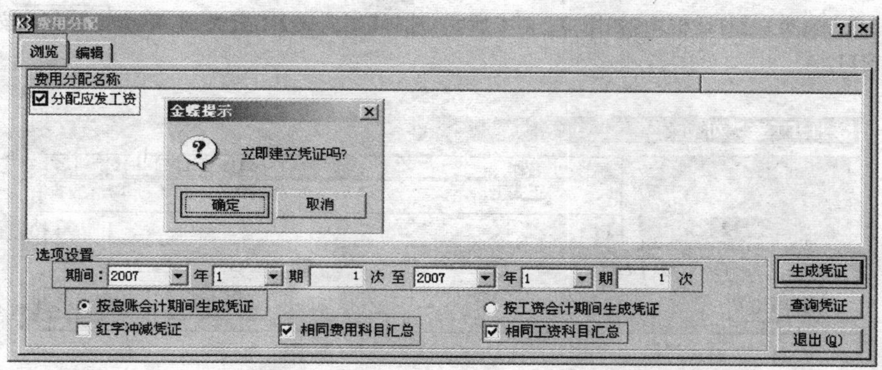

图 2-5-351 生成凭证

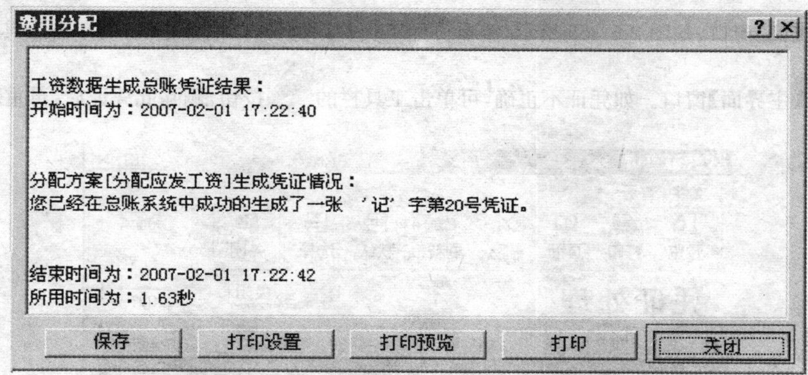

图 2-5-352 【费用分配】凭证生成报告

5.9.5 工资凭证管理

【例 2-5-40】 BSP 公司的张会计生成本月工资费用分配凭证之后，需要检查凭证的正确性。

操作步骤：

①在【工资凭证管理－工资管理－[主界面]】窗口，如图 2-5-353 所示，选择【人力资源】/【工资管理】/【工资业务】/【工资凭证管理】明细功能，双击，打开【打开工资类别】对话框。

图 2-5-353 选择【工资凭证管理】明细功能

②在【打开工资类别】对话框中，如图 2-5-354 所示，选择【正式工】工资类别，单击 选择(S) 按钮，再打开【凭证查询】窗口。

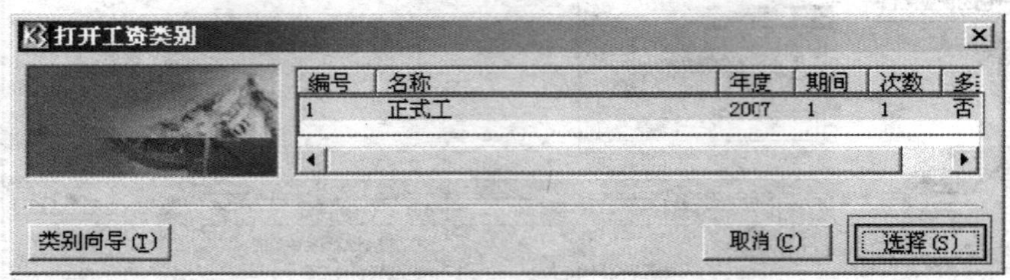

图 2-5-354　选择工资类别

③在【凭证查询】窗口，如图 2-5-355 所示，查看分配工资费用凭证，如完全正确，则单击工具栏的 关闭 近钮，返回到金蝶 K/3【主界面】窗口。如凭证不正确，可单击工具栏的 删除 按钮，删除此凭证后，再重新设置生成。

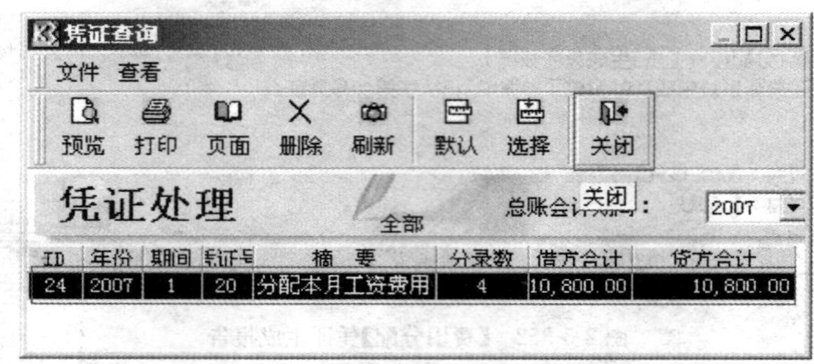

图 2-5-355　凭证查询

5.9.6　人员变动调整

【例 2-5-41】 BSP 公司管理部的陈主任从 2007 年 2 月 1 日起到生产部工作。由张会计对其变动进行处理。

操作步骤：

①由张会计在【人员变动处理－工资管理－[主界面]】窗口，如图 2-5-356 所示，选择【人力资源】/【工资管理】/【人员变动】/【人员变动处理】明细功能，双击，打开【打开工资类别】选择对话框。

②在【打开工资类别】对话框中，如图 2-5-357 所示，选择【正式工】工资类别，单击 选择(S) 按钮，再打开【职员变动】新增对话框。

③在【职员变动】新增对话框中，如图 2-5-358 所示，单击对话框右侧的 新增(A) 按钮，打开【职员】窗口。

④在【职员】窗口，如图 2-5-359 所示，选择“0103 陈主任”双击，将其选入到如图 2-5-360 所示的【职员变动】对话框，单击对话框下方的 下一步(N) 按钮，进行职员变动项目设置。

⑤在【职员变动】对话框的职员变动项目设置时，如图 2-5-361 所示，将【变动日期】修改为“2007-02-01”；单击【职员项目】文本编辑框的 下拉按钮，选择“部门”输入；在【变动参数】文本编辑框中输入“生产部”。所有变动参数设置完成之后，单击对话框下方的 完成(F) 按钮，系统弹击【金蝶提示】对话框，提示“职员变动成功完成！”再单击 确定(O) 按钮，返回到【人员变动处理－工资管理－[主界面]】窗口。

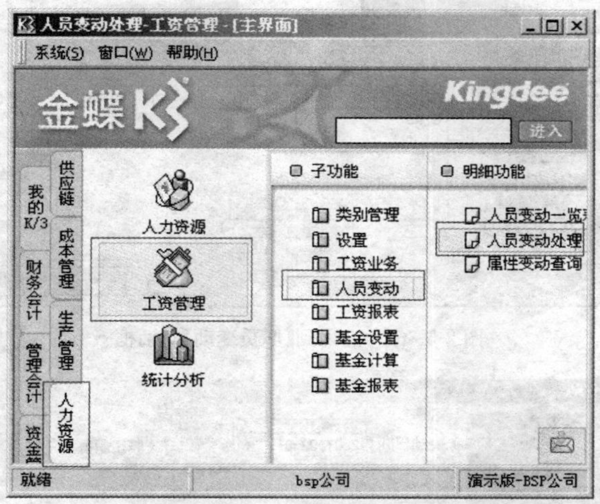

图 2-5-356 选择【人员变动处理】明细功能

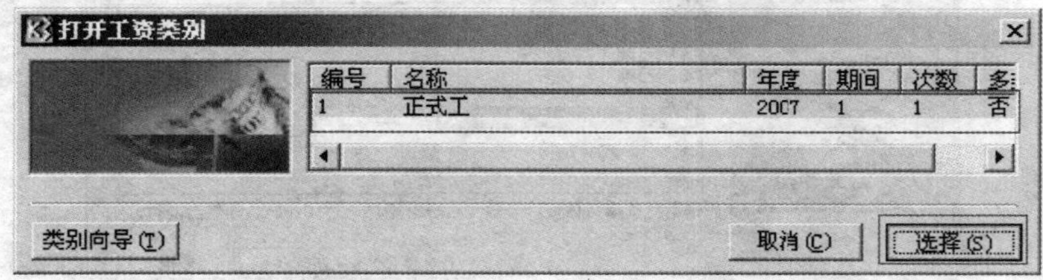

图 2-5-357 选择工资类别

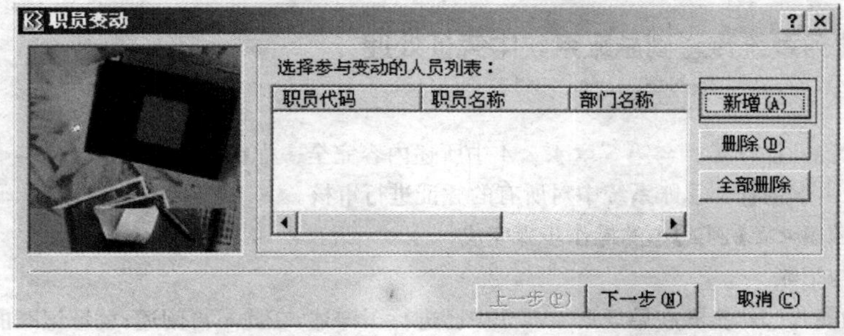

图 2-5-358 新增职员变动

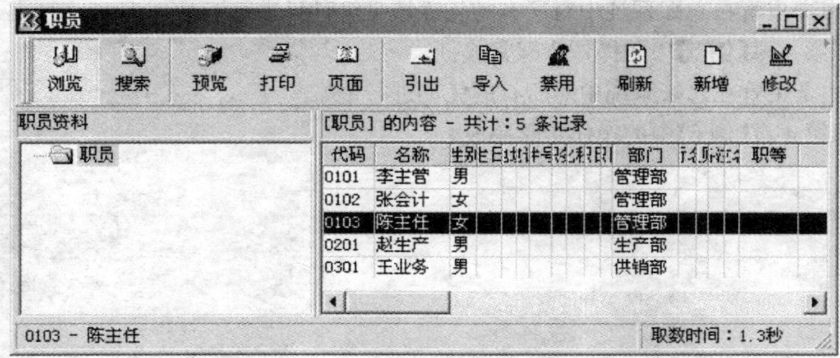

图 2-5-359 选择“陈主任”

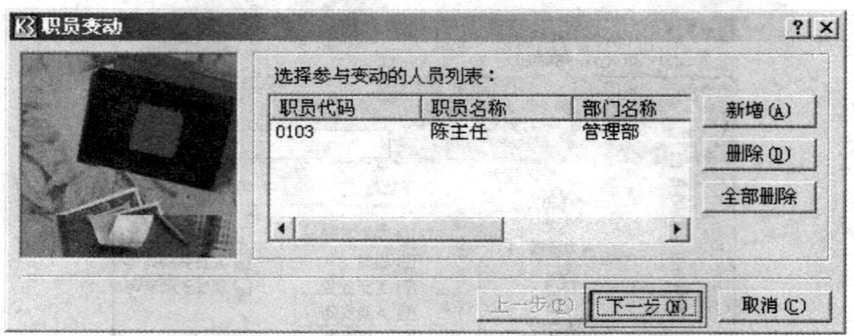

图 2-5-360　选入到【职员变动】对话框

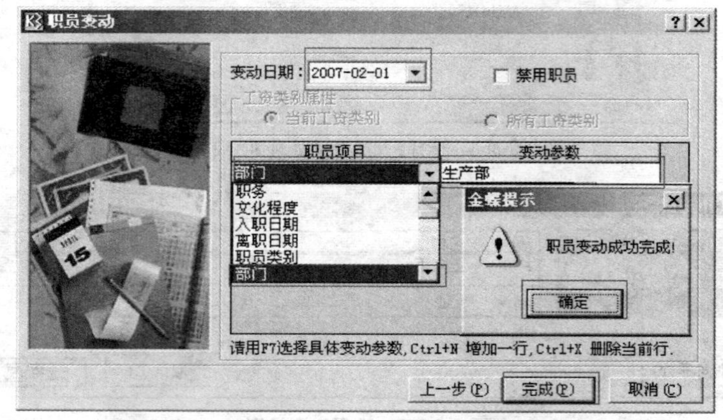

图 2-5-361　完成职员变动

5.10　各业务系统传递到总账系统中凭证处理

(1)凭证审核

凭证审核的功能及操作步骤与第 5 章 4.2.4 中所述内容完全一样在此不再详述。

【例 2-5-42】　由李主管在总账系统中对所有的凭证进行审核。

操作步骤：参照第 4 章【例 4】中的操作步骤完成。

(2)凭证汇总与记账

凭证汇总的功能与操作步骤在第 5 章 4.2.5 中已进行了详述，在此不再阐述；凭证记账的功能与操作步骤在第 4 章 4.3 中进行了阐述，在此不再复述。

【例 2-5-43】　由李主管在总账系统中对所有的凭证按一级科目进行汇总。

操作步骤：参照第 4 章【例 5】中的操作步骤完成。

【例 2-5-44】　由李主管在总账系统中对所有的凭证进行记账。

操作步骤：参照第 4 章【例 6】中的操作步骤完成。

第 6 章 期末业务处理

6.1 期末结账的顺序

期末结账业务处理的顺序安排要结合系统模块的配置情况而定。在运用供应链业务管理系统进行各业务管理的情况下，其期末结账业务的具体流程图如图 2-6-1 所示。

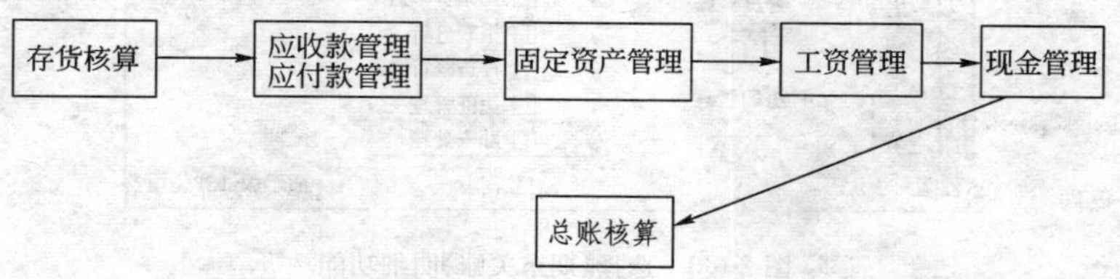

图 2-6-1 期末结账业务处理流程图

6.2 存货业务期末处理

6.2.1 期末对账与关账

【例 2-6-1】 BSP 公司在月末由王业务对存货核算系统进行期末对账与关账。

操作步骤：

(1)由王业务进行系统登录。在【金蝶 K/3 系统登录】窗口中，如图 2-6-2 所示，在【用户名】文本编辑框中，输入“王业务”，单击 确定 按钮，打开【期末关账－存货核算－[主界面]】窗口。

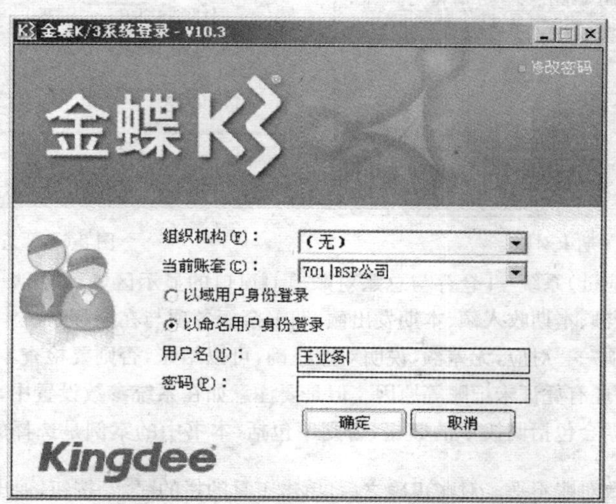

图 2-6-2 王业务进行系统登录

(2)在【期末关账－存货核算－[主界面]】窗口中，如图 2-6-3 所示，选择【供应链】/【存货核算】/【期末处理】/【期末关账】明细功能，双击，打开【期末关账】向导对话框。

图 2-6-3 选择【期末关账】明细功能

(3)在【期末关账】向导对话框中，如图 2-6-4 所示，单击 对账(V) 按钮。系统打开【过滤】条件对话框，如图 2-6-5 所示，选择“默认方案”，单击 确定(O) 按钮，打开【存货核算(供应链)系统－[仓存与总账对账单]】窗口。

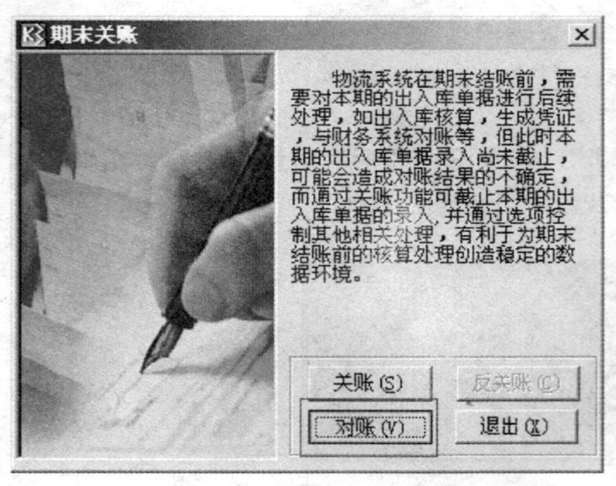

图 2-6-4 期末对账

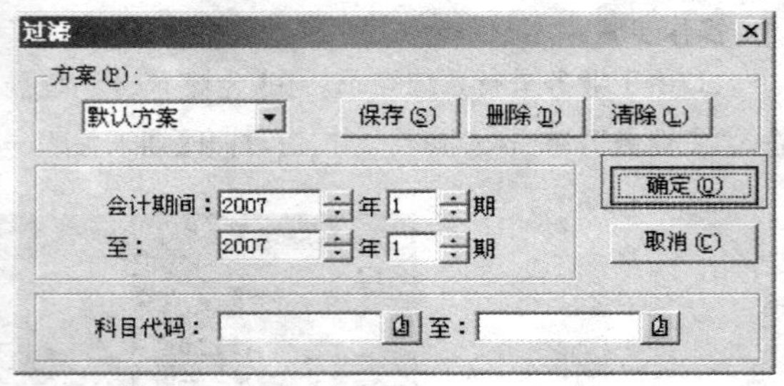

图 2-6-5 条件过滤

(4)在【存货核算(供应链)系统－[仓存与总账对账单]】窗口的显示区域，如图 2-6-6 所示，查看所有的存货在总账系统中的期初余额、本期收入额、本期发出额、期末余额各项与在仓存系统中期初余额、本期收入额、本期发出额、期末余额各项一一对应，无差额，说明对账正确，可以结账，否则要检查本期是否还有仓存单据未生成凭证或在总账系统中还有凭证未记账等原因。但是要注意如在系统参数设置中，选择“调拨单生成凭证”选项，则在对账时业务数据会包括调拨单的数据，否则不包括，本书中的案例是选择的了该项的，所以调拨单也要生成凭证，不然会导致对账不平。对账正确之后，单击工具的栏的 退出 按钮，退出本窗口。

(5)重复上述第(2)步，进入【期末关账】对话框向导，如图 2-6-7，单击 关账(S) 按钮，系统弹出【金蝶提示】对话框，提示：“关账成功!”，单击 确定 按钮，完成关账并返回到【期末关账－存货核算－[主界面]】窗口。

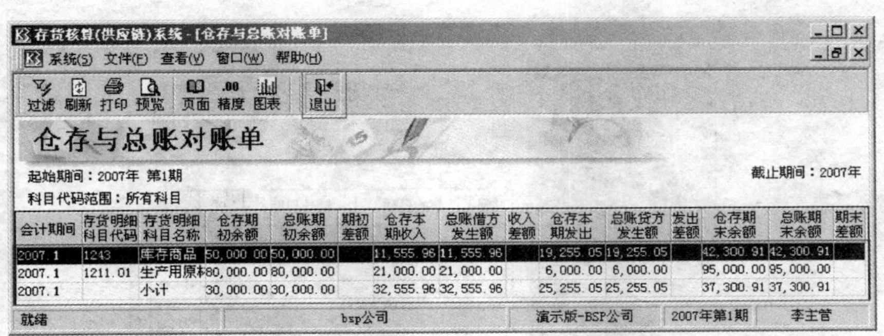

会计期间	存货明细科目代码	存货明细科目名称	仓存期初余额	总账期初余额	期初差额	仓存本期收入	总账借方发生额	收入差额	仓存本期发出	总账贷方发生额	发出差额	仓存期末余额	总账期末余额	期末差额
2007.1	1243	库存商品	50,000.00	50,000.00		11,555.96	11,555.96		19,255.05	19,255.05		42,300.91	42,300.91	
2007.1	1211.01	生产用原材	80,000.00	80,000.00		21,000.00	21,000.00		6,000.00	6,000.00		95,000.00	95,000.00	
2007.1		小计	30,000.00	30,000.00		32,555.96	32,555.96		25,255.05	25,255.05		37,300.91	37,300.91	

图 2-6-6 显示对账结果

6.2.2 期末结账

【例 2-6-2】 BSP公司在月末由王业务对存货核算系统进行期末结账处理。

操作步骤：

(1)在【期末结账一存货核算一[主界面]】窗口，如图2-6-8所示，选择【供应链】/【存货核算】/【期末处理】/【期末结账】明细功能，双击，打开【期末结账一介绍】对话框。

(2)在【期末结账一介绍】对话框中，如图2-6-9所示，选择待结账期间；单击【核对即时库存】选项前的☑复选按钮，再单击 下一步(N) 按钮。系统弹出【金蝶提示】对话框，提示："是否确定结账?"，单击 确定 按钮，系统开始结账，结账未出现任何报错信息，便打开【期末结账一完成】对话框。

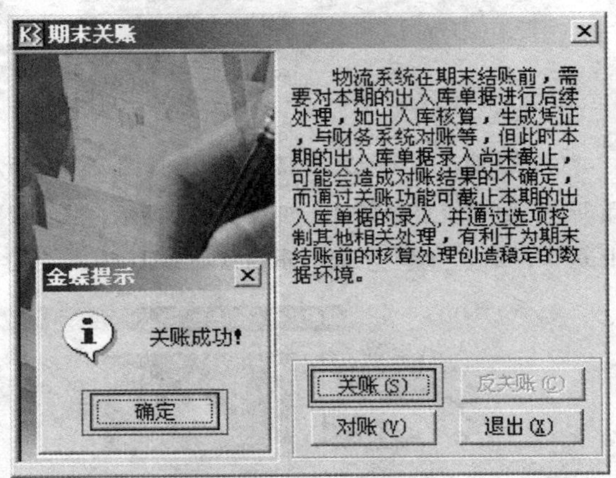

图 2-6-7 期末关账

图 2-6-8 选择【期末结账】明细功能

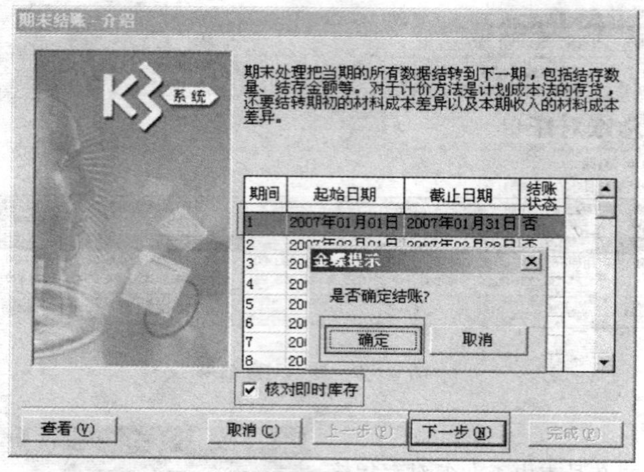

图 2-6-9　开始结账

(3)在【期末结账一完成】对话框中，如图 2-6-10 所示，单击 完成(F) 按钮，完成结账，并且退出本对话框，重新进入到系统登录窗口。如图 2-6-11 所示，在【金蝶 K/3 系统登录】窗口，在【用户名】文本编辑框中输入“王业务”，单击 确定 按钮，重新登录到系统主控台窗口。

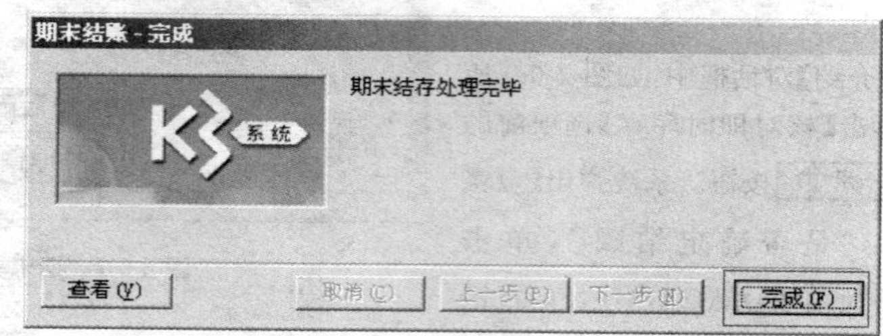

图 2-6-10　完成结账

图 2-6-11　重新进行系统登录

6.3 应收款/应付款业务期末处理

6.3.1 对账检查与对账

【例 2-6-3】 BSP 公司在月末由张会计对应收款管理系统及应付款管理系统进行期末对账检查及对账处理,要求选择对账方式为会计科目对账。

操作步骤:

(1)应收款管理系统的期末对账检查及对账

①由张会计在【期末对账检查—应收款管理—[主界面]】窗口,如图 2-6-12 所示,选择【财务会计】/【应收款管理】/【期末处理】/【期末对账检查】明细功能,双击,打开【应收系统对账检查】对话框。

图 2-6-12 选择【期末对账检查】明细功能

②在【应收系统对账检查】对话框中,如图2-6-13所示进行设置,再单击对话框下方的 确定[O] 按钮。系

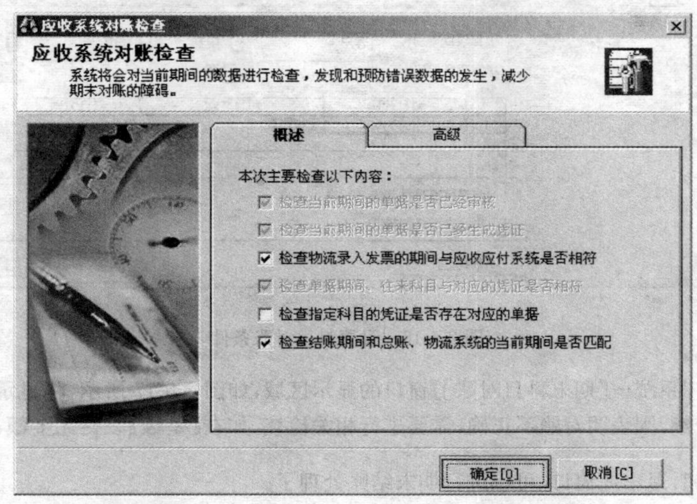

图 2-6-13 设置期末对账检查条件

统弹出如图 2-6-14 所示的【金蝶提示】对话框，提示："对账检查已通过"，单击 确定 按钮，完成对账检查并返回到【期末对账检查－应收款管理－［主界面］】窗口。

图 2-6-14 对账检查完成

③在【期末对账－应收款管理－［主界面］】窗口，如图 2-6-15 所示，选择【财务会计】/【应收款管理】/【期末处理】/【期末科目对账】明细功能，双击，打开【受控科目对账－过滤条件】设置对话框。

图 2-6-15 选择【期末科目对账】明细功能

④在【受控科目对账－过滤条件】设置对话框中，如图 2-6-16 所示进行设置，再单击 确定(O) 按钮，系统打开对账结果窗口。

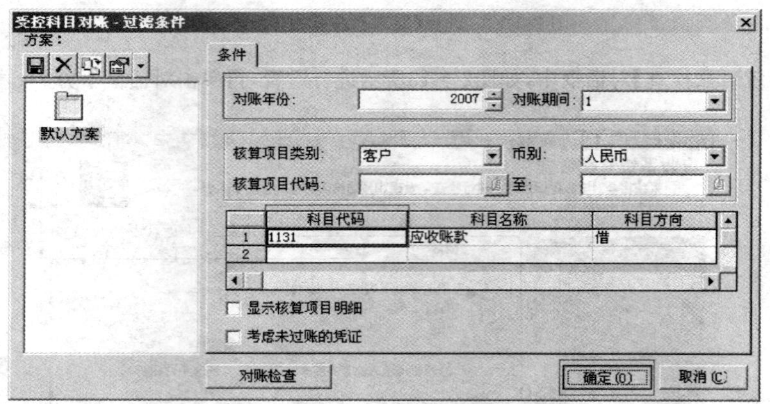

图 2-6-16 设置科目对账条件

⑤在【应收款管理系统－［期末科目对账］】窗口的显示区域，如图 2-6-17 所示，将显示出对账情况，如果在【差额】一栏出现有金额，则表明对账不正确，需要进行相关检查，如在【差额】一栏无金额，则表明对账正确，单击工具栏的 退出 按钮，退出此窗口，可以进行期末结账处理了。

(2)应付款管理系统的期末对账检查及对账

参照上述(1)中的①～⑤在应付款管理系统中进行期末对账检查与期末科目对账，对账完成后，在【应付款管理系统—[期末科目对账]】窗口中,也将如图 2-6-18 所示,显示出对账结果。查看完对账结果正确之后,可单击工具栏的 退出 按钮,退出此窗口。

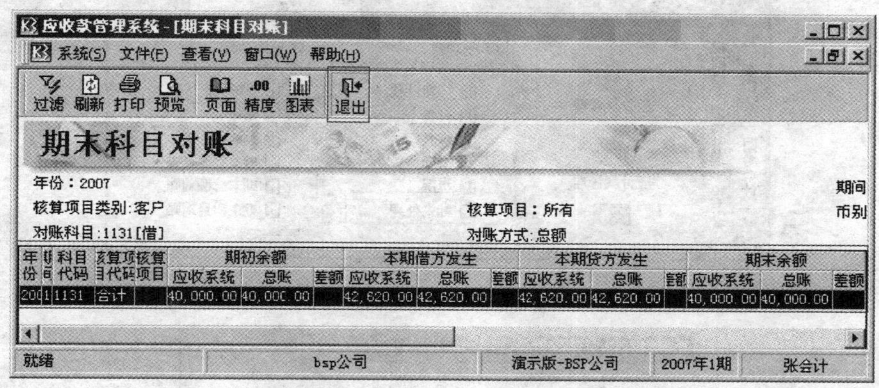

图 2-6-17 应收款管理系统对账结果

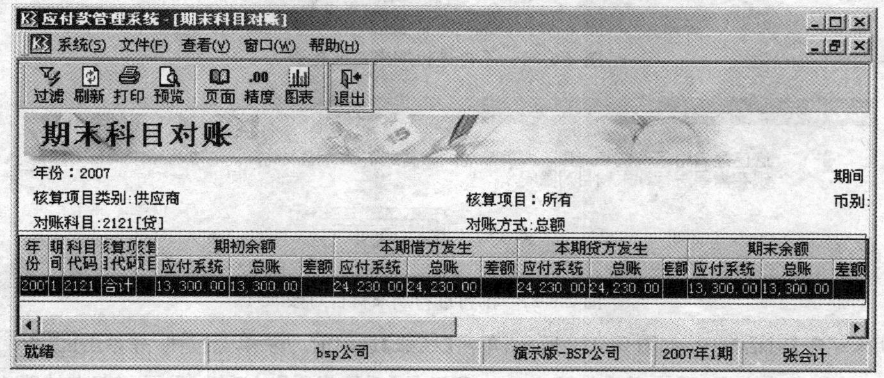

图 2-6-18 应付款管理系统对账结果

6.3.2 结账

【例 2-6-4】 BSP 公司的张会计在月末对应收款管理系统及应付款管理系统进行期末对账检查及对账通过之后,进行期末结账。

操作步骤:

(1)应收款管理系统期末结账

①在【结账—应收款管理—[主界面]】窗口,如图 2-6-19 所示,选择【财务会计】/【应收款管理】/【期末处理】/【结账】明细功能,双击,打开【金蝶提示】对话框。

②在【金蝶提示】对话框中,如图 2-6-20 所示,单击 否(N) 按钮。系统再次弹出如图 2-6-21 所示的【金蝶提示】对话框,还是单击 否(N) 按钮,系统准备进行期末结账。在此要注意,因为本例在上述的【例 2-6-3】中已进行了期末对账检查与期末科目对账,并且其结果是正确的,所以在此不需要再进行了。如果没有,在此一定要单击 是(Y) 按钮,进行期末对账检查与期末科目对账。

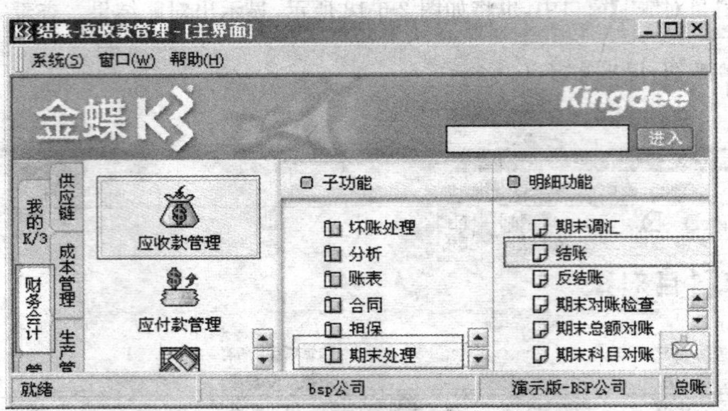

图 2-6-19　选择【结账】明细功能

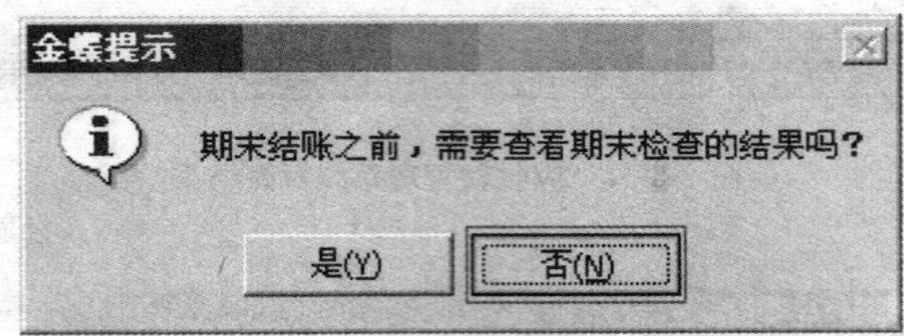

图 2-6-20　不再进行期末对账检查

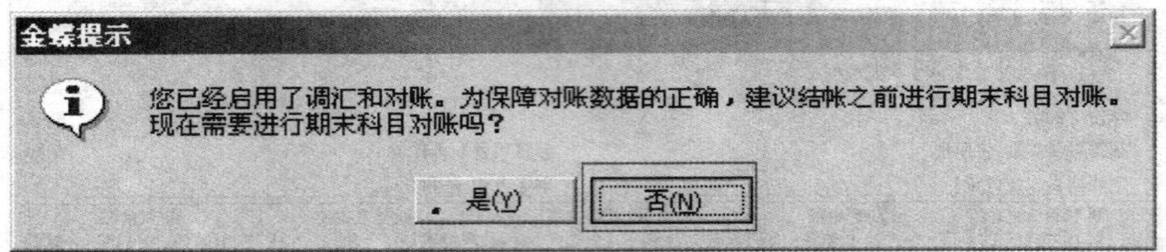

图 2-6-21　不再进行期末科目对账

③在【期末结账】对话框中，如图 2-6-22 所示，单击【结账】选项前的◉单选按钮，并单击【继续】按钮，进行期末结账。结账完成之后，系统弹出如图 2-6-23 所示的【系统提示】对话框，提示："期末结账完毕！"，单击【确定】按钮，返回到如图 2-6-24 所示的【期末结账】对话框，单击【关闭】按钮，完成期末结账，返回到【结账－应收款管理－[主界面]】窗口。如果结账以后，发现本期业务处理有误，需要取消结账，可在如图 2-6-24所示的【期末结账】对话框中，选择【反结账】取消本次结账操作。

(2)应付款管理系统期末结账

参照上述(1)中的①～③步，完成应付款管理系统的期末结账处理。

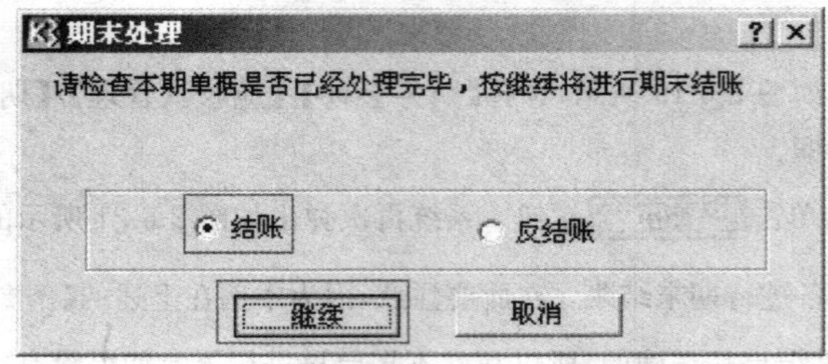

图 2-6-22　进行期末结账

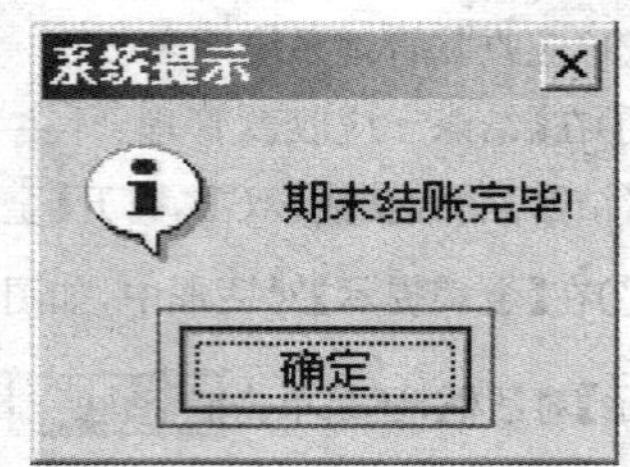

图 2-6-23　期末结账完成

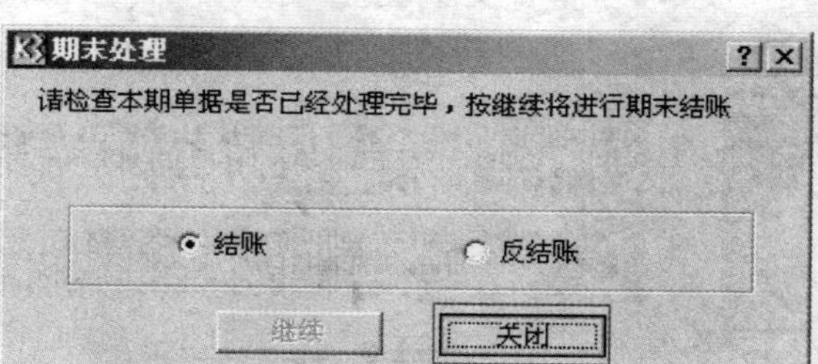

图 2-6-24 关闭期末结账对话框

6.4 固定资产业务期末处理

6.4.1 折旧管理

【例 2-6-5】 BSP公司的陈主任在本月末计提固定资产折旧，并查看相关折旧数据是否正确。张会计对生成的折旧凭证进行审核与记账。

操作步骤：

(1)由陈主任在【计提折旧－固定资产管理－[主界面]】窗口，如图 2-6-25 所示，选择【财务会计】/【固定资产管理】/【期末处理】/【计提折旧】明细功能，双击，打开【计提折旧】对话框。

图 2-6-25 选择【计提折旧】明细功能

(2)在【计提折旧】向导第一步的对话框中，如图 2-6-26 所示，单击 下一步(N) 按钮，系统自动进入到计提折旧向导第二步。

(3)在【计提折旧】向导第二步设置折旧凭证字号及摘要对话框中，如图 2-6-27 所示进行设置，再单击 下一步(N) 按钮，系统进入到计提折旧向导第三步。

(4)在【计提折旧】向导第三步对话框中，如图 2-6-28 所示，单击 计提折旧(D) 按钮。系统开始计提折旧，并进入如图 2-6-29 所示的【计提折旧】向导第四步对话框，并显示相关已提折旧信息。单击 完成(F) 按钮，完成计提折旧操作。

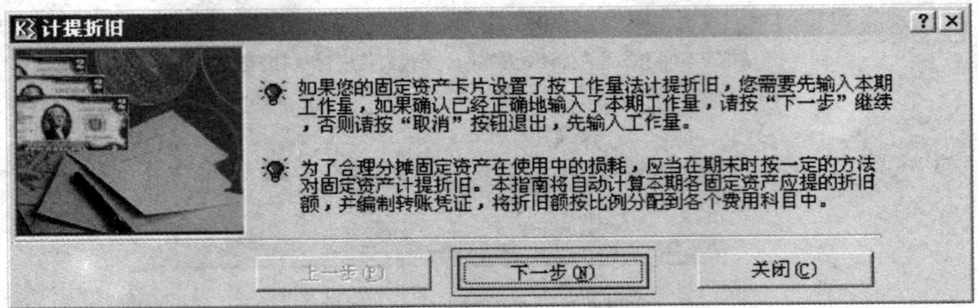

图 2-6-26　计提折旧向导第一步

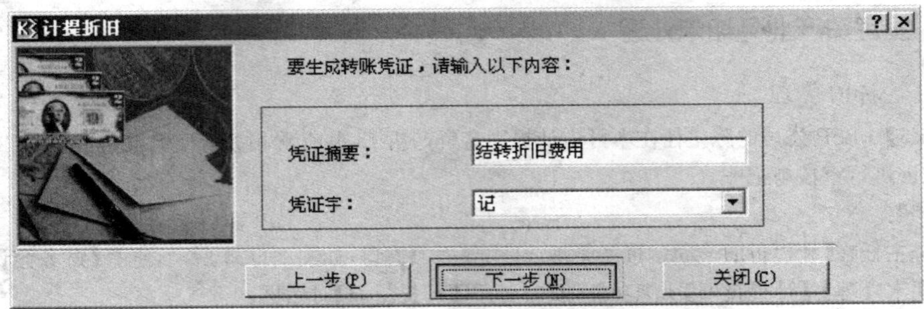

图 2-6-27　设置折旧凭证字号及摘要

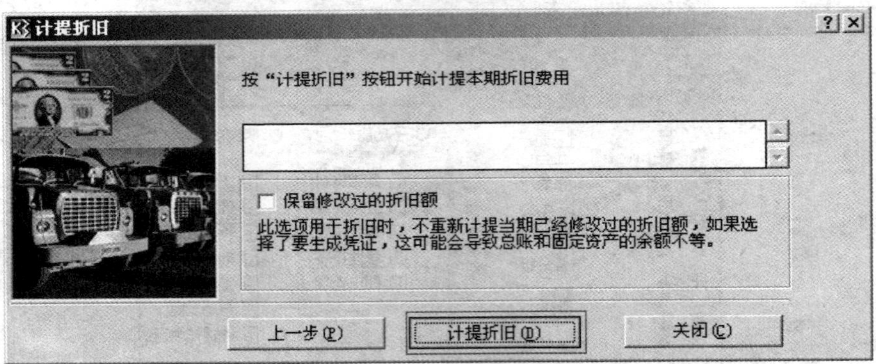

图 2-6-28　开始计提折旧

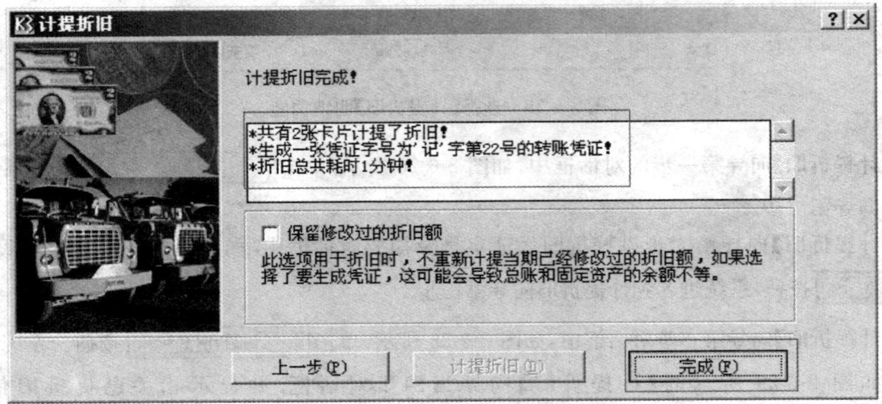

图 2-6-29　完成计提折旧

(5)陈主任在【折旧管理】功能中查看相关计提折旧信息是否正确。如图 2-6-30 所示，由陈主任在【折旧管理一固定资产管理一[主界面]】窗口，选择【财务会计】/【固定资产管理】/【期末处理】/【折旧管理】明细功能，双击，打开【折旧过滤】对话框。

图 2-6-30　选择【折旧管理】明细功能

(6)在【折旧过滤】对话框中，如图 2-6-31 所示，无需设置方案，直接单击 确定 按钮，进入【固定资产各级系统一[折旧管理]】窗口。

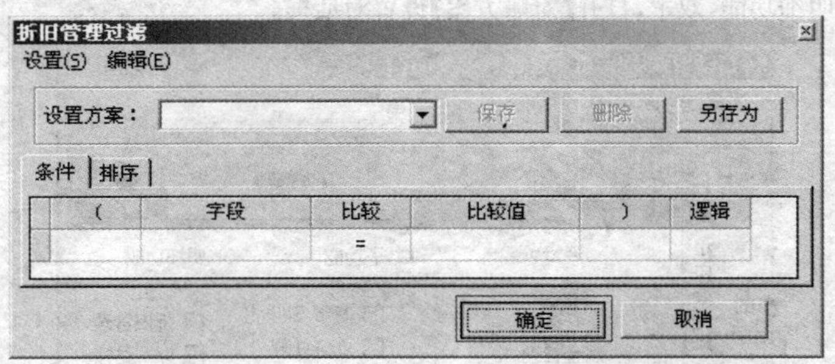

图 2-6-31　折旧管理过滤

(7)在【固定资产各级系统一[折旧管理]】窗口中，如图 2-6-32 所示，查看相关折旧信息，如果本期折旧额需要调整，可在【本期折旧额】对应的表单元中直接修改，并保存修改信息即可，如折旧信息正确可单击工具栏的 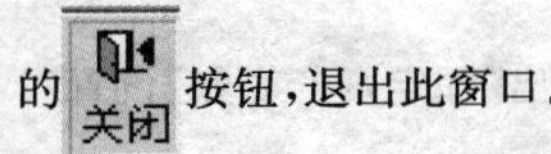 按钮，退出此窗口。

(8)由张会计在总账系统中对生成凭证进行审核与记账。凭证审核记账成功之后，如图 2-6-33 所示，显示凭证记账信息，单击 关闭 按钮，完成凭证记账。

6.4.2　对账与结账

【例 2-6-6】　BSP 公司的陈主任确定本月相关固定资产业务已处理完毕，进行期末对账与结账处理。

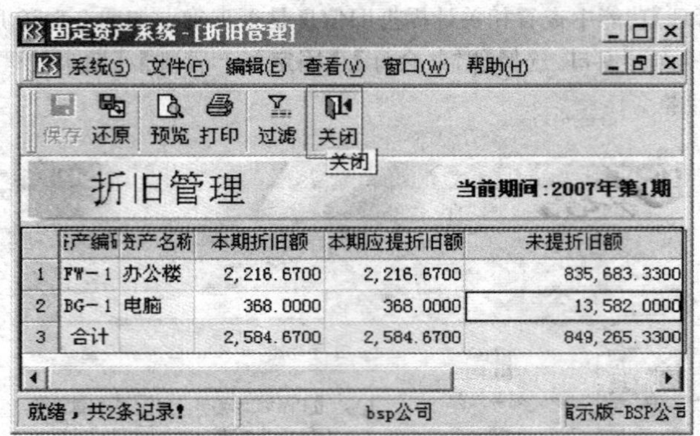

图 2-6-32　在折旧管理窗口中查看折旧信息

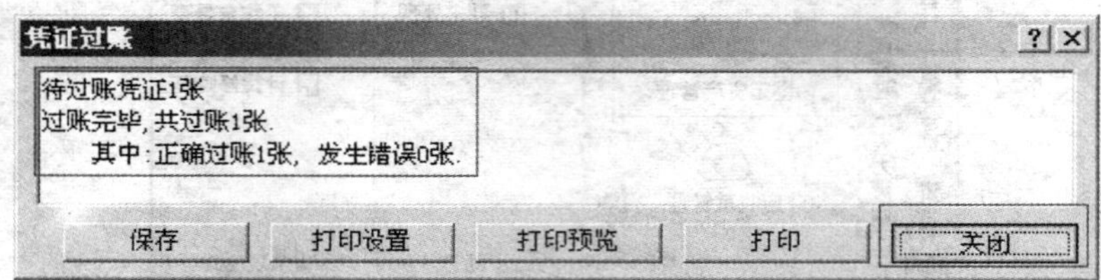

图 2-6-33　凭证记账后信息

操作步骤：

(1)自动对账

①陈主任在【自动对账－固定资产－[主界面]】窗口，如图 2-6-34 所示，选择【财务会计】/【固定资产】/【期末处理】/【自动对账】明细功能，双击，打开【对账方案】设置对话框。

图 2-6-34　选择【自动对账明细功能】

②在【对账方案】设置对话框中，如图 2-6-35 所示，单击 增加 按钮。系统弹出【固定资产对账】设置对话框，如下图 2-6-36 所示，在【方案名称】文本编辑框中输入“月末对账”；单击【固定资产原值科目】选项卡，单击其左侧的 增加 按钮，选择输入“1501－固定资产”，同样在【累计折旧科目】选项卡中，选择输入“1502－累计折旧”，在【减值准备科目】选项卡中，选择输入“1505－固定资产减值准备”。单击对话框的 确定 按钮，完成设置。

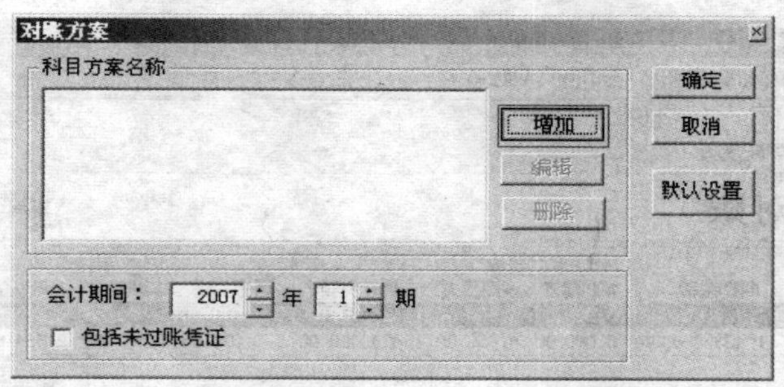

图 2-6-35 增加对账方案

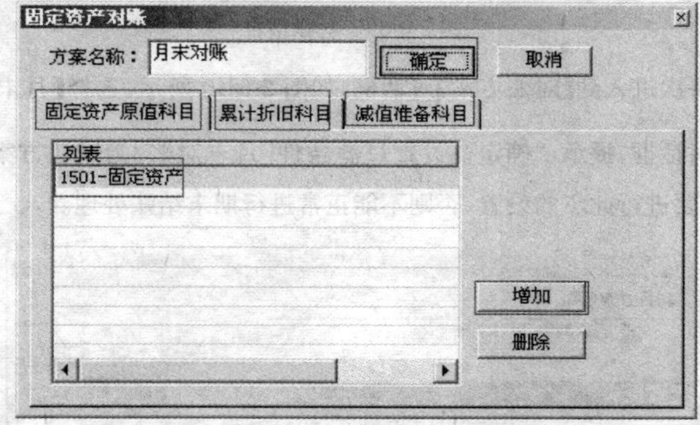

图 2-6-36 固定资产对账设置

③完成固定资产对账方案设置之后，系统弹出【金蝶提示】对话框，提示“确定要新增方案[月末对账]数据吗?”，如图 2-6-37 所示，单击 确定 按钮，返回到【对账方案】对话框中。如图 2-6-38 所示，在【科目方案名称】显示区域显示出“月末对账”方案名称，单击 确定 按钮，打开【固定资产系统—[自动对账]】报告窗口。

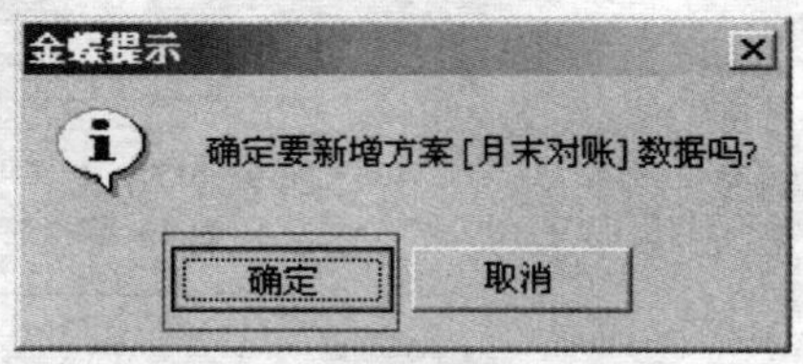

图 2-6-37 金蝶提示对话框

④在【固定资产系统—[自动对账]】报告窗口，如图 2-6-39 所示，将显示出对账报告，如果所需要对账的科目在总账系统中的金额与在固定资产系统中的金额一致，说明对账正确。单击 关闭 按钮，退出此窗口。

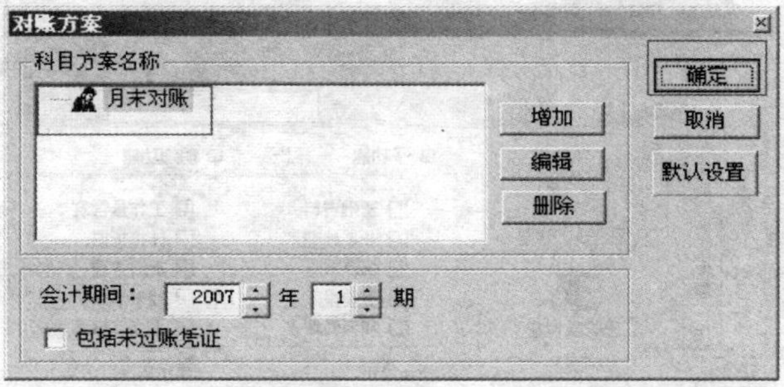

图 2-6-38 新增对账方案成功

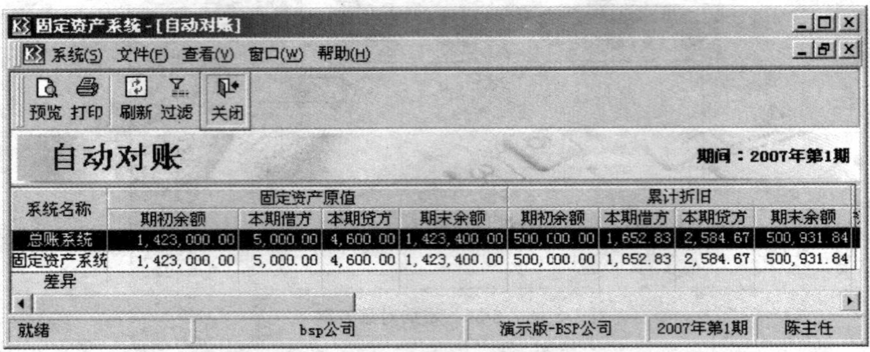

图 2-6-39　对账报告

⑤对账成功之后，再一次进入到【对账方案】对话框，如图 2-6-40 所示，选择【月末对账】，单击 默认设置 按钮，系统弹出【金蝶提示】对话框，提示："确定要设置过滤条件[月末对账]为默认方案吗?"，单击 确定 按钮，设置成功。注意，一定要进行此步的设置，否则不能正常进行期末结账处理。

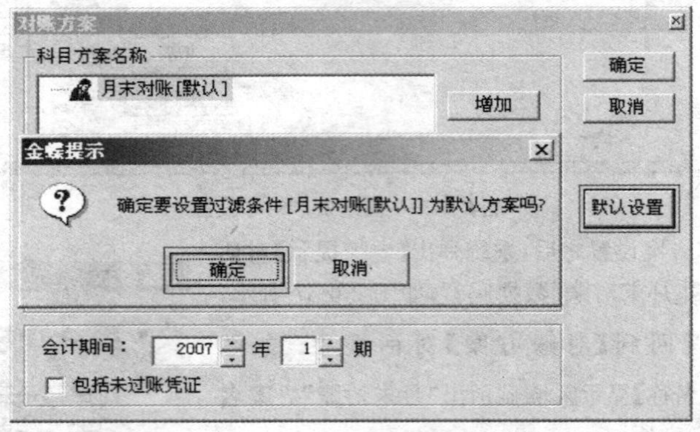

图 2-6-40　设置对账默认方案

(2)期末结账

①在【期末结一固定资产管理一[主界面]】窗口，如图 2-6-41 所示，选择【财务会计】/【固定资产管理】/【期末处理】/【期末结账】明细功能，双击，打开【期末结账】对话框。

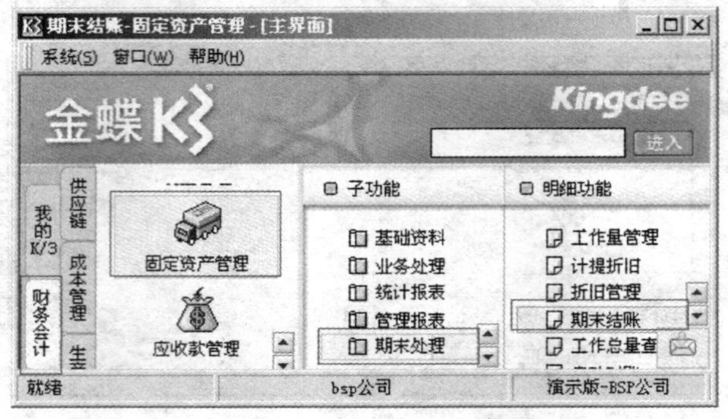

图 2-6-41　选择【期末结账】明细功能

②在【期末结账】对话框中，如图 2-6-42 所示，选择【结账】，单击 开始 按钮，系统开始自动进行期末结账。结账完成之后，系统弹出【金蝶提示】对话框，提示："结账成功！"，单击 确定 按钮，完成期末结账，并返回到【期末结一固定资产管理一[主界面]】窗口。

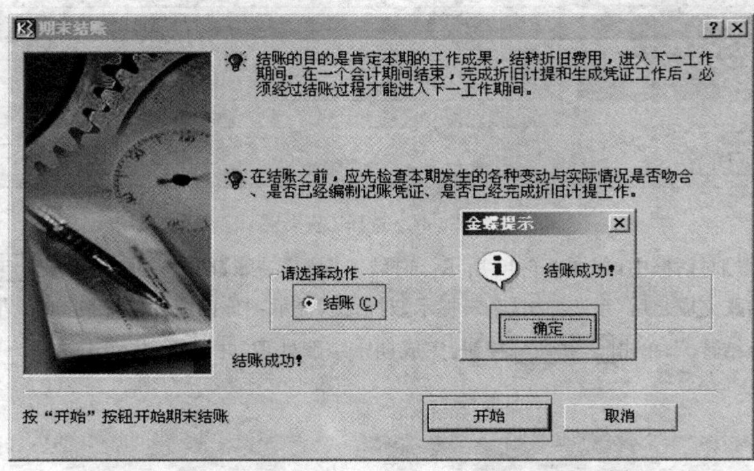

图 2-6-42　期末结账

6.5　工资核算业务期末处理

【例 2-6-7】　BSP 公司的张会计对工资管理系统进行期末结账处理。

操作步骤：

①由张会计在【期末结账一工资管理一[主界面]】窗口，如图 2-6-43 所示，选择【人力资源】/【工资管理】/【工资业务】/【期末结账】明细功能，双击，打开【打开工资类别】对话框。

图 2-6-43　选择【期末结账】明细功能

②在【打开工资类别】对话框中，如图 2-6-44 所示，选择【正式工】工资类别，单击 选择(S) 按钮，进入到【期末结账】对话框。

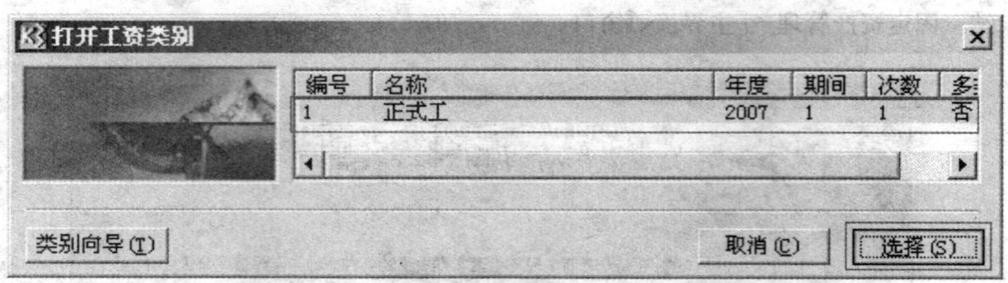

图 2-6-44　选择工资类别

③在【期末结账】对话框中，如图 2-6-45 所示，选择【本期】、【结账】两个选项，再单击 开始(S) 按钮，进行期末结账处理。结账完成之后，系统弹出【金蝶提示】对话框，提示："你已成功结账到 2007 年第 2 期第 1 次工资发放和工资基金结转。"，单击 确定 按钮，完成期末结账处理，并返回到【期末结账－工资管理－[主界面]】窗口。

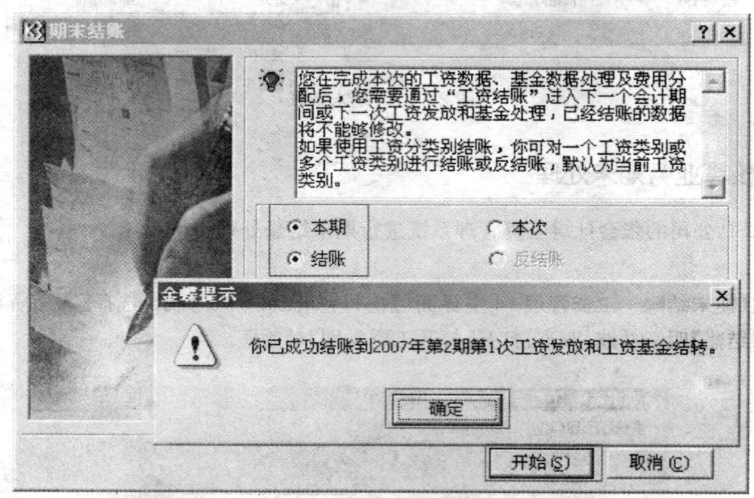

图 2-6-45　完成工资期末结账

6.6　现金管理业务期末处理

【例 2-6-8】　BSP 公司的张会计完成了整个现金管理系统的业务处理之后，进行期末结账。

操作步骤：

①由张会计在【期末结账－现金管理－[主界面]】窗口，如图 2-6-46 所示，选择【财务会计】/【现金管理】/【期末处理】/【期末结账】明细功能，双击，打开【期末结账】对话框。

②在【期末结账】对话框中，如图 2-6-47 所示进行设置，单击 开始(S) 按钮，系统弹出【金蝶提示】对话框，提示："确定要开始期末结账吗？"，单击 确定 按钮，期末结账完成，并返回到【期末结账】对话框。

③期末结账完成后，在【期末结账】对话框中，如图 2-6-48 所示，会显示期末结账报告信息，单击 关闭(C) 按钮，结束期末结账操作，退出此窗口，并返回到【期末结账－现金管理－[主界面]】窗口。

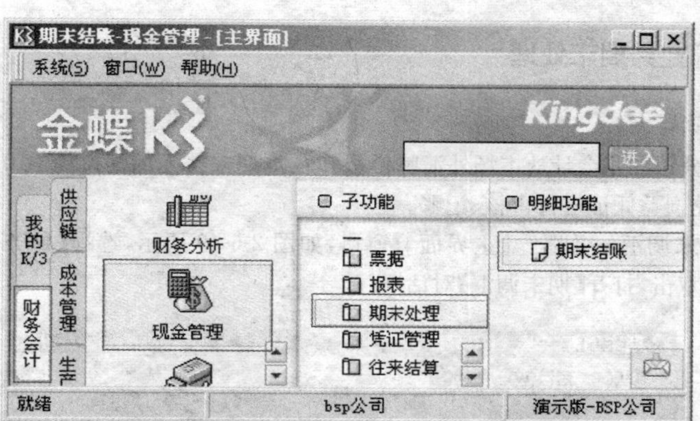

图 2-6-46 选择【期末结账】明细功能

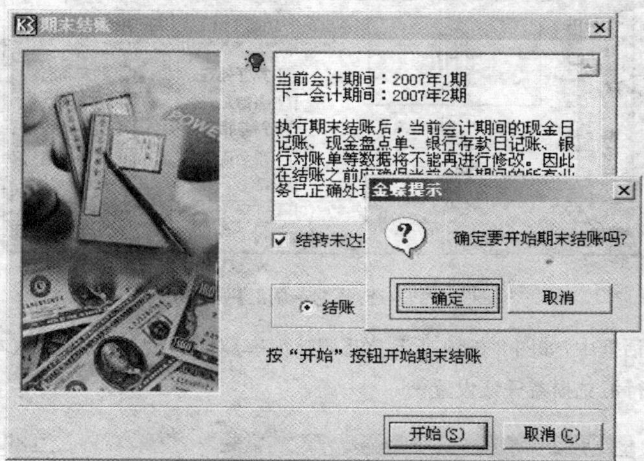

图 2-6-47 期末结账

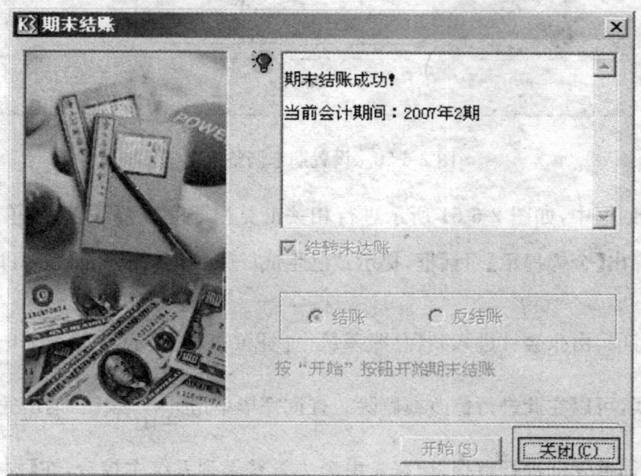

图 2-6-48 期末结账报告

6.7 总账系统业务期末处理

6.7.1 期末调汇

【例 2-6-9】 BSP公司的张会计从市场外汇牌价得知在本期末美元的汇率为8.0。张会计进行本期期末调汇。由李主管对汇兑损益凭证进行审核、记账。

①由张会计在【期末调汇－总账－[主界面]】窗口，如图2-6-49所示，选择【财务会计】/【总账】/【结账】/【期末调汇】明细功能，双击，打开【期末调汇】对话框。

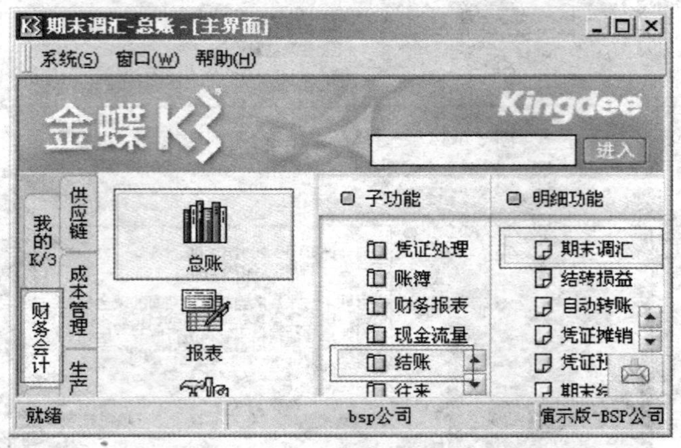

图2-6-49 选择【期末调汇】明细功能

②在【期末调汇】对话框中，如图2-6-50所示，在【调整汇率】对应的表单元中输入本期末的市场汇率8.0，单击[下一步]按钮，进行汇兑损益凭证设置。

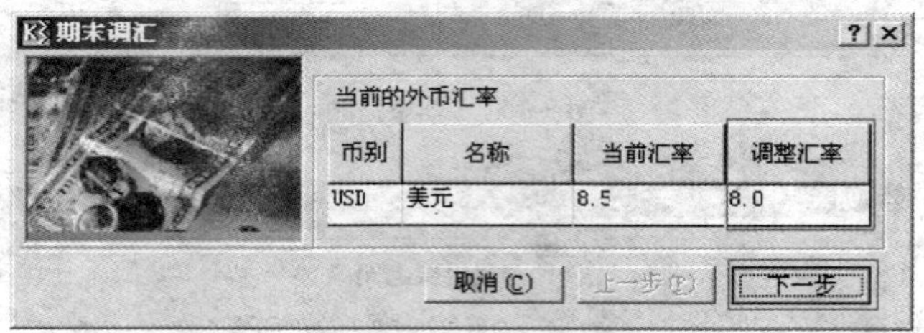

图2-6-50 设置期末调整汇率

③在【期末调汇】对话框中，如图2-6-51所示进行相关汇兑损益凭证要素设置，单击[完成]按钮，系统完成期末调汇操作，并弹出【金蝶提示】对话框，提示："已生成一张调汇转账凭证号为：记－23"，单击[确定]按钮，完成当前操作。

④查看汇兑损益凭证。由张会计进入到【总账系统－[凭证查询]】窗口，如图2-6-52所示，查看系统生成的汇兑损益凭，如果有误，可以在此进行修改或删除。查询完毕单击[关闭]按钮，退出凭证查询窗口。

⑤由李主管对汇兑损益凭证进行审核、记账。由李主管登录到系统主控台，在【财务会计】/【总账】/【凭证处理】功能模块中对汇兑损益凭证进行审核与记账。记账完后，系统打开如图2-6-53所示的【凭证过账】报告对话框，单击[关闭]按钮，完成凭证记账处理。

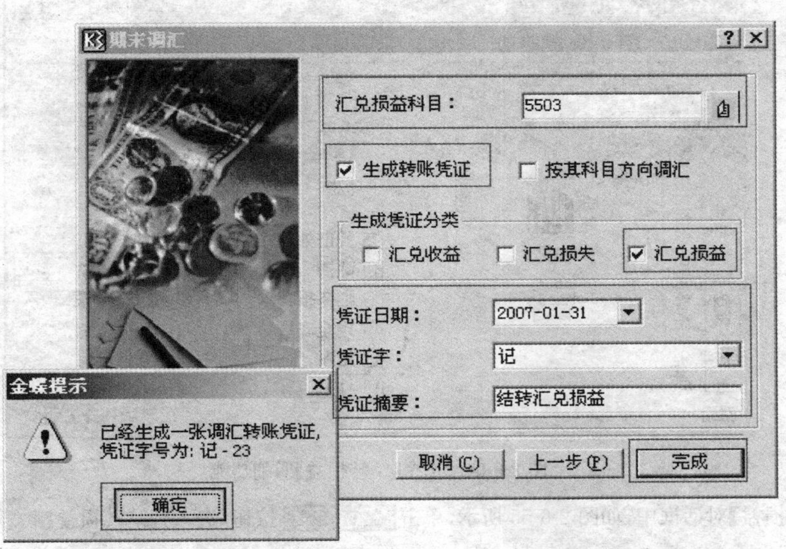

图 2-6-51　生成期末调汇凭证

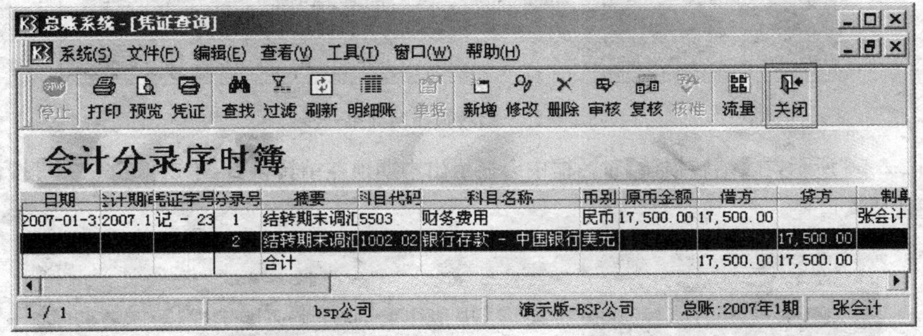

日期	会计期间	凭证字号	分录号	摘要	科目代码	科目名称	币别	原币金额	借方	贷方	制单
2007-01-3:	2007.1	记 - 23	1	结转期末调汇	5503	财务费用	民币	17,500.00	17,500.00		张会计
			2	结转期末调汇	1002.02	银行存款 - 中国银行	美元			17,500.00	
				合计					17,500.00	17,500.00	

图 2-6-52　查看汇兑损益凭

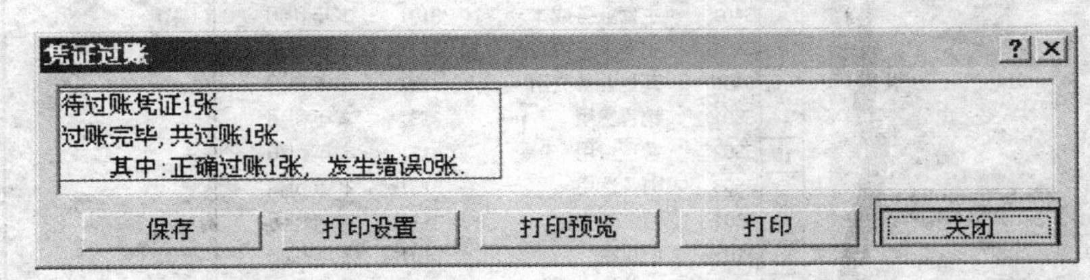

图 2-6-53　凭证记账报告对话框

6.7.2　结转损益

【例 2-6-10】 BSP 公司的张会计在本期末结转本期损益。同时要李主管对结转损益凭证进行审核、记账。

操作步骤：

①在【结转损益－总账－[主界面]】窗口，如图 2-6-54 所示，选择【财务会计】/【总账】/【结账】/【结转损益】明细功能，双击，打开【结转损益】对话框。

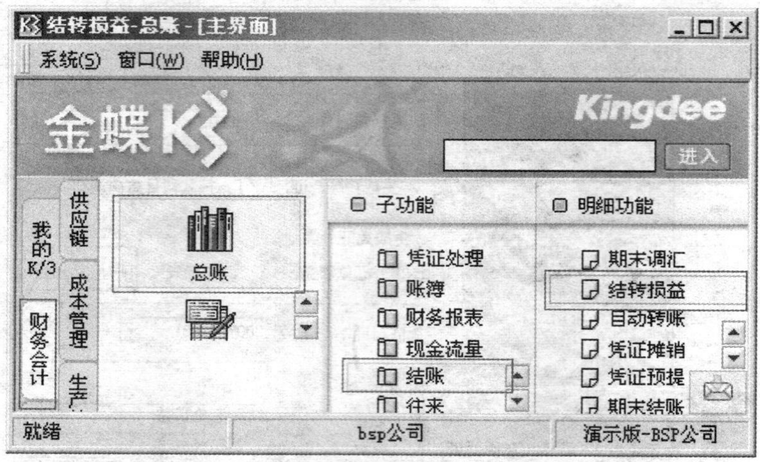

图 2-6-54 选择【结转损益】明细功能

②在【结转损益】对话框中，如图 2-6-55 所示，单击下一步按钮，进入到结转损益相关科目设置对话框。

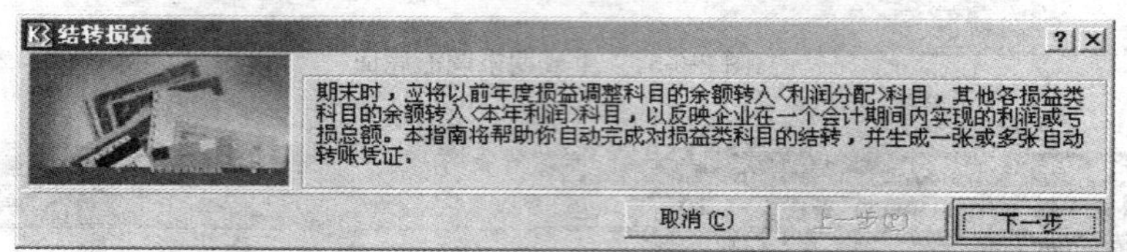

图 2-6-55 结转损益向导第一步

③如图 2-6-56 所示，在【结转损益】对话框中会显示出本期损益结转科目，单击下一步按钮，进入设置结转损益凭证要素设置。

	代码	名称	结转科目	结转科目名称
5	5301	营业外收入	3131	本年利润
6	5401	主营业务成本	3131	本年利润
7	5402	主营业务税金及附加	3131	本年利润
8	5405	其他业务支出	3131	本年利润
9	5501	销售费用	3131	本年利润
10	5502	管理费用	3131	本年利润
11	5503	财务费用	3131	本年利润
12	5601	营业外支出	3131	本年利润
13	5701	所得税	3131	本年利润
14	5801	以前年度损益调整	3141.01	其他转入

图 2-6-56 结转损益科目设置

④在【结转损益】对话框中，如图 2-6-57 所示进行设置，再单击完成按钮。系统弹出如图 2-6-58 所示的【金蝶提示】对话框，提示："已经生成 1 张转账凭证，凭证字号分别为：记－24"，单击确定按钮，完成期末损益结转。

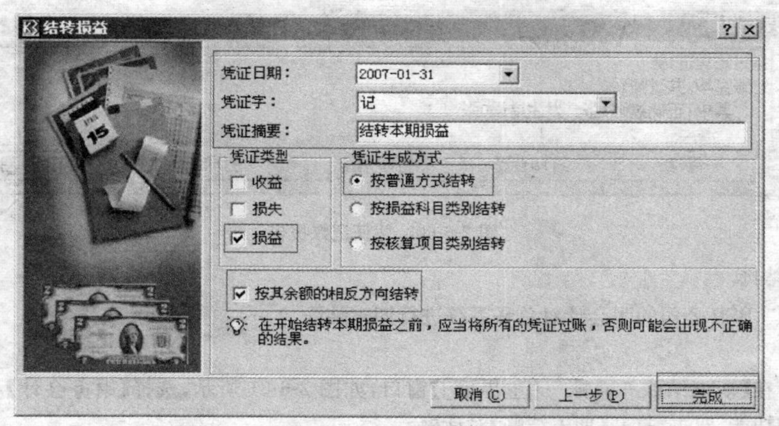

图 2-6-57 结转损益凭证要素设置

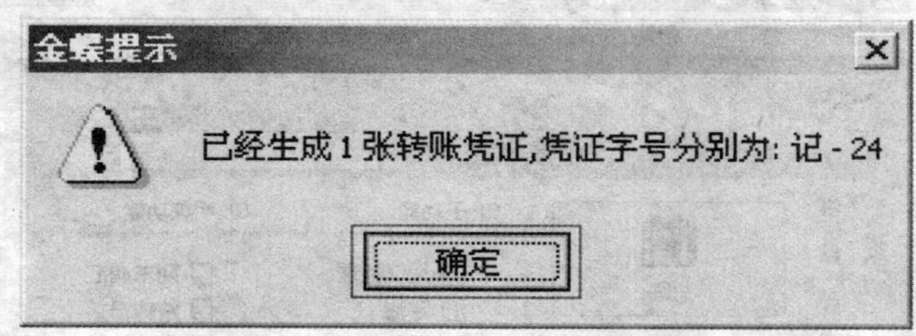

图 2-6-58 完成期末损益结转

⑤查看生成的结转损益凭证。由张会计进入到【总账系统－[凭证查询]】窗口，如图 2-6-59 所示，查看系统生成的汇兑损益凭，如果有误，可以在此进行修改或删除。查询完毕单击 关闭 按钮，退出凭证查询窗口。

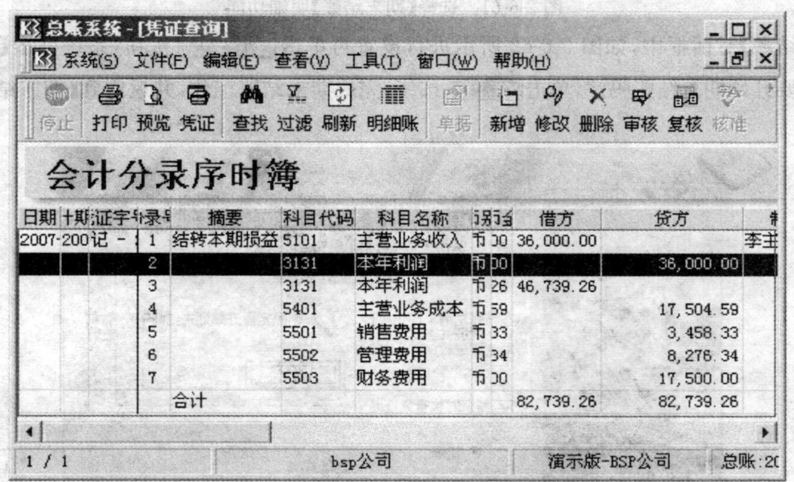

日期	期	凭证字号	分录号	摘要	科目代码	科目名称	币别	借方	贷方
2007-	200	记 -	1	结转本期损益	5101	主营业务收入	币	36,000.00	
			2		3131	本年利润	币		36,000.00
			3		3131	本年利润	币	46,739.26	
			4		5401	主营业务成本	币		17,504.59
			5		5501	销售费用	币		3,458.33
			6		5502	管理费用	币		8,276.34
			7		5503	财务费用	币		17,500.00
				合计				82,739.26	82,739.26

图 2-6-59 查看结转损益凭证

⑥由李主管对结转损益凭证进行审核、记账。由李主管登录到系统主控台，在【财务会计】/【总账】/【凭证处理】功能模块中对汇兑损益凭证进行审核与记账。记账完后，系统打开如图 2-6-60 所示的【凭证过账】报告对话框，单击 关闭 按钮，完成凭证记账处理。

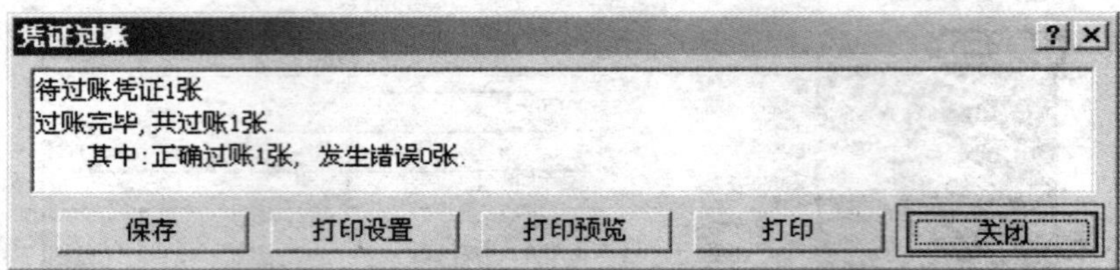

图 2-6-60　凭证记账报告

6.7.3　结账

【例 2-6-11】 BSP 公司的张会计对总账系统进行期末结账。

操作步骤：

①由张会计在【期末结账－总账－[主界面]】窗口，如图 2-6-61 所示，选择【财务会计】/【总账】/【结账】/【期末结账】明细功能，双击，打开【期末结账】对话框。

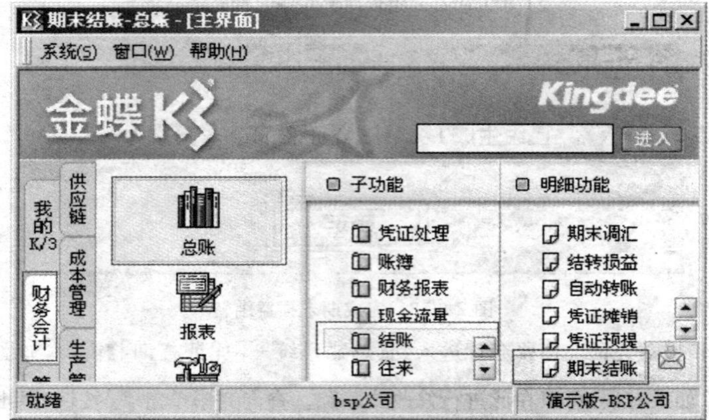

图 2-6-61　选择【期末结账】明细功能

②在【期末结账】对话框中，如图 2-6-62 所示进行设置再单击 开始(S) 按钮，系统弹出【金蝶提示】对话框，提示："确定要开始期末结账吗?"，单击 确定 按钮，完成期末结账工作，并返回到【期末结账－总账－[主界面]】窗口。

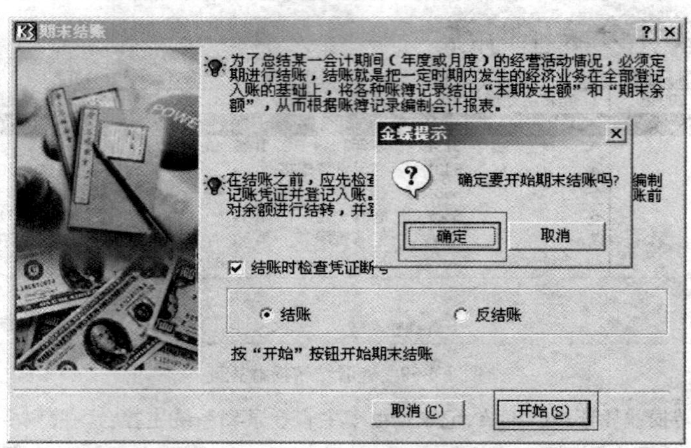

图 2-6-62　期末结账

技巧：在实际工作中，最好先编制好本期的会计报表之后再进行期末结账处理工作。

第 7 章 会计报表编制与财务分析

7.1 会计报表的编制

7.1.1 报表格式设计

【例 2-7-1】 BSP 公司的张会计在本期末需要建立一个货币资金表，其表样结构如表 2-7-1 所示，并要求表内文字为蓝色、仿宋体 5 号字，其余各项默认系统设置。

货币资金表表样结构 表 2-7-1

(货币资金表)

单位名称：BSP 公司 2007—01—31 单位：元

项目 科目	期初余额	本期发生数		期 末 余 额
		借方发生额	贷方发生额	
库存现金				
银行存款—建设银行				
银行存款—中国银行				
其他货币资金				
合计				

单位负责人： 会计主管： 制表人：

操作步骤：

①由张会计在【新建报表文件—报表—[主界面]】窗口，如图 2-7-1 所示，选择【财务会计】/【报表】/【新建报表】/【新建报表文件】明细功能，双击，打开【报表系统—[新报表]】窗口。

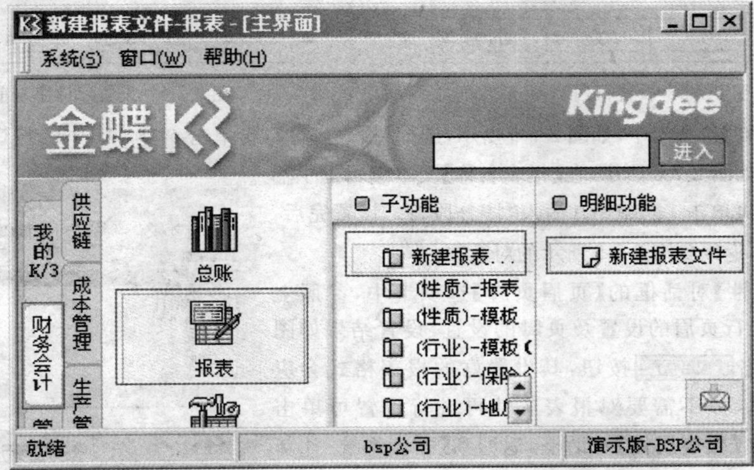

图 2-7-1 选择【新建报表文件】明细功能

②在【报表系统—[新报表]】窗口，如图 2-7-2 所示，执行【格式】/【表属性】菜单命令，打开【报表属性】对话框。

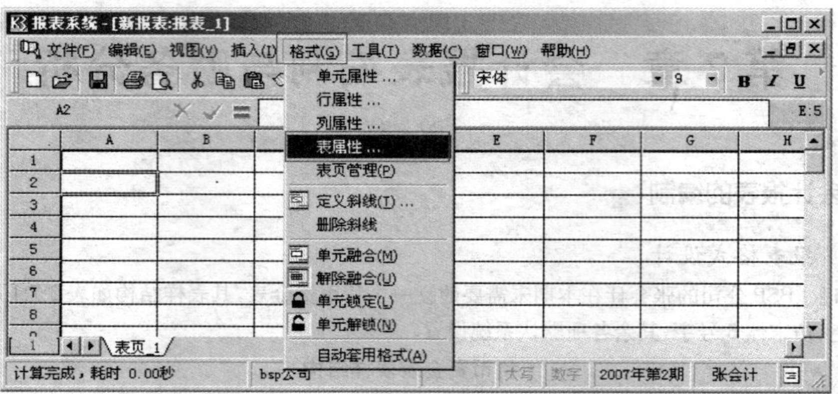

图 2-7-2　执行【格式】/【表属性】菜单命令

③在【报表属性】对话框中，如图 2-7-3 所示，单击【行列】选项卡，在【总行数】文本编辑框中输入“7”；在【总列数】文本编辑框中输入“5”。再单击【外观】选项卡。

④在【外观】选项卡中，如图 2-7-4 所示，设置前景色为“蓝色”；单击【缺省字体】按钮，设置字体为仿宋体，字号为 5 号。再单击【页眉页脚】选项卡。

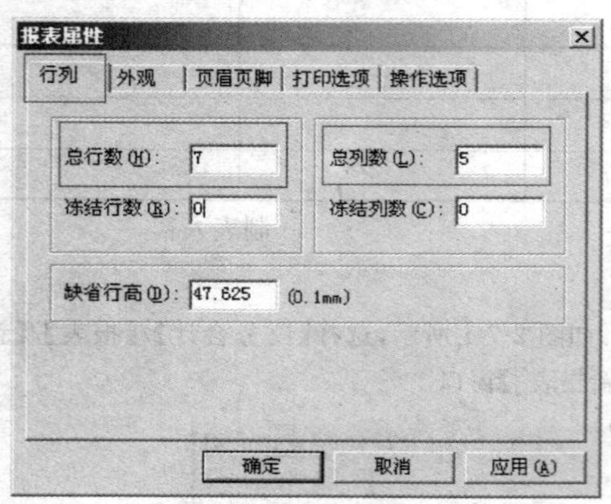

图 2-7-3　设置行列

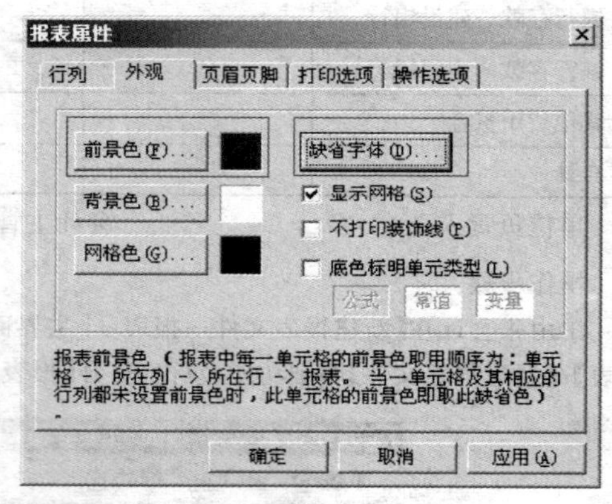

图 2-7-4　设置字体字号前景色

⑤在【页眉页脚】选项卡中，如图 2-7-5 所示，选择“报表名称”，再单击【编辑页眉页脚】按钮，打开【自定义页眉页脚】对话框。如图 2-7-6 所示，在【报表名称】文本编辑框中输入“货币资金表”，再单击【分段符】输入“|”分段符。设置完后，单击【确定】按钮，返回到图 2-7-5 所示的对话框。

⑥在【报表属性】对话框的【页眉页脚】选项卡中，参照上述第(5)完成第二行页眉的设置及页脚的设置，设置结果如图 2-7-7 所示，再单击【应用】按钮，其设置好的报表格式会应用到新报表中去。如不需要对报表属性再进行设置可单击【确定】按钮，退出【报表属性】对话框，返回到【报表系统－[新报表]】窗口。

⑦在【报表系统－[新报表]】窗口，如图 2-7-8 所示，新报表的格式已发生了改变。但是表头及表尾(即页眉页脚)部分并不能显示出来，需要在【报表预览】窗口才可见，预览结果如图 2-7-9 所示。

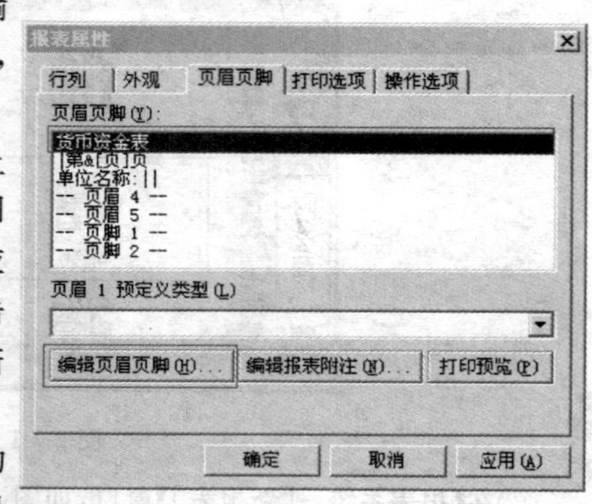

图 2-7-5　设置页眉页脚

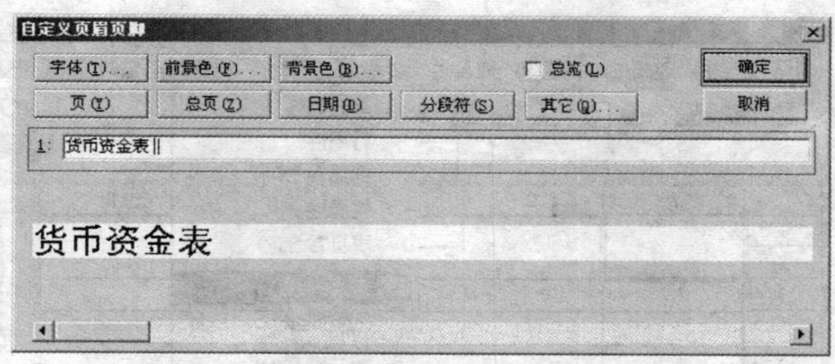

图 2-7-6 编辑页眉页脚

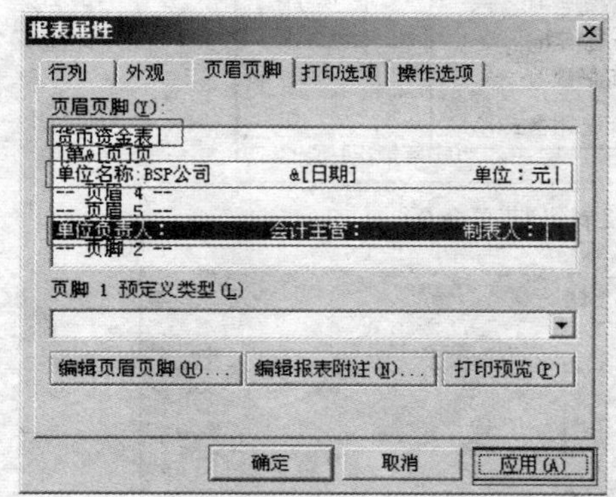

图 2-7-7 已设置好的页眉页脚

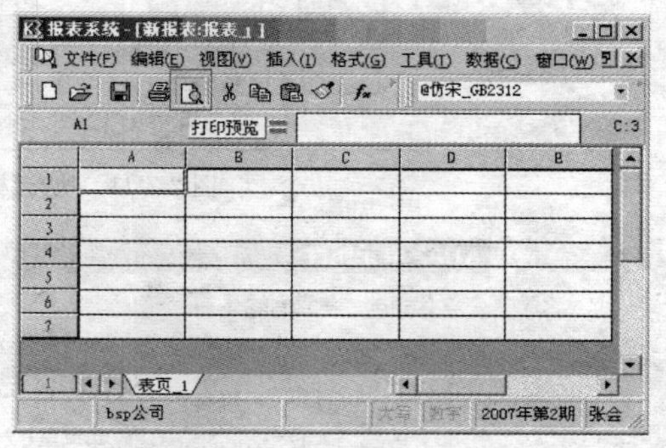

图 2-7-8 已设置好的报表格式

⑧在【报表系统—[新报表]】窗口，如图 2-7-10 所示，选择“A1:A2”单元，执行【格式】/【单元融合】菜单命令，将此两个单元组合成一个单元；同样将“B1:B2”单元、“C1:D1”单元、“E1:E2”单元组合成一个单元。

⑨在 A1 单元中画一根斜线。如图 2-7-11 所示，选择 A1 单元，执行【格式】/【定义斜线】菜单命令。系统打开【单元属性】对话框，如图 2-7-12 所示进行设置，单击 应用(A) 按钮，再单击 确定 按钮，返回到【报表系统—[新报表]】窗口。

货币资金表

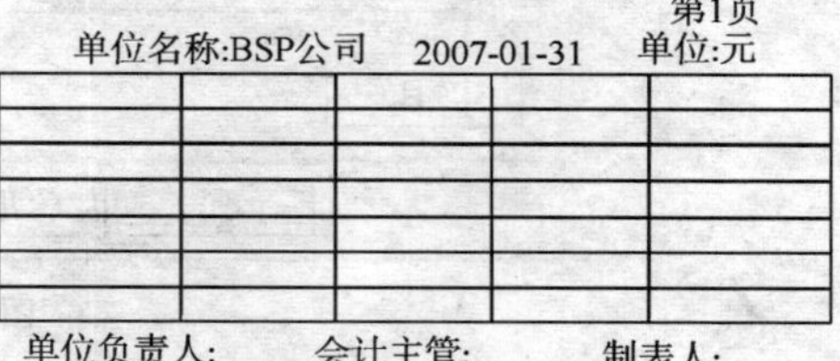

第1页

单位名称:BSP公司　2007-01-31　单位:元

单位负责人:　会计主管:　制表人:

图 2-7-9 报表预览结果

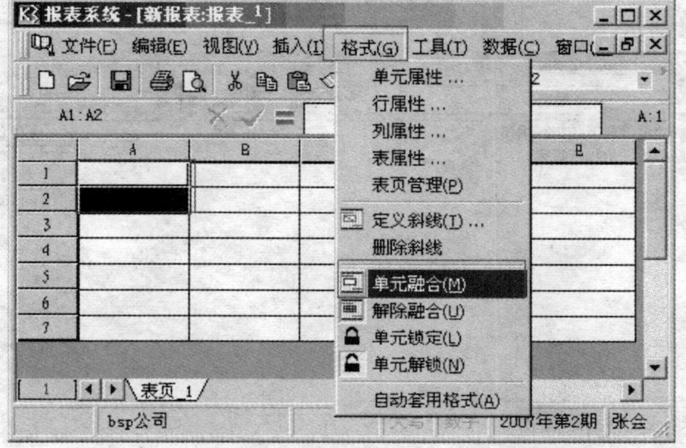

图 2-7-10 组合单元

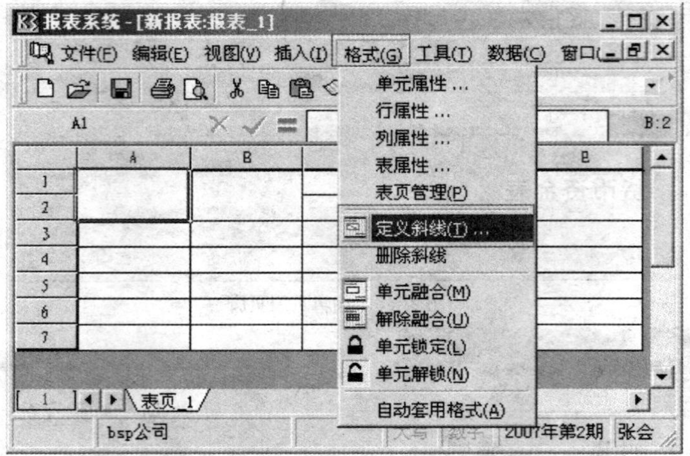

图 2-7-11　执行【格式】/【定义斜线】菜单命令

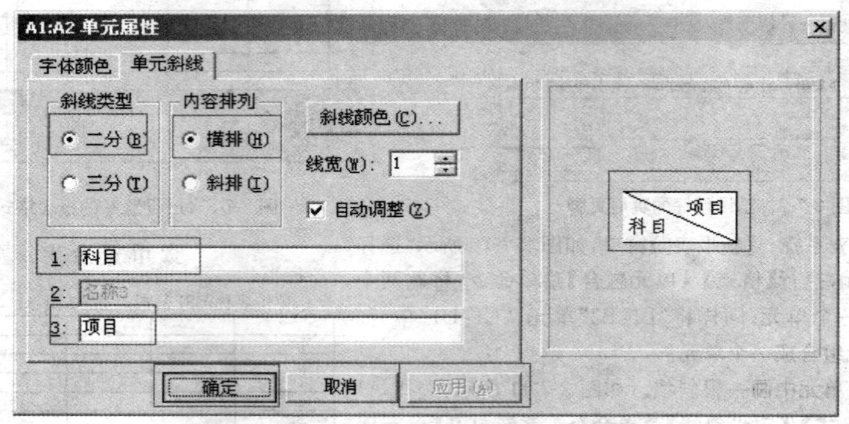

图 2-7-12　定义单元斜线

⑩在【报表系统－[新报表]】窗口，将设置好的报表格式进行保存，系统弹出【另存为】对话框，如图 2-7-13 所示，选择【保存位置】，并在【报表名】文本编辑框中输入“货币资金表”，单击 保存(S) 按钮，将报表保存。保存后的报表如图 2-7-14 所示。

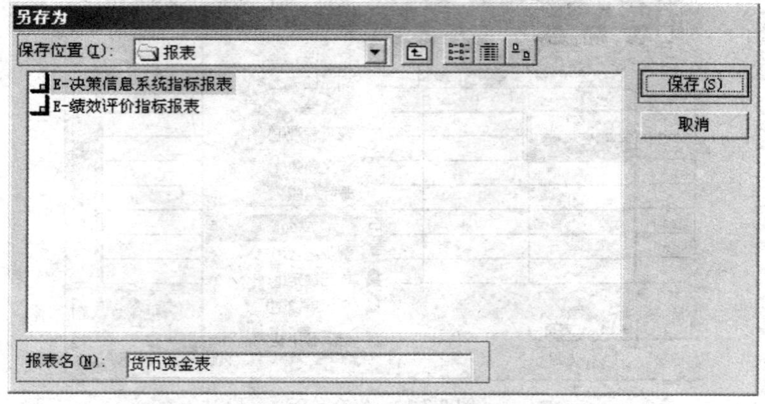

图 2-7-13　保存报表

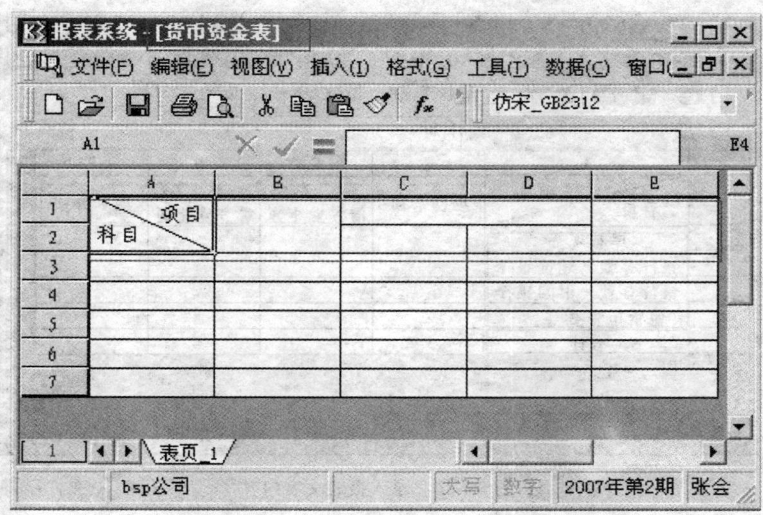

图 2-7-14　已保存后的报表

7.1.2　报表内容和公式编辑

【例 2-7-2】　在上述【例 1】的基础上，完成报表的内容和公式编辑，并生成报表数据。

操作步骤：

①在【报表系统－[货币资金表]】窗口，如图 2-7-15 所示，执行【视图】/【显示公式】菜单命令，进入格式编辑状态。再如图 2-7-16 所示，录入报表文字内容。

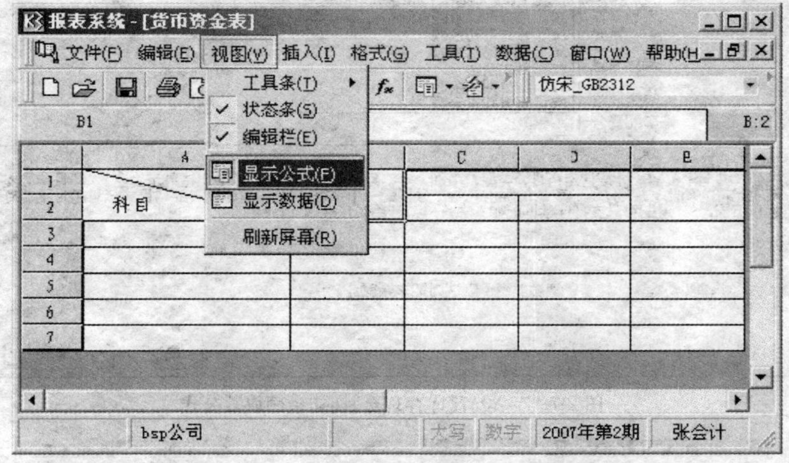

图 2-7-15　执行【视图】/【显示公式】菜单命令

②设置好报表文字之后，选定 B3 单元格，如图 2-7-17 所示，单击工具栏的 f_x 函数按钮，或直接单击编辑栏左侧的 = 等号按钮，在编辑栏中输入“＝”，再单击 ACCT 函数按钮，打开 ACCT 函数编辑对话框，进行相应的设置。设置完成后，单击 确定 按钮，完成此函数的设置。设置完【库存现金】期初余额取数公式之后，采用填充柄填充的方法，填充 B3:E6 其余各单元，并修改各公式中的相应的参数即可完成所有单元公式的设置，如图 2-7-18 所示。再如图 2-7-19 所示，设置最后一行“合计”单元格的单元取数公式。设置好后，可单击工具栏的 按钮，保存报表公式。

③生成报表数据。在【报表系统－[货币资金表]】窗口，如图 2-7-20 所示，执行【视图】/【显示数据】菜单命

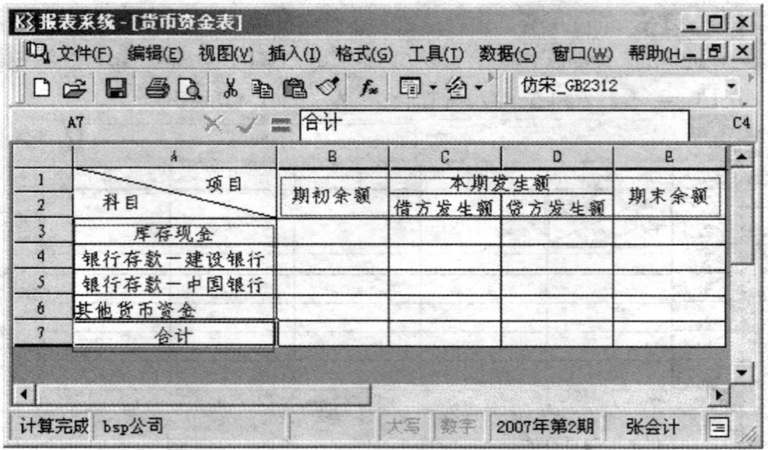

图 2-7-16　录入报表文字内容

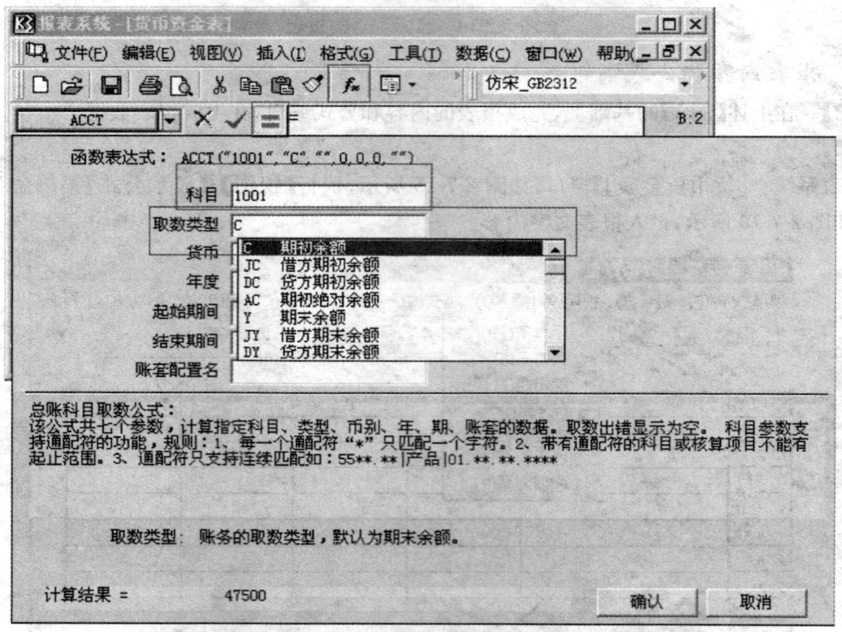

图 2-7-17　设置【库存现金】期初余额取数公式

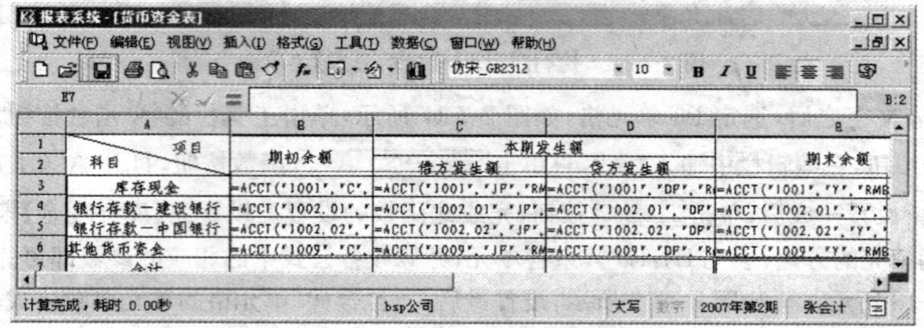

图 2-7-18　填充所有单元取数公式

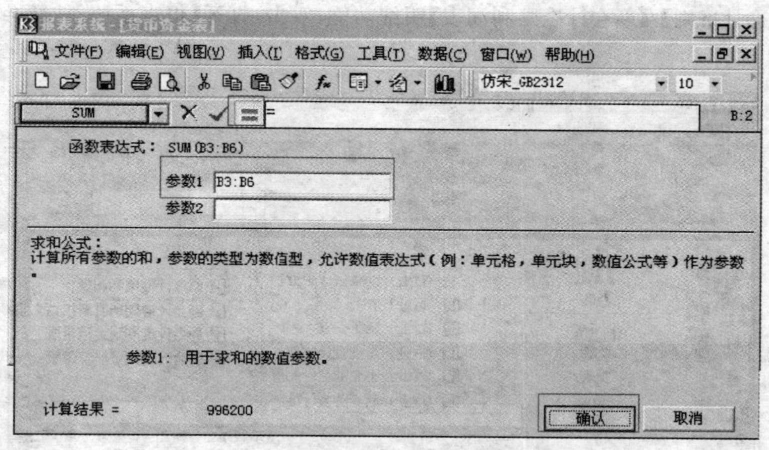

图 2-7-19 设置合计单元取数公式

令，系统会自动根据定义的单元公式，计算并显示出报表 。其结果如图 2-7-21 所示，检查如果正确，单击工具栏的按钮保存结果，并单击窗口右上角的退出按钮，退出此窗口。

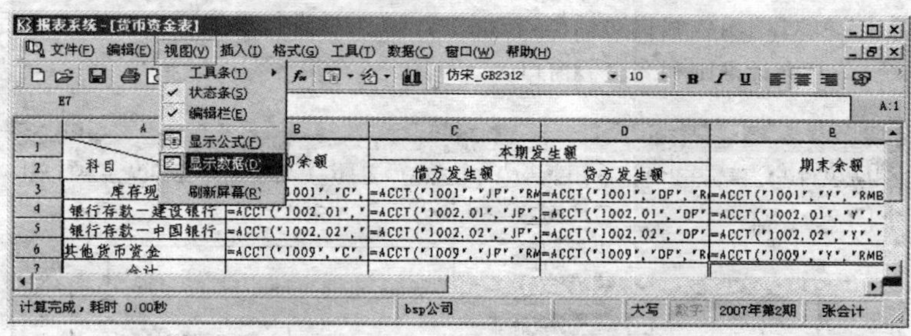

图 2-7-20 执行【视图】/【显示数据】菜单命令

项目 科目	期初余额	本期发生额		期末余额
		借方发生额	贷方发生额	
库存现金	37400	10100	0	47500
银行存款—建设银行	923800	42620	39730	926690
银行存款—中国银行	35000	0	0	35000
其他货币资金	0	0	0	0
合计	996200	52720	39730	1009190

图 2-7-21 生成报表

7.1.3 系统预设报表应用

【例 2-7-3】 BSP 公司要求张会计生成 2007 年第 1 期的利润表及资产负债表。

操作步骤：

(1)生成利润表

①张会计在【新会计准则利润表－报表－[主界面]】窗口，如图 2-7-22 所示，选择【财务会计】/【报表】/

【(行业)—新企业会计准则】/【新会计准则利润表】明细功能，双击，打开【报表系统—[新会计准则利润表]】窗口。

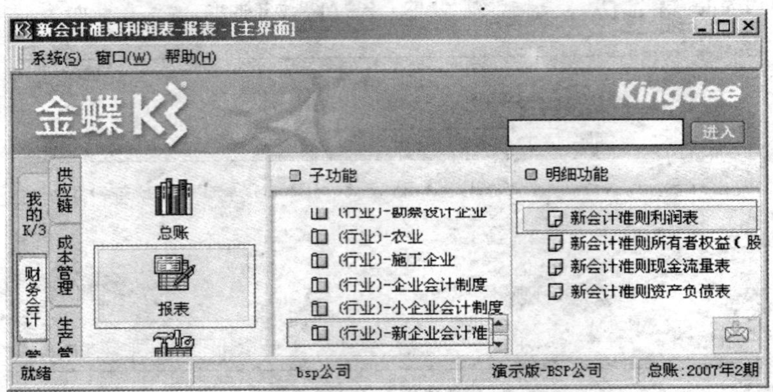

图 2-7-22　选择【新会计准则利润表】明细功能

②在【报表系统—[新会计准则利润表]】窗口，如图 2-7-23 所示，执行【视图】/【显示公式】菜单命令，进行格式编辑状态。再如图 2-7-24 所示，选择“B2”单元格，单击编辑栏前的 = 按钮，在编辑栏中输入“=”号，单击 ACCT ，弹出“ACCT”函数编辑对话框，按图 2-7-24 所示进行设置。设置完成之后，单击 确定 按钮，返回到【报表系统—[新会计准则利润表]】窗口。

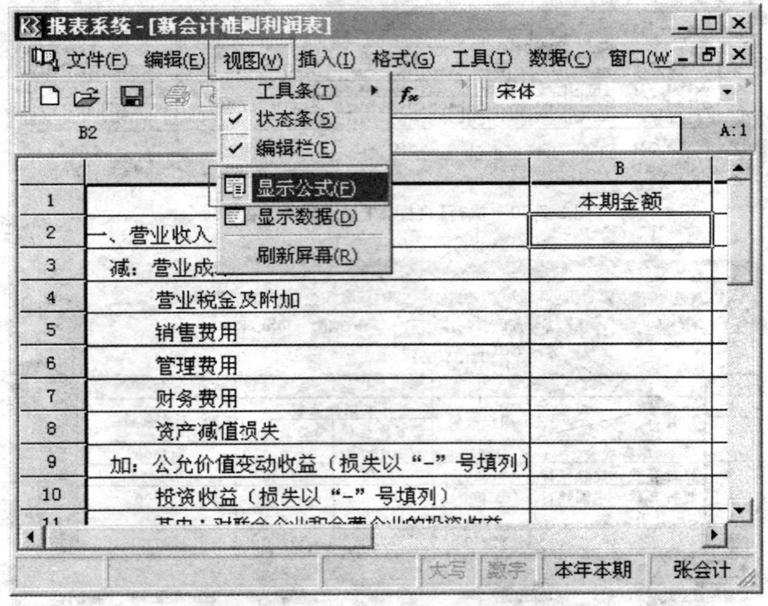

图 2-7-23　执行【视图】/【显示公式】菜单命令

③参照上述第②步，将利润表其他各单元格的取数公式全部进行定义。设置完后，如图 2-7-25 所示，执行【文件】/【另存为】菜单命令，系统弹出【另存为】对话框。如图 2-7-26 所示，选择【保存位置】为“报表”；在【报表名】文本编辑框中输入“利润表”，单击 保存(S) 按钮，保存设置好的报表模板。

④生成利润表数据。在【报表系统—[利润表]】窗口，如图 2-7-27 所示，执行【视图】/【显示数据】菜单命令，系统自动按设置好的报表模板进行计算。计算结果如图 2-7-28 所示，检查结果正确之后，单击 按钮，保存计算结果，再单击窗口上方的 退出按钮，退出报表的编辑。

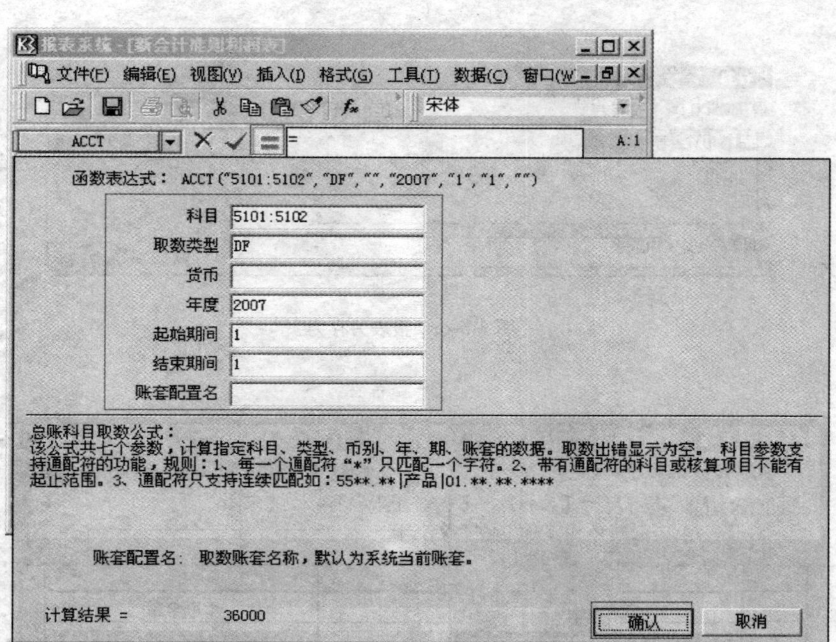

图 2-7-24 设置【营业收入】取数公式

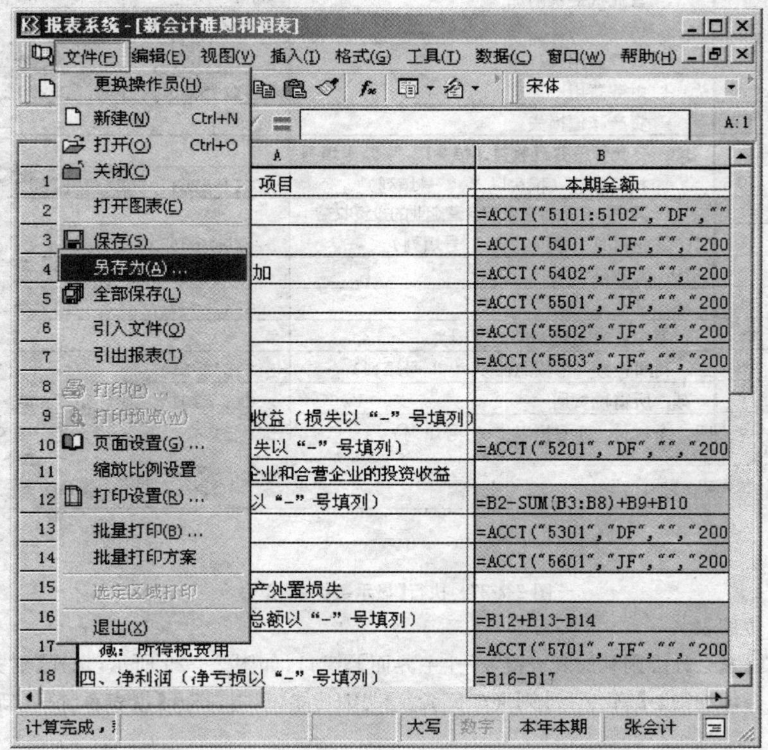

图 2-7-25 执行【文件】/【另存为】菜单命令

图 2-7-26　报表另存为

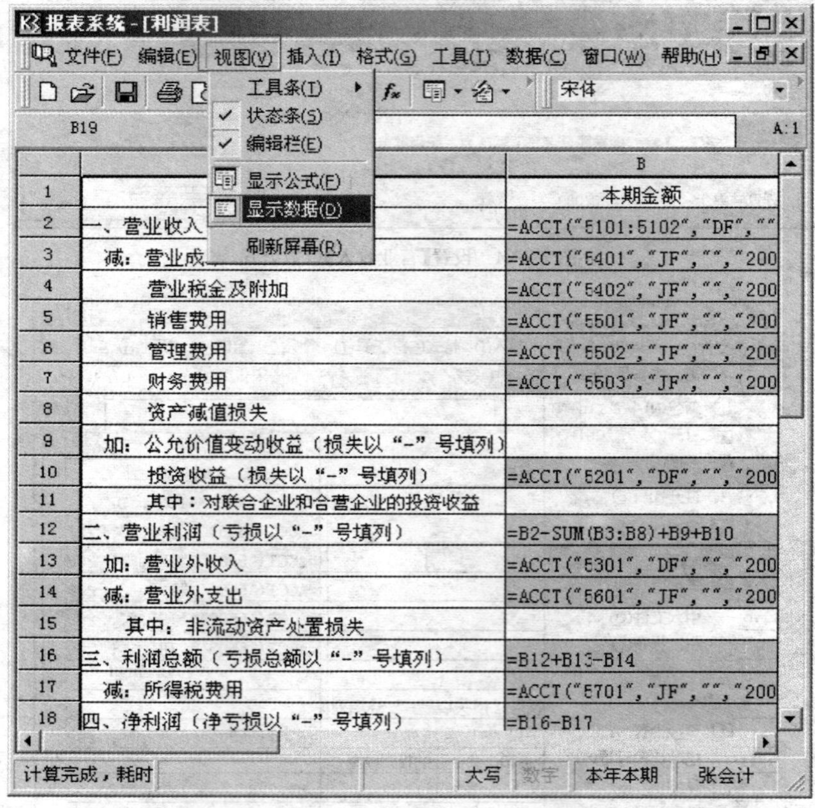

图 2-7-27　执行【显示数据】菜单命令

(2)生成资产负债表

①由张会计在【新会计准则利润表－报表－[主界面]】窗口，如图 2-7-29 所示，选择【财务会计】/【报表】/【(行业)－新企业会计准则】/【新会计准则资产负债表】明细功能，双击，打开【报表系统－[新会计准则资产负债表]】窗口。

②重复上述(1)中的第②～④步生成资产负债表数据，结果如图 2-7-30 所示。检查结果正确之后单击 按钮，保存计算结果，再单击窗口上方的 退出按钮，退出报表的编辑。

	A	B
1	项目	本期金额
2	一、营业收入	36000
3	减：营业成本	17504.59
4	营业税金及附加	0
5	销售费用	3458.33
6	管理费用	8276.34
7	财务费用	17500
8	资产减值损失	
9	加：公允价值变动收益（损失以“-”号填	
10	投资收益（损失以“-”号填列）	0
11	其中：对联合企业和合营企业的投资收益	
12	二、营业利润（亏损以“-”号填列）	-10739.26
13	加：营业外收入	0
14	减：营业外支出	0
15	其中：非流动资产处置损失	
16	三、利润总额（亏损总额以“-”号填列）	-10739.26
17	减：所得税费用	0
18	四、净利润（净亏损以“-”号填列）	-10739.26

图 2-7-28 生成利润表数据

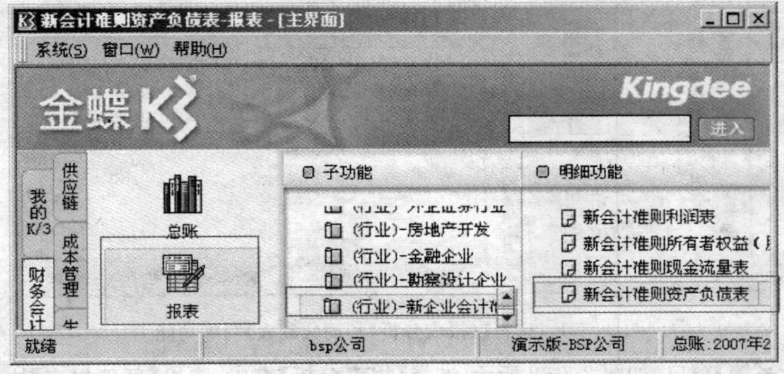

图 2-7-29 选择【新会计准则资产负债表】明细功能

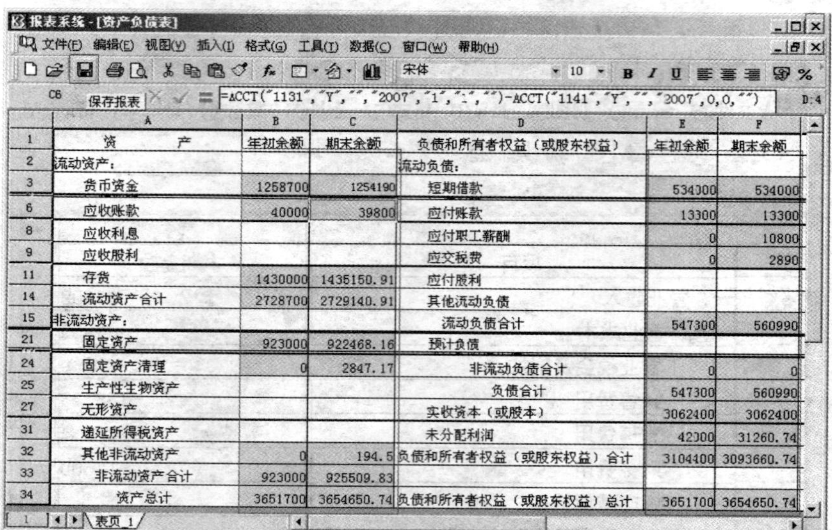

图 2-7-30　生成资产负债表数据

7.2　财务报表分析

【例 2-7-4】　BSP公司的张会计在本期末对公司本期的利润表进行结构分析，从利润的构成要素总额上进行分析，找出增加本期利润最大影响因素和减少本期利润最大影响因素。

操作步骤：

①张会计在【(报表分析)利润分配表－财务分析－[主界面]】窗口，如图 2-7-31 所示，选择【财务会计】/【财务分析】/【自定义报表分析】/【(报表分析)利润分配表】明细功能(注意，在此选择任何一个明细功能均可，其目的是为了打开【财务分析系统】窗口)，双击，打开【财务分析系统】窗口。

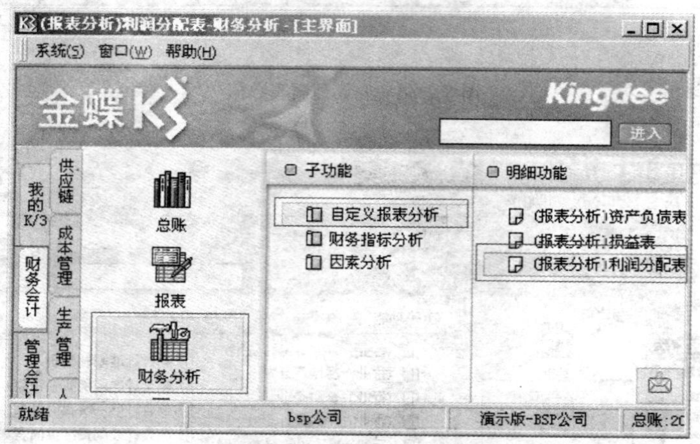

图 2-7-31　选择【(报表分析)利润分配表】明细功能

②在【财务分析系统】窗口，如图 2-7-32 所示，选择【报表分析】右击，弹出【新建报表】快捷菜单命令，单击此命令，打开【新建报表向导】对话框。

③在【新建报表向导】对话框中，如图 2-7-33 所示，输入报表名称“利润表”，单击[下一步(N)]按钮，打开【数据

源设置】对话框。

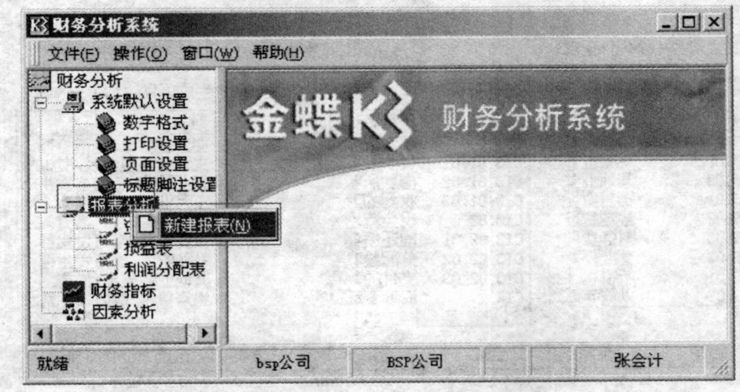

图 2-7-32 执行【新建报表】命令

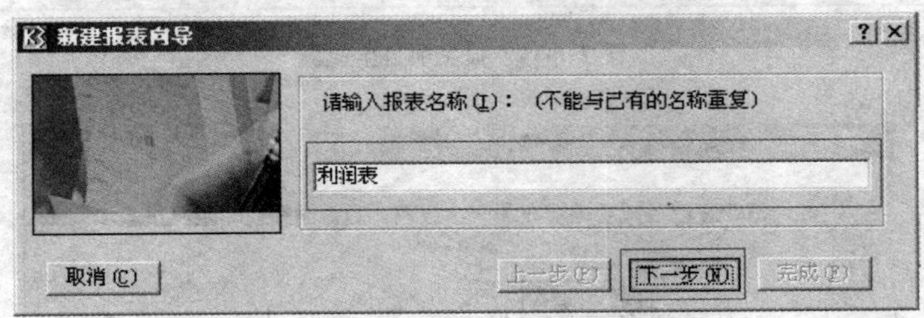

图 2-7-33 输入报表名称

④在【数据源设置】对话框中，如图 2-7-34 所示进行设置，单击下一步(N)按钮，进入【报表项目生成器】窗口。

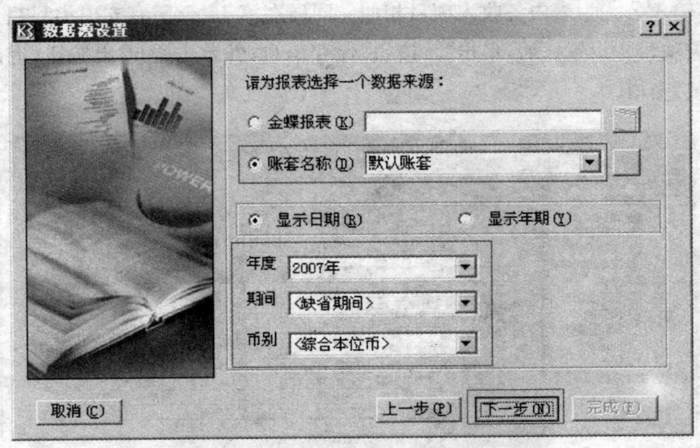

图 2-7-34 设置报表数据源

⑤在【报表项目生成器】窗口中，如图 2-7-35 所示，在【核算科目】列表框中选择需要进行分析的核算科目，单击增加(A)按钮，增加到【生成项目】列表框中，再单击完成(F)按钮。系统弹出如图 2-7-36 所示的【金蝶提示】对话框，提示："您现在已经成功地建立了一个报表，是否需要立即定义报表项目?"，单击是(Y)按钮，生成报表项目，打开【财务分析系统－[报表项目录入：利润表]】窗口。

⑥在【财务分析系统－[报表项目录入：利润表]】窗口，如图 2-7-37 所示，选择第 5 行单击插入按钮，在所有收入类的科目后面插入一行。双击【项目名称】对应的表单元，输入项目名称"利润增加总额"，双击【项目

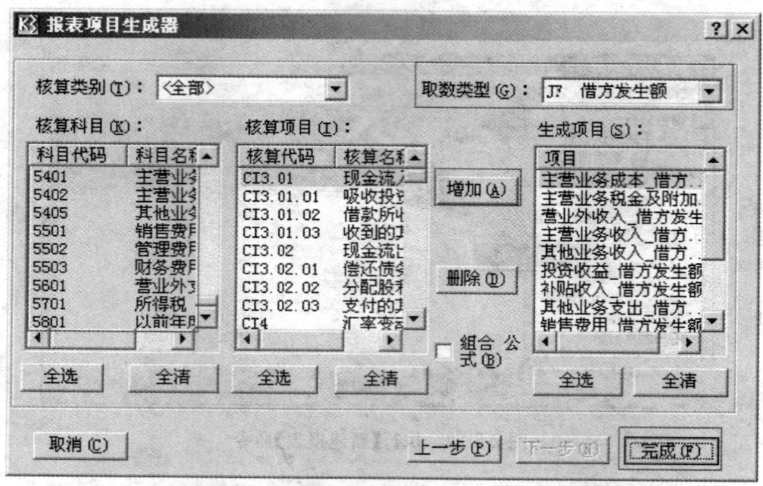

图 2-7-35　报表项目生成器

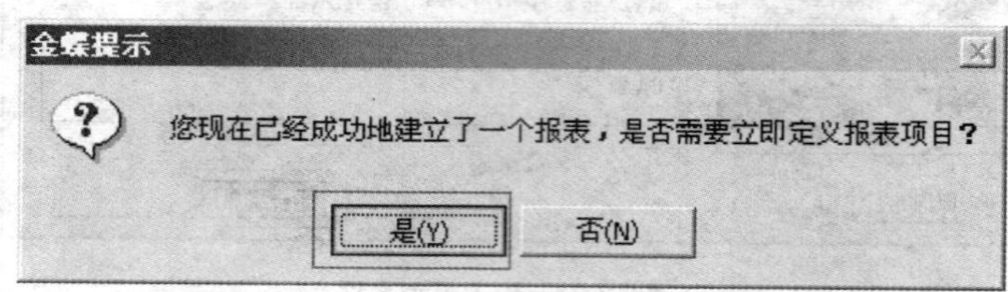

图 2-7-36　创建财务分析报表成功

公式】对应的表单元，输入公式为表内各收入项目相加。同样在第 15 行所有支出类科目后面插入一行为利润减少总额，并设置相关项目。设置完后，单击 按钮，保存信息，并单击 退出按钮，退出报表项目录入。并返回到【财务分析系统】窗口。

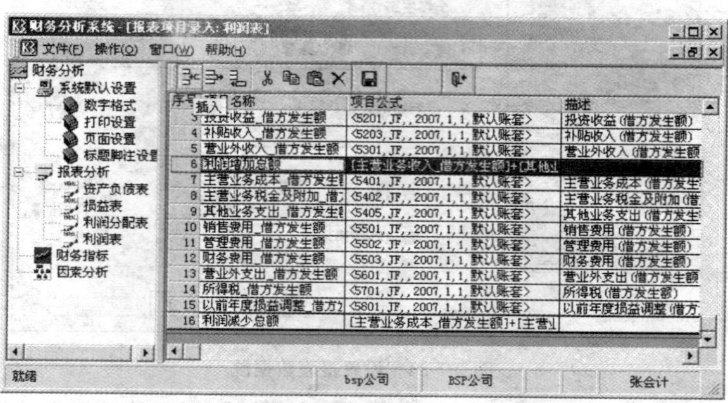

图 2-7-37　增设报表项目

⑦在【财务分析系统】窗口，如图 2-7-38 所示，选择【利润表】右击，弹出快捷菜单，单击【报表分析】快捷菜单命令。系统按照利润表的项目设置进行结构分析，并在窗口的右侧显示区域显示出分析结果，如图 2-7-39 所示。在分析结果中可以看出本公司在本期利润构成各要素中正向影响最大的是“主营业务收入”；在本期利润构成各要素中负向影响最大的是“主营业务成本”和“财务费用”两项，如需要将分析结果进行保存，单击 按钮，以文件的形式单独保存下来，再单击 退出按钮，退出【财务分析系统】窗口，完成财务分析。

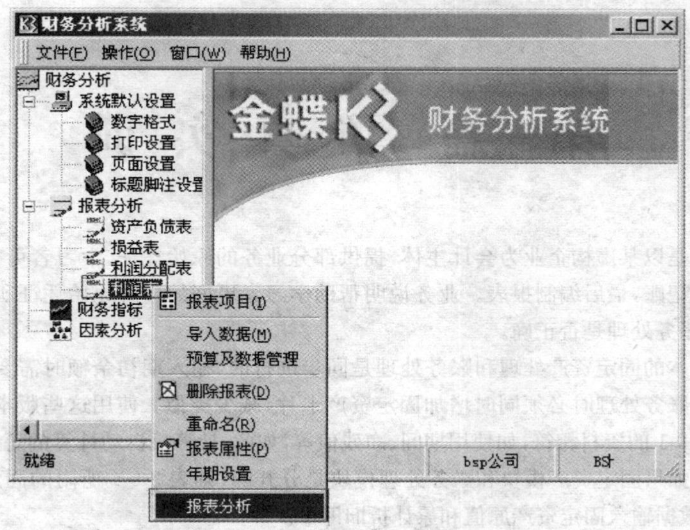

图 2-7-38 执行【报表分析】命令

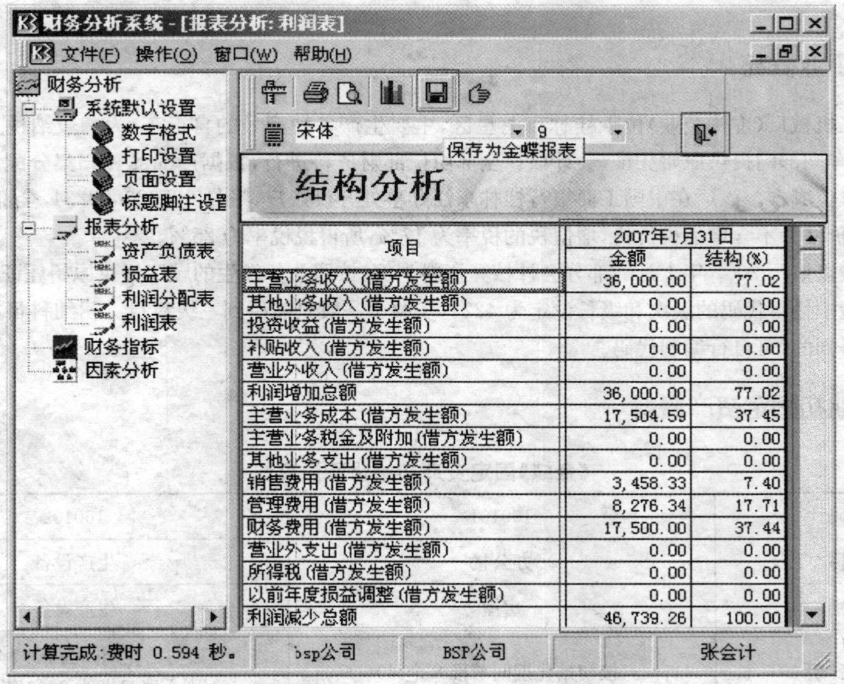

项目	2007年1月31日 金额	结构(%)
主营业务收入(借方发生额)	36,000.00	77.02
其他业务收入(借方发生额)	0.00	0.00
投资收益(借方发生额)	0.00	0.00
补贴收入(借方发生额)	0.00	0.00
营业外收入(借方发生额)	0.00	0.00
利润增加总额	36,000.00	77.02
主营业务成本(借方发生额)	17,504.59	37.45
主营业务税金及附加(借方发生额)	0.00	0.00
其他业务支出(借方发生额)	0.00	0.00
销售费用(借方发生额)	3,458.33	7.40
管理费用(借方发生额)	8,276.34	17.71
财务费用(借方发生额)	17,500.00	37.44
营业外支出(借方发生额)	0.00	0.00
所得税(借方发生额)	0.00	0.00
以前年度损益调整(借方发生额)	0.00	0.00
利润减少总额	46,739.26	100.00

图 2-7-39 利润表结构分析结果

第三篇　仿 真 实 训

本处提供的资料是以某虚构企业为会计主体，提供部分业务的原始凭证，学习者可根据原始凭证编制记账凭证，并依次审核、记账，最后编制报表。业务说明帮助学习者更好的理解原始凭证所代表的业务，报表帮助核对答案，以检验账务处理是否正确。

金蝶软件部分版本的固定资产处理和账务处理是同步进行的，输入期初余额时需要输入固定资产卡片，进行增加固定资产的账务处理时必须同时增加固定资产卡片，减少类似。使用这些版本时，输入的固定资产期初资料建议与表 3-0-1 的资料相符，如使用期间、净残值等，如此，计算机自动计算的每个期间所计提的折旧可与参考答案相符。如果固定资产模块和账务处理模块是分开的，则表 3-0-1 所附的固定资产资料也不必采用，按科目余额表中数据输入固定资产原值和累计折旧即可。

1　模拟核算单位资料

1.1　企业概况

桂林漓江机械厂（虚构企业）位于桂林市七星区，主要生产各种型号的自行车，为一般纳税人。该厂实行集中核算，各车间部门提供原始凭证，会计核算全部由厂部财务科进行，根据产品品种归集分配计算完工产品的总成本和单位成本。该厂在中国工商银行桂林东江办事处开设账户，账号 075020002234，全部材料、产成品的采购、销售价格为不含增值税价格，增值税的税率为 17%，所得税税率为 25%。

模拟实验以该厂 2007 年 1 月的部分会计核算资料为例，按照业务发生的顺序提供原始凭证。

模拟实验中科目代码的级次和级长设定为 4222，实验中一般只需用到三级科目。明细科目在表中未列出而实验中用得到的，可自行编制代码。

1.2　期初固定资产资料

《金蝶》固定资产初始化所用资料　　表 3-0-1

代码	160101	160102
名称	办公楼	生产设备
类别	房屋	生产设备
入账日期	（按初始化期间前推 8 个月）	（如初始化期间为 2007 年 1 月，则入账日期为 2006 年 4 月）
原值	1 114 500.00	5 540 000.00
累计折旧	32 000.00	168 000.00
折旧方法	平均年限法	平均年限法
使用期间	150	240
折旧费用科目	管理费用	制造费用

续上表

净残值	514 500.00	500 000.00
使用部门	厂部	车间
每期计提折旧	4 000.00	21 000.00

注:1. 当软件要求输入净残值率时,此资料无效,净残值率可自己输。

2. 代码、名称、类别、使用部门等与折旧计算无关的非关键资料和固定资产卡片中需要输入但表中未给出的资料可自己设置,关键是计算出的每期计提折旧的数额资料与表中一致,可与参考答案进行核对。

3. 增加固定资产时相关资料可以自己随意输入,如代码可按160103、160104往下编码,相应折旧从下月起计算,不影响本月数据。

1.3 期初科目及余额

科目及余额表 表3-0-2

代码	科目名称	方向	金额	代码	科目名称	方向	金额
1001	现金	借	2 850	2001	短期借款	贷	1 700 000
1002	银行存款	借	872 150	2201	应付票据	贷	130 000
1015	其他货币资金	借	50 000	2202	应付账款	贷	895 000
1101	交易性金融资产	借	50 000	220201	湘华机械厂	贷	895 000
110101	成本	借	50 000	220202	桂林机床厂	贷	
110102	公允价值变动						
1121	应收票据	借	240 000	2205	预收账款	贷	103 000
1122	应收账款	借	450 000	2211	应付职工薪酬	贷	332 500
112201	益阳五交化公司	借	160 320	2221	应交税费	贷	56 650
112202	桂林五交化公司	借	289 680	222101	应交增值税	贷	51 000
1123	预付账款	借	21 000	22210101	进项税额	贷	
1221	其他应收款	借	35 000	22210102	销项税额	贷	51 000
122101	李明君	借	2 500	222102	应交营业税	贷	4 400
122102	张国	借	32 500	222103	应交城市维护建设税	贷	
1231	坏账准备	贷	850	222106	应交所得税	贷	
1402	在途物资	借	55 000	222107	应交教育费附加	贷	1 250
140201	原料及主要材料	借	47 000	2231	应付利息	贷	32 000
140202	其他	借	8 000	2232	应付股利	贷	
1403	原材料	借	288 000	2241	其他应付款	贷	43 000
140301	原料及主要材料	借	271 500				
140302	辅料	借	5 000				
140303	燃料	借	11 500	2601	长期借款	贷	3 085 000
1405	库存商品	借	1 357 500	260101	农行	贷	2 300 000
140501	24自行车(14750辆)	借	737 500	260102	工行	贷	785 000
140502	26自行车(7750辆)	借	620 000	2801	长期应付款	贷	120 000
1411	周转材料	借	17 500	4001	实收资本	贷	2 500 000
		借		4002	资本公积	贷	80 000
1501	持有至到期投资	借	210 000	4101	盈余公积	贷	1 250 000
150101	成本	借	210 000	410101	法定盈余公积	贷	1 000 000
150102	利息调整	借		410102	任意盈余公积	贷	250 000
152103	应计利息	借		4103	本年利润		
1601	固定资产	借	6 654 500	4104	利润分配	贷	320 000
1602	累计折旧	贷	200 000	410101	未分配利润	贷	320 000

续上表

代码	科目名称	方向	金额	代码	科目名称	方向	金额
1604	在建工程	借	345 000	410102	提取法定盈余公积		
160401	车床安装	借	45 000	410203	提取任意盈余公积		
160402	厂房	借	300 000	410204	应付现金股利或利润		
1606	固定资产清理	借		6001	主营业务收入		
1701	无形资产	借	40 000	600101	24 自行车(辆)		
1702	累计摊销	贷		600102	26 自行车(辆)		
1801	长期待摊费用	借	29 500				
1901	待处理资产损益	借		6051	其他业务收入		
5001	生产成本	借	130 000	6111	投资收益		
500101	24 自行车	借	125 000	6301	营业外收入		
500102	26 自行车	借	5 000	6401	主营业务成本		
5101	制造费用	借		6402	其他业务支出		
510101	物耗	借		6405	营业税金及附加		
510102	折旧	借		6601	销售费用		
510103	交通费	借		6602	管理费用		
510104	电费	借		6603	财务费用		
				6711	营业外支出		
				6801	所得税		

说明：1. 借贷方合计数为 10 848 000，如果以累计折旧、坏账准备抵消资产，则借贷方合计数为 10 647 150。

2. 一般只有最明细级科目才需要输入初始余额，有下级科目的上级科目不需要输入，系统会自动汇总，本表中给出了所有科目数据，实际操作时不必全部输入。

3. 建账时可预置一级科目，可减少输入量。系统预置而上表中未给出的科目只要未重复则不必删除。有些账务处理时出现的科目如表中没有的，可在进行账务处理时随时增加。

2 业务事项

(1)1 月 3 日，银行转来收账通知收到湖南益阳五交化公司汇来前欠货款 85 000 元。

(2)1 月 4 日，销售给中山商场 24′自行车 50 辆，每辆 100 元，增值税率为 17%，价税共计 5 850 元，收到商业汇票一张。

(3)1 月 5 日，提现 60 000 元。

(4)1 月 5 日，发放奖金 50 000 元。

(5)1 月 5 日，现金 10 000 元，存入银行。

(6)1 月 6 日，财产清查时，发现账外三轮车一辆。

(7)1 月 7 日，经批准，账外三轮车作为前期差错处理。

(8)1 月 8 日，厂部购买办公用品 115 元，以现金支付。

(9)1 月 9 日，企业在财产清查中，发现盘亏刀具 10 把，价值 200 元；经批准处理：增加管理费用。

(10)1 月 10 日，销售给悦达商场 24′自行车 3 200 辆，每辆 100 元；26′自行车 4 200 辆，每辆 150 元，增值税税率为 17%，款项尚未收到。

(11)1 月 12 日，制造车间购买市内乘车月票 1 500 元；厂部管理人员购买市内乘车月票 100 元，从银行存款户支付。

(12)1 月 14 日，收到银行转来利息通知单，本月利息收入 5 000 元。

(13)1 月 16 日，从桂林市机床厂购改装 C6240A 数控车床 1 台，金额 35 000 元(不需安装，款未付)。

(14)1 月 18 日，收到李明君归还欠款 2 500 元。

(15)1月20日，购微机、打印机等，价值82 900元，通过银行付款。

(16)1月22日，外单位向本厂捐赠车床一台，原值120 000元，估计折旧40 000元。

(17)1月24日，支付12月电费9 299.51元。

(18)1月26日，从银行存款户归还生产周转借款690 000元。

(19)1月28日，接银行通知，实际生产周转借款利息48 000元已转账。其中去年11月、12月已预提借款利息32 000元。

(20)1月30日，摊销无形资产833.33元(无形资产40000，按4年直线法摊销)。

(21)1月30日，发现上月付7号凭证有错：供电局托收金额8 900元，进行账务处理时减少银行存款8 600元(实际支付8 900元)。将错账更正，将电费差额300元补进生产26′自行车的成本。

(22)1月31日，预提本年长期借款的利息19 166元。

(23)1月31日，计提固定资产折旧26 160元，其中车间22 160元，厂部4 000元。

(24)1月31日，按人工生产工时分配结转本月制造费用。本月24′自行车实际工时为2 000小时，26′自行车实际工时为4 000小时，合计6 000小时。

(25)1月31日，本月生产的26′自行车全部完工入库(数量：600辆)(自填产成品交库单]。

(26)1月31日，结转本期销售24′、26′自行车的成本(24按90 000结转，26按200 000结转)。

(27)1月31日，计提坏账准备(按5 000计提)。

(28)1月31日，计算本月应交城市维护建设税(按10 000计提)和教育费附加(按5 000计提)。

(29)1月31日，结转本期的收入、成本、费用。

(30)1月31日，计算本月应交所得税(不考虑递延所得税情况，按当期会计利润的25%计算)并结转。

(31)1月31日，编制报表(也可放于结账之后进行)。

(32)1月31日，结账，并试算平衡。

1～24笔业务为第一阶段，做完需审核过账后才能再做25笔，然后把25笔审核过账做26笔。一般将30笔审核过账后才做31笔。№ 25、26、30、31可用自动转账。

3 原始凭证

用本处提供的原始凭证，结合上面“业务事项”中的说明，输入记账凭证。原始凭证左上角的序号已经说明了各张原始凭证对应的业务事项。

原始凭证 1

中国工商银行 **进 账 单** (回单) **1**

2007年1月3日　　　第　　号

收款人	全称	漓江机械厂	付款人	全　　称	湖南益阳五交化公司
	账号	075020002234		账号或地址	0321770032
	开户银行	市工行东江办		开户银行	市工行益北办事处
人民币(大写)：捌万伍仟元整				千 百 十 万 千 百 十 元 角 分	¥ 8 5 0 0 0 0 0
票据种类		收款开户银行盖章			
票据张数					
单位主管　会计　复核　记账					

此联是银行交给收款人的收账通知

原始凭证 2 (a)

增值税专用发票

开票日期：2007年1月4日

购货单位	名　称	中山商场	纳税人登记号	892134562
	地址 电话		开户银行及账号	市工行阳桥办

商品或劳务名称	计量单位	数量	单价	金额 千	百	十	万	千	百	十	元	角	分	税率%	税额 千	百	十	万	千	百	十	元	角	分
24´自行车	辆	50	100					5	0	0	0	0	0	17						8	5	0	0	0
合　计							¥	5	0	0	0	0	0						¥	8	5	0	0	0

价税合计（大写）	⊗仟⊗佰⊗拾⊗万伍仟捌佰伍拾零元零角零分	¥5,850.00

销货单位	名　称	漓江机械厂	纳 税 登 记	73689047
	电话 地址		开户银行及账号	市工行东江办

第四联 售货方记账

收款人 王森　　　开票单位（未盖章无效）　　　结算方式：商业汇票

(b)

商业承兑汇票（存根） 3

第　　号

签发日期　2007年1月4日

收款人	全　称	漓江机械厂		付款人	全　称	中山商场	
	账号或地址	075020002234			账　号		
	开户银行	工行东江办	行号		开户银行	工行阳桥办	行号

汇票金额	人民币（大写）	伍仟捌佰伍拾元整	千	百	十	万	千	百	十	元	角	分
						¥	5	8	5	0	0	0

汇票到期日	2007年3月25日	交易合同号码	

备注： 本汇票已经本单位承兑，到期日无条件支付票据款。此致 付款人 付款人盖章	负责　　经办

此联签发人存查

单位主管：　会计：　复核：　　记账：　付款人开户银行收到日期　月　日

原始凭证 3

中国工商银行现金支票存根

支票号码 VIII03820684

科 目

对方科目

签发日期 2007年1月5日

收款人 漓江机械厂

金 额 ¥60,000.00元

用 途 发放奖金

备 注

单位主管 会计

复 核 记账

原始凭证 4

奖 金 发 放 表

单位：元

单位名称	发放金额	签字
厂办	500.00	王敏
劳资科	400.00	杨华
制造车间	20,000.00	杨克明
…	…	…
合计	50,000.00	

制表：李江

原始凭证5

代号4173　　**中国工商银行现金交款单**（回单）　①　**No.091637**

2007年1月5日　　对方科目：

收款单位	全　称	漓江机械厂			款项来源	
	账　号	075020002234	开户银行	市工行	交款单位	漓江机械厂

人民币（大写）	壹万元正	百	十	万	千	百	十	元	角	分
			¥	1	0	0	0	0	0	0

票　面	壹百元	伍十元	拾元	伍元	贰元	壹元	伍角	贰角	壹角	伍分	贰分	壹分	合计金额	（银行盖章）收款
把（百张）数														
叠（二十张）数														复核
零张数														
合计金额														年　月　日

第一联由银行盖章后退回单位

原始凭证6

固定资产盘盈盘亏报告表

编报单位：　　　　2007年1月6日

固定资产编号	名称规格	计量单位	盘盈			盘亏			备注
			数量	估计原值	估计已提折旧	数量	原价	已提折旧	
三轮车		辆	1	15,000.–	5,000.–				

制表：李平

原始凭证 7

同意账外三轮车转作营业外收入。

厂长：张浩东

2007年1月7日

原始凭证 8

微笑堂百货大楼发票 No.31840

购货单位：漓江机械厂 2007年1月8日

品名	规格	单位	数量	单价	金额	备注
广告颜料		瓶	20	3.00	60.00	现金付讫
毛笔		支	10	1.50	15.00	
宣纸		张	80	0.50	40.00	
合计人民币（大写）壹佰壹拾伍元正					115.00	

填单：陈诚

原始凭证 9(a)

财产清查报告单

2007年1月9日

类别	财产名称规格	单位	单价	账面数量	实物数量	盘盈		盘亏		盈亏原因
						数量	金额	数量	金额	
	刀具	把	20.00	80	70			10	200.00	待查
合计				80	70			10	200.00	

财务： 审批： 主管： 保管使用： 制单：张丽

(b)

盘亏刀具 10 把，计 200.00元，系厂办领用。领用时漏办出库手续，现同意从管理费用中列支。

张浩东

2007年 1月 9日

原始凭证 10(a)

增 值 税 专 用 发 票

开票日期：2007年 1月 10日

购货单位	名　称	悦达商场	纳税人登记号	089725412
	地址 电话		开户银行及账号	市工行阳桥办

商品或劳务名称	计量单位	数量	单价	金额 千	百	十	万	千	百	十	元	角	分	税率%	税额 千	百	十	万	千	百	十	元	角	分
24`自行车	辆	3200	100			3	2	0	0	0	0	0	0	17				5	4	4	0	0	0	0
26`自行车	辆	4200	150			6	3	0	0	0	0	0	0	17			1	0	7	1	0	0	0	0
合　计					¥	9	5	0	0	0	0	0	0			¥	1	6	1	5	0	0	0	0
价税合计（大写）	⊗仟壹佰壹拾壹万壹仟伍佰零拾零元零角零分														¥1,111,500.00									

销货单位	名　称	漓江机械厂	纳 税 登 记	73689047
	电话 地址		开户银行及账号	市工行东江办

第四联 售货方记账

收款人：王森　　开票单位（未盖章无效）　　结算方式：委托收款

(b)

托收号码：

委邮

委托收款凭证 5 第 号

委托日期 2007年1月10日 付款期限 年 月 日

收款人	全称	漓江机械厂	付款人	全称	悦达商场
	账号或地址	075020002234		账号	06513241
	开户银行	市工行东江分理处		开户银行	市工行阳桥办 行号

托收金额	人民币（大写）	千	百	十	万	千	百	十	元	角	分
	壹佰壹拾壹万壹仟伍佰元整	¥	1	1	1	1	5	0	0	0	0

款项内容	产品款	委托收款凭据名称	实物收据	附寄单证张数	1

备注：货已自提

付款人注意：
1. 根据结算办法，上列委托收款，如在付款期限内未拒付时，即视同全部同意付款，以此联代付款通知。
2. 如需提前付款或多付款时，应另写一面通知送银行办理。
3. 如系全部或部分拒付，应在付款期限内另填拒绝付款理由书送银行办理。

此联付款人开户银行给付款人按期付款的通知

单位主管： 会计： 复核： 记账： 付款人开户银行收到日期 月 日

原始凭证11 (a)

漓江机械厂内部转账单

转账 2007年1月12日 转 号

子目或户名	摘要	金额
制造车间	市内交通费	1,500.00
厂部	市内交通费	100.00
合计金额（大写）壹仟陆佰元整		¥1,600.00

(b)

中国工商银行现金支票存根

支票号码　2004

科　目

对方科目

签发日期　2007年1月12日

收款人	市公共汽车运输公司
金　额	￥1,600.00元
用　途	付市内乘车月票
备　注	

单位主管　　会计 李江

复　核　　记账

原始凭证 12

利息专用凭证（通知单）

总字第　号
字第　号

2007年1月14日

<table>
<tr><td rowspan="3">付款单位</td><td>全　称</td><td>市工商银行</td><td rowspan="3">收款单位</td><td>全　称</td><td colspan="10">漓江机械厂</td></tr>
<tr><td>账号或地址</td><td>08625396</td><td>账　号</td><td colspan="10">075020002234</td></tr>
<tr><td>开户银行</td><td>东江分理处</td><td>开户银行</td><td colspan="10">东江分理处</td></tr>
<tr><td rowspan="2">人民币
（大写）</td><td colspan="4" rowspan="2">伍仟元正</td><td>千</td><td>百</td><td>十</td><td>万</td><td>千</td><td>百</td><td>十</td><td>元</td><td>角</td><td>分</td></tr>
<tr><td></td><td></td><td></td><td>￥</td><td>5</td><td>0</td><td>0</td><td>0</td><td>0</td><td>0</td></tr>
<tr><td colspan="3">备注：
支付利息</td><td colspan="12">负责　　经办</td></tr>
</table>

原始凭证13

广西壮族
自 治 区 **桂林市工业企业统一发票**

（第二联：发票）

客户名称：漓江机械厂　　2007 年 1 月 16 日

货号	品名及规格	单位	数量	单价	满百万元无效	金额 十	万	千	百	十	元	角	分	备注
	改装 C6240A 数控车床	台	1	35,000			3	5	0	0	0	0	0	
														结算方式
金额（大写）拾叁万伍仟零佰零拾零元零角零分						¥	3	5	0	0	0	0	0	转账

此联为报销凭据

企业盖章　　开票人：植信德　　收款人：

原始凭证14

收　据

2007年 1月 18日　　No.836412

今收到 李明君 交来 归 还 欠 款 款

人民币（大写） 贰仟伍佰元正 ¥ 2,500.00

现金收讫

收款单位：　　会计主管：邓鹏　　收款人：陈晓玲

原始凭证 15(a)

广西壮族自治区 **桂林市货物销售统一发 票**

（发票联）

开票日期：2007年1月20日　　　　　　　　№：

购货单位	名　称	漓江机械厂	纳税人登记号	73689047
	地址 电话		开户银行及账号	工行东江办 075020002234

货号	货物名称	规格	计量单位	数量	单价	千	百	十	万	千	百	十	元	角	分
	计算机		台	20	3745				7	4	9	0	0	0	0
金额合计（大写）	柒万肆仟玖佰零拾零元零角零分							¥	7	4	9	0	0	0	0

第二联发票联（报销凭证）

收款人　　　　开票单位（未盖章无效）　　　　结算方式：

(b)

广西壮族自治区 **桂林市货物销售统一发 票**

（发票联）

开票日期：2007年1月20日　　　　　　　　№：

购货单位	名　称	漓江机械厂	纳税人登记号	73689047
	地址 电话		开户银行及账号	工行东江办 075020002234

货号	货物名称	规格	计量单位	数量	单价	千	百	十	万	千	百	十	元	角	分
	OK183406打印机		台	4	2,000					8	0	0	0	0	0
金额合计（大写）	⊗万捌仟零佰零拾零元零角零分								¥	8	0	0	0	0	0

第二联发票联（报销凭证）

收款人　　　　开票单位（未盖章无效）　　　　结算方式：

(c)

中国工商银行转账支票存根

支票号码 ⅥⅡ03820684

科　　目

对方科目

签发日期 2007年1月20日

收款人 桂林信息公司

金　额 ￥82,900.00元

用　途 付设备款

备　注

单位主管　　会计

复　　核　　记账

原始凭证 16

接受捐赠固定资产情况表

捐赠者：　　2007年1月22日　　编号：

固定资产名称	规格型号	单位	估计价格或市场价格	已提折旧	数量	技术状况	备注
车床		台	120,000.00	40,000.00	1		

使用部门：　　管理部门：　　经办人员：

原始凭证17(a)

桂林供电局电费发票　　No.0120385

用户号 99023　　　　2007年1月份

户名	桂林漓江机械厂	银行	工行东江分理处
地址		账号	075020002234

抄见码	有功（峰）	有功（平）	有功（谷）	有功（总）	无功
本月				35130.00	4198.00
上月				34683.00	4196.00
倍率：	80				
实用电度				35760	160
减分表				14640	0
底度	固收电度	追补电度	分表总和	16893	0
2700	0	0	变线损电度	584	6410
照明电度	0	照明变损	0	预收电费	
计费电度	19451	目录电价	0.21600	目录电费	4201.42
计费容量	0.00	单价		基本电费	0.00

比值	0.1927	力率	0.9800	调整率	0.75%	调整费	-31.51

代收项目	单价	金额	代收项目	单价	金额
市政附加	5%	208.50	龙滩基金	0.02000	389.02
电力基金	0.02000	389.02	网改	0.02000	389.02
还本付息	0.14300	2781.49	三峡	0.00400	77.80
新电附加	0.04600	894.75			
金额合计	9299.51		盖章处		
金额大写	￥玖仟贰佰玖拾玖元伍角壹分				

此联为报销凭证，手写无效。

2007年1月24日　　　　打印日期：1/24/2007

(b)

电费分配表

单位名称	度数	分配率	应分配电费
26'自行车	9,000	0.60	5,400.00
24'自行车	3,000	0.60	1,800.00
管理部门	2,500	0.60	1,500.00
车间照明	925	-	599.51
合计	15,425	0.60	9,299.51

(c)

托收号码：

委邮 **委托收款** 凭证 5 第 号

委托日期 2007年1月24日 付款期限 年 月 日

<table>
<tr><td rowspan="3">付款人</td><td>全　称</td><td>漓江机械厂</td><td rowspan="3">收款人</td><td>全　称</td><td colspan="3">桂林供电局</td></tr>
<tr><td>账号或地址</td><td>075020002234</td><td>账　号</td><td colspan="3">052210000862</td></tr>
<tr><td>开户银行</td><td>市工行东江分理处</td><td>开户银行</td><td>南站办事处</td><td>行号</td><td></td></tr>
<tr><td>托收金额</td><td>人民币（大写）</td><td colspan="3">玖仟贰佰玖拾玖元伍角壹分</td><td colspan="3">千 百 十 万 千 百 十 元 角 分
¥ 9 2 9 9 5 1</td></tr>
<tr><td>款项内容</td><td>电费</td><td>委托收款凭据名称</td><td colspan="2"></td><td>附寄单证张数</td><td colspan="2">1</td></tr>
<tr><td colspan="3">备注：
电费日期
2006年12月20日</td><td colspan="5">付款人注意：
1. 根据结算办法，上列委托收款，如在付款期限内未拒付时，即视同全部同意付款，以此联代付款通知。
2. 如需提前付款或多付款时，应另写一面通知送银行办理。
3. 如系全部或部分拒付，应在付款期限内另填拒绝付款理由书送银行办理。</td></tr>
</table>

此联付款人开户银行给付款人按期付款的通知

单位主管： 会计： 复核： 记账： 付款人开户银行收到日期 月 日

原始凭证 18

中国工商银行借款偿还凭证

2007年1月26日

<table>
<tr><td rowspan="2">放款账号</td><td rowspan="2"></td><td rowspan="2">户　名</td><td colspan="8">还款金额</td><td colspan="8">利　息</td><td colspan="8">合　计</td></tr>
<tr><td>十</td><td>万</td><td>千</td><td>百</td><td>十</td><td>元</td><td>角</td><td>分</td><td>十</td><td>万</td><td>千</td><td>百</td><td>十</td><td>元</td><td>角</td><td>分</td><td>十</td><td>万</td><td>千</td><td>百</td><td>十</td><td>元</td><td>角</td><td>分</td></tr>
<tr><td>往来账号</td><td></td><td>漓江机械厂</td><td>6</td><td>9</td><td>0</td><td>0</td><td>0</td><td>0</td><td>0</td><td>0</td><td></td><td></td><td></td><td></td><td></td><td></td><td></td><td></td><td>6</td><td>9</td><td>0</td><td>0</td><td>0</td><td>0</td><td>0</td><td>0</td></tr>
<tr><td colspan="3">自至 年 月 日 起止</td><td colspan="8">时间 月 天</td><td colspan="16">金额人民币（大写）陆拾玖万元正</td></tr>
<tr><td>利　率</td><td>月息 %</td><td>金　额</td><td colspan="8"></td><td colspan="8" rowspan="2">上列款项从你单位账户内支出偿还流动资金错款</td><td colspan="8" rowspan="2">复核　记账
转账日期：
2007年1月26日</td></tr>
<tr><td>加　息</td><td>%</td><td>金　额</td><td colspan="8"></td></tr>
</table>

第三联交还款单位

原始凭证19 (a)

漓江机械厂内部转账单

转账 *2007*年 *1*月 *28*日　　　　转　　号

子目或户名	摘　　要	金　　额
计提利息	本月银行借款利息 *16，000*元转账	*16,000.00*
合计金额（大写）壹万陆仟元整		*￥16,000.00*

(b)

漓江机械厂内部转账单

转账 *2007*年 *1*月 *28*日　　　　转　　号

子目或户名	摘　　要	金　　额
利息	冲去年 *11*月、*12*月预提借款利息	*32,000.00*
合计金额（大写）叁万贰仟元整		*￥32,000.00*

(c)

中国工商银行贷款利息通知单（第一联：交款通知）

*2007*年 *1*月 *28*日　　　　第 3456 号

			贷款种类	积数金额	利息%	利息金额
存款	账号					
	户名					
贷款	账号		生产周转贷款			*48,000.00*
	户名	漓江机械厂				
利息金额合计人民币（大写）肆万捌仟元整					￥*48,000.00*	
计息期 11—1 月	上列贷款利息已从贵单位存款账户如数支付请即入账。					

原始凭证 20

无形资产摊销表 2007年1月30日

无形资产名称	本月摊销	余额
专利权	4,000.00	36,000.00
专有技术	1,000.00	34,000.00
合计	5,000.00	70,000.00

原始凭证 21

待摊费用摊销表 2007年1月30日

费用项目	本月摊销额	未摊销额
报刊杂志费	1,000.00	
合计	1,000.00	

原始凭证 22

无

原始凭证 23

漓江机械厂

转账 2007年1月31日

子目或户名	摘要	金额
计提利息	本月长期借款利息 （该借款用于在建工程—厂房建造）	19,166.00
合计金额（大写）壹万玖仟壹佰陆拾陆元整		￥19,166.00

原始凭证 24

无

原始凭证 25

无

原始凭证 26

产　成　品　入　库

交库单位：*制造车间*　　　　*2007*年 *1*月 *31*日　　　　编号：12—1

产品名称	型　号	计量单位	交付数量	检　验　结　果		实收数量	单位成本	金额
				合格	不合格			
26′自行车		辆	*600*	*600*				

生产车间盖章：　　　　检验人盖章：王俭　　　　仓库经收盖章：赵平